# INTRODUCTION AUX SCIENCES ÉCONOMIQUES

En couverture :
L'Intérieur du Port de Marseille, vu du Pavillon de l'horloge du Parc (1754)
Joseph Vernet (1714-1789)

Inv. : 5 OA 3, Dépôt du musée du Louvre

# Avant-propos

Cet ouvrage est issu des notes de notre cours d'introduction aux sciences économiques dispensé à l'École polytechnique aux élèves de première année. Il s'adresse donc à tous les étudiants qui découvrent cette discipline, mais aussi à un public plus expérimenté qui veut aiguiser ses connaissances en économie, ou encore aux citoyens curieux qui souhaitent élargir leur culture générale.

Notre expérience est que, face à une présentation très formelle et mathématique des sciences économiques, nos étudiants résolvent les équations... mais passent à côté des raisonnements économiques qui sont le cœur de notre discipline. Nous avons donc fait le choix d'insister sur les concepts fondamentaux, plutôt que sur leur formalisation mathématique. Par conséquent, notre ouvrage ne fait appel qu'à des connaissances relativement élémentaires en mathématiques, du niveau du baccalauréat. Un bref rappel de ces notions mathématiques est proposé en fin d'ouvrage.

Nous remercions Romain Farthoat, Agathe Noyer et Alex Tordjman pour leur excellente assistance dans la réalisation de ce projet. Cet ouvrage à largement bénéficié des suggestions constructives de nos collègues, et en particulier des commentaires de Romain Cosson et d'Yves Le Yaouanq. Nous tenons à remercier nos élèves pour leur curiosité et pour la richesse des échanges que nous avons eus avec eux. Nous remercions particulièrement notre éditeur Jean Pavlevski pour sa confiance et son enthousiasme, Michel Bouffet pour son assistance pour la mise en page et Caroline Hugo pour sa relecture du manuscrit.

# Sommaire

*Olivier Gossner dédie cet ouvrage à Marija, Ella, et Ariel,*

*Jean-Baptiste Michau à son père, Jean-Louis,*

*et Vincent Rollet à sa famille.*

Olivier GOSSNER

Jean-Baptiste MICHAU

Vincent ROLLET

# Introduction aux Sciences Économiques

ECONOMICA
49, rue Héricart, 75015 Paris

# Introduction

Chaque année, les huit milliards d'humains qui peuplent la terre produisent et échangent entre eux une immense quantité de biens et de services, dont la valeur est estimée à près de 100 000 milliards de dollars. Pour produire tout cela, nos sociétés disposent de ressources limitées. Les ressources naturelles, les terres agricoles, et notre temps de travail ne sont pas en quantités illimitées. En conséquence, on ne peut pas produire tout ce dont nous voudrions bénéficier. Les entreprises, les ménages et les États décident d'allouer les ressources disponibles entre leurs différents usages, et cela mène à l'échelle mondiale à la production chaque année de près de 110 millions de tonnes de textile, 80 millions de voitures, des centaines de milliards d'heures d'éducation pour des élèves en primaire, etc.

Cette production ne se fait pas de façon uniforme : la Chine fournit ainsi plus de la moitié de la production textile mondiale, mais une faible part de nos avions. Différentes régions d'un pays ont également tendance à se spécialiser dans différents secteurs. La consommation des biens produits est également loin d'être uniforme : un Américain moyen consomme près de 23 fois plus qu'un Vietnamien moyen, et au sein de chaque pays il y a de grandes disparités de niveau de vie.

Les sciences économiques s'intéressent à ces phénomènes : pourquoi produisons-nous collectivement telle ou telle quantité de voitures, de blé et d'heures d'éducation ? Dans chaque cas, produisons-nous en trop ou pas assez ? Pourquoi cette production se fait-elle à tel endroit et pas à tel autre ? Et pourquoi ces biens sont-ils consommés par telle personne et pas par telle autre ?

De façon générale, les sciences économiques étudient la création et la répartition des ressources dont dispose la société. Cette question extrêmement large recouvre une longue série de questions qui animent les économistes. Par exemple, pour financer la protection sociale, est-il préférable de taxer les entreprises ou les salariés ? Quels sont les moyens les plus efficaces de lutte contre le réchauffement climatique ? Quel est l'impact de la robotisation des chaînes de production sur l'emploi ? Quel mode de scrutin privilégier pour les prises de décision collective ? Comment répartir les élèves entre les différents collèges, lycées, ou universités d'une ville ou d'un pays ? Comment expliquer les crises économiques et financières ? Quel soutien une banque centrale doit-elle apporter à l'économie ? Faut-il s'inquiéter des déséquilibres de la balance commerciale ?

## Approches théorique et empirique

Pour répondre à une question en sciences économiques, deux approches sont utilisées. La première est une approche théorique, où l'on simplifie la réalité dans un modèle pour comprendre différents mécanismes à l'œuvre autour de nous. La seconde est une approche empirique où l'on analyse rigoureusement des données pour quantifier ces mécanismes.

### Un exemple de démarche théorique

Une grande partie de la théorie économique a été élaborée à partir du champ des mathématiques. Émile Borel, John von Neumann et John Nash sont ainsi des mathématiciens qui ont apporté des contributions fondamentales à la théorie des jeux, méthodologie centrale en économie théorique.

Un autre exemple est le travail de David Gale et Lloyd Shapley sur l'allocation des places en université pour les étudiants (Gale et Shapley, 1962). Dans leur modèle, nous avons d'un côté des étudiants, chacun ayant des préférences sur les universités qu'ils ou elles sont susceptibles de rejoindre, et de l'autre des universités, chacune ayant un classement des étudiants. Comment effectuer un appariement entre places d'un côté et étudiants de l'autre ? Cette question est de nature théorique, et Gale et Shapley mettent en avant une propriété désirable (on dit qu'elle est normative) d'un appariement : la stabilité.

Si un appariement associe un étudiant $A$ à une université $\alpha$, et $B$ à $\beta$, mais $A$ préfère $\beta$ à $\alpha$ tandis que $\beta$ classe $A$ au-dessus de $B$, l'appariement est dit instable. Un appariement qui n'est pas instable est stable.

Pour comprendre ce qu'est un appariement instable, imaginons la situation de la définition dans laquelle $A$ préfère $\beta$ à $\alpha$ tandis que $\beta$ classe $A$ au-dessus de $B$. Dans ce cas, l'université $\beta$ aurait intérêt à rejeter le candidat $B$ et à faire une offre au candidat $A$, tandis que le candidat $A$ aurait intérêt à rejeter l'offre de $\alpha$ pour accepter celle de $\beta$.

La notion de stabilité fait intervenir deux notions fondamentales en économie : les préférences et les choix. Chaque étudiant préfère certaines universités à certaines autres, et chaque université préférerait également recruter certains candidats plutôt que certains autres. Lorsque les universités font des offres, et lorsque les étudiants les acceptent ou les refusent, ils expriment leurs préférences par leurs choix. Plus généralement, les choix économiques peuvent être des choix de consommation, de production, de vote, d'allocation du temps entre travail et loisir, etc. Ces choix peuvent être plus ou moins contraints par des règles, mais les économistes supposent généralement que les préférences des agents guident leurs choix : nous ferons référence à cette hypothèse en parlant de *rationalité des agents*. Un agent rationnel choisit l'allocation qu'il préfère parmi toutes celles qui lui sont disponibles.

Gale et Shapley se sont posé la question de l'existence d'un appariement stable entre étudiants et universités, ainsi que celle de la manière de générer un tel appariement. Pour y répondre, ils ont mis en avant un algorithme qui génère un appariement stable pour n'importe quel ensemble de préférences. Cet algorithme procède par offres successives : chaque université commence par faire des offres aux étudiants qu'elle préfère le plus. Chaque étudiant accepte temporairement la meilleure offre reçue et rejette les autres offres, libérant ainsi des places dans des universités. Ces places sont ensuite offertes par les universités à des étudiants de plus en plus bas dans leur classement, et chaque étudiant qui reçoit une nouvelle offre choisit entre cette offre et celle préalablement acceptée, libérant plus de places et ainsi de suite. Gale et Shapley ont démontré rigoureusement qu'un tel algorithme aboutit systématiquement à un appariement stable.

D'expérience, nous savons que les participants à un tel système d'appariement se posent la question de leur intérêt à suivre les règles de l'algorithme. Par exemple, est-il souhaitable pour un étudiant de rejeter une de ses premières offres, en espérant générer de meilleures offres ensuite ? L'économie s'intéresse beaucoup à de tels comportements dits *stratégiques* dans lesquels les agents ont intérêt à ne pas montrer leurs véritables préférences pour obtenir un résultat qu'ils préfèrent. Ce genre de comportement est particulièrement visible lors de scrutins, lorsque des électeurs ont intérêt à ne pas voter pour leur candidat préféré s'il a peu de chances de gagner, et à reporter leur voix sur un candidat mieux placé dans la course. Pour le cas de l'allocation des places à l'université, il a été démontré que chaque étudiant a intérêt à suivre l'algorithme en acceptant à chaque étape la meilleure offre qui leur est proposée. [1]

Lors de leur publication en 1962, les travaux de Gale et Shapley étaient surtout vus comme une curiosité mathématique. Depuis, les utilisations

1. En revanche, dans certaines situations, les universités peuvent avoir intérêt à faire des offres à des étudiants moins bien classés avant d'en faire à d'autres mieux classés pour s'assurer de leur venue. C'est un défaut du système, mais en pratique les contraintes légales interdisent aux universités de le faire.

de la théorie de l'appariement se sont vastement généralisées, que ce soit pour les postes d'internes dans les hôpitaux, pour les lycées, ou encore pour les crèches. De manière plus surprenante, ces travaux théoriques ont permis de sauver des vies en allouant de manière plus efficace les dons d'organes aux personnes en attente de dons. Désormais, l'ingénierie de marché, c'est-à-dire la construction de mécanismes d'appariement tels que ceux utilisés par Uber ou Google (pour la publicité en ligne) sont des domaines en forte expansion. En 2012, à l'âge de 89 ans, Lloyd Shapley a obtenu le prix Nobel d'économie pour ses travaux réalisés 50 ans auparavant.

**Le prix Nobel d'économie**

En 1968, à l'occasion de son tricentenaire, la Banque de Suède s'est engagée auprès de la fondation Nobel à financer un prix récompensant des contributions exceptionnelles en sciences économiques. Ainsi, chaque année depuis 1969, le prix est décerné par l'Académie royale des sciences de Suède à un, deux, ou trois lauréats en suivant un processus de sélection identique à ceux des autres prix Nobel. Officiellement désigné « prix de la Banque de Suède en sciences économiques en mémoire d'Alfred Nobel », il est communément appelé « prix Nobel d'économie ».

Nous mentionnons un certain nombre de lauréats dans cet ouvrage tant leurs travaux structurent notre discipline.

## Un exemple de démarche empirique

Les chercheurs en économie réfléchissent souvent à des questions théoriques comme celle posée par Gale et Shapley, mais la majorité de la recherche actuelle est empirique, c'est-à-dire qu'elle utilise des données pour répondre à une question précise. Par exemple, une question importante en économie politique (la branche des sciences économiques qui s'intéresse aux interactions entre l'économie et les institutions politiques) est celle de la prime au sortant : lorsqu'un parti politique gagne une élection, cela lui donne-t-il un avantage à l'élection suivante ? Plusieurs mécanismes théoriques prédisent un tel avantage : les partis qui gagnent une élection ont plus de visibilité et ont un accès plus simple à des financements qui peuvent favoriser leur réélection.

Pour estimer cette prime au sortant avec des données, on pourrait naïvement prendre un échantillon d'élections, regarder quel parti gagne chaque élection et regarder si les partis qui gagnent une élection au moment $t$ ont une probabilité plus élevée de gagner l'élection suivante, à $t+1$. On trouverait sans doute que c'est le cas, mais pourrait-on conclure à l'existence d'une prime au sortant ? Non, car ce résultat refléterait probablement des caractéristiques très différentes entre les partis qui gagnent des élections et ceux qui les perdent : les partis avec de meilleurs candidats et mieux financés ont une probabilité plus élevée de remporter les élections à la fois à $t$ et à $t+1$, donc il est logique de trouver que les partis qui gagnent une élection ont une probabilité plus élevée de gagner la suivante. La difficulté consiste à séparer l'effet de remporter l'élection de l'effet d'autres caractéristiques elles-mêmes corrélées au fait de gagner une élection.

Si vous aviez pour projet de mesurer la prime au sortant lors des élections parlementaires américaines, vous pourriez faire l'expérience suivante : prenez 400 circonscriptions et divisez-les en deux groupes tirés aléatoirement. Ensuite, manipulez (sans que personne ne puisse le savoir) les résultats des élections de façon à ce que le candidat Démocrate gagne dans toutes les circonscriptions du premier groupe, et que le candidat Républicain gagne dans toutes les circonscriptions du second groupe. Ensuite, attendez deux ans et mesurez la part des élections gagnées par des Démocrates dans chacun des deux groupes. Si cette part est la même dans les deux groupes, on pourra conclure qu'il n'y a pas de prime au sortant dans ce contexte. Au contraire, si la part d'élections gagnées par des Démocrates est plus importante dans les circonscriptions qui avaient été aléatoirement assignées à un représentant Démocrate deux ans plus tôt, on pourra conclure à la présence d'une prime au sortant.

En faisant une telle expérience, vous feriez ce que l'on appelle un essai randomisé contrôlé. Cette méthode est extrêmement répandue en médecine pour évaluer l'effet d'un médicament sur une maladie. Dans ce contexte, il s'agit de prendre une population touchée par la maladie, et de donner le médicament à un échantillon aléatoire de celle-ci. Le groupe qui reçoit le médicament est appelé le groupe de traitement, alors que les autres patients (auxquels on aura donné un placebo – un produit qui a l'apparence du médicament mais ne contient pas de principe actif) constituent le groupe de contrôle. Si les patients du groupe de traitement se portent mieux que ceux du groupe de contrôle après quelque temps, on pourra conclure à l'effet bénéfique du médicament.

Les études observationnelles sont une alternative aux essais randomisés contrôlés. Vous feriez une telle étude si, pour tester l'efficacité d'un médicament, vous suiviez l'état de santé de deux populations, une ayant pris le médicament et l'autre non, sans contrôler la composition de ces groupes. Une telle étude vous donnerait des indices sur l'efficacité du médicament, mais souffre de deux défauts. Le premier est le biais de sélection qui résulte du fait que les personnes ayant suivi le traitement sont différentes de celles ne l'ayant pas suivi. Si ceux qui décident de prendre le médicament ont une santé plus dégradée que ceux qui ne le prennent pas, on risque de conclure à l'inefficacité, voire à la dangerosité, du médicament alors que les différences entre les groupes résultent de différences de composition (potentiellement inobservables) entre eux. Le second problème est que vous ne pourrez distinguer l'effet du médicament de l'effet d'autres traitements suivis en parallèle, qui peuvent différer entre les deux groupes. En vous donnant accès à une comparaison de bonne qualité, les essais randomisés contrôlés fournissent des preuves bien plus solides que celles données par une étude observationnelle.

S'il est en général raisonnable de mener un essai randomisé contrôlé pour l'analyse d'un nouveau médicament, il est clair (et heureux) qu'il est impossible de mener l'expérience politique décrite plus haut pour mesurer la prime au sortant lors d'élections parlementaires. Or, comme nous l'avons expliqué, une étude observationnelle est susceptible de nous donner des résultats erronés dans ce cas. Pour pouvoir tout de même apporter des réponses à des questions pour lesquelles l'expérimentation est impossible, les économistes ont développé plusieurs méthodes qui permettent d'exploiter ce que l'on appelle des « expériences naturelles ».

Pour mesurer la prime au sortant, Hainmueller, Hall et Snyder Jr (2015) ont étudié les élections à la Chambre des représentants en s'intéressant aux élections très serrées. La figure 1 montre la probabilité pour le parti Démocrate de remporter une circonscription en fonction de sa marge de victoire dans la circonscription deux ans plus tôt. À droite de la discontinuité, on trouve des candidats Démocrates qui ont gagné une élection au moment $t$ et à gauche de la discontinuité ce sont des candidats Démocrates qui ont perdu une élection au moment $t$. En ordonnées, on trouve pour chaque marge de victoire $x$ la probabilité $p(x)$ que le parti Démocrate remporte le scrutin suivant : $p(x)$ représente donc la proportion des candidats Démocrates qui, après avoir remporté une élection initiale par une marge de $x$, ont également réussi à gagner l'élection suivante.

Sur cette figure, on peut voir une relation généralement croissante entre $x$ et $p(x)$ : plus la marge Démocrate à une élection était importante, plus le parti avait de chances de remporter l'élection suivante. Cela peut refléter le fait que les préférences politiques restent à peu près stables d'une élection à l'autre, et que les circonscriptions Démocrates à l'élection $t$ restent souvent Démocrates à l'élection $t+1$. Ce qui est frappant est que cette relation est discontinue : lorsque le parti Démocrate perd de peu une élection (juste à gauche de la discontinuité), il a à peu près 25 % de chances de gagner l'élection suivante. Par contre, lorsque le parti Démocrate remporte de très peu l'élection (juste à droite de la discontinuité), il

FIGURE 1 – Prime au sortant aux élections parlementaires américaines

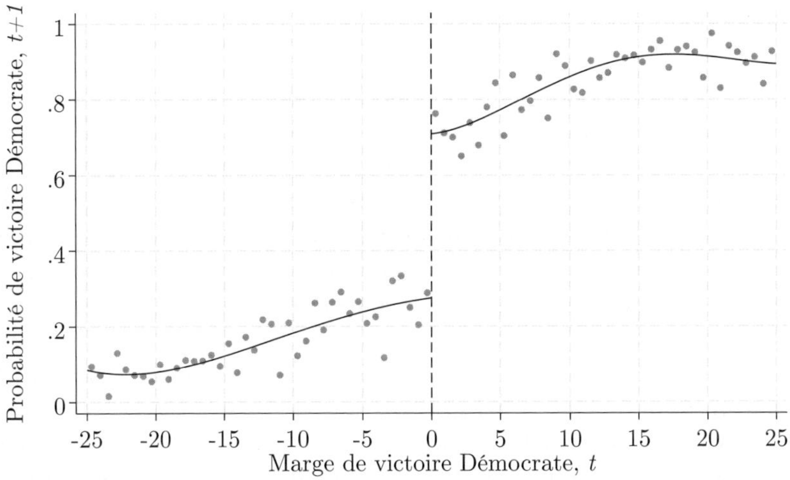


*Notes* : L'analyse regroupe l'ensemble des élections à la Chambre des représentants américaine depuis 1946. Sur l'axe des abscisses, on représente la différence entre le score du candidat Démocrate et celui du candidat Républicain (en %). La ligne verticale représente ainsi la limite à partir de laquelle le candidat Démocrate remporte l'élection au temps *t*. *Source* : Hainmueller, Hall et Snyder Jr (2015).

a un peu plus de 70 % de chances de remporter l'élection suivante. Or, au moment *t* il n'y a pas de différences en moyenne entre les circonscriptions juste à droite de la discontinuité et celles juste à gauche : un peu par hasard, certaines ont élu un Républicain tandis que d'autres ont élu un Démocrate. Très proche de la discontinuité, nous sommes dans une situation proche de l'expérience « idéale » décrite plus haut, où l'on assignait aléatoirement à certaines circonscriptions un élu Démocrate (le groupe de traitement), et à d'autres un élu Républicain (le groupe de contrôle). C'est pour cette raison que l'on parle d'expérience naturelle. Si l'on observe au moment $t+1$ une différence entre les circonscriptions des deux côtés de la discontinuité, ces différences ne peuvent être liées qu'au résultat de l'élection et pas à des divergences préexistantes. Ici, on observe un saut important de la probabilité de réélection à la discontinuité, mettant en évidence la prime au sortant : gagner une élection a un impact causal sur la probabilité de victoire à l'élection suivante.

## L'étendue des sciences économiques

On pourrait s'étonner de ce dernier exemple : ne relève-t-il pas des sciences politiques plutôt que de l'économie ? En réalité, il reflète la très grande diversité des sujets abordés en sciences économiques. Ainsi, notre discipline s'intéresse aux systèmes politiques, à la famille, à la criminalité, à l'éducation, à la culture ou encore à la psychologie. Il y a deux raisons à cette diversité du champ d'étude.

Premièrement, on ne peut pas isoler l'économie du reste de la société. Les régimes politiques ont un impact considérable sur le développement des pays. La famille est le lieu où sont prises de nombreuses décisions économiques et où sont transmis la culture et le savoir. La psychologie influence nos comportements, notamment lorsque nous devons effectuer des choix qui portent sur l'avenir et dans un environnement incertain.

Deuxièmement, pour répondre à leurs questions, les économistes ont développé des outils de modélisation théorique et d'estimation empirique qui sont très largement applicables à l'ensemble des problèmes relevant des sciences humaines. Ainsi, ce qui distingue les sciences économiques des autres sciences sociales est notre tendance à reposer sur la formalisation mathématique et notre désir de comprendre les relations de causalité, en les séparant des simples corrélations. Cette compréhension est en effet indispensable pour évaluer l'impact des politiques publiques et les rendre plus efficaces. Aujourd'hui, notre discipline se définit davantage par les méthodes qu'elle utilise que par les sujets dont elle traite.

Les sciences économiques sont-elles pour autant véritablement une science au même titre que la physique ou la biologie ? N'est-il pas prétentieux de modéliser les choix humains, et n'y a-t-il pas une incompatibilité entre cette ambition et le libre arbitre de chacun ? La très grande diversité des comportements individuels implique qu'on ne peut pas prétendre en économie au même déterminisme qu'en physique. L'économie est assurément un système complexe et les relations de causalité que l'on mesure sont au niveau statistique, et non individuel. Par la mise en relation de théories formalisées et de données, la discipline économique s'appuie indubitablement sur une méthodologie scientifique. La climatologie, l'épidémiologie, et même la médecine (ou, plus précisément, la physiologie) sont d'autres disciplines scientifiques s'intéressant à des systèmes complexes. La réalité du climat, celle d'une épidémie, ou de l'économie seront toujours plus riches et subtiles que la compréhension que nous en aurons. Malgré cela, l'analyse scientifique de ces phénomènes permet une accumulation considérable de connaissances, utiles pour éclairer les choix collectifs et notamment l'action publique.

Soulignons ici une particularité des sciences économiques. La compréhension que nous avons du monde dans lequel nous vivons peut affecter nos comportements. Ainsi, une théorie doit prendre en compte son impact sur la réalité qu'elle cherche à décrire. Ces considérations sont particulièrement importantes dans le domaine de la finance, où des avancées méthodologiques permettent le développement d'outils mis à disposition des ménages et entreprises, lesquels deviennent ensuite objets d'étude.

## Le contenu de cet ouvrage

Cet ouvrage d'introduction ne pourra pas faire justice à toute l'étendue de la discipline économique et n'a pas vocation à donner une réponse définitive aux questions évoquées plus haut. Nous avons fait le choix d'insister sur les concepts fondamentaux qui structurent notre discipline ainsi que sur leurs principales applications. Nous introduirons donc un certain nombre d'outils conceptuels utilisés en sciences économiques, comme la notion de demande, d'offre, de marché et de jeu. Ces outils seront ensuite appliqués à l'étude de thèmes importants, tels que le commerce international, la taxation, le marché du travail, ou encore les marchés financiers.

La difficulté des sciences économiques n'est pas mathématique mais conceptuelle. Par conséquent, nous avons fait le choix d'une introduction mathématiquement simple, mais conceptuellement avancée. Au fur et à mesure de l'introduction du formalisme, nous réfléchirons en détail aux comportements individuels des ménages ou des entreprises auxquels ce formalisme correspond. Cette compréhension intuitive de l'économie permet de mettre en évidence des concepts qui sont bien plus robustes et généraux que le détail des équations utilisées pour les décrire. Ainsi, l'analyse économique vous donnera des outils vous permettant de comprendre une multitude de situations auxquelles vous pourriez être confrontés, sans qu'il ne soit nécessaire d'avoir recours à la modélisation. Bien sûr, lorsqu'un problème est vraiment nouveau ou complexe, une étude plus formelle s'impose, tant sur le plan théorique que empirique. Il faut alors utiliser des outils mathématiques et statistiques plus sophistiqués qui sont enseignés dans des cours plus avancés.

## Références

GALE, D. ET L. S. SHAPLEY (1962) : "College Admissions and the Stability of Marriage," *The American Mathematical Monthly*, 69, 9–15.

HAINMUELLER, J., A. B. HALL ET J. M. SNYDER JR (2015) : "Assessing the External Validity of Election RD Estimates : An Investigation of The Incumbency Advantage," *The Journal of Politics*, 77, 707–720.

# Chapitre 1

# Valeur, demande et surplus

En économie, l'analyse dite microéconomique consiste à étudier l'économie à partir des comportements des individus et des entreprises. Par contraste, les raisonnements macroéconomiques s'intéressent quant à eux au fonctionnement de l'économie dans son ensemble. Il s'agit par exemple de comprendre les fluctuations du chômage, l'évolution de l'inflation, ou les déséquilibres de la balance commerciale. Étant donné que ces quantités résultent de l'agrégation d'un très grand nombre de décisions individuelles, un bon raisonnement macroéconomique doit reposer *in fine* sur une analyse microéconomique solide. Dans cet ouvrage, nous allons donc commencer par décrire les notions fondamentales de la microéconomie avant d'aborder les bases de la macroéconomie.

En microéconomie, il est particulièrement important de comprendre les choix des agents. Par exemple, lorsque les prix de l'énergie diminuent, les ménages vont-ils chauffer davantage leurs logements ? Pourquoi une personne décide-t-elle d'habiter dans telle ville plutôt que telle autre ? Comment des parents choisissent-ils l'école dans laquelle inscrire leurs enfants ? Quel mode de transport un employé décide-t-il d'utiliser pour se rendre à son lieu de travail ? Quelle est la part des consommateurs qui décident d'acheter des produits issus de l'agriculture biologique ? Quels types de farine un boulanger utilise-t-il pour ses pains ? Comment choisit-il les prix de vente de ses pâtisseries, ou encore ses horaires d'ouverture ? Comprendre ces décisions est crucial pour analyser le fonctionnement de l'économie et mener une action publique efficace.

Au cœur de l'analyse microéconomique, se trouve le concept de *valeur économique*, c'est-à-dire la valeur qu'un agent économique, comme un ménage, une firme ou un État accorde à un bien ou un service. Comme nous le verrons, la valeur relative de différents biens et services permet d'expliquer une grande partie de l'allocation des ressources dans l'économie, ainsi que la détermination des prix.

## 1.1 La mesure de l'utilité de travaux publics

Pour décider si un changement de politique économique est désirable ou non, il est important de comprendre la valeur économique accordée aux biens et aux services qui seraient touchés par ce changement. Par exemple, lorsqu'un décideur public doit allouer des fonds pour financer différents projets, il doit être capable d'évaluer la valeur ainsi créée par ces projets pour la collectivité. Vaut-il mieux allouer des ressources à l'entretien des routes existantes ou à la construction de nouvelles routes, à la construction de nouvelles lignes de transport ferroviaire rapide ou à la subvention de lignes régionales ? Ces projets doivent-ils être financés par la collectivité, ou bien par les usagers des services ? Le coût pour l'usager doit-il être égal pour tous, ou bien différencié en fonction des revenus de chacun ?

Élève de l'École polytechnique et ingénieur du corps des Ponts et Chaussées, l'économiste Jules Dupuit (1804-1866) était en charge de l'étude des routes et des péages. Ayant le souhait d'éclairer les décisions publiques par une méthode systématique et rigoureuse, il posa dans son ouvrage *De la mesure de l'utilité des travaux publics* (Dupuit, 1844) les fondations de l'analyse microéconomique.

### 1.1.1 Fibrage d'une zone rurale

Prenons l'exemple d'une région qui projette d'améliorer l'accès internet dans une zone rurale par des investissements en fibres optiques. Afin d'évaluer ce projet, il est utile de mesurer la valeur ainsi créée pour la zone touchée par cet investissement. Supposons pour fixer les idées que la collectivité qui bénéficierait de cette installation est composée de 10 000 foyers. Parmi eux, 500 ont un abonnement à internet par satellite leur coûtant 45 € par mois, et la fibre permettrait de réduire ce coût à 30 € par mois. Supposons par ailleurs, pour simplifier, que la qualité d'accès à internet est la même pour l'abonnement satellite et l'abonnement fibre. Le gain du passage à la fibre pour chacun des 500 foyers abonnés au satellite est mesurable par l'économie qu'ils font en passant à la fibre : il est de 15 € par mois. Cette méthode – proposée par Jean-Baptiste Say avant les travaux de Jules Dupuit – mesure le gain pour la collectivité dû à l'installation de la fibre à $500 \times 15$ € $=$ 7 500 € par mois.

Ce calcul mesure bien le gain pour les abonnés au satellite, mais quid des personnes n'ayant pas d'abonnement internet rapide ? Ce que le calcul de Say oublie, nous dit Dupuit, est que certains des foyers qui ne sont pas preneurs d'un abonnement à 45 € par mois seront intéressés par un abonnement à 30 € par mois. Par conséquent, le nombre total de foyers accédant à internet augmentera du fait d'une baisse des tarifs d'accès.

Pour pouvoir mesurer le gain économique dû à l'augmentation des abonnements lors de la réduction de tarif de 45 € à 30 €, nous avons besoin d'évaluer, pour chacun de ces foyers, la valeur qu'ils accordent à un abonnement internet. Contrairement au prix d'échange sur un marché, qui est indépendant de la personne possédant le bien, la valeur est un concept qui peut varier d'un individu à l'autre. Par exemple, la valeur d'échange d'une automobile d'occasion peut être fixée selon une cote, mais cette automobile sera plus utile à certains individus qu'à d'autres, qui y attribueront par conséquent une valeur plus grande. Suivant les travaux d'Adam Smith, Jules Dupuit propose de mesurer la valeur qu'un individu attribue à un bien par le montant maximal que cet individu est prêt à payer pour en jouir ; montant qu'on appelle la **propension à payer** de l'individu pour ce bien.

Si l'on imagine une baisse progressive du prix de l'abonnement de 45 € à 30 €, un nombre croissant de foyers vont pouvoir profiter d'un accès internet. Pour un foyer dont la propension à payer est de 40 € par mois, une baisse du prix de 45 € à 40 € n'engendre pas de valeur supplémentaire : à 40 €, le foyer est indifférent entre accéder à internet pour 40 € par mois et ne pas avoir accès à internet en conservant cette somme. Néanmoins, toute baisse consécutive engendre un gain pour ce foyer, et lorsque le prix passe de 40 € à 30 €, le surcroît de valeur obtenu par ce foyer est de 10 €.

En généralisant ce raisonnement à l'ensemble des foyers, nous voyons qu'une mesure du gain pour la collectivité engendré par une baisse du prix de l'abonnement peut être obtenue selon la méthode suivante :

- Estimer, pour chaque foyer, la propension maximale à payer de ce foyer pour un abonnement internet rapide.
- Si cette propension à payer est supérieure à 45 €, le foyer bénéficie d'un gain estimé à 15 € par mois en passant du satellite à la fibre.
- Si elle est située entre 30 € et 45 €, le gain est la différence entre la propension à payer et le nouveau tarif de 30 €.
- Si elle est inférieure à 30 €, le gain est nul car le foyer n'achètera toujours pas d'accès au nouveau tarif.

Enfin, on peut mesurer le gain pour l'ensemble de la collectivité comme la somme des gains pour tous les foyers.

### 1.1.2 Demande et surplus

Supposons qu'à l'aide d'un sondage, il ait été établi que la propension à payer pour un accès rapide à internet se répartit selon les données du tableau 1.1. Nous calculons, pour chaque propension à payer, le gain par foyer puis le gain pour l'ensemble des foyers dû à la baisse du coût d'accès à internet. Le gain total pour la collectivité obtenu comme leur somme est estimé à 41 000 € par mois.

TABLEAU 1.1 – Propensions à payer de foyers pour un internet rapide, gain par foyer et gain total en € par mois consécutifs au passage de tarif de 45 € à 30 €

| Prix | Foyers | Gain/Foyer | Gain Total |
|---|---|---|---|
| Plus de 60 | 0 | - | 0 |
| 60 | 100 | 15 | 1 500 |
| 50 | 500 | 15 | 7 500 |
| 45 | 1 000 | 15 | 15 000 |
| 40 | 1 100 | 10 | 11 000 |
| 35 | 1 200 | 5 | 6 000 |
| 30 | 1 300 | 0 | 0 |
| 20 | 1 900 | 0 | 0 |
| 10 | 1 700 | 0 | 0 |
| 0 | 1 200 | 0 | 0 |
| **Total** | 10 000 | | 41 000 |

Nous voyons que les gains ou pertes économiques dus à des variations des prix peuvent être calculés dès que nous connaissons la propension à payer de tous les foyers.

Suivant la conceptualisation introduite en 1938 par Augustin Cournot, les économistes ont l'habitude de représenter les propensions à payer à travers ce que l'on appelle la **fonction de demande** qui représente, pour chaque valeur du prix, le nombre de foyers souhaitant acquérir le bien à ce prix. Pour déterminer la demande d'un bien à un prix $p$, on compte simplement le nombre de foyers prêts à payer $p$ ou plus pour le bien. Le tableau 1.2 représente la demande pour un accès internet à haut débit. Aux points d'indifférence tels qu'à 40 €, la demande est discontinue car pour un prix très légèrement inférieur, les 1 100 foyers ayant une propension à payer de 40 € consomment le bien, tandis qu'ils le rejettent à un prix très légèrement supérieur.

Le graphe de la fonction de demande est représenté figure 1.1. Notons que, conformément à l'usage en économie, le prix est représenté en ordonnée et les quantités en abscisse.

Visuellement, on constate que :

TABLEAU 1.2 – Demande pour un accès internet rapide en fonction du prix

| Prix en € | Demande |
|---|---|
| $p > 60$ | 0 |
| $60 > p > 50$ | 100 |
| $50 > p > 45$ | 600 |
| $45 > p > 40$ | 1 600 |
| $40 > p > 35$ | 2 700 |
| $35 > p > 30$ | 3 900 |
| $30 > p > 20$ | 5 200 |
| $20 > p > 10$ | 7 100 |
| $10 > p > 0$ | 8 800 |

FIGURE 1.1 – Nombre d'abonnements à internet demandés en fonction du prix (courbe bleue) et gain économique dû à la baisse de prix de 45 € à 30 € (aire rouge)

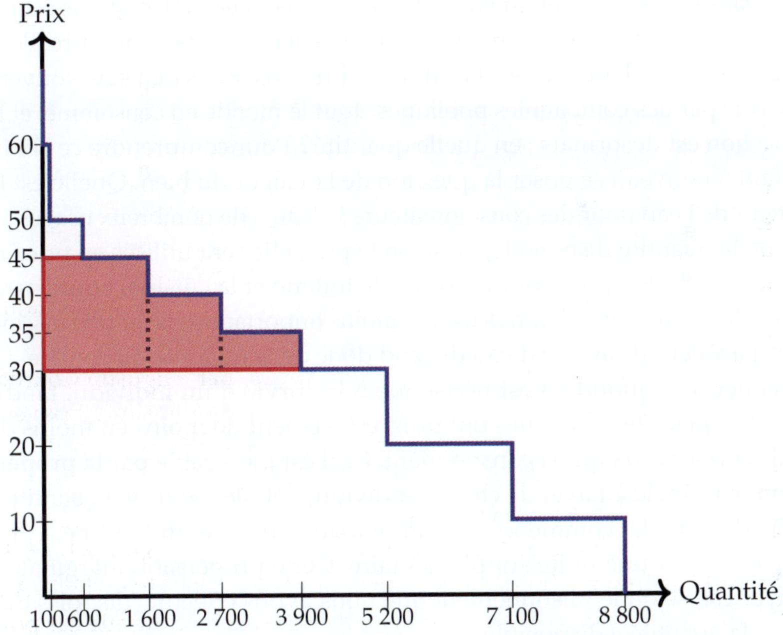


- l'aire du rectangle situé entre 45 € et 30 € et à une demande de 0 à 1 600 correspond au gain des foyers ayant une propension à payer supérieure à 45 € ;
- l'aire du rectangle situé entre 40 € et 30 € et à une demande entre 1 600 et 2 700 correspond au gain des foyers ayant une propension à payer de 40 € ;

- l'aire du rectangle situé entre 35 € et 30 € et à une demande entre 2 700 et 3 900 correspond au gain des foyers ayant une propension à payer de 35 €.

On voit donc sur ce graphique que le gain économique dû à une baisse du prix de l'abonnement internet est mesuré par l'aire située en abscisse sous la fonction de demande, et en ordonnée entre le prix d'origine et le nouveau prix.

En suivant la terminologie introduite par Allais (1943), on définit le **surplus** du consommateur au prix $p$ comme l'aire située sous la fonction de demande des consommateurs et au-dessus du prix $p$.[1] Il s'en suit que le gain économique pour les consommateurs consécutif à un passage d'un prix $p$ à $p'$ est mesuré par l'augmentation correspondante du surplus du consommateur.

### 1.1.3 Surplus et propension marginale à payer

Dans le cas d'un abonnement à internet, la décision des agents économiques est binaire : souscrire à un abonnement ou ne pas y souscrire. Pour d'autres biens, les choix sont multiples. Prenons le cas de l'eau, souvent fournie par des compagnies publiques. Tout le monde en consomme, et la question est désormais : en quelle quantité ? Pour comprendre ce choix, il faut à nouveau se poser la question de la valeur du bien. Quelle est la valeur de l'eau pour des consommateurs ? L'eau a de nombreux usages, et selon la quantité disponible, ou selon le prix, elle sera utilisée en priorité pour s'hydrater, puis pour les soins de toilette et la cuisine, pour l'arrosage du jardin, enfin d'autres usages moins importants tels qu'une piscine, etc. La valeur d'un litre d'eau dépend donc de la quantité disponible. Le premier litre quotidien est nécessaire à la survie d'un individu, tandis que les quantités suivantes ont progressivement de moins en moins de valeur pour ceux qui la consomment. Ceci est mesurable par la **propension marginale à payer** de chaque individu, définie, pour une quantité $q$ déjà disponible, comme le montant maximal que cet individu est prêt à payer pour une unité supplémentaire. Cette propension marginale à payer est, selon le raisonnement que nous avons effectué, décroissante avec la quantité $q$ disponible.

Nous avons vu dans l'exemple de l'accès à internet que la notion de fonction de demande était particulièrement utile. Comment peut-on lier la propension marginale à payer et la fonction de demande d'un individu ?

Partons de la propension marginale à payer d'un individu, supposée connue. À prix $p$ fixé, quelle sera la quantité du bien consommée par cet

1. Maurice Allais (1911–2010) fut le major de l'X en 1933 et reçut en 1988 le prix Nobel d'économie pour ses travaux sur la théorie des marchés.

individu ? Si $p$ est supérieur à la propension marginale à payer, chaque unité consommée autour de la quantité $q$ coûte $p$, mais l'individu n'est prêt à payer qu'un montant inférieur à $p$ pour la consommer. Il choisira donc de réduire sa consommation. Symétriquement, si le prix est inférieur à la propension marginale à payer, l'individu souhaitera augmenter sa consommation. On obtient donc la relation suivante :

La quantité demandée égalise le prix et la propension marginale à payer.

Ce principe nous permet ainsi d'obtenir la fonction de demande d'un individu à partir de ses propensions marginales à payer. Cependant, ceci correspond à un exercice théorique car les propensions marginales à payer sont rarement observées directement. De manière empirique, les économistes observent des quantités demandées en fonction des prix, et en déduisent les propensions marginales à payer.

Une fois ce principe établi, comment peut-on mesurer la valeur économique pour un individu liée à l'utilisation de $q$ litres d'eau ? Le premier litre a, nous l'avons vu, une valeur plus élevée que le deuxième, lequel a une valeur plus élevée que les unités suivantes. Pour obtenir la valeur associée à $q$ litres d'eau, il faut donc sommer la valeur du premier litre, du deuxième, etc., jusqu'au $q$ème, c'est-à-dire effectuer la somme des propensions marginales à payer du premier litre jusqu'à $q$. Pour obtenir le surplus du consommateur, il faut retrancher à cette quantité le montant $pq$ payé par celui-ci.

Graphiquement, le surplus du consommateur est donc mesuré par l'aire située sous la courbe de demande et au-dessous du prix $p$ égal à la propension marginale à payer pour un individu consommant $q$ litres (voir la figure 1.2). De manière générale :

Le surplus d'un consommateur est défini comme l'aire située sous sa courbe de demande, et au-dessus du prix.

Passons maintenant du cas d'un consommateur isolé à un ensemble de consommateurs. Pour une valeur donnée d'un prix $p$, on obtient, comme dans le cas de l'accès internet, le surplus de l'ensemble des consommateurs comme la somme des surplus individuels. Il s'agit donc de la somme des aires situées au-dessus de $p$ et au-dessous des courbes de demandes individuelles, ou encore de l'aire située au-dessus de $p$ et au-dessous de la somme des demandes individuelles.

FIGURE 1.2 – Fonction de demande et surplus du consommateur

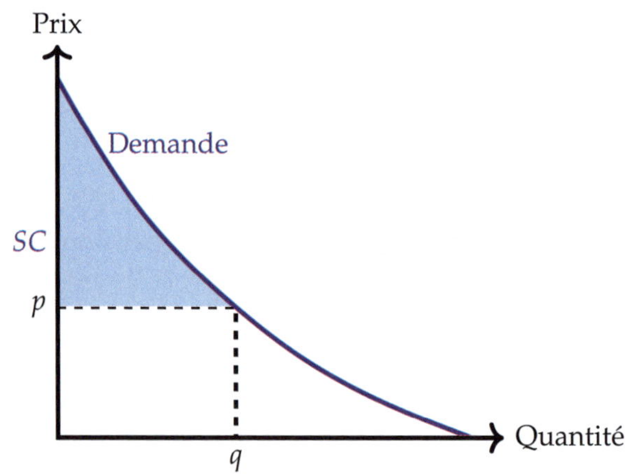


La demande agrégée est la somme des demandes individuelles. Le surplus de l'ensemble des consommateurs est la somme des surplus de tous les consommateurs, et s'obtient comme l'aire située sous la courbe de demande agrégée et au-dessus du prix.

La valeur associée à l'accès à un bien est donc utilement mesurée par la notion de surplus de l'ensemble des consommateurs. Ce surplus s'obtient directement de la fonction de demande agrégée, et est mesurable à partir de l'observation d'un comportement agrégé des consommateurs.

### 1.1.4 Surplus et propension totale à payer

Soit $u_i$ la propension marginale à payer d'un consommateur $i$. S'il consomme une quantité $x$ d'un bien, il est prêt à payer $u_i(x)\,\mathrm{d}x$ pour en consommer $\mathrm{d}x$ unités supplémentaires. Chaque unité consommée engendre un surplus égal à la différence entre la propension marginale à payer $u_i(x)$ et le prix $p$. Par conséquent, pour un niveau de consommation $q$, le surplus du consommateur $i$ est égal à la somme des surplus $(u_i(x) - p)\,\mathrm{d}x$ obtenus pour toutes les unités de consommations allant de 0 à $q$, soit :

$$SC_i = \int_0^q (u_i(x) - p)\,\mathrm{d}x.$$

Étant donné que la propension marginale à payer correspond au graphe de la courbe de demande, ce surplus est bien égal à l'aire située en dessous de la courbe de demande et au-dessus du prix.

Un consommateur est prêt à payer à un prix unitaire $u_i(0)$ sa première unité infinitésimale de consommation du bien, puis à payer $u_i(x)\,dx$ pour $dx$ unités supplémentaires lorsqu'il a déjà acquis $x$ unités du bien. Le montant total qu'il est prêt à payer pour acquérir $q$ unités du bien est la somme des montants qu'il serait prêt à payer pour chacune des unités infinitésimales allant de la quantité 0 jusqu'à $q$, soit $U_i(q) = \int_0^q u_i(x)\,dx$. Pour cela, on appelle $U_i$ la fonction de **propension totale à payer**. Le surplus du consommateur peut s'écrire :

$$SC_i = U_i(q) - pq.$$

Cela nous conduit à une nouvelle interprétation du surplus du consommateur :

Le surplus d'un consommateur est la différence entre le montant total que ce consommateur aurait été prêt à payer pour $q$ unités du bien, soit $U_i(q)$, et le montant effectivement payé pour acquérir cette quantité, soit $pq$.

À un prix unitaire $p$, la quantité $q$ choisie par le consommateur égalise la propension marginale à payer $u_i(q)$ et le prix : $u_i(q) = p$. On en déduit que la dérivée de $U_i(x) - px$ est nulle au point $x = q$. Ceci nous conduit à réinterpréter le choix du consommateur :

La quantité $q$ choisie par le consommateur à prix $p$ donné maximise son surplus $U_i(q) - pq$.

## 1.2 Fonction de demande

### 1.2.1 Loi de la demande

Nous avons introduit les fonctions de demande individuelle et agrégée comme des fonctions décroissantes du prix car nous avons supposé que la propension marginale à payer pour un bien est décroissante avec la quantité détenue de ce bien. De manière plus générale :

La loi de la demande est une règle empirique selon laquelle la demande pour un bien décroît lorsque son prix augmente.

Mais en pratique, cette relation est-elle observée dans les données ? Prenons l'exemple des prix et dépenses d'habillement aux États-Unis. La figure 1.3 montre qu'au cours des dernières décennies, le prix de l'habillement a considérablement chuté mais que sa part dans les dépenses des Américains a également beaucoup diminué.

FIGURE 1.3 – Évolution d'indices de prix et des dépenses pour différents postes de dépenses

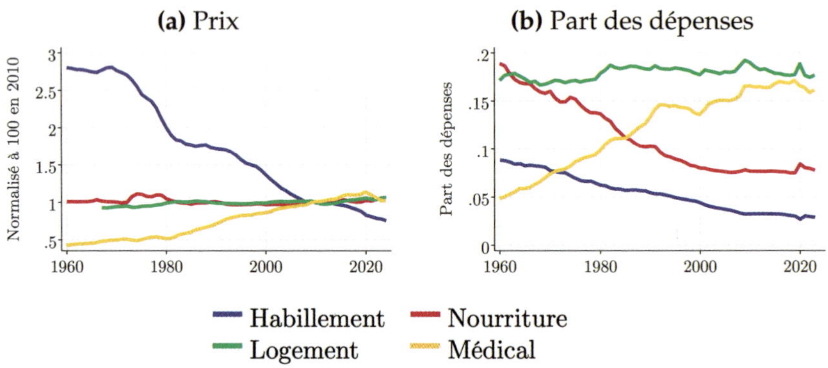


*Source* : FRED Economic Data.

La loi de la demande ne serait-elle pas satisfaite dans cet exemple ? En réalité, deux phénomènes ont eu lieu pendant la période étudiée : le prix des vêtements a baissé, en augmentant la consommation, et les États-Unis sont devenus plus riches, augmentant la consommation de l'ensemble des biens. Même si les Américains dépensent aujourd'hui une part plus faible de leurs revenus dans l'habillement que dans les années 1960, la quantité d'habits achetés a explosé pendant la même période. La loi de la demande prédit que, pour un revenu fixé, la demande diminue avec le prix. La figure 1.3 ne permet donc pas de déduire une fonction de demande pour l'habillement car le revenu des Américains n'était pas fixé pendant la période étudiée.[2]

Comment alors mesurer la fonction de demande pour un bien ? Nous allons voir que pour cela, il faut introduire une nouvelle notion : celle d'élasticité-prix de la demande.

### 1.2.2 Élasticité-prix de la demande

La **fonction de demande** $D$ associe une quantité demandée $D(p)$ à chaque prix $p$ du bien. On définit l'élasticité-prix à partir de cette fonction.

2. Notons que, pour certains biens, il peut arriver que la demande soit (localement) croissante avec le prix. On parle alors de biens Giffen.

L'élasticité-prix de la demande $e_D$ représente la variation relative de la demande en fonction d'une variation relative du prix :

$$e_D = \frac{\text{variation en \% de la demande}}{\text{variation en \% du prix}} = -\frac{\frac{\mathrm{d}D}{D}}{\frac{\mathrm{d}p}{p}} = -\frac{p}{D}\frac{\mathrm{d}D}{\mathrm{d}p}.$$

Ainsi, si l'augmentation de 1% du prix d'un bien diminue sa demande de $x$%, alors on dit que l'élasticité-prix de la demande est de $x$.

Dans l'expression de l'élasticité $e_D$, $\mathrm{d}p$ représente une petite variation du prix, et $\mathrm{d}D$ est la variation correspondante de la demande, par conséquent $\mathrm{d}p/p$ est une variation relative du prix (exprimée en % par exemple), tandis que $\mathrm{d}D/D$ est la variation relative correspondante de la demande. Enfin, $\mathrm{d}D/\mathrm{d}p$ est la dérivée de la fonction de demande par rapport au prix (on peut donc écrire $\mathrm{d}D/\mathrm{d}p = D'(p)$), qui correspond à la pente de la courbe de demande.

Il est important de noter que ces variations de quantités et de prix sont exprimées en termes relatifs, et non absolus (on ne s'intéresse pas à la variation de la demande lorsque le prix augmente de 1 €, mais lorsqu'il augmente de 1%). Cela permet de faire de l'élasticité une mesure adimensionnelle, qui ne variera pas selon que l'on mesure les prix en euros, en milliers d'euros ou en dollars, et de même pour les quantités qu'elles soient exprimées en grammes, kilos, ou quintaux. [3]

**Élasticité et forme de la fonction de demande.** Connaître l'élasticité-prix permet de connaître la forme de la courbe de demande. Lorsque celle-ci est faible, alors de grandes variations de prix n'entraînent pas des variations importantes de la demande et la courbe de demande est relativement verticale. Plus l'élasticité augmente, plus la courbe de demande est aplatie. Dans ces cas, des variations de prix vont entraîner des variations importantes de la demande (voir figure 1.4).

**Impact d'une augmentation de prix sur le budget alloué à un bien.** Connaître ce paramètre d'élasticité-prix de la demande nous permet de comprendre l'impact des variations de prix sur le comportement des consommateurs. Reprenons l'exemple de l'habillement : lorsque le prix des vêtements diminue, la quantité achetée augmente. La dépense totale

3. Dans certaines conventions, $e_D$ est définie sans le signe $-$, et l'élasticité-prix de la demande est alors négative.

FIGURE 1.4 – Courbes de demande pour trois valeurs de l'élasticité-prix de la demande

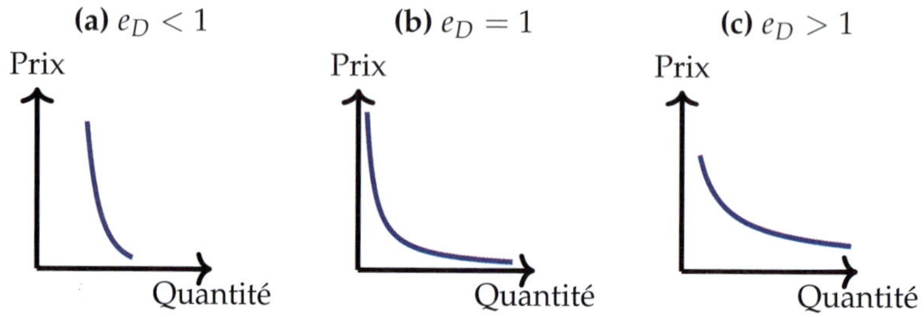


pour l'habillement, égale au prix multiplié par la quantité, pourrait donc augmenter ou diminuer *a priori*.

Le consommateur alloue à l'habillement le budget $B(p) = pD(p)$. D'après la règle usuelle de différentiation d'un produit $\frac{\mathrm{d}B(p)}{\mathrm{d}p} = D + p\frac{\mathrm{d}D}{\mathrm{d}p} = D(1 - e_D)$, où $e_D$ est l'élasticité-prix de la demande.

Ainsi, lorsque $e_D > 1$, le budget alloué à l'habillement diminue lorsque le prix augmente et lorsque $e_D < 1$, le budget alloué à l'habillement augmente avec le prix. Enfin, lorsque $e_D = 1$, le budget alloué à un bien est indépendant de son prix.

Ce résultat est assez intuitif lorsque l'on s'intéresse aux cas extrêmes : lorsque $e_D = 0$ (la demande est totalement inélastique), alors la quantité demandée ne s'ajuste pas à des variations de prix, et $D(p)$ est constant à une certaine valeur $D$. Le budget alloué par le ménage à ce bien est $pD$, qui augmente avec le prix. Au contraire, lorsque $e_D$ tend vers l'infini, une hausse infinitésimale du prix entraîne l'arrêt total de la consommation du bien, et le budget qui lui est alloué devient alors nul.

L'élasticité-prix de la demande d'habillement est estimée aux environs de 0,4. Cela signifie qu'une baisse des prix s'accompagne d'une baisse du poste de dépense, en adéquation avec les faits empiriques observés.

**Pourquoi s'intéresser à l'élasticité ?** Avoir une idée de l'élasticité-prix de la demande d'un bien est souvent crucial pour les décisions des producteurs de ces biens comme pour les décisions publiques.

Ainsi, une entreprise qui vend un produit dont la demande est très inélastique pourra le vendre à des prix élevés sans voir ses ventes décroître fortement. En une décennie, le prix de l'insuline aux États-Unis a ainsi été multiplié par trois, atteignant en 2016 un prix moyen de 450$ par mois. Vous ne serez pas étonnés de savoir que la quantité d'insuline achetée par les Américains ne s'est pas effondrée pour autant, tant ce bien est nécessaire à la survie des personnes diabétiques. L'élasticité-prix de la demande détermine donc en partie la capacité des entreprises à engranger des profits. Dans certains cas, les institutions publiques ont un rôle de régulation à jouer lorsque les entreprises peuvent placer les prix de leurs produits très au-dessus de leur prix de fabrication, comme c'est le cas pour l'insuline américaine. Nous reviendrons sur ces problématiques plus tard dans cet ouvrage.

Pour un décideur public, avoir une idée de la demande pour les produits dont il souhaite soit favoriser l'accès (comme dans les transports en commun ou l'accès à internet) soit décourager l'accès (comme pour les carburants polluants) est crucial. Dans notre exemple d'abonnements à internet haut débit, une méthode de sondages peut permettre d'estimer la distribution des propensions à payer dans la population et de tracer la courbe de demande. Cette méthode est néanmoins assez coûteuse et imprécise, car les réponses ne sont pas toujours sincères ou exactes.

Il est souvent plus simple d'estimer l'élasticité-prix de la demande, qui permet de l'approximer localement et d'en comprendre la forme. Une estimation de l'élasticité de la demande pour l'accès internet haut débit ainsi que la demande à prix donné permet ainsi d'estimer le nombre d'abonnés attendus à 30 €, ainsi qu'une estimation du surplus qu'une baisse des tarifs de 45 € à 30 € peut engendrer.

**La mesure d'une élasticité : le pricing d'Uber.** Il existe différentes méthodes pour calculer des élasticités-prix et estimer des courbes de demande. Prenons l'exemple d'une telle mesure pour un service : les courses Uber. Lorsque vous commandez une course, Uber vous propose un prix de vente qui correspond à un prix de base multiplié par un facteur de surcoût, qui augmente avec l'affluence. Par exemple, en cas de forte affluence, Uber pourrait vous proposer un prix qui correspond au tarif de base multiplié par 1,6, 1,7, 1,8... Lorsqu'Uber vous propose un tarif pour une course, vous pouvez l'accepter ou renoncer à la commande. Une manière naïve d'estimer la courbe de demande consisterait à comparer les décisions des consommateurs faisant face à différents niveaux de surcoût. Par exemple, face aux données du tableau 1.3, nous pourrions être tentés de faire le raisonnement suivant : lorsque le prix des courses augmente de 50 %, la demande de courses Uber décroît de 25 %, ce qui nous donne une élasticité de 0,5.

TABLEAU 1.3 – Exemple de quantitées demandées - Uber

| **Niveau de surcoût** | 1,0 | 1,5 |
|---|---|---|
| **Proportion d'utilisateurs qui acceptent la transaction** | 0,8 | 0,6 |

Cette estimation de l'élasticité serait sans doute biaisée. Les moments où Uber propose un surcoût de 1,5 sont des moments de forte affluence, dans lesquels les utilisateurs ont peut-être moins d'alternatives à Uber que dans les moments sans surcoût (par exemple, le surcoût de 1,5 pourrait être proposé aux moments où les transports en commun ne fonctionnent plus). La proportion d'utilisateurs qui acceptent la transaction n'est donc pas seulement une fonction des prix, mais d'une multitude d'autres facteurs qui peuvent être difficiles à mesurer.

Pour contourner ce problème, Cohen, Hahn, Hall, Levitt et Metcalfe (2016) ont eu l'idée d'utiliser une caractéristique de l'algorithme d'Uber qui détermine les prix des courses. Cet algorithme calcule en fonction de l'affluence un surcoût jugé optimal, et propose à l'utilisateur un arrondi. Ainsi, si le surcoût optimal est de 1,249, Uber proposera à l'utilisateur un surcoût de 1,2, mais si le surcoût optimal est de 1,251, l'utilisateur fera face à un surcoût de 1,3. La figure 1.5 montre la proportion d'utilisateurs qui acceptent la transaction pour différentes valeurs de surcoût optimal. Les

FIGURE 1.5 – Mesure de l'élasticité-prix de la demande de courses Uber à un niveau de surcoût de 1,25

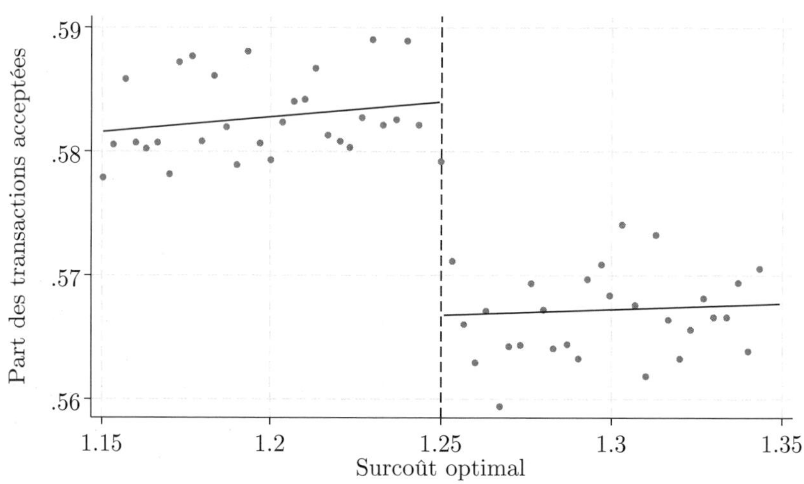


*Source* : Cohen, Hahn, Hall, Levitt et Metcalfe (2016).

points à gauche de la ligne verticale correspondent à des utilisateurs qui font face à un surcoût de 1,2, tandis que ceux qui sont à droite de la ligne font face à un surcoût de 1,3. Les utilisateurs juste à gauche de la ligne verticale sont dans des situations d'affluence très similaires à ceux qui sont juste à droite de la ligne. La seule différence significative entre ces deux groupes est le prix auquel ils font face. La différence de comportements observés entre les deux groupes correspond donc à l'impact de la variation de prix, et rien d'autre. Le taux de transaction à gauche de la discontinuité est de 58,3 %, et celui à droite de la discontinuité est de 56,5 %. Lorsque l'on augmente le prix des courses Uber de 8,3 %, le taux de transaction baisse de 3,2 %. À ce niveau de prix, on peut donc estimer l'élasticité-prix à 0,39.

En répétant cet exercice à toutes les discontinuités présentes dans l'algorithme d'Uber (aux surcoûts jugés optimaux de 1,05 ; 1,15 ; 1,25 ; etc.), on peut estimer l'élasticité-prix de la demande pour différents niveaux de prix, et donc accéder à une approximation de la dérivée de la fonction de demande. Connaissant la quantité demandée au niveau de prix de base, on peut ainsi tracer toute la fonction de demande. C'est ce qui est représenté sur la figure 1.6).

FIGURE 1.6 – Courbe de demande des courses Uber

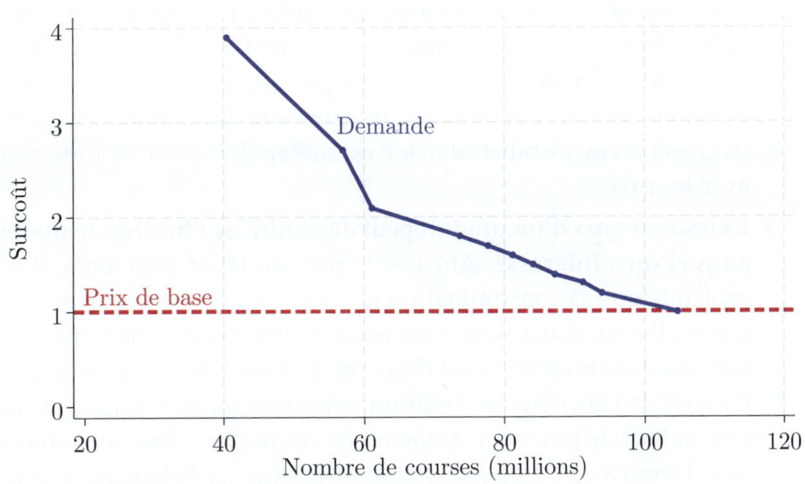


*Source* : Cohen, Hahn, Hall, Levitt et Metcalfe (2016).

### 1.2.3 Déterminants de l'élasticité-prix de la demande

Si l'on ne dispose pas de mesures précises de l'élasticité comme dans le cas des courses Uber, un raisonnement économique permet au moins de comprendre si la demande pour un produit est plus ou moins élastique :

- **L'élasticité-prix d'un produit dépend de sa substituabilité.** Par exemple, si le prix des *corn flakes* pour petit-déjeuner augmente beaucoup, il est probable que la demande pour ce produit baisse rapidement : celui-ci est en effet facilement substituable à d'autres biens (comme le pain). En revanche, si le prix des forfaits de téléphone augmente, la quantité demandée de ces produits ne devrait pas beaucoup changer dans la mesure où peu de substituts sont disponibles. L'élasticité-prix des forfaits de téléphone est donc inférieure à celle des *corn flakes*.

- **Elle peut être différente pour une catégorie de biens et ses sous-catégories.** On peut imaginer que l'élasticité-prix de l'habillement en général est assez faible, dans la mesure où il est difficile de ne pas consommer d'habits. Néanmoins, si l'on s'intéresse à une sous-catégorie d'habillement, comme les jeans de marque Levi's, l'élasticité-prix de la demande sera plus élevée, car cette marque est assez facilement substituable à d'autres marques de jeans ou d'autres types de pantalons. L'élasticité-prix d'une catégorie de consommation peut être assez faible quand bien même elle serait forte pour chacun des produits qui la compose.
- **Les produits de première nécessité ont une élasticité-prix plus faible.** Ainsi, une augmentation du prix de l'insuline, du savon ou de la nourriture ne s'accompagnera pas d'une grande baisse de la consommation de ces produits. Au contraire, la quantité demandée de croisières ou de billets d'avion est susceptible de varier fortement avec les prix.
- **L'élasticité-prix d'un produit peut dépendre de l'horizon temporel auquel on s'intéresse.** Ainsi, si le prix du tabac augmente, il est probable que sa consommation ne diminue pas beaucoup à court terme : l'addiction à la nicotine rend le tabac relativement insubstituable à d'autres produits et diminue son élasticité. En revanche, ces hausses de prix peuvent avoir un important impact de long terme, dissuadant de potentiels fumeurs de commencer leur consommation. Dans ce cas, il peut être utile de distinguer l'élasticité-prix de court terme de celle de long terme.

### 1.2.4 Déterminants de la demande

Souvenons-nous que la *demande* pour un bien est une fonction du prix de ce bien, représentée par la courbe sur nos graphiques. Cette notion doit être distinguée de la *quantité demandée*, qui est la valeur prise par cette fonction à un prix donné et qui correspond à un point donné sur cette courbe. Des changements de prix modifient donc la quantité demandée, mais ne modifient pas la fonction de demande en elle-même. La fonction de demande n'est par ailleurs pas un objet immuable. Elle dépend de nombreux facteurs économiques. En voici quelques-uns parmi les plus importants :

- **Le nombre d'acheteurs** : la *demande* croît avec le nombre d'acheteurs, comme illustré par la figure 1.7.

FIGURE 1.7 – Accroissement de la demande consécutif à une augmentation du nombre de consommateurs

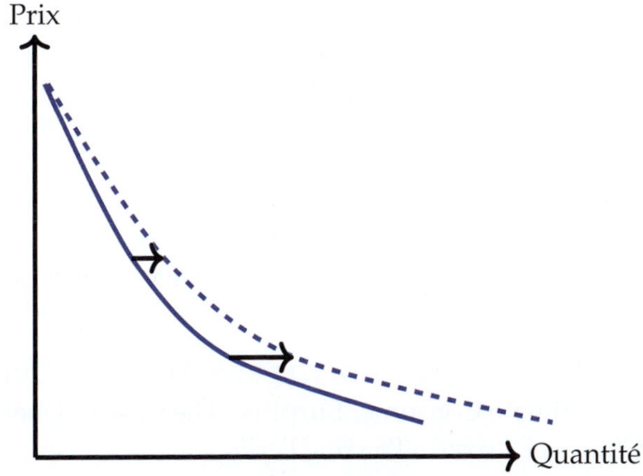


- **Le revenu des ménages** : pour la plupart des biens, la demande croît avec le revenu. On parle dans ce cas de bien *normal*. C'est le cas de voyages, de l'habillement, etc. Certains biens ont une demande décroissante avec le revenu, on parle alors de biens *inférieurs*. C'est le cas de la margarine : lorsque les revenus augmentent, les consommateurs y substituent la consommation du beurre, plus onéreux, diminuant alors la demande de margarine.
- **Les prix d'autres biens** sont aussi un facteur influant la demande d'un bien donné.
  - Pour des biens **substituts**, la demande d'un bien croît avec le prix de l'autre. C'est le cas du train et des vols domestiques en avion. Les consommateurs effectuent des arbitrages entre les deux types de biens : plus l'avion est cher, plus la demande de billets de train est forte.
  - Pour des biens **compléments**, la demande d'un bien décroît avec le prix de l'autre. C'est le cas des box internet et des abonnements de vidéo à la demande (VOD). Une baisse du prix des box permet d'augmenter le nombre de box internet, et donc le nombre de consommateurs pouvant s'offrir la VOD. Réciproquement, des prix plus bas de la VOD rendent les box plus attrayantes, et augmentent leur demande.
- **Les anticipations sur le futur** : par exemple, des anticipations d'augmentation de revenus peuvent conduire à une augmentation de la

demande par anticipation, et des craintes sur des chocs économiques à venir conduisent à de l'épargne de précaution. Ainsi, les achats de voitures chutent de manière importante lors de récessions. Ces aspects dynamiques sont particulièrement importants en finance et en macroéconomie.

Nous verrons dans les chapitres suivants comment des facteurs tels que la concurrence entre producteurs ou les taxes ont un impact sur les prix, et donc sur les quantités demandées.

## Références

ALLAIS, M. (1943) : *À la recherche d'une discipline économique*, Ateliers Industria.

COHEN, P., R. HAHN, J. HALL, S. LEVITT ET R. METCALFE (2016) : "Using Big Data to Estimate Consumer Surplus : The Case of Uber," *National Bureau of Economic Research Working Paper*.

DUPUIT, J. (1844) : "De la mesure de l'utilité des travaux publics," *Annales des Ponts et Chaussées*, 2, 332–375.

# Exercices du chapitre 1

**Exercice 1.1 Propension totale et marginale à payer**

Dans ce chapitre, nous avons supposé la propension marginale à payer donnée. Comment peut-on mesurer la propension marginale à payer des consommateurs ?

Supposons qu'il soit possible de mettre un consommateur devant des choix binaires du type « acheter $X$ tablettes de chocolat à un montant total $M$ ou ne rien acheter du tout ». Dans ce cadre, il est possible de mesurer le montant $M_X$ maximal qu'un consommateur est prêt à payer pour $X$ unités du bien.

Prenons l'exemple des tablettes de chocolat, supposons que $M_1 = 4$, $M_2 = 6$, $M_3 = 7$.

1. Quelle est la propension marginale à payer pour passer de 0 à 1 unité, de 1 à 2, de 2 à 3 ?
2. Quelle est la fonction de demande du consommateur ?

**Exercice 1.2 Préférences et propension totale à payer**

Nous avons vu qu'à un prix $p$, un consommateur dont la fonction de propension marginale à payer est $u_i(\cdot)$ choisit de consommer une quantité $q$ qui maximise

$$U_i(q) - pq,$$

où $U_i(q) = \int_0^q u_i(x)\,\mathrm{d}x$ est la propension totale à payer du consommateur.

1. Montrer que le consommateur est indifférent entre recevoir $q$ unités du bien en payant $U_i(q)$ et ne rien recevoir et ne rien payer.
2. Montrer que pour des valeurs quelconques de $q_1, q_2, t_1, t_2$, le consommateur préfère recevoir $q_1$ unités et payer $t_1$ plutôt que recevoir $q_2$ unités et payer $t_2$ si et seulement si :

$$U_i(q_1) - t_1 > U_i(q_2) - t_2.$$

**Exercice 1.3 Croissance et décroissance de la propension marginale à payer**

Dans ce chapitre, on a supposé que la propension marginale à payer pour un bien est décroissante avec la quantité de ce bien.

1. Donner deux exemples de biens pour lesquels cette hypothèse est raisonnable.
2. Donner deux exemples de biens pour lesquels elle ne l'est pas forcément.
3. Considérons un bien divisible (comme la farine, le pétrole...) et supposons la propension marginale à payer $m(q)$ dérivable en la quantité $q$ du bien. Montrer que si à prix $p$ la demande du consommateur vaut $d = D(p)$, alors $m$ ne peut être croissante au point $d(p)$.

**Exercice 1.4 Surplus d'un projet public**

Considérons un projet de construction portuaire d'un système de grutage. Ce système permettrait d'améliorer le débarquement des marchandises et de baisser le coût de 10 € par tonne de marchandises débarquées. On suppose que ce gain est entièrement reporté vers les consommateurs.

1. Le port débarque actuellement 30 000 tonnes de marchandises par an. En supposant que pour des raisons de contraintes de capacité du port, cette quantité reste inchangée après la construction du système de grutage, quel est le surplus généré par cette construction pour les consommateurs ?
2. Dans le cas où la quantité de marchandises transitant par le port peut s'adapter à la hausse ou à la baisse, que pouvez-vous prédire à propos de la quantité de marchandises après construction du système de grutage ?
3. Que pouvez-vous dire du surplus réellement généré en comparaison de l'estimation obtenue en question 1 ?
4. On observe que quantité de marchandises transitant par le port subit une hausse imputable à la baisse des coûts et que la nouvelle quantité est de 36 000 tonnes par an. Pouvez-vous estimer le surplus réellement généré par le nouveau système de grutage ? On pourra faire une approximation linéaire de la demande en fonction du prix si nécessaire.

**Exercice 1.5 Création d'un marché unique**

Imaginons une situation dans laquelle la France et l'Allemagne ont des marchés séparés pour les pommes de terre, si bien que le prix pour le tubercule est différent dans les deux pays : $p_F = 1{,}5$ €/kg en France et $p_A = 1$ €/kg en Allemagne. Supposons que la quantité consommée annuellement est de 200 000 tonnes en France et de 400 000 tonnes en Allemagne.

L'Union européenne impose la création d'un marché unique de la patate, permettant aux pommes de terre de circuler librement entre les deux pays. Suite à la mise en place de ce marché, les pommes de terre s'échangent à un prix du kilo $p_U$ égal dans les deux pays.

1. En supposant que suite à la mise en place du marché unique de la patate, 600 000 tonnes de pommes de terre se répartissent entre France et Allemagne, que pouvez-vous dire de $p_U$ comparé à $p_F$ et à $p_A$ ?
2. Suite à la mise en place du marché unique, quel pays augmente sa consommation et lequel la baisse ? Certains consommateurs sont-ils gagnants et d'autres perdants ?
3. Estimer $p_U$ ainsi que le gain ou la perte de surplus pour les consommateurs allemands, pour les consommateurs français, et pour l'ensemble des consommateurs. On pourra pour cela supposer une élasticité-prix de la demande égale à 0,3 dans chacun des pays.

Si vous deviez conseiller l'Union européenne, diriez-vous qu'il faut créer le marché unique de la patate ?

**Exercice 1.6 Étude de document : élasticité-prix du carburant**

Cet exercice est basé sur le rapport du Commissariat général au développement durable n° 40, « Consommation de carburant : effets des prix à court et à long termes par type de population » dont nous encourageons la lecture. La conclusion du rapport est la suivante :

> *Cette étude permet de faire le point sur les évolutions de consommation de carburant des ménages en 20 ans et elle fournit des estimations d'élasticités-prix du carburant de court terme et de long terme. En 20 ans, le nombre de voitures par ménage a fortement progressé. En revanche, la part budgétaire du carburant a diminué. Trois déterminants principaux de la consommation de carburant émergent : la localisation, le niveau de vie et le nombre d'actifs occupés dans le ménage.*

*Par ailleurs, l'étude montre que, si à court terme les ménages ne peuvent ajuster massivement leur consommation au gré des évolutions des prix, à long terme les capacités d'adaptation sont fortes. Ainsi, une hausse des prix du carburant de 10 % entraîne une baisse de la consommation de carburant de 2,5 à 3,5 % à court terme et de 6 à 7 % à long terme.*
*Enfin, l'étude montre qu'à long terme les ménages modestes et les ménages ruraux ont une élasticité-prix du carburant élevée (entre 0,65 et 0,80 pour les premiers et entre 0,70 et 0,80 pour les seconds).*[4]
*Ainsi, dans l'ensemble, les ménages sont capables à long terme de réduire leur consommation de carburant.*
*Ces résultats légitiment et prouvent l'efficacité de politiques de prix visant à intégrer les externalités liées à la consommation de carburant. De telles mesures réduiraient donc sensiblement la consommation des ménages et ceci pour toutes les catégories de la population. Cette étude ne se penche pas néanmoins sur les conséquences sociales de telles politiques de prix et sur les moyens éventuels de les corriger.*

1. Pourquoi le Commissariat général au développement durable s'intéresse-t-il à l'élasticité-prix des carburants automobiles ?
2. Selon le rapport, quelles sont les estimations des élasticités-prix de court terme et de long terme ?
3. Pourquoi ces élasticités diffèrent-elles selon vous ?
4. Comment l'élasticité-prix de long terme varie-t-elle selon les revenus ou la situation géographique des ménages ? Comment l'expliquez-vous ?
5. En quoi pensez-vous que les résultats du rapport « légitiment et prouvent l'efficacité de politiques de prix visant à intégrer les externalités liées à la consommation de carburant » ? (Note : ce que le rapport appelle « externalité » correspond à la pollution causée par l'usage de carburant.)
6. À la lumière du mouvement social des gilets jaunes, comment interprétez-vous le dernier paragraphe ?

4. Le signe des élasticités a été modifié pour être en cohérence avec les notations de cet ouvrage.

**Exercice 1.7 Élasticités-prix**

Ranger par élasticité-prix décroissante de la demande les biens suivants :

- l'insuline ;
- le pain ;
- les places de cinéma ;
- le tabac.

**Exercice 1.8 Coca Zero, Coca light**

1. Karine aime le Coca light et le Coca Zero, et ne fait pas de différence entre ces deux types de boissons. Soit $q_l, q_z$ les quantités de Coca light et de Coca Zero consommées. Représenter sur un graphe dans $\mathbb{R}_+^2$ un ensemble de paires de quantités $(q_l, q_z)$ entre lesquelles Karine est indifférente, aussi appelé courbe d'indifférence.
2. Supposons que Karine a un budget de 3 € et que le prix du Coca Zero est de 1 €. En fonction du prix du Coca light, quelle est sa demande de Coca light ? De Coca Zero ?
3. Coca Zero et Coca light sont-ils substituts ou compléments ?

**Exercice 1.9 Gin-Tonic**

Jeanne prépare du Gin-Tonic pour ses invités. Pour un bon Gin-Tonic, il faut deux unités de Tonic pour une unité de Gin. Soient $(q_G, q_T)$ les quantités de Gin et de Tonic à disposition.

1. Quelle est la quantité de Gin-Tonic produite à partir de $(q_G, q_T)$ ?
2. Sachant que Jeanne est uniquement intéressée par la quantité de Gin-Tonic produite, représenter sur un graphe dans $\mathbb{R}_+^2$ un ensemble de paires $(q_G, q_T)$ entre lesquelles Jeanne est indifférente.
3. Si Jeanne a un budget de 20 €, que le prix d'une unité de Tonic est de 1 € et celui d'une unité de Gin est de 4 €, quelles seront les quantités de Gin et de Tonic achetées par Jeanne ? Il est conseillé de s'aider d'une représentation graphique comme dans l'exercice précédent.
4. Fixons maintenant le prix du Tonic à 1 € l'unité. En fonction du prix du Gin, dériver la demande de Gin et la demande de Tonic.
5. Le Gin et le Tonic sont-ils des substituts ou des compléments ?

# Chapitre 2

# Coûts, offre et profits

Lorsque nous avons décrit la courbe de demande au chapitre précédent, nous nous sommes posé la question suivante : pour un prix donné, quelle sera la quantité consommée par les agents économiques ? Pour l'instant, nous n'avons pas dit grand-chose de l'origine de ce prix : il est néanmoins clair que le prix d'un bien est lié à son coût de production, c'est-à-dire aux dépenses en salaires, en intrants (comme les matières premières), et en immobilisation du capital nécessaire à la production.

Le premier séquençage d'un génome humain, lancé en 1990, fut achevé en 2013 pour un coût total d'environ 2,7 milliards de dollars. Une fois cette prouesse scientifique réalisée, il fut estimé que le séquençage d'un deuxième ADN ne coûterait que 50 millions de dollars. À ce stade, il était difficile de parler du « prix » d'un séquençage ADN, car personne ne vendait réellement ce service. Les choses ont néanmoins vite changé : en 2006, obtenir un séquençage correct ne coûtait plus que 14 millions de dollars, et en 2015 seulement 1 000 dollars. Avec une réduction aussi drastique des coûts, des entreprises commerciales ont commencé à proposer le service de séquençage, et le prix de ce service a baissé petit à petit avec l'amélioration des techniques scientifiques jusqu'à être disponible pour quelques centaines de dollars.

Le séquençage de l'ADN est un exemple particulièrement frappant de la descente d'une **courbe d'expérience** : lorsqu'une unité d'un bien est produit, ceux qui le produisent acquièrent de l'expérience, diminuant le coût de production des unités suivantes. La figure 2.1 montre ainsi que le coût de production de l'iconique Ford T a été divisé par plus de trois au cours des dix premières années de production. Au fur et à mesure de cette diminution des coûts de fabrication, son prix a également été abaissé, rendant la voiture accessible à de nombreux Américains. Plus récemment, la diminution du prix des matériels électroniques ou de l'accès à internet a été fulgurante.

FIGURE 2.1 – Coûts de production de la Ford T

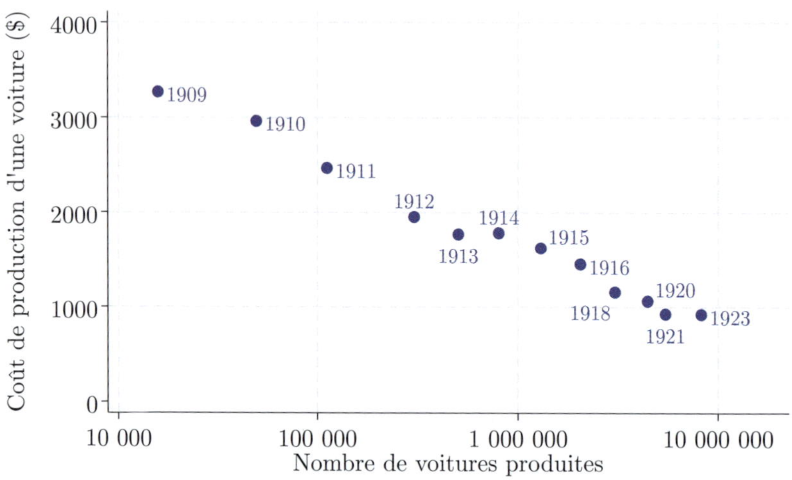


*Source* : Abernathy, W. J. et Wayne, K. (1974), "Limits of the Learning Curve", *Harvard Business Review*.

Pour comprendre les échanges de biens et de services, il est donc pertinent de s'intéresser à ce qui se passe du côté des producteurs, qui sont contraints par leurs coûts de fabrication : quand décident-ils de produire ou non, et quelles quantités décident-ils de produire ? Nous allons ici répondre à une question symétrique de celle du chapitre précédent : lorsqu'un producteur fait face à un prix, à quels choix fait-il face et comment ses décisions de production sont-elles guidées ?

## 2.1 Production de pétrole

Un exemple intéressant est celui du pétrole : malgré le développement des énergies décarbonées et des gains d'efficacité énergétique, la production de biens et services dans l'économie mondiale est toujours fortement dépendante du pétrole, source d'énergie dont la consommation est en augmentation constante depuis plus d'un siècle. La figure 2.2 montre une forte corrélation entre l'augmentation de la production mondiale et l'utilisation de pétrole, avec cependant un ralentissement relatif de l'utilisation de pétrole dans la période récente. Identifié comme ressource stratégique dès la fin du XIX^e^ siècle, l'augmentation de son prix lors des deux chocs pétroliers dans les années 1970 a été suffisante pour mettre un coup de frein à la période de forte croissance d'après-guerre communément appelée les Trente Glorieuses.

FIGURE 2.2 – Évolution du PIB mondial et de la production de pétrole

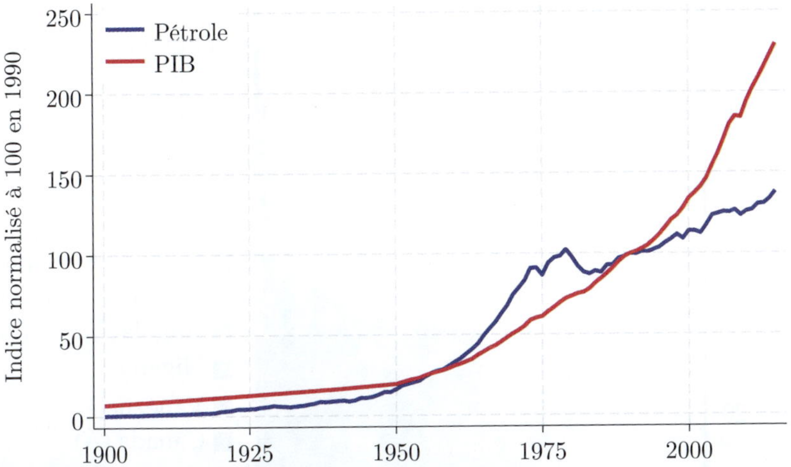


*Source* : Our World in Data.

Pour comprendre comment la production mondiale s'adapte aux prix du pétrole, il est important de noter que cette production est en fait la somme de productions de pétrole de différents pays et de puits dans chacun de ces pays ayant chacun des coûts particuliers. La plupart des pays producteurs sont spécialisés dans une ou quelques technologies d'extraction de pétrole. La figure 2.3 résume les principaux producteurs de pétrole et leurs capacités, ordonnés par coûts de production croissants. La largeur de chaque rectangle correspond à la capacité de production, et sa hauteur au coût. On voit ainsi que le pétrole le moins onéreux et le plus abondant est celui produit par le Moyen-Orient avec un coût de production d'un peu plus de 20 $ par baril, tandis que le pétrole de schiste produit par les États-Unis est plus onéreux, avec un coût de production d'environ 70 $ par baril.

La courbe en escalier ainsi tracée par ces barres est ce qu'en économie nous appelons une **fonction d'offre**. Elle permet de connaître, pour chaque prix, la quantité produite du bien. Par exemple, pour un prix de 50 $ par baril, la production du Moyen-Orient et de l'Égypte sont rentables, mais celle de l'Angola ne l'est pas. On peut prédire une production aux alentours de 33 millions de barils par jour. Pour un prix de 80 $ par baril, on lit que la production mondiale peut être estimée à 58 millions de barils par jour, et ainsi de suite.

FIGURE 2.3 – Coûts et capacités d'extraction de pétrole par jour

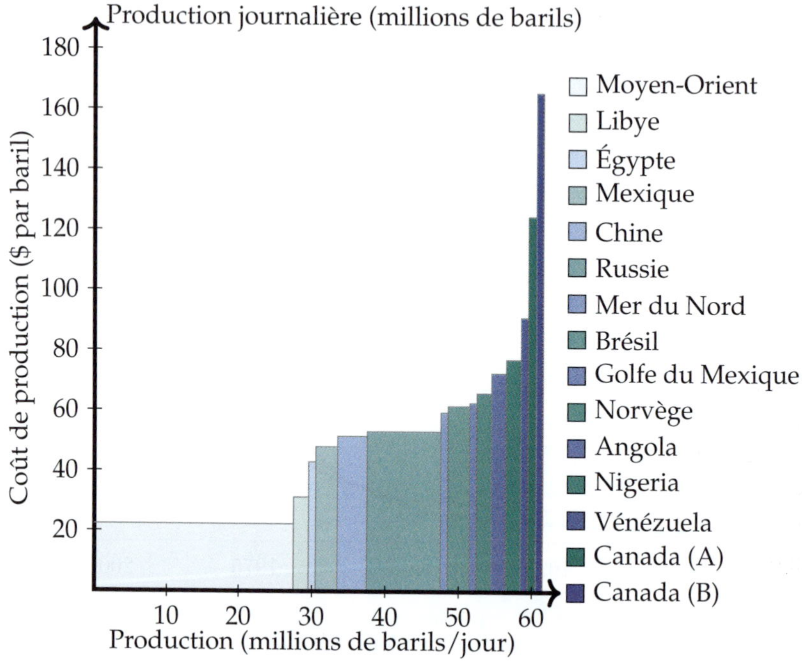


*Notes* : Pour le Canada, (A) et (B) correspondent à différents types de sables bitumineux. *Source* : Miller, R. G. et Sorrell, S. R. (2014), "The Future of Oil Supply", *Philosophical Transactions of the Royal Society*.

Bien évidemment, cette courbe n'est elle-même qu'une approximation, car chaque producteur a des coûts hétérogènes. Par exemple, une partie du pétrole russe est plus aisée à extraire qu'une autre, et donc sera associée à des moindres coûts. Par ailleurs, des pays ou groupes de pays peuvent avoir intérêt, temporairement ou durablement, soit à réduire leur production pour faire augmenter les prix (ce qui est le cas de l'OPEP, dans le cadre d'un cartel, sur lequel nous reviendrons plus tard), soit à produire à perte (par exemple pour briser les tentatives d'autres pays de développer leur production énergétique). Un pays peut aussi avoir intérêt à baisser sa production afin de conserver des réserves futures.

Pour n'importe quel bien ou service, la quantité totale produite correspond à l'agrégation d'un grand nombre de décisions individuelles de producteurs qui font face à différents coûts de production selon leurs machines, leur localisation géographique, les taxes qu'ils doivent payer, etc. Les économistes formalisent ces phénomènes de la façon suivante : chaque producteur est associé à une **fonction de coûts** qui reflète l'ensemble des contraintes auxquelles il fait face. Cette fonction de coûts permet de modéliser les choix du producteur en fonction du prix du bien produit, donnant une **fonction d'offre individuelle**. L'agrégation de l'ensemble des fonctions d'offres individuelles nous donne une fonction d'offre globale pour un bien donné, qui sera utile pour comprendre comment s'ajuste son prix.

## 2.2 Fonction d'offre

### 2.2.1 L'offre individuelle

Imaginons que nous connaissions les coûts auxquels font face les différents producteurs d'un bien. À partir de quel prix est-il économiquement viable de commencer la production ? Pour un prix donné, quelle quantité du bien chaque entreprise décidera-t-elle de produire ?

Commençons par nous intéresser à un seul producteur. Typiquement, ses coûts de production se composent de coûts fixes qui sont nécessaires au démarrage de la production, et de coûts variables qui augmentent avec la quantité produite. Ainsi, dans son article de 1844, Jules Dupuit écrit :

> *Les frais de production se composent de deux parties : l'une très dispendieuse faite une fois pour toutes ou pour un très grand nombre de fois, l'autre peu dispendieuse faite pour chaque objet.*

Notons la quantité produite par l'entreprise $q$ (un nombre qui pourra être positif ou nul), et notons $C(q)$ le coût de produire $q$ unités du bien, qui est mesuré en montant monétaire (comme en ¥, \$ ou €). Si l'entreprise décide de ne pas produire du tout, ses coûts sont nuls, mais il existe des coûts fixes, notés $C_f$, qui doivent être payés dès que la quantité produite $q$ est supérieure à 0. Les coûts fixes $C_f$ correspondent donc au coût de produire une quantité infinitésimale du bien. De plus, il est naturel de penser que les coûts augmentent avec les quantités produites, et par conséquent que la fonction $C$ est croissante.

Comme nous allons le voir, un paramètre important pour un producteur est son **coût marginal** à production donnée. Il s'agit du coût unitaire de la production d'une infime quantité supplémentaire. On définit donc le coût marginal $c(q)$ à un niveau de production $q$ par :

$$c(q) = \lim_{\varepsilon \to 0} \frac{C(q+\varepsilon) - C(q)}{\varepsilon}.$$

Quitte à en faire une approximation, on suppose donc que la fonction de coûts $C$ admet une fonction dérivée, et sa dérivée $c(q) = C'(q)$ est appelée **fonction de coûts marginaux**. Les coûts marginaux sont mesurés en unité monétaire par unité de bien, comme des €/kg ou \$/litre. De manière typique, les premières unités du bien sont de moins en moins coûteuses à produire, tandis qu'au-delà d'une certaine quantité produite, une augmentation de la production devient de plus en plus coûteuse. On supposera donc les coûts marginaux décroissants jusqu'à une quantité $q_0$, puis croissants et tendant vers $+\infty$.

Pourquoi fait-on cette hypothèse de coûts marginaux décroissants puis croissants ? Prenez le cas d'une usine qui produit à la chaîne du mobilier. Si l'usine produit peu, une augmentation de la production lui permettra de profiter d'économies d'échelle (plus on produit, plus on le fait de façon efficace), mais si la production augmente trop, il faudra faire travailler les ouvriers la nuit (ce qui coûte plus cher), les matières premières manqueront et il faudra payer de plus en plus cher pour les acquérir, etc. À l'échelle d'une grande entreprise, des phénomènes similaires se produisent : lorsqu'une entreprise acquiert plus d'usines, elle peut faire des économies sur certaines fonctions transversales comme la logistique. Néanmoins, si l'entreprise grossit trop, elle se heurtera également à une hausse des coûts marginaux : le management devient plus difficile, il devient plus difficile de restructurer l'entreprise lorsqu'elle fait face à des chocs, etc.

En partant de cette hypothèse de coûts marginaux décroissants puis croissants, que peut-on en déduire sur le comportement de l'entreprise ? À prix donné $p$, le revenu associé à la production et à la vente d'une quantité $q$ est de $pq$, tandis que les coûts sont égaux à $C(q)$. La fonction de profit de l'entreprise est donc donnée par :

$$\Pi(p,q) = pq - C(q).$$

Le producteur choisit sa quantité produite de manière à maximiser son profit, c'est-à-dire une quantité $q^*$ telle que :

$$q^* = \arg\max_{q\geq 0} \Pi(p,q) = \arg\max_{q\geq 0}[pq - C(q)].$$

Pour comprendre pourquoi les firmes cherchent à maximiser leur profit, il faut bien avoir à l'esprit que les entreprises sont détenues par des individus. Ces mêmes propriétaires, en tant que consommateurs, souhaitent tirer les meilleurs revenus possibles des entreprises.

On peut décomposer le choix de production d'une entreprise en deux parties. La première est la décision d'ouvrir ou non la production. Ne pas ouvrir revient à produire une quantité nulle, et ouvrir à produire une quantité strictement positive. La seconde décision, si la firme ouvre, est celle de la quantité positive effectivement produite. Afin d'analyser la décision d'ouverture, l'entreprise a besoin d'estimer quel serait son profit en cas d'ouverture. Nous commençons donc par analyser le choix de la quantité produite en supposant que la firme ouvre, puis dans une seconde étape nous porterons attention au choix d'ouvrir ou non.

### Analyse de la quantité produite si ouverture : coûts marginaux

Commençons donc par supposer $q^* > 0$. Comme premier résultat, nous allons voir que la quantité produite choisie $q^*$ égalise les coûts marginaux avec le prix : $c(q^*) = p$. Mathématiquement, cela provient du fait qu'à un point $q^*$ qui maximise le profit $\Pi(p, q)$, la dérivée du profit par rapport à la quantité, qui vaut $p - c(q)$, doit être nulle. Pour arriver à ce résultat par un raisonnement économique, on peut observer qu'une quantité produite $q$ telle que $c(q) < p$ ne saurait être optimale, car une augmentation infinitésimale de la production rapporterait $p$ par unité produite alors qu'elle ne coûterait que $c(q)$. De même, pour une quantité $q > 0$ telle que $c(q) > p$, une diminution infinitésimale de la production réduirait les coûts de $c(q)$ par unité mais ne diminuerait les revenus que de $p$ par unité. À l'optimum, on doit donc bien avoir $p = c(q)$.

Ainsi, une entreprise qui maximise son profit raisonne à la marge : est-il profitable de produire un peu plus ou un peu moins ? À l'optimum, la quantité choisie est telle qu'il n'est souhaitable ni d'augmenter ni de diminuer la production.

La figure 2.4 montre à gauche la courbe des coûts totaux et à droite la courbe des coûts marginaux. Les coûts marginaux sont d'abord décroissants, puis croissants tendant vers $+\infty$. Nous pouvons donc être dans 3 cas possibles :

- **Cas 1** : Pour un prix $p$ supérieur à $c(0)$, il existe une valeur unique $q^+$ de $q$ pour laquelle $c(q^+) = p$ (comme pour le prix $p_1$ sur la figure 2.4) ;
- **Cas 2** : Pour un prix compris entre $c(0)$ et le minimum $c(q_0)$ des coûts marginaux, il existe deux valeurs $q^- \leq q^+$ de $q$ pour lesquelles $c(q^-) = c(q^+) = p$ (comme pour le prix $p_2$ sur la figure)[1] ;
- **Cas 3** : Pour un prix inférieur au minimum $c(q_0)$ des coûts marginaux, il n'existe pas de valeur de $q$ pour laquelle $c(q) = p$ (comme pour le prix $p_3$ sur la figure).

Lorsqu'elles existent, les solutions $q^-$ et $q^+$ se situent respectivement sur la partie décroissante et sur la partie croissante de la fonction de coûts marginaux. Dans ce cas, l'entreprise va-t-elle choisir de produire $q^-$ ou $q^+$ ? Considérons une augmentation de la production $q$ de $q^-$ à $q^+$ :

1. Dans le cas où $p = c(q_0)$, les deux solutions sont confondues : $q^- = q^+ = q_0$.

FIGURE 2.4 – Fonctions de coûts totaux et marginaux

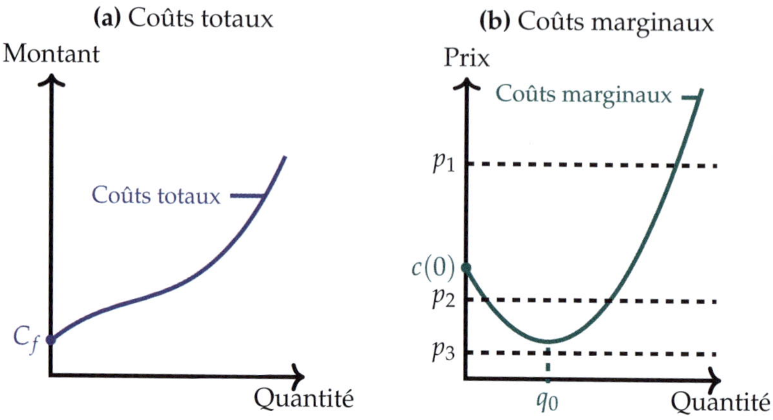


chaque unité supplémentaire (entre $q^-$ à $q^+$) est produite à un coût marginal $c(q) < p$ et rapporte $p$. Par conséquent les profits sont supérieurs en $q^+$ à ce qu'ils sont en $q^-$. La production se fera donc à $q^+$. Plus généralement, si la quantité optimale à produire n'est pas 0, on a $q^* > q_0$. Intuitivement, dès lors que la courbe de coût marginal est décroissante, chaque unité supplémentaire est plus rentable que la précédente. De manière générale, pour une fonction de coûts quelconque, on a donc la propriété suivante :

> Si la quantité optimale produite n'est pas 0, elle se situe nécessairement sur une partie croissante de la courbe de coûts marginaux.

**Analyse de la décision d'ouverture : coûts moyens**

Maintenant que nous avons déterminé la quantité qu'il est optimal de produire en cas d'ouverture de la firme, nous pouvons, en comparant les profits en ce point et en cas de non ouverture, déterminer s'il est optimal pour la firme d'ouvrir ou non. Étant donné que le profit en cas de non ouverture est nul, il s'agit simplement de déterminer si le profit en cas d'ouverture est positif ou non.

En cas d'ouverture, il est optimal de produire la plus grande solution notée $q^+$ de $c(q) = p$. Sachant que la firme fait un profit nul si elle n'ouvre pas et $\Pi(p, q^+)$ si elle ouvre, la condition d'ouverture de la firme s'écrit :

$$\Pi(p, q^+) \geq 0.$$

On réécrit ce profit sous la forme :

$$\Pi(p, q^+) = pq^+ - C(q^+) = q^+ \left( c(q^+) - \frac{C(q^+)}{q^+} \right),$$

où le terme $C(q^+)/q^+$ correspond au *coût moyen par unité produite* pour un niveau de production $q^+$. En notant $\overline{C}(q) = C(q)/q$ la fonction de coûts moyens, nous avons établi le résultat suivant :

Il est optimal d'ouvrir la firme si en $q^+$ les coûts marginaux excèdent les coûts moyens. La **condition d'ouverture** d'un producteur s'écrit donc

$$c(q^+) \geq \overline{C}(q^+).$$

Pour déterminer si une firme produit ou non, il faut donc s'intéresser à ses coûts moyens et les comparer aux coûts marginaux. Comme on peut le voir sur la figure 2.5, pour des valeurs très petites de $q$, les coûts moyens sont très élevés car $C_f > 0$, et ils excèdent les coûts marginaux. De même, pour toute valeur de $q$ inférieure ou égale à $q_0$, les coûts moyens sont obtenus comme une moyenne des coûts fixes et des coûts marginaux entre 0 et $q$, et sont donc supérieurs aux coûts marginaux. [2]

FIGURE 2.5 – Coûts marginaux et coûts moyens

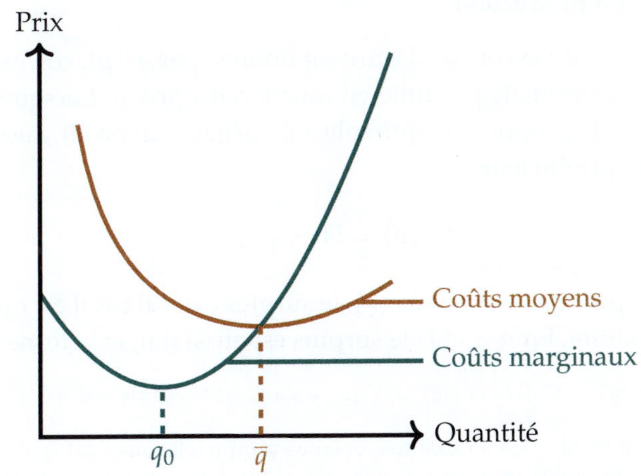


On remarque aussi que, si les coûts marginaux sont inférieurs aux coûts moyens, augmenter la quantité produite diminue les coûts moyens, car chaque unité supplémentaire fait baisser la moyenne des coûts. Sy-

2. Mathématiquement, pour $q \leq q_0$, $\overline{C}(q) = \frac{1}{q}(C_f + \int_0^q c(x)\,dx) > \frac{1}{q}\int_0^q c(x)\,dx > c(q)$.

métriquement, si les coûts marginaux sont supérieurs aux coûts moyens, augmenter la quantité augmente les coûts moyens. Par conséquent,[3]

$$\overline{C}'(q) > 0 \text{ est équivalent à } c(q) > \overline{C}(q).$$

Les coûts moyens sont donc minimisés en $\overline{q}$ telle que $\overline{C}(\overline{q}) = c(\overline{q})$.[4]

On en déduit que la firme fait les choix suivants :

- lorsque le prix est inférieur à $c(\overline{q})$, le prix est inférieur au coût moyen quelle que soit la quantité produite, la firme ne peut donc jamais faire de profit, elle n'ouvre pas et son offre est donc nulle ;
- lorsque le prix est supérieur à $c(\overline{q})$, la firme produit une quantité qui égalise les coûts marginaux et le prix, et l'offre est donc donnée par la courbe de coûts marginaux.

Ce raisonnement permet de tracer la courbe d'offre individuelle d'une entreprise. Il est illustré sur la figure 2.6. En particulier, au point $c(\overline{q})$, l'offre est discontinue et passe de 0 à $\overline{q}$. Notez également que l'offre est une fonction croissante des prix. En résumé :

> La courbe d'offre individuelle d'une entreprise correspond à la courbe de coût marginal dès lors qu'il est profitable de produire.

**Surplus d'un producteur**

L'équation de la courbe d'offre est donnée par $q^*(p)$, correspondant à la quantité optimale produite en fonction du prix $p$. Lorsque la firme fait le choix de production optimale, elle dégage un profit, aussi appelé **surplus du producteur** :

$$SP(p) = \Pi(p, q^*(p)).$$

Lorsque le prix est inférieur à $c(\overline{q})$, le surplus est nul car il est optimal de ne pas produire. En $p = c(\overline{q})$ le surplus est aussi nul, et la firme est indif-

3. Avec $\overline{C}(q) = C(q)/q$ et $c(q) = C'(q)$, on a $\overline{C}'(q) = [c(q)q - C(q)]/q^2 = [c(q) - \overline{C}(q)]/q$.

4. On peut montrer qu'il existe une unique valeur $\overline{q}$ telle que $\overline{C}(\overline{q}) = c(\overline{q})$. En effet, pour des quantités supérieures à $q_0$ et telles que $\overline{C} > c$, $\overline{C}$ est décroissante tandis que $c$ est croissante. Étant donné que $c$ tend vers $+\infty$ et que les fonctions sont continues, il existe un point d'intersection $\overline{q}$, solution de $\overline{C}(q) = c(q)$. Peut-on avoir plusieurs solutions à $\overline{C}(q) = c(q)$ ? Si on note $\overline{q}_1$ la plus basse des solutions alors $\overline{q}_1 > q_0$ car nous avons vu que $\overline{C}(q) > c(q)$ pour $q \leq q_0$. On a donc $\overline{C}'(q_1) = 0$ et $c'(q_1) > 0$ ce qui implique que $\overline{C} < c$ dans un voisinage à droite de $q_1$ et $\overline{C} > c$ dans un voisinage à gauche. Supposons qu'il existe une deuxième solution plus haute notée $\overline{q}_2$. Pour $\overline{q}_1 < q < \overline{q}_2$, nous avons donc $\overline{C}(q) < c(q)$, ce qui est contradictoire avec le fait que $\overline{C}(q) > c(q)$ dans un voisinage à gauche de $q_2$.

FIGURE 2.6 – Offre individuelle et surplus du producteur

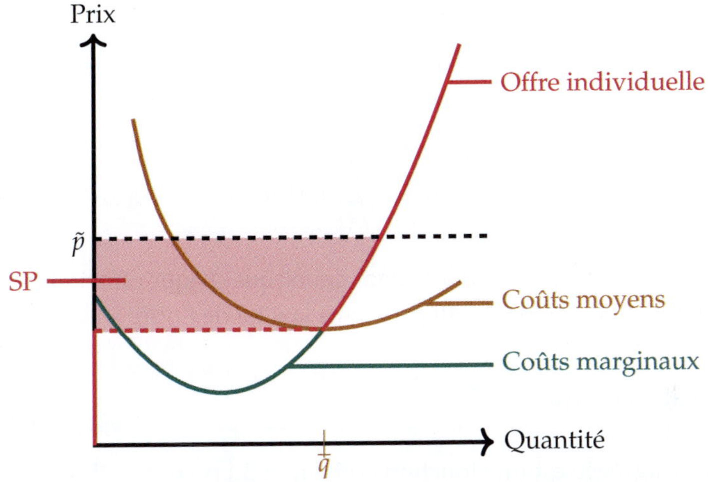


férente entre produire ou non. Lorsque le prix augmente au-delà de $c(\overline{q})$, chaque augmentation du prix de $p$ à $p + \mathrm{d}p$ a deux effets sur le surplus : premièrement, une augmentation du profit sur les $q^*(p)$ unités déjà produites, d'un montant de $q^*(p)\,\mathrm{d}p$ ; deuxièmement, une augmentation de la production de $q^*(p)$ à $q^*(p) + \mathrm{d}q^*(p)$. Néanmoins, étant donné que ces unités sont produites à un coût marginal égal à $p$, cette augmentation de prix n'a pas d'impact net sur le surplus (l'augmentation des revenus de $p \times \mathrm{d}q^*(p)$ étant compensée exactement par l'augmentation des coûts de $c(q^*) \times \mathrm{d}q^*(p)$). Chaque augmentation de $\mathrm{d}p$ du prix conduit donc à une augmentation $q^*(p)\,\mathrm{d}p$ du surplus. Pour un prix de marché $\tilde{p}$, le surplus est donc égal à la somme des $q^*(p)\,\mathrm{d}p$ pour tous les prix $p$ allant de 0 à $\tilde{p}$, ce qui donne la relation suivante :[5]

$$SP(\tilde{p}) = \int_0^{\tilde{p}} q^*(p)\,\mathrm{d}p.$$

Cette dernière relation a une interprétation graphique simple et utile : le surplus du producteur est représenté par l'aire située au-dessus de sa courbe d'offre, et sous le prix $\tilde{p}$. C'est la surface en rouge sur la figure 2.6.

5. De manière mathématique, on note qu'avec $p \geq c(\overline{q})$ on a $SP(p) = pq^*(p) - C(q^*(p))$ et donc $SP'(p) = q^*(p) + pq^{*'}(p) - c(q^*(p))q^{*'}(p) = q^*(p)$ car $p = c(q^*(p))$, tandis qu'avec $p < c(\overline{q})$ on a $SP(p) = 0$, $SP'(p) = 0$, $q^*(p) = 0$. On a donc $SP'(p) = q^*(p)$ pour tout $p$ et $SP(0) = 0$. Par conséquent $SP(\tilde{p}) = \int_0^{\tilde{p}} SP'(p)\,\mathrm{d}p + SP(0) = \int_0^{\tilde{p}} q^*(p)\,\mathrm{d}p$.

### 2.2.2 La courbe d'offre

#### Offre et surplus agrégés

Considérons désormais qu'il n'y a pas un seul producteur, mais un nombre $J$ de producteurs. L'offre totale des producteurs est

$$S(p) = \sum_{j=1}^{J} q_j^*(p),$$

où $q_j^*$ est l'offre du producteur $j$. Étant donné que chaque offre individuelle est une fonction croissante du prix, on a la « loi de l'offre » :

**Loi de l'offre**

L'offre agrégée est une fonction croissante du prix.

Par ailleurs, le surplus de l'ensemble des producteurs s'écrit comme la somme des surplus individuels :

$$SP(p) = \sum_{j=1}^{J} SP_j(p) = \sum_{j=1}^{J} \int_0^p q_j^*(x)\,\mathrm{d}x = \int_0^p S(x)\,\mathrm{d}x.$$

Le surplus de l'ensemble des producteurs est par conséquent représenté par l'aire de la surface située sous le prix et au-dessus de la fonction d'offre agrégée. Pour le connaître, il suffit donc de connaître l'offre agrégée, et non chacune des offres individuelles, ce qui est empiriquement beaucoup plus aisé.

#### Déterminants de l'offre

Nous avons vu comment établir et analyser l'offre des producteurs selon leurs fonctions de coût. De manière pratique, de nombreux facteurs peuvent modifier l'offre des producteurs :

- **Le prix des intrants**. Par exemple, si le prix du cuivre augmente, la courbe d'offre de câbles électriques à haute tension est déplacée vers le haut, car les coûts marginaux des producteurs de câbles augmentent.
- **La technologie**. Ainsi, l'introduction d'engrais et de pesticides augmente l'offre de blé, et la courbe d'offre est déplacée vers le bas. Les effets de courbe d'expérience que nous avons décrits plus haut contribuent également à déplacer vers la droite la courbe d'offre.

- **Le nombre de producteurs**. Ainsi, la fermeture de puits de pétrole (causée par un conflit ou un boycott par exemple) en diminue l'offre.
- **Les anticipations des producteurs**. Par exemple lorsqu'une firme qui anticipe une croissance du marché peut augmenter sa capacité de production en anticipation.

### 2.2.3 Élasticité-prix de l'offre

Dans les faits, il est souvent très difficile d'estimer la fonction de coût d'une firme, encore plus de l'ensemble des firmes de l'économie. Néanmoins, il est souvent suffisant d'avoir une approximation locale de cette fonction d'offre : comme nous l'avons vu précédemment avec la demande, cette approximation est donnée par une élasticité-prix. L'élasticité-prix de l'offre se définit naturellement comme la variation relative de l'offre suite à une variation relative du prix :

$$e_S = \frac{\text{variation en \% de l'offre}}{\text{variation en \% du prix}} = \frac{\frac{\mathrm{d}S}{S}}{\frac{\mathrm{d}p}{p}} = \frac{p}{S}\frac{\mathrm{d}S}{\mathrm{d}p},$$

où $S(p)$ donne l'offre en fonction du prix $p$. Ainsi, une augmentation du prix de 1 % provoque une hausse de l'offre de $e_S$ %. Comme pour la demande, plusieurs paramètres déterminent l'élasticité-prix de l'offre. En voici quelques exemples :

- **L'horizon temporel**. Comme l'ajustement des capacités de production prend du temps, l'offre de court terme peut rester assez stable face à des augmentations de prix. Néanmoins, une hausse durable des prix entraîne à long terme une augmentation des capacités de production : ainsi, l'offre est typiquement plus élastique à long terme qu'à court terme.
- **Les capacités de stockage**. Lorsqu'une entreprise peut stocker un produit, elle pourra typiquement en offrir rapidement plus lorsque les prix augmentent, en diminuant ses stocks. Certains biens, comme l'électricité, sont difficilement conservables. Ceci explique que, dans certains cas, l'offre ne s'ajuste que peu à une variation des prix, conduisant à des prix plus volatils. Ainsi, des prix nuls (voire négatifs) des carburants pour avions ont été observés de manière momentanée en 2020, suite à la mise à l'arrêt du trafic aérien mondial consécutive au début de l'épidémie de Covid-19.
- **La mobilité des facteurs de production**. Nous avons vu que l'offre était plus élastique lorsque les capacités de production pouvaient s'ajuster rapidement. Cette facilité d'ajustement est fonction de la

mobilité des facteurs de production. Par exemple, face à une variation des prix de denrées agricoles, il sera possible pour un agriculteur de changer d'une année sur l'autre les variétés qu'il exploite, rendant l'offre élastique. Au contraire, si l'on s'intéresse au marché du travail, l'élasticité-prix de l'offre sera plus faible. Il est en effet souvent difficile pour des travailleurs de basculer d'un secteur vers un autre (à cause de coûts de formation par exemple), ou de changer de région géographique.

- **Les conditions de concurrence**. La libre entrée des producteurs sur un marché est un facteur d'augmentation de l'élasticité. Lorsqu'une augmentation des prix rend les activités de production profitables, de nouveaux producteurs entrent sur le marché, augmentant ainsi l'offre.

# Exercices du chapitre 2

**Exercice 2.1 Effet des coûts fixes**

On considère une usine d'aluminium dont les coûts sont divisés entre coûts fixes (machines, terrains) et coûts variables (matériaux, électricité, etc.). On suppose qu'au prix actuel $p$ de l'aluminium, la firme en produit une quantité positive $O(p)$.

1. Supposons que les coûts fixes diminuent, à prix de l'aluminium constant. Comment la quantité produite par la firme évolue-t-elle ?
2. Que se passe-t-il si les coûts fixes augmentent ?

**Exercice 2.2 Coûts et profits**

On compare les profits de deux firmes, $A$ et $B$, sous différentes hypothèses sur leurs fonctions de coûts.

1. Supposons que les coûts de la firme $A$ sont supérieurs à ceux de la firme $B$ dans le sens où, pour produire n'importe quelle quantité $q$, le coût pour la firme $A$ pour produire $q$ est supérieur à celui de la firme $B$.

   À un prix donné $p$, que peut-on dire des profits des deux firmes à ce prix ?
2. Considérons maintenant un prix $p$ auquel la firme $A$ produit $q_A$ unités, et la firme $B$ $q_B$ unités.
   - Supposons que le coût de la firme $A$ pour produire $q_A$ unités est supérieur à celui de la firme $B$ pour produire $q_B$. Peut-on tirer des conclusions sur la comparaison des profits des deux firmes au prix $p$ ?
   - Supposons que le coût de la firme $A$ pour produire $q_B$ unités est supérieur à celui de la firme $B$ pour en produire $q_B$. Que peut-on dire dans ce cas sur les profits des deux firmes au prix $p$ ?

**Exercice 2.3 Offre de court et long terme**

Les coûts d'une pizzeria sont donnés comme suit :

- location du matériel : 40 € par jour
- matières premières : 2 € par pizza
- main d'œuvre à la journée : 30 € par jour et par employé

En fonction du nombre d'employés on a la production maximale de pizzas suivante :

| Employés | Pizzas |
|---|---|
| 0 | 0 |
| 1 | 10 |
| 2 | 32 |
| 3 | 47 |
| 4 | 55 |
| 5 | 60 |
| 6 | 63 |
| 7 | 65 |

1. Décrire la fonction de coûts totaux de la pizzeria.
2. Décrire l'offre de pizzas. Cette offre est aussi appelée offre de long terme.

   Nous supposons maintenant que nous avons ouvert la pizzeria, avec un bail de location de matériel d'un an *avant* d'observer le prix de marché. Ces coûts de location sont irrécupérables, et nous sommes obligés de payer cette location pendant un an.
3. Décrire l'offre de pizzas en fonction du prix dans ce cas, aussi appelée offre de court terme.
4. Comparer l'offre de court terme et l'offre de long terme. En pratique, que se passera-t-il si un choc temporaire induit une baisse des prix de vente des pizzas ? Et si cette baisse est durable ?

# Chapitre 3

# Marchés et équilibres de marché

Le Kerala est un État au sud-ouest de l'Inde qui compte un grand nombre de pêcheurs. En 1997, des premières antennes de téléphonie mobile commencèrent à y être construites. Les pêcheurs s'équipèrent rapidement de téléphones portables, et cette innovation leur a été particulièrement utile. Chaque matin, entre 5 h et 8 h, les plages du Kerala deviennent des marchés au poisson dans lesquels les pêcheurs peuvent écouler leurs prises. À la fin de chaque nuit, les pêcheurs doivent décider vers quelle plage aller pour la vente. Cette décision est importante car les plages sont assez éloignées les unes des autres et le marché ne dure pas longtemps : une fois une plage choisie, les pêcheurs doivent s'y tenir. Un pêcheur arrivant à une plage où de nombreux autres pêcheurs sont déjà présents court le risque de ne pas pouvoir vendre l'intégralité de sa prise. Avant l'arrivée du téléphone portable, de 5 à 8 % des poissons pêchés étaient jetés faute d'acheteurs. La téléphonie mobile a changé la donne : en communiquant avec la côte, les pêcheurs avaient accès chaque jour à plus d'information pour sélectionner un marché. Quel a été l'impact économique de ce progrès technologique ? L'économiste Robert Jensen et son équipe de recherche ont réussi à mesurer les prix du poisson proposés sur différentes plages du Kerala chaque semaine entre 1996 et 2001 (Jensen, 2007). Les antennes de téléphonie mobile ont été installées à différents endroits à des moments différents : la figure 3.1 montre l'évolution des prix du poisson dans trois régions ainsi que la date d'arrivée de la téléphonie mobile.

Les résultats sont frappants : avant l'arrivée des téléphones mobiles, il y avait une très grande volatilité des prix du poisson. Lorsque les

FIGURE 3.1 – Évolution du prix hebdomadaire des sardines sur les plages du Kerala entre 1996 et 2001 dans trois régions ayant installé des antennes téléphoniques

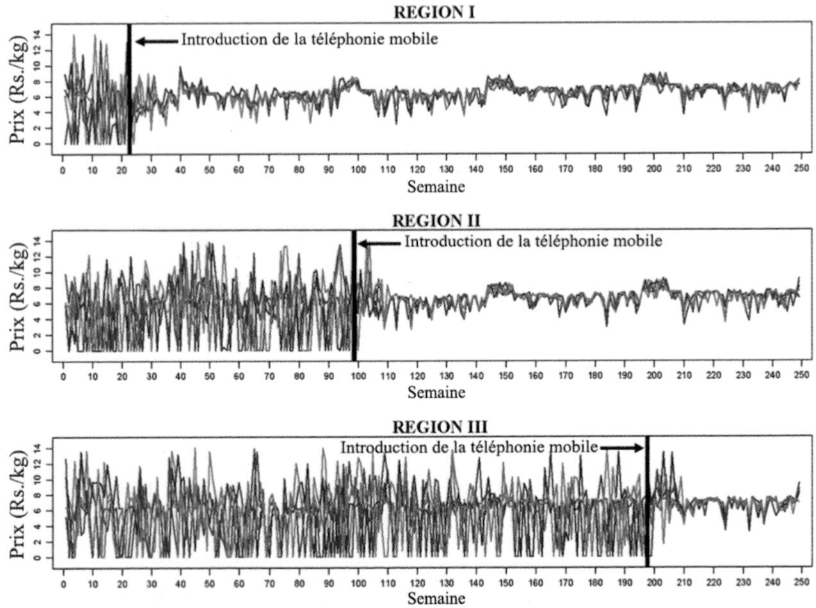


*Notes* : Les barres verticales indiquent le moment où chaque région a eu accès à la téléphonie mobile. *Source* : Jensen (2007).

pêcheurs arrivaient trop nombreux sur une plage (tellement nombreux qu'une partie de la production était jetée), les prix étaient très faibles – une bonne affaire pour les clients locaux. Parfois, au contraire, très peu de pêcheurs se rendaient sur une plage, et leurs prises se vendaient à un prix élevé. Une fois les antennes téléphoniques mises en place, tout changea très vite : en quelques semaines, la majorité des pêcheurs s'est équipée de téléphones mobiles, et pouvait désormais mieux choisir un point de vente. La volatilité des prix a chuté presque du jour au lendemain, le prix du poisson est devenu stable. Qui a profité de ce changement? Jensen a mesuré qu'après la mise en place du réseau mobile, le gaspillage est devenu presque inexistant : tous les poissons (ou presque) trouvaient un acheteur. Faisant face à moins d'incertitude, les pêcheurs ont pu baisser leurs prix (de 4 %), profitant aux habitants des côtes. Malgré cette baisse des prix, les pêcheurs n'ont pas été perdants : leurs profits ont augmenté en moyenne de 8 %. Mais la mise en place du téléphone n'a pas eu un impact que sur les pêcheurs. Dans un article de recherche postérieur,

Jensen et Miller (2018) montrent que l'introduction de la téléphonie mobile a également changé la donne pour les constructeurs de bateaux : lorsque l'échange d'information est devenu plus simple, des constructeurs de bateaux de meilleure qualité ont commencé à embaucher plus d'ouvriers et à construire plus de navires, tandis que les constructeurs de moins bonne qualité ont plus souvent fermé boutique. Dans l'ensemble, le prix des bateaux a également diminué suite à l'introduction des antennes téléphoniques.

En permettant la transmission d'information, la téléphonie mobile a eu un impact économique fort : un prix stable du poisson est apparu, presque identique dans les différentes régions du Kerala. On peut considérer que le téléphone portable a permis de créer un marché du poisson à peu près unifié dans l'ensemble de la région.

## Les marchés dans l'économie

On parle de marché lorsque l'offre et la demande d'un même bien ou service se rencontrent. Chaque consommateur et chaque producteur ont la possibilité d'échanger le bien ou le service pour un prix qui leur convient. En pratique, les biens et services considérés peuvent être aussi divers que les matières premières, les actifs financiers, les biens immobiliers, les heures de travail, ou encore une année de cours à l'université.

Les **mécanismes de marché**, c'est-à-dire la façon dont offre et demande sont mises en relation, peuvent être très divers. Dans une vente à la criée, telle que pratiquée pour des marchés de gros en fleurs, fruits et légumes par exemple, les acheteurs enchérissent et le plus offrant remporte le bien (on parle alors d'enchères simples). Dans les marchés financiers comme Euronext, les acteurs placent des ordres limites d'achat ou de vente, et un système de cotation détermine automatiquement quelles transactions ont lieu ainsi que les prix auxquels elles s'effectuent. Certaines plateformes, comme Uber, mettent en relation offre et demande au travers d'algorithmes complexes. La plupart des marchés, comme ceux de l'immobilier et de l'emploi, mais aussi celui des poissons du Kerala, sont décentralisés. Dans tous les cas de figure, c'est la concurrence entre vendeurs d'une part, et acheteurs de l'autre, qui mène à un ajustement des prix.

Dans ce chapitre, nous présentons le modèle le plus simple d'un marché. Ce modèle a deux ingrédients : la fonction de demande et la fonction d'offre. La fonction de demande indique, en fonction du prix du bien ou du service, la quantité demandée par un consommateur ou un groupe de consommateurs. Elle est la résultante de leurs choix de consommation et donc de leurs préférences. De manière symétrique, la fonction d'offre indique, en fonction du prix, les quantités du bien qui seront mises sur le marché par un producteur, ou par l'ensemble des producteurs. Elle s'obtient à partir des fonctions de coût des producteurs et de la maximisation de leur profit. À l'équilibre, les échanges se font à un certain prix, les producteurs vendent une certaine quantité qui est achetée par les consommateurs. Une question se pose alors : s'il n'y a pas de régulation du marché, cette quantité est-elle une « bonne » quantité ? Nous verrons que, selon la situation, l'équilibre de marché est satisfaisant ou au contraire sous-optimal. Dans le cas où le résultat en situation de laissez-faire est insatisfaisant, nous allons étudier à plusieurs reprises dans cet ouvrage comment l'État peut intervenir pour améliorer l'équilibre.

Ce modèle est basique car il fait abstraction des particularités d'organisation de chaque marché, mais il est puissant car il permet de représenter et d'analyser de manière simple une large variété d'échanges dans le monde réel. Sa généralité en fait un point de départ particulièrement utile pour l'analyse économique d'un marché quelconque. Dans les chapitres à venir, nous utiliserons ce modèle pour étudier des marchés spécifiques, comme les marchés financiers ou le marché du travail. Nous étudierons également des mécanismes de marché particuliers, comme les enchères. Des cours plus avancés décrivent comment complexifier davantage le modèle de base pour mieux représenter les mécanismes spécifiques à l'œuvre dans chaque marché.

De manière générale, il ne faut pas croire que la liberté d'acheter et de vendre qui est propre aux marchés s'apparente à l'anarchie. Au contraire, pour que les marchés fonctionnent, un cadre minimum est nécessaire. Il s'agit d'abord d'un cadre institutionnel, garantissant notamment le droit à la propriété privée et la bonne exécution des contrats. Il s'agit ensuite de l'existence d'infrastructures, notamment de transport, permettant les échanges de biens et de services. Enfin, un marché requiert un cadre informationnel permettant la mise en relation d'acheteurs et vendeurs, comme cela a été permis par la téléphonie au Kerala.

## 3.1 L'équilibre de marché

Partons de l'hypothèse de consommateurs et de producteurs librement mis en relation et pouvant s'échanger des quantités du bien contre de l'argent à un prix négocié entre eux. Supposons qu'un consommateur se fournisse auprès d'un producteur à un prix $p_1$, tandis qu'un autre consommateur se fournit à un prix $p_2$ auprès d'un second producteur. Si $p_1$ est inférieur à $p_2$, le second consommateur aurait intérêt à proposer un peu plus que $p_1$ au premier producteur, ce qui serait bénéficiaire aux deux. Le même raisonnement montre qu'on ne saurait avoir $p_2 < p_1$, et par conséquent $p_1 = p_2$.

**Loi du prix unique**

Dans un marché sans frictions, tous les échanges d'un même bien se font au même prix.

L'exemple du marché du poisson au Kerala nous fournit une très bonne illustration de la loi du prix unique. Avant l'arrivée du téléphone portable, il y avait plusieurs marchés qui avaient chacun un prix différent. Le téléphone a unifié ces marchés, ce qui a conduit à la convergence des prix entre marchés.

Étant donnée la loi du prix unique, à quel(s) prix les échanges peuvent-ils se faire ? Les fonctions d'offre et de demande nous permettent de répondre à cette question. Lorsque pour un prix d'échange donné la demande est supérieure à l'offre, on parle de **pénurie** du bien. Certains consommateurs sont dans ce cas prêts à proposer un prix plus élevé aux producteurs pour acquérir le bien, ce qui conduit à une augmentation du prix (une inflation). En revanche, lorsque le prix d'échange est tel que l'offre est supérieure à la demande, on dit que nous sommes dans une situation de **surproduction**. Dans ce cas, la trop forte compétition entre producteurs les conduit à baisser leurs prix pour attirer des acheteurs (une déflation).

Le **prix de marché** est déterminé par l'égalisation de l'offre et de la demande. À ce prix, chaque consommateur acquiert la quantité souhaitée du bien, et chaque producteur choisit sa production de manière optimale : il n'y a ni surproduction, ni pénurie. Les trois situations sont illustrées sur le graphe de la figure 3.2.

**Prix et équilibre de marché**

Au prix de marché, la demande et l'offre s'égalisent, et l'on a une situation d'équilibre de marché.

En pratique, le mécanisme de convergence des prix vers le prix d'équilibre dépend de l'organisation exacte du marché. Le mécanisme par lequel une pénurie conduit à une augmentation des prix, et une surproduction à leur diminution, s'appelle le tâtonnement.

FIGURE 3.2 – Surplus, pénurie et équilibre de marché

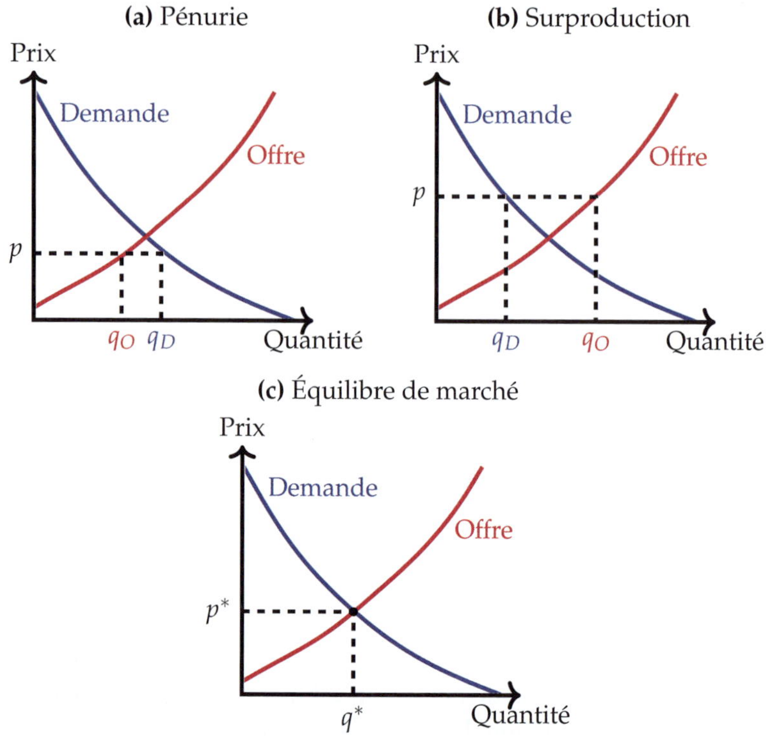


*Notes* : En situation de pénurie, la quantité demandée $q_D$ est supérieure à la quantité offerte $q_O$. En situation de surproduction, la quantité demandée $q_D$ est inférieure à la quantité offerte $q_O$. À équilibre de marché, la quantité demandée $q_D$ et la quantité offerte $q_O$ sont égales.

**Chocs d'offre et de demande.** Dans les pages précédentes, nous avons décrit les deux principaux facteurs qui déterminent le prix d'un bien : la valeur donnée par les consommateurs à ce bien, et le coût de sa production. Ce paradigme d'offre et de demande nous permet de décrire précisément comment ces deux paramètres entrent dans la détermination d'un prix, et comment ceux-ci changent lorsque changent les goûts des consommateurs ou les coûts de production.

Lorsque la valeur donnée à un bien par les consommateurs augmente, la courbe de demande est déplacée vers le haut, ce qui fait augmenter le prix du bien. Si le coût auquel on produit un bien diminue, cela déplace la courbe d'offre vers le bas et fait diminuer le prix.

Les marchés agricoles regorgent d'exemples de tels chocs d'offre ou de demande. Ainsi, le prix de la vanille reflète les évènements politiques et climatiques de Madagascar, le pays qui produit le plus de cette épice. En

2004, le pays a été touché par un violent cyclone qui a détruit une bonne partie des plantations de vanille (ce que l'on peut interpréter comme un choc d'offre négatif), et le prix de la vanille a plus que doublé.

## 3.2 Propriétés de l'équilibre de marché

Les économistes s'intéressent beaucoup aux propriétés dites d'*efficacité* du marché – c'est-à-dire de savoir si les marchés conduisent à une bonne allocation de la consommation et de la production, ou si au contraire l'issue des marchés est insatisfaisante. Pour faire cela, nous avons besoin de reposer sur des critères dits *normatifs* permettant de juger la désirabilité des allocations de consommation et de production. Nous introduisons deux critères, la maximisation du surplus et l'efficacité au sens de Pareto.

Le principe des marchés est de laisser acheteurs et vendeurs échanger librement. À l'équilibre de marché, chaque acheteur acquiert autant de biens qu'il l'estime souhaitable au prix de marché. Par conséquent, pour bénéficier à un acheteur, un achat supplémentaire devrait se faire à un prix inférieur au prix de marché. De manière symétrique, pour satisfaire un producteur, une vente supplémentaire devrait se faire à un prix supérieur au prix de marché. Ainsi, à l'équilibre de marché, aucun acheteur et aucun producteur ne souhaitent effectuer de transaction supplémentaire entre eux. Par principe, tous les échanges mutuellement bénéfiques sont réalisés.

Nous formalisons cette intuition dans la section 3.2.1 où nous montrons que, parmi tous les prix possibles, le prix de marché est celui qui maximise le surplus total. Dans la section 3.2.2, nous introduisons le critère d'efficacité de Pareto, selon lequel une allocation des biens est efficace si aucune autre ne pourrait mieux satisfaire chacun des agents économiques. Enfin, dans la section 3.2.5, nous apportons une critique des critères de surplus et de Pareto sous l'angle des inégalités.

### 3.2.1 Maximisation du surplus

En étudiant les consommateurs et les producteurs, nous avons introduit les notions de surplus des consommateurs $SC$ et de surplus des producteurs $SP$. Pour une allocation des biens donnée, le surplus total est défini comme leur somme :

$$ST = SC + SP.$$

Pour montrer que le prix d'équilibre permet de maximiser le surplus total $ST$, nous allons utiliser une analyse graphique. À prix d'équilibre $p^*$

et pour une quantité échangée correspondant $q^*$, le surplus des consommateurs $SC$ est représenté comme l'aire située sous la courbe de demande et au-dessus du prix, et le surplus des producteurs $SP$ comme l'aire au-dessus de la courbe d'offre et au-dessous du prix. Par conséquent, le surplus total est représenté comme l'aire comprise entre la courbe d'offre et la courbe de demande pour les quantités inférieures à $q^*$ (voir figure 3.3).

FIGURE 3.3 – Surplus du consommateur et du producteur au prix d'équilibre de marché

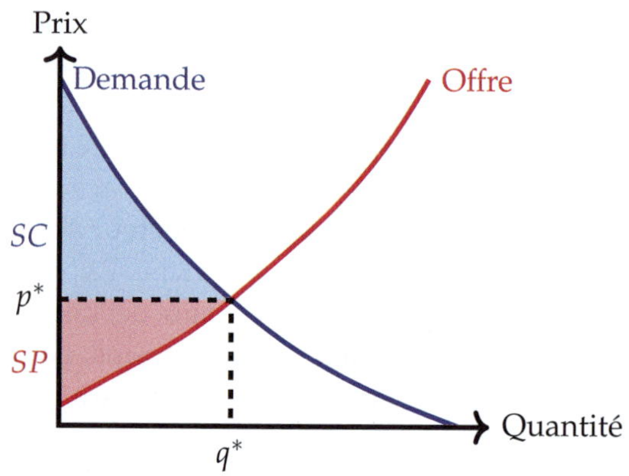


Considérons maintenant une situation de pénurie, c'est-à-dire un prix $p$ inférieur à $p^*$. Dans ce cas, la quantité demandée $q_D$ est supérieure à la quantité offerte $q_O$. La quantité échangée sur le marché est limitée par l'insuffisance de l'offre et vaut $q_O$. Le surplus des consommateurs est lui aussi limité par la quantité échangée. Si l'on fait l'hypothèse que l'offre satisfait en priorité les consommateurs ayant la propension marginale à payer la plus élevée, on obtient que le surplus des consommateurs est représenté par l'aire située sous la courbe de demande et au-dessus du prix, pour des quantités inférieures à $q_O$.[1] Le surplus des producteurs quant à lui est donné par l'aire située au-dessus de la courbe d'offre et sous le prix. Comme représenté sur la figure 3.4, le surplus total est donc donné par l'aire située sous la courbe de demande et sous la courbe d'offre, pour des quantités inférieures à $q_O$, et est donc inférieur au surplus total à l'équilibre de marché. La différence est appelée **perte sèche**.

Une situation inverse, dite de surproduction, est représentée en figure 3.5. Pour un prix supérieur au prix d'équilibre de marché, la quantité offerte $q_O$ est inférieure à la quantité demandée $q_D$. L'insuffisance de la demande limite les échanges, et la quantité effectivement échangée est $q_D$.

1. Si cette hypothèse n'est pas vérifiée, le surplus des consommateurs sera inférieur. La méthode proposée conduit donc à une borne supérieure au surplus des consommateurs en situation de pénurie.

FIGURE 3.4 – Surplus et perte sèche en situation de pénurie

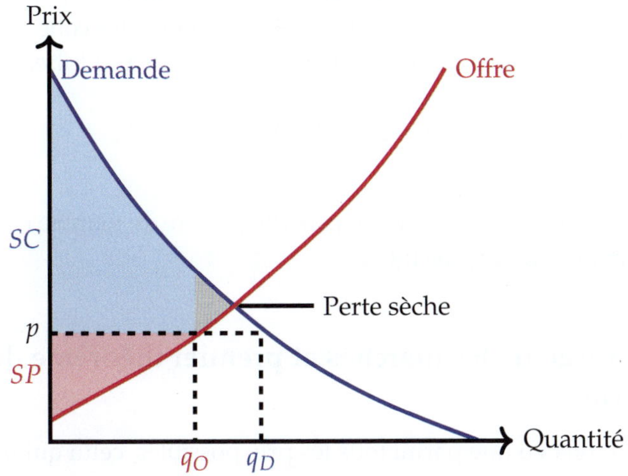


Le surplus des consommateurs est donné par l'aire située sous la courbe de demande et au-dessus du prix, tandis que le surplus des producteurs est représenté par l'aire au-dessus de la courbe d'offre et sous le prix, en se limitant aux quantités inférieures à $q_D$.[2] Le surplus total est donc encore une fois inférieur à celui du prix d'équilibre, avec une perte sèche.

FIGURE 3.5 – Surplus et perte sèche en situation de surproduction

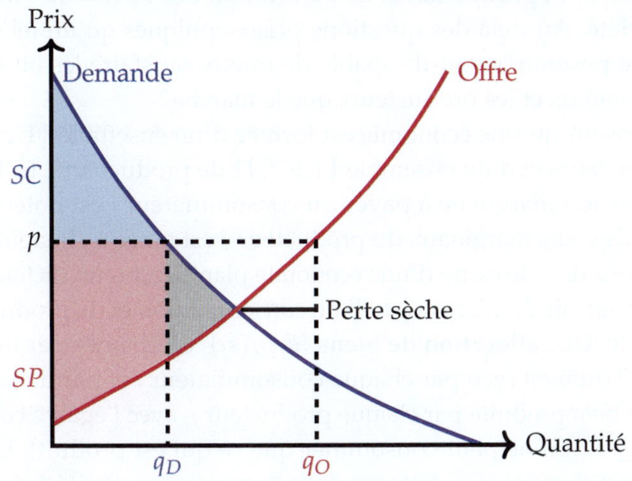


Les situations de pénurie et de surproduction ne sont pas économiquement efficaces car des échanges profitables aux producteurs et aux

2. On fait ici aussi l'hypothèse implicite que les unités produites le sont à coût moindre. Dans le cas contraire, le surplus obtenu serait encore plus faible.

consommateurs n'ont pas lieu. En effet, la partie du graphe située à droite de $q_O$ pour la pénurie ou à droite de $q_D$ pour la surproduction, et au-dessous de la quantité d'équilibre, correspond à des consommateurs prêts à payer plus qu'il ne coûte aux producteurs de produire, mais pour laquelle des échanges ne se produisent pas.
Nous pouvons donc conclure :

Parmi tous le prix possibles, le prix d'équilibre de marché est celui qui maximise le surplus total.

### 3.2.2 Efficacité des marchés et premier théorème du bien-être

Nous avons vu que parmi tous les prix possibles, celui qui maximise le surplus est celui d'équilibre de marché. Mais peut-être existe-t-il une manière d'allouer les biens d'une autre manière qu'avec la formation d'un prix qui soit plus efficace que l'allocation de marché ! Nous pouvons ainsi considérer des subventions à des producteurs qui seraient déficitaires à l'équilibre de marché afin de maintenir leur production, ou encore des tarifs différenciés selon les consommateurs. Dans un scénario extrême, nous pourrions imaginer une économie totalement centralisée, sans loi du marché, et dans laquelle un dictateur bienveillant aurait le pouvoir absolu de décider de la production et de l'allocation des biens entre individus de la société. Au-delà des questions philosophiques qu'un tel système totalitaire poserait, serait-il capable de mieux satisfaire les besoins des consommateurs et les producteurs que le marché ?

Supposons qu'une économie est formée d'un ensemble $\{1, \ldots, I\}$ de consommateurs et d'un ensemble $\{1, \ldots, J\}$ de producteurs. La fonction de propension marginale à payer du consommateur $i$ est notée $u_i$, et la fonction de coûts marginaux du producteur $J$ est notée $c_j$. Imaginons que nous soyons dans le cadre d'une économie planifiée, où un dictateur bienveillant pourrait décider du profil de consommation et de production de l'économie. Une **allocation de biens** $(d_i)_i, (s_j)_j$ est donnée par une quantité $d_i \geq 0$ du bien reçu par chaque consommateur $i$ et par une quantité $s_j \geq 0$ du bien produite par chaque producteur $j$, avec l'égalité comptable $\sum_i d_i = \sum_j s_j$ (on ne peut consommer que ce qui est produit). Une **allocation de richesses** $(t_i)_i, (r_j)_j$ est donnée par une quantité $t_i$ payée par chaque individu $i$ et une quantité reçue $r_j$ par chaque producteur $j$, avec l'égalité comptable $\sum_i t_i = \sum_j r_j$. Nous n'imposons rien sur les signes des quantités $t_i$ et $r_j$, si bien qu'en principe rien n'interdit à un consommateur de recevoir de l'argent de la part des autres consommateurs ou des producteurs.

La définition suivante de l'efficacité d'une allocation de biens et de richesses provient des travaux du sociologue Vilfredo Pareto (1848-1923) :

**Critère de Pareto**

Une allocation des biens et des richesses est inefficace au sens de Pareto s'il existe une seconde allocation qui est préférée (au sens strict) par *certains agents* de l'économie tandis qu'aucun ne préfère (au sens strict) la première à la seconde. Dans le cas contraire on dit qu'elle est **efficace au sens de Pareto**.

Par conséquent, pour une allocation inefficace, il existe un moyen d'augmenter le bonheur de certains individus sans créer de détriment à aucun des autres. Pour préciser les idées, on dit d'un agent qu'il préfère faiblement une première allocation à une seconde lorsqu'il préfère la première ou est indifférent entre les deux. Pour bien distinguer, on dit aussi qu'un agent préfère strictement une allocation à une seconde s'il préfère la première faiblement mais n'est pas indifférent entre les deux.

Autrement dit, pour une allocation efficace au sens de Pareto, le seul moyen d'améliorer la satisfaction de certains agents est de diminuer celle d'autres agents. L'efficacité au sens de Pareto caractérise donc l'absence de gaspillage de ressources.

Les pertes sèches représentées sur les figures 3.4 et 3.5 correspondent à des unités pour lesquelles la propension à payer des consommateurs, représentée par la courbe de demande, est supérieure au coût de production, représentée par la courbe d'offre. L'absence de production de ces unités implique qu'un échange mutuellement bénéfique n'a pas eu lieu, ce qui est inefficace au sens de Pareto. La perte sèche caractérise donc une inefficacité dans l'allocation des biens.

Considérons une situation avec un prix de marché $p$. À ce prix, chaque consommateur $i$ obtient $D_i(p)$ unités et paye $D_i(p)p$, et chaque producteur $j$ produit $S_i(p)$ unités et reçoit $S_i(p)p$. Est-il possible qu'une allocation de biens $(d_i)_i, (s_j)_j$ et de richesses $(t_i)_i, (r_j)_j$ soit préférée strictement par *certains consommateurs et producteurs* à l'allocation de marché tout en étant préférée faiblement par tous ? Autrement dit, est-il possible que l'allocation de marché soit inefficace ?

Intuitivement, étant donné que chaque consommateur ou producteur choisit sa consommation ou sa production de la manière qui lui convient le mieux au prix d'équilibre de marché, pour mieux satisfaire tout le monde il faudrait augmenter le budget de chacun, ce qui est impossible. Le premier théorème du bien-être formalise cette intuition.

**Premier théorème du bien-être**

L'allocation de biens et richesses issue du marché est efficace au sens de Pareto.

**Démonstration :** Supposons que l'allocation des biens et richesses issue du marché est inefficace. Pour le consommateur $i$, cela voudrait dire que ce consommateur préfère faiblement recevoir une quantité $d_i$ du bien et payer $t_i$ que recevoir $D_i(p)$ et payer $pD_i(p)$. Comme son choix optimal de consommation est $D_i(p)$ au prix $p$, il préfère aussi faiblement recevoir $D_i(p)$ unités du bien et payer $pD_i(p)$ plutôt que recevoir $d_i$ unités et payer $pd_i$. Par transitivité[3], il préfère faiblement recevoir $d_i$ unités et payer $t_i$, plutôt que recevoir $d_i$ unités et payer $pd_i$. On doit donc avoir $t_i \leq pd_i$, avec inégalité stricte si $i$ préfère strictement recevoir $d_i$ unités et payer $t_i$ à l'allocation de marché. En sommant sur l'ensemble des consommateurs, on obtient

$$\sum_i t_i \leq p \sum_i d_i, \tag{3.1}$$

avec inégalité stricte si au moins un consommateur préfère l'allocation alternative à l'allocation de marché.

Chaque producteur $j$ doit aussi préférer faiblement produire $s_j$ unités du bien et recevoir un montant $r_j$ que produire $S_j(p)$ unités du bien et recevoir $pS_j(p)$. Comme son choix de production à prix $p$ est $S_j(p)$, il préfère faiblement produire $S_j(p)$ unités et recevoir $pS_j(p)$ plutôt que de produire $s_j$ unités et recevoir $ps_j$. Par transitivité, on doit donc avoir $r_j \geq ps_j$ avec inégalité stricte si au moins ce producteur préfère strictement produire $s_j$ et recevoir un montant $r_j$ à l'allocation de marché. Par sommation, on obtient

$$\sum_j r_j \geq p \sum_j s_j, \tag{3.2}$$

avec inégalité stricte si au moins un des producteurs propose l'allocation alternative à l'allocation de marché.

On a donc à la fois les inégalités (3.1) et (3.2), l'une d'entre elles au moins étant stricte. Mais les inégalités comptables impliquent que (3.1)

3. Les préférences d'un agent sont *transitives* si le fait qu'il préfère une première allocation à une deuxième et cette deuxième à une troisième implique qu'il préfère la première à la troisième. La transitivité est une des conditions minimales permettant de définir la rationalité des agents.

peut aussi s'écrire

$$\sum_j r_j \leq p \sum_j s_j, \tag{3.3}$$

d'où une contradiction. ■

Ce résultat est valide dans un cadre beaucoup plus vaste que celui présenté ici. Le premier théorème du bien-être a été formalisé par Maurice Allais, Kenneth Arrow et Gérard Debreu dans le cadre dit d'**équilibre général** qui traite simultanément de l'ensemble des marchés de l'économie, chaque bien s'échangeant sur un marché qui lui est spécifique. Cette approche permet d'éviter de définir le prix comme la valeur d'un objet de référence, tel que la monnaie. En outre, elle permet des préférences plus générales que celles supposées ici, et prend en compte les aspects d'incertitude et d'horizon temporel de l'économie.

On peut interpréter le premier théorème du bien-être ainsi : *sous certaines conditions*, une société qui laisse une totale liberté de choix aux producteurs et aux consommateurs est assurée de ne pas gaspiller de ressources. Le marché permet alors d'aboutir à une allocation efficiente. Pour qu'un centralisateur (tel un dictateur bienveillant) puisse arriver au même résultat, il devrait pouvoir connaître les propensions à payer de chaque consommateur et les coûts de production de chaque producteur, ce qui est impossible en pratique. Le marché, en plus d'être efficient en termes d'allocation réalisée, est aussi très économe en information : il ne repose que sur des décisions décentralisées, et chaque acteur de l'économie ne doit connaître que le prix du bien pour prendre ses décisions de production et de consommation. Adam Smith, qui a été le premier à mettre en avant l'intuition et la logique sous-jacente au premier théorème du bien-être, utilisa l'expression de *main invisible des marchés* pour décrire l'efficacité de ce mode de fonctionnement décentralisé.

Lorsque vendeurs et acheteurs peuvent effectuer des échanges librement, sans intervention de l'État ou autre barrière, on parle d'une situation de « laissez-faire ».

### 3.2.3 Contrôle des prix et perte sèche

Face à des prix trop élevés, les gouvernements choisissent parfois d'avoir recours au contrôle des prix. Il s'agit d'une législation qui fixe le prix maximum auquel peut être échangé un bien. De manière symétrique, ils peuvent parfois fixer des prix planchers pour la vente de certains produits comme pour les productions agricoles.

Prenez par exemple une politique de contrôle des loyers, qui interdit à un propriétaire de louer un appartement à un prix dépassant un certain plafond. Si ce plafond est en deçà du prix d'équilibre de marché, cela induit une perte sèche. Supposez ainsi qu'une grande ville décide d'interdire la location d'appartements à un prix dépassant un montant $\bar{p}$, en deçà du prix d'équilibre de marché $p^*$. Dans cette situation, le plafond sur les prix donnera lieu à une pénurie, et l'allocation obtenue est inefficace car certains échanges mutuellement bénéfiques ne peuvent pas avoir lieu. La figure 3.6 montre l'effet du plafonnement sur le marché du logement locatif : par rapport à une situation sans contrainte, l'imposition du plafond diminue le nombre total de logements en location. On parle d'une situation de pénurie car le nombre de logements offerts $q_O$ est inférieur au nombre de logements demandés $q_D$ au prix plafond.

FIGURE 3.6 – Effets d'un plafond sur les prix, rationnement efficace

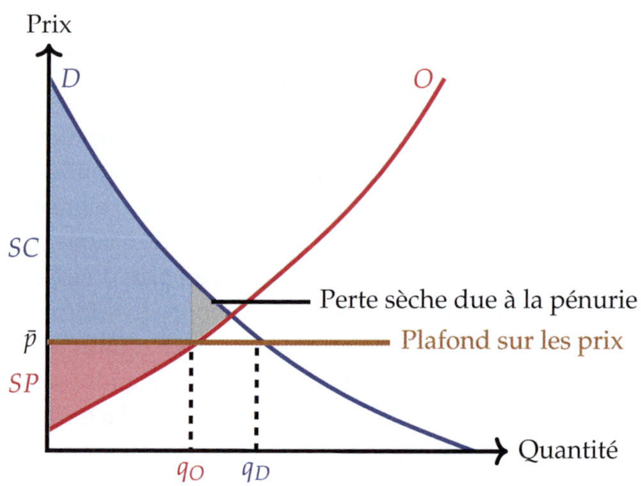


Lorsqu'un plafond est imposé, les propriétaires qui seraient prêts à mettre en location leur logement à un prix entre $\bar{p}$ et $p^*$ ne peuvent pas le faire. Si ces logements avaient été loués, des échanges mutuellement bénéfiques auraient engendré un surplus supplémentaire – c'est la perte sèche engendrée par la pénurie qui est représentée sur la figure 3.6. Sur cette figure, on peut également voir l'effet du plafond sur différents groupes : les propriétaires perdent une part de leurs profits (le surplus des producteurs a baissé par rapport à la situation d'équilibre de marché), et les locataires qui parviennent à se loger gagnent (ceux-là se logent à meilleur marché). Le surplus total, en revanche, a baissé.

En fait, la perte sèche donnée par la figure 3.6 correspond au cas optimiste, car il s'agit de la limite basse sur la perte sèche. En effet, nous y avons considéré que les $q_O$ logements offerts en présence du plancher ont été alloués aux $q_O$ locataires qui ont la plus haute propension à payer pour ceux-ci. Or, il y a $q_D$ locataires potentiels qui ont une propension à payer pour un logement dépassant $\bar{p}$ ; et il n'y a aucune raison de penser que les logements offerts seront alloués à ceux qui ont la plus haute propension à payer. Dans la figure 3.7, nous considérons le scénario où le rationnement se fait de la façon la plus inefficace possible, les $q_O$ logements en location étant alloués aux locataires potentiels ayant la propension à payer la plus basse. La perte sèche correspond à la surface $A$, qui représente la perte de surplus de la masse $q_D - q_O$ des consommateurs qui ne parviennent pas à se loger, moins la surface $C$, qui correspond au nouveau surplus généré par les consommateurs ayant une faible proportion à payer et qui parviennent désormais à se loger au prix $\bar{p}$.

FIGURE 3.7 – Effets d'un plafond sur les prix, rationnement le plus inefficace

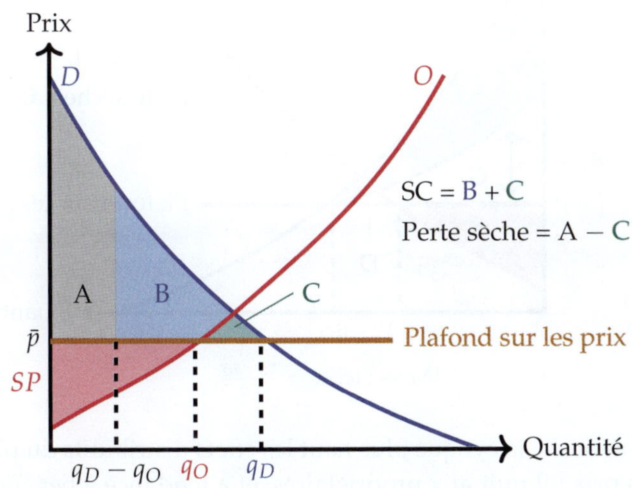


Le fond du problème est que le contrôle des prix engendre un rationnement, ce qui implique qu'une forte propension à payer ne garantit nullement l'obtention d'un logement au prix $\bar{p}$. La figure 3.6 donne le cas optimiste du **rationnement efficace** (ce qui est une terminologie trompeuse car le rationnement est source d'inefficacité), tandis que la figure 3.7 donne le cas du rationnement le plus inefficace.

Une hypothèse peut-être plus raisonnable est celle dite du rationnement aléatoire, où les logements sont alloués au hasard parmi ceux qui seraient prêts à les louer au prix de $\bar{p}$. C'est ce qui arriverait par exemple si les logements étaient alloués selon la règle du « premier arrivé, premier servi », et que l'ordre d'arrivée des locataires dans la liste d'attente pour des logements n'était pas corrélé à leur propension à payer. À chaque niveau de propension à payer, une fraction $x = \frac{q_D - q_O}{q_D}$ de la demande n'est pas satisfaite. Comme le montre la figure 3.8, le surplus des consommateurs est égal à une fraction $1 - x$ de ce qu'il serait si la quantité $q_D$ pouvait être offerte au prix $\bar{p}$. En l'absence de contrôle des prix, le surplus total s'élèverait à $A + C + SP$ (où $SP$ désigne le surplus des producteurs). Avec le contrôle des prix et le rationnement aléatoire, le surplus total s'élève à $A + B + SP$. La perte sèche est égale à la différence entre les deux, soit $C - B$. Il s'agit de la destruction de surplus provoquée par le contrôle des prix.

FIGURE 3.8 – Effets d'un plafond sur les prix, rationnement aléatoire

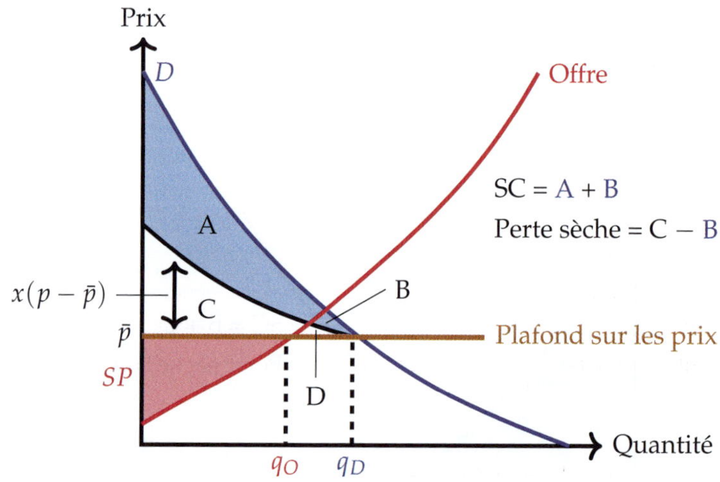


*Notes* : Ici, $x = \frac{q_D - q_O}{q_D}$.

Nous avons déjà évoqué plus haut les effets distributifs du plafonnement des prix : il nuit aux propriétaires, et a tendance à bénéficier aux locataires. Il bénéficie particulièrement aux locataires qui ont une propension à payer plus faible. Ainsi, à l'équilibre de marché sans contrôle des loyers, les locataires qui ont une propension à payer inférieure à $p^*$ ne retirent pas de surplus. Or, avec un plafonnement des loyers et un rationnement aléatoire, une partie du surplus des locataires revient à des consommateurs avec une propension à payer entre $\bar{p}$ et $p^*$. Typiquement, ces locataires avec une propension à payer faible sont moins fortunés que ceux qui auraient obtenu un logement en l'absence d'un plafonnement des prix. Le rationnement a ainsi un effet redistributif.

Des plafonnements des prix (associés à un rationnement organisé) sont souvent mis en place lorsque les ressources deviennent rares. C'est ainsi que pendant les deux guerres mondiales, pratiquement tous les gouvernements engagés dans le conflit ont imposé à leurs populations une consommation maximale pour la plupart des denrées alimentaires. En l'absence d'un tel rationnement, les prix de ces produits auraient été très élevés en raison d'une offre faible, et les foyers les plus pauvres n'auraient pas pu avoir accès à une alimentation suffisante. Dans les chapitres suivants, nous reviendrons sur la question de la redistribution des richesses au sein de la société.

**Le contrôle des loyers à San Francisco**

De nombreuses villes dans le monde ont mis en place un contrôle des loyers. Dans l'ensemble, c'est une politique assez populaire, et les arguments en sa faveur s'articulent généralement en deux points. D'abord, un contrôle des loyers permettrait à des foyers plus modestes d'habiter dans des villes chères. C'est une forme de redistribution, qui favoriserait en outre une diversité sociale dans chaque quartier. Ensuite, le contrôle des loyers permettrait d'éviter des phénomènes dits de gentrification, où la hausse des prix du logement pousse les foyers les plus pauvres à quitter des quartiers où ils s'étaient installés depuis longtemps et avaient tissé des liens sociaux dont la rupture est coûteuse pour la société.

En revanche, un contrôle des loyers peut avoir plusieurs effets pervers potentiels : en plus de la perte sèche due à la mauvaise allocation des logements décrite plus haut, un plafond sur les loyers pourrait pousser les propriétaires de logements à retirer ceux-ci du marché locatif, aggravant la pénurie et rendant encore plus élevés les prix que l'on cherche à limiter. Un contrôle des loyers pourrait également limiter la rénovation des vieux logements : neuf ou délabré, un logement loué au plafond rapportera la même chose à son propriétaire, qui n'a donc aucune incitation à payer le coût de la rénovation.

Pour comprendre la pertinence de ces différents arguments théoriques, Diamond, McQuade et Qian (2019) ont étudié le cas de San Francisco. En 1994, cette ville a imposé un contrôle des loyers sur les petits immeubles construits avant 1980. Pour comprendre les effets de cette politique, Diamond, McQuade et Qian ont rassemblé des données sur les caractéristiques des foyers à San Francisco et leurs déménagements. Cela leur a permis de comparer des foyers qui ont bénéficié d'un contrôle des prix dès 1994 à des foyers similaires, mais non couverts par le plafond (car vivant dans des appartements construits après 1980).

Les foyers couverts par le contrôle des loyers ont été protégés de la forte hausse des prix du logement à San Francisco, et cela se manifeste dans les données par une plus faible propension de ces foyers à déménager.

En revanche, la politique a eu un effet pervers important : face à ces plafonds sur les loyers, les propriétaires de logements ont eu tendance à retirer leurs appartements du marché locatif ou à les démolir, pour reconstruire de nouveaux logements exempts du contrôle des prix (car construits après 1980). En réduisant l'offre de logements en location, cette réaction des propriétaires a contribué à l'augmentation des loyers à San Francisco. Par ailleurs, les nouveaux logements construits étaient en général des logements plus luxueux, loués ou vendus à des foyers aisés.

Le contrôle des loyers a donc eu un effet mitigé sur la gentrification qu'il était supposé combattre. Il a protégé les foyers modestes qui étaient déjà à San Francisco en 1994, mais a nui aux foyers modestes qui sont arrivés dans la ville après cette date (ou qui n'ont jamais pu déménager à San Francisco à cause des prix trop élevés).

### 3.2.4 Coûts fixes et condition d'ouverture

L'efficacité des marchés, telle que montrée par le premier théorème du bien-être, repose sur l'égalisation des coûts marginaux et des propensions marginales à payer. À l'équilibre, produire une unité de plus coûterait plus qu'elle ne bénéficierait aux consommateurs, et une de moins donnerait lieu à une économie moindre que la perte engendrée du point de vue des consommateurs.

Or, nous avons vu qu'à prix fixé, un producteur établit sa production au coût marginal, à condition que ces coûts excèdent les coûts moyens. Que se passe-t-il dans un cas où, pour un prix égalisant coût marginal et propension marginale à payer, la condition d'ouverture n'est pas satisfaite ? Nous allons montrer ici par un exemple que, dans ce cas, il n'existe pas nécessairement de prix d'équilibre de marché. Alors, les marchés décentralisés n'aboutissent pas toujours à une situation efficace et une intervention de l'État peut être nécessaire pour rétablir cette efficacité.

Imaginons que pour effectuer un déplacement, un groupe de personnes peut utiliser soit la voiture individuelle, soit des transports en commun. Les transports en commun (ici, un bus) ont un coût fixe de 300 € et des coûts marginaux de 5 € par passager. Le bus a la capacité de transporter 50 personnes, et le transport en voiture a un coût de 20 € par personne. Parmi les individus, 15 d'entre eux (les plus aisés) ont une propension à payer pour le trajet de 30 €, tandis que les 35 autres personnes (plus modestes) ont une propension à payer pour le trajet de 10 €. Analysons la demande et l'offre pour des places de bus.

Pour un prix inférieur à 10 €, la demande est de 50 car tous les passagers souhaitent effectuer le trajet en bus. Pour un prix compris entre 10 € et 20 €, seules les personnes aisées sont prêtes à acheter un billet, et la demande est de 15. Enfin, pour un prix supérieur à 20 €, la demande est nulle.

Qu'en est-il de l'offre ? Le coût marginal est de 5 € par passager jusqu'à 50 passagers, puis infini (le bus a une capacité limitée). La condition d'ouverture avec 50 passagers est que le prix satisfasse $50p \geq 300 + 5 \times 50$, soit $p \geq 11$ €. L'offre est donc nulle en dessous de 11 €, puis vaut 50 pour un prix supérieur à 11 €.

L'offre et la demande sont représentées sur la figure 3.9. On note qu'il n'existe aucun prix permettant d'équilibrer offre et demande. En effet, au prix de 11 € et pour une demande de 15 billets, point d'intersection des courbes, la compagnie de bus effectue des pertes (à ce prix, elle est capable d'ouvrir à condition de remplir le bus, mais pas sinon).

FIGURE 3.9 – Offre et demande de billets de bus

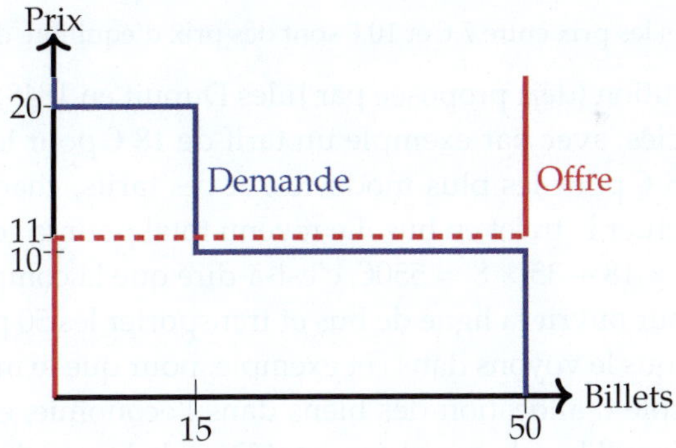


*Notes* : Pour un prix de 11 €, l'offre est discontinue et passe de 0 à 50 billets. La condition d'ouverture n'est pas satisfaite au point d'intersection.

Par conséquent, il n'y a pas d'équilibre de marché dans lequel le bus opère. Le surplus total lié à l'utilisation de la voiture individuelle par les personnes aisées est de $15 \times (30 - 20) = 150$ €. Cependant, il serait plus efficace que tout le monde utilise le bus : dans ce cas, le surplus total est obtenu comme la différence entre le bénéfice pour les consommateurs et le coût, c'est-à-dire $15 \times 30 + 35 \times 10 - (300 + 50 \times 5) = 250$ €.

Comment permettre cette allocation efficace ? Une solution est celle d'une subvention publique à la compagnie de bus financée par l'impôt.

Par exemple, une subvention de 200 € par bus ouvert permet de faire baisser le coût fixe à 100 €. La prix minimal d'un billet pour que la ligne de bus ne soit pas déficitaire en vendant 50 billets est alors de 7 €. La figure 3.10 représente l'offre d'une compagnie subventionnée et la demande. Tous les prix situés entre 7 € et 10 € sont des prix d'équilibre de marché. Ils conduisent à la maximisation du surplus, ainsi qu'à une allocation efficace des ressources.

FIGURE 3.10 – Offre et demande de billets de bus, avec subvention

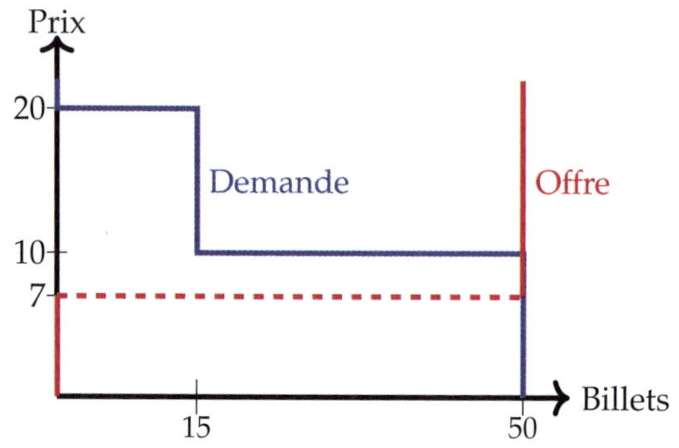


*Notes* : Tous les prix entre 7 € et 10 € sont des prix d'équilibre de marché.

Une autre solution (déjà proposée par Jules Dupuit en 1848) est celle des prix différenciés, avec par exemple un tarif de 18 € pour les personnes aisées et de 8 € pour les plus modestes. À ces tarifs, chaque individu souhaite effectuer le trajet en bus. Le revenu total pour la compagnie de bus est de $15 \times 18 + 35 \times 8 = 550$€, c'est-à-dire que la compagnie reçoit juste assez pour ouvrir la ligne de bus et transporter les 50 passagers.

Comme nous le voyons dans cet exemple, pour que le marché puisse remplir son rôle d'allocation des biens dans l'économie, encore faut-il qu'un prix d'équilibre de marché existe ! Dans la lignée des travaux de Kenneth Arrow et Gérard Debreu, la théorie de l'équilibre général fournit des conditions sur l'existence d'un tel équilibre pour des économies avec un nombre arbitraire de biens échangés (Arrow et Debreu, 1954).

Le problème soulevé par cet exemple peut se produire concrètement dans le cas de producteurs ayant d'importants coûts fixes conjointement à des faibles coûts marginaux. C'est le cas par exemple du transport ferré, ou de la production d'électricité nucléaire. Une tarification à coût marginal est efficace, mais elle conduit à des pertes, il est alors parfois nécessaire de subventionner ces productions. Une autre particularité de ces industries est que leur structure de coûts les fait tendre vers une grande concentration, sur laquelle nous reviendrons au chapitre 6 lorsque nous étudierons les monopoles naturels.

### 3.2.5 Surplus et efficacité

Nous avons étudié les propriétés des marchés selon deux angles : celui de la maximisation du surplus total, et celui de l'efficacité de Pareto. Nous allons voir ici le lien entre ces critères, et décrire une de leurs limites.

Tout d'abord, considérons une allocation de biens $(d_i)_i, (s_j)_j$ et de richesses $(t_i)_i, (r_j)_j$ avec $\sum_i d_i = \sum_j s_j$ et $\sum_i t_i = \sum_j r_j$. Nous rappelons que le surplus du consommateur $i$ s'écrit $U_i(d_i) - t_i$ et celui du producteur $j$ est $r_j - C_j(s_j)$. Le surplus total est donc :

$$ST = \sum_i U_i(d_i) - \sum_j C_j(s_j).$$

Par conséquent, le surplus total ne dépend que de l'allocation des biens, tandis que l'efficacité de Pareto s'applique à une allocation à la fois de biens et de richesses. En fait, les deux critères sont équivalents dans le sens suivant :

Une allocation de biens et de richesses est efficace au sens de Pareto si et seulement si l'allocation des biens maximise le surplus.

**Démonstration :** Commençons par montrer l'implication « seulement si » : pour une allocation inefficace au sens de Pareto, il en existe une qui est au moins aussi bonne pour tous les agents, et strictement meilleure pour au moins un des agents. Cette nouvelle allocation donne un surplus au moins égal à tous, et strictement supérieur à au moins l'un des agents : il constitue donc une augmentation du surplus total. Par conséquent, si une allocation maximise le surplus, alors elle est Pareto efficace.

Pour l'implication « si », considérons une allocation de biens $(d_i)_i, (s_j)_j$ et de richesses $(t_i)_i, (r_j)_j$, et supposons que l'allocation de biens $(d'_i)_i, (s'_j)_j$ constitue une augmentation du surplus total d'une valeur $\delta > 0$ par rapport à $(d_i)_i, (s_j)_j$. On a donc :

$$\delta = \sum_i U_i(d'_i) - \sum_j C_j(s'_j) - \sum_i U_i(d_i) + \sum_j C_j(s_j) > 0$$

le surplus libéré en passant de la première allocation de biens à la seconde. Nous allons montrer qu'il est possible de redistribuer également ce surcroît $\delta$ de surplus en améliorant la situation de tous les agents d'une quantité $\delta' = \frac{\delta}{|I|+|J|}$ (où $|I|$ correspond au nombre de consommateurs et $|J|$ au nombre de producteurs) est donc le surcroît de surplus que nous allons allouer à chacun des agents. Considérons l'allocation de richesses donnée par

$$\begin{cases} t'_i = t_i + U_i(d'_i) - U_i(d_i) - \delta' & \text{pour } i \in I, \\ r'_j = r_j + C_j(s'_j) - C_j(s_j) + \delta' & \text{pour } j \in J. \end{cases}$$

Par construction, avec $\delta' > 0$, l'allocation de richesses $(t'_i)_i, (r'_j)_j$ est telle que tous les agents de l'économie préfèrent $(d'_i)_i, (s'_j)_j, (t'_i)_i, (r'_j)_j$ à $(d_i)_i, (s_j)_j, (t_i)_i, (r_j)_j$. En outre, on peut facilement vérifier que $\sum_i t'_i = \sum_j r'_j$. Nous avons donc montré que dès lors qu'une allocation ne maximise pas le surplus, elle est Pareto inefficace. Autrement dit, toute allocation Pareto efficace maximise le surplus. ■

Comme nous avons vu d'une part que l'allocation issue du marché maximise le surplus et que d'autre part la maximisation du surplus est dans notre cadre équivalente au critère de Pareto, nous en déduisons le résultat suivant :

**Second théorème du bien-être**

Si une allocation de biens et de richesses est efficace, alors elle est une allocation de marché.

Pour bien comprendre le cadre du second théorème du bien-être, il faut imaginer une répartition initiale des biens et richesses. Soit cette allocation est efficace au sens de Pareto, et les agents n'ont pas d'intérêt mutuel à faire des échanges, soit elle ne l'est pas, et les échanges conduisent alors à une amélioration de Pareto par rapport à la répartition initiale.

Le second théorème du bien-être est important du point de vue de l'ingénérie des systèmes d'échange. Si l'on se place dans la situation d'une personne en charge de construire un tel système, alors il n'est pas possible de faire mieux que ce que à quoi aboutirait un marché dans lequel les agents peuvent échanger librement et le prix d'échange s'établit selon la loi de l'offre et de la demande. Un système alternatif soit conduirait au même résultat que le marché, soit serait inefficace au sens de Pareto.

Évidemment, le fait que les marchés permettent une maximisation du surplus, et donc une efficacité de Pareto, est une bonne chose. En revanche, les marchés ne garantissent d'aucune manière une distribution égalitaire des richesses, et de fait peuvent conduire à de grandes inégalités. Considérons une situation dans laquelle il faut partager un gâteau entre deux personnes, et que chaque personne souhaite avoir la plus grande part possible du gâteau. Tout partage du gâteau est efficace au sens de Pareto, car il n'est pas possible de donner un peu plus du gâteau à une personne sans diminuer la part de l'autre. De même, il y a une infinité d'allocations « efficaces » des ressources dans l'économie, plus ou moins inégalitaires. Dans la suite de cet ouvrage, nous nous intéresserons aux questions de taxation : par l'impôt, l'État peut redistribuer les ressources dans la société et ainsi déterminer le niveau d'inégalité de celle-ci.

## 3.3 La libre entrée

L'offre des entreprises telle que nous l'avons étudiée jusqu'ici suppose un nombre fixe de producteurs. Or, si l'ensemble des consommateurs (correspondant par exemple à la population d'un pays) ne varie pas rapidement et peut être considéré fixe, de nouvelles entreprises sont sans cesse créées et fermées. Selon l'INSEE, l'année 2021 a vu la création de plus d'un million d'entreprises en France, dont 2/3 par des auto-entrepreneurs.

De manière générale, une entreprise qui perd de l'argent pendant trop longtemps (on dit qu'elle est déficitaire) finira par cesser ses activités, tandis que des secteurs dans lesquels les entreprises sont très profitables attirent de nouvelles créations. Pour comprendre l'effet de la création et destruction d'entreprises sur l'équilibre de marché, nous allons nous placer dans un cas idéalisé dit de **concurrence parfaite** dans lequel de nouvelles entreprises se créent dès que le secteur est profitable, et des entreprises ferment si le secteur est déficitaire.

Supposons que tous les producteurs d'un bien ont la même fonction de coûts totaux $C$ et de coûts marginaux $c$, et font face à une demande agrégée $D$ pour leur produit. Notons par $p^c$ le prix d'équilibre du marché. À ce prix de marché, chaque entreprise présente produit la même quantité $q$ qui maximise son profit. Si ces entreprises sont déficitaires, certaines d'entre elles vont fermer, ce qui conduira à une baisse de l'offre totale, donc à une hausse des prix et à une hausse des profits pour les entreprises restantes. Si en revanche au prix $p^c$ les entreprises présentes sont strictement bénéficiaires, de nouvelles entreprises vont arriver sur le marché, augmentant l'offre et faisant donc baisser les prix.

Nous voyons donc que la libre entrée et sortie des entreprises conduit à une situation dans laquelle les entreprises présentes sur le marché ont un profit nul, c'est-à-dire que leur coût moyen est égal au prix de marché $p^c$. Étant donné que la maximisation du profit par chaque entreprise à prix de vente $p^c$ fixé impose que $p^c$ égalise le coût marginal de production, nous obtenons que le prix de marché $p^c$ est celui auquel le coût moyen de chaque entreprise égalise le coût marginal, et la quantité produite par chaque entreprise est la valeur $\bar{q}$ donnée par l'intersection de ces courbes, comme représenté sur la figure 3.11.

FIGURE 3.11 – Prix de marché $p^c$ et quantité produite par chaque entreprise $\bar{q}$ sous libre entrée

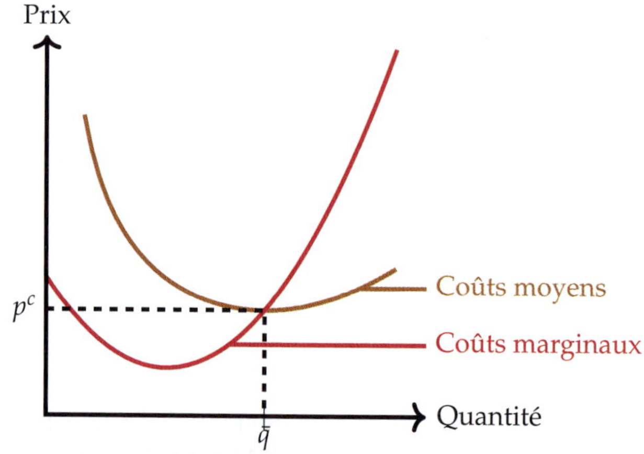


Si nous supposons que le nombre d'entreprises potentielles est illimité, toute la demande sera fournie au prix $p^c$. Ceci signifie que la fonction d'offre agrégée est parfaitement élastique, et son graphe est horizontal à la valeur $p^c$. Par ailleurs, étant donné que les entreprises font un profit nul, tout le surplus est récolté par les consommateurs, lesquels peuvent se procurer des quantités illimitées du bien au prix minimum $p^c$. La concurrence parfaite est donc entièrement à l'avantage des consommateurs, et nullement des producteurs. La fonction d'offre agrégée et le surplus du consommateur sont illustrés figure 3.12.

FIGURE 3.12 – Concurrence parfaite

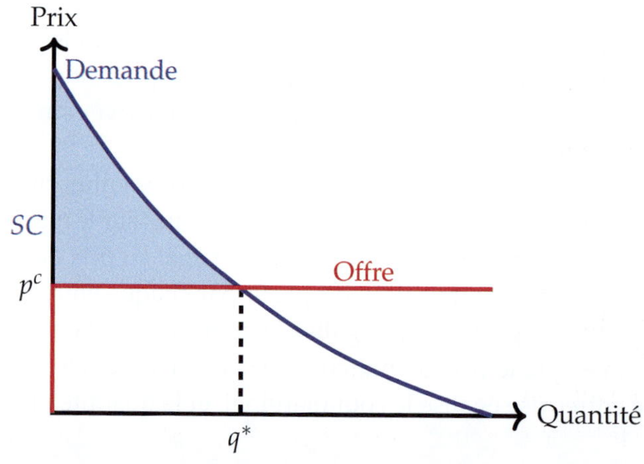

Il convient de modérer ce résultat par au moins deux remarques. Tout d'abord, si la production totale du bien augmente, le nombre d'entreprises augmente en conséquence, ce qui a pour effet de faire augmenter le prix de leurs intrants. Par exemple, une augmentation de la production totale peut créer une pénurie de main d'œuvre qualifiée, faisant ainsi augmenter les salaires, et donc les coûts de production. Dans ce cas, l'offre totale n'est pas parfaitement élastique et les prix sont croissants avec la quantité totale produite. La théorie de l'équilibre général étudie les relations entre l'ensemble des prix, qu'il s'agisse de celui des intrants ou des biens produits. Elle permet de grandement généraliser notre analyse d'un seul prix qui suppose implicitement que les prix des intrants sont fixes.

Par ailleurs, il est important de garder à l'esprit que les mécanismes d'entrée et de sortie de firmes sur les marchés ne sont pas instantanés. Si les prix d'un bien augmentent, l'offre met du temps à s'ajuster, de telle sorte que l'élasticité de long terme est supérieure à l'élasticité de court terme.

## 3.4 Défaillances des marchés

Pour établir l'efficacité des marchés, nous avons fait un certain nombre d'hypothèses, explicites ou implicites. Lorsque ces hypothèses ne sont pas satisfaites, le premier théorème du bien-être ne tient pas. On parle alors de **défaillances de marchés**. Une grande partie du travail des économistes est l'identification de ces situations, et la proposition de solutions pour y remédier (qui justifient souvent une intervention de l'État). Les défaillances majeures sont les externalités, les biens publics, le pouvoir de marché, et les asymétries d'informations. Dans les chapitres suivants, nous analyserons plus précisément ces défaillances.

### 3.4.1 Externalités et biens publics

Une hypothèse implicite du modèle de production et de consommation étudié est que les activités économiques des agents n'ont pas d'influence directe sur le bien-être des autres. En termes plus économiques, on dit qu'il n'y a pas d'**externalités**. On dit qu'on est en présence d'externalités positives lorsque la consommation ou la production d'un bien par un des agents augmente directement le bien-être des autres agents et d'externalités négatives lorsque cet impact est néfaste. Un exemple d'externalité positive est celui de la production de miel d'abeilles sur un verger attenant. On peut aussi citer les vaccins : lorsque vous utilisez un vaccin, en plus de vous protéger des maladies, vous protégez également ceux qui ne sont pas vaccinés. Un exemple d'externalité négative est celui de la pollution atmosphérique et du réchauffement climatique induit par les activités économiques. Nous étudierons les externalités dans le chapitre 5 consacré à l'économie publique.

Par ailleurs, certains biens ne peuvent pas être consommés exclusivement dans la sphère privée, comme l'éclairage urbain ou la défense nationale. On parle alors de **biens publics**. Ceux-ci ne peuvent en général pas être produits en quantité suffisante par une économie de marché laissée à elle-même. Le chapitre 5 traitera aussi en détail de ce cas.

### 3.4.2 Pouvoir de marché

Nous avons pour l'instant considéré des agents économiques – consommateurs et producteurs – qui prennent leurs décisions à prix donnés. C'est une hypothèse raisonnable lorsque les agents économiques n'ont pas ou très peu d'influence sur les prix de marchés, ce qui est en pratique vérifié lorsque le marché est constitué de nombreux acteurs, chacun relativement petit par rapport à la taille totale du marché. En revanche, lorsqu'il n'existe qu'un seul producteur (on parle alors de monopole) ou un petit nombre de producteurs (ce qu'on appelle un oligopole), chaque producteur a une influence non négligeable sur les prix, et a tendance à limiter sa production pour tirer les prix vers le haut et ainsi augmenter ses profits. Nous reviendrons sur les problèmes de compétition imparfaite dans le chapitre 6.

### 3.4.3 Asymétries d'information

Pour que les consommateurs puissent faire leurs choix de manière efficace, il est important qu'ils connaissent la qualité des biens qu'ils peuvent acheter, et donc leur propension à payer. Or, de nombreuses transactions sont telles que le vendeur a plus d'information sur son produit que l'acheteur ; c'est le cas de l'hôtellerie, où la qualité du service n'est pas connue à l'avance. Des entreprises telles que TripAdvisor permettent aux consommateurs d'être mieux informés sur la qualité des biens offerts et par ricochet de rendre les marchés plus efficaces. Nous verrons dans le chapitre 7 que les asymétries d'information peuvent conduire à des cas extrêmes dans lesquels la défiance finit par rendre les échanges entre acheteurs et vendeurs impossibles.

### 3.4.4 Autres conditions du premier théorème du bien-être

**Biens homogènes.** Lorsque l'on parle d'activités de production et de consommation d'un biens, on fait l'hypothèse implicite que tous les biens sont identiques dans leurs caractéristiques : on parle alors de biens homogènes. C'est le cas pour certaines matières premières comme le kérosène, et c'est une bonne approximation pour d'autres comme les baguettes de pain. Si l'on prend comme exemple les transports en taxi dans une ville, les biens ne sont pas homogènes car les courses diffèrent par leur point de départ, d'arrivée, et leurs horaires. Un système de prix homogènes (tarification à coût fixe puis à la distance parcourue par exemple) ne permet pas d'arriver à une allocation efficace car les prix ne s'ajustent pas correctement en fonction de l'offre et de la demande. Une plateforme telle qu'Uber a pour principe de mettre en relation clients et chauffeurs et d'ajuster le prix des courses en fonction de différents paramètres. L'économie des plateformes est un sujet d'étude dynamique et relativement récent.

**Prix flexibles.** Notre analyse de l'économie de marché a supposé jusqu'à présent que les prix sont parfaitement flexibles et s'ajustent instantanément pour égaliser l'offre et la demande. En pratique, cette hypothèse est loin d'être satisfaite, notamment à court terme. Sur le marché du travail, les salaires sont notoirement rigides et peuvent mettre plusieurs années à s'ajuster. Ces rigidités des prix génèrent des déséquilibres et des fluctuations de court terme qui sont au cœur de l'analyse macroéconomique. La politique monétaire peut jouer un rôle clef pour contrecarrer les inefficacités engendrées par ces rigidités. Nous aborderons ce sujet dans le chapitre 13 consacré à la macroéconomie.

**Rationalité.** Dire qu'un consommateur effectue des décisions d'achat en fonction de sa propension marginale à payer pour le bien implique une hypothèse de rationalité : le consommateur sait ce qu'il souhaite et est capable de mettre en œuvre les moyens pour y parvenir. Les études issues de la psychologie et de l'économie expérimentale pointent un certain nombre de situations dans lesquelles la plupart des individus échouent à agir dans leur propre intérêt. Dans de telles situations, l'hypothèse de rationalité parfaite n'est pas satisfaite et l'État peut avoir un rôle à jouer afin d'améliorer l'allocation des ressources. Cette question est au cœur du domaine de **l'économie comportementale**.

Même si l'hypothèse de rationalité n'est qu'une approximation de la réalité, cela reste néanmoins une hypothèse incontournable en sciences économiques. D'abord parce que, même si les individus ne sont pas parfaitement rationnels, il est probable qu'ils cherchent à défendre leur propre intérêt et qu'ils y parviennent à peu près. Soulignons que l'intérêt individuel doit ici être défini au sens large et n'exclut pas l'altruisme.

## Références

ARROW, K. J. ET G. DEBREU (1954) : "Existence of an Equilibrium for a Competitive Economy," *Econometrica*, 22, 265–290.

DIAMOND, R., T. MCQUADE ET F. QIAN (2019) : "The Effects of Rent Control Expansion on Tenants, Landlords, and Inequality : Evidence From San Francisco," *American Economic Review*, 109, 3365–3394.

JENSEN, R. (2007) : "The Digital Provide : Information (Technology), Market Performance, and Welfare in the South Indian Fisheries Sector," *Quarterly Journal of Economics*, 122, 879–924.

JENSEN, R. ET N. H. MILLER (2018) : "Market Integration, Demand, and the Growth of Firms : Evidence From a Natural Experiment in India," *American Economic Review*, 108, 3583–3625.

# Exercices du chapitre 3

**Exercice 3.1 La recherche de l'avantage personnel est-elle une bonne chose ?**

Selon Adam Smith, *"It is not from the benevolence of the butcher, the brewer, or the baker that we expect our dinner, but from their regard to their own self-interest. We address ourselves not to their humanity but to their self-love, and never talk to them of our own necessities, but of their advantages"* (Adam Smith, *An Inquiry into the Nature and Causes of the Wealth of Nations*, Vol. 1).

Ce que l'on peut traduire par : « *Ce n'est pas de la bienveillance du boucher, du brasseur ou du boulanger que nous attendons notre dîner, mais de leur considération pour leur propre intérêt. Nous ne nous adressons pas à leur humanité mais à leur amour de soi, et ne leur parlons jamais de nos propres nécessités, mais de leurs avantages.* »

Dans une forme plus extrême, Michael Douglas dans le film, *Wall Street*, nous dit que « Greed is good » (« l'avidité est une bonne chose »)

Wall Street

1. Dans quelle mesure pensez-vous que le premier théorème du bien-être éclaire la citation d'Adam Smith ?
2. En pratique, pensez-vous comme Michael Douglas que la cupidité conduit au bien commun ?
3. Quelles différences faites-vous entre les propositions d'Adam Smith et de Michael Douglas ?

**Exercice 3.2 Pêche au Kerala**

On demande de lire et commenter l'introduction de l'article de Jensen (2007). Il s'agit de comprendre comment l'introduction du téléphone cellulaire a pu contribuer à établir un marché là où il n'y en avait pas (ou uniquement de très locaux) et si les observations empiriques sont compatibles avec les prédictions du modèle de marché. En particulier, on pourra s'intéresser aux points suivants :

1. la loi du prix unique,
2. l'égalisation de l'offre et de la demande,
3. le surplus du producteur, surplus du consommateur, surplus total.

**Exercice 3.3 Marché parfaitement concurrentiel**

On s'intéresse à un marché *parfaitement concurrentiel*. Ceci signifie que :

1. aucun producteur n'est assez important pour influencer les prix, et
2. il y a libre entrée sur le marché, de nouveaux producteurs entrant sur le marché tant qu'ils peuvent réaliser un profit positif.

On suppose que tous les producteurs ont la même fonction de coûts $C$, et qu'il y a d'abord rendements croissants, puis décroissants. On pourra supposer que tous les producteurs sont infinitésimaux par rapport à la taille du marché.

1. Quelle est l'élasticité de l'offre dans ce cas ?
2. Cette prédiction du modèle vous semble-t-elle réaliste et dans quelle mesure ?
3. En pratique, pensez-vous qu'une augmentation de la demande doit faire augmenter ou diminuer les prix ?
4. Quelles hypothèses du modèle vous semblent éventuellement à revoir ?

**Exercice 3.4 Subventionner l'achat de produits « vertueux » pour les pauvres**

On considère une économie avec deux consommateurs, et deux biens : le premier bien (bien $n$) est un bien de consommation courante, et le second bien (bien $c$) un bien de consommation culturelle. Les préférences des deux agents sont les mêmes, ils préfèrent un panier $q' = (q'_n, q'_c)$ à un autre panier $q = (q_n, q_c)$ si et seulement si $\sqrt{q'_n} + \sqrt{q'_c} > \sqrt{q_n} + \sqrt{q_c}$. On suppose par ailleurs les prix de chacun des biens normalisés à 1 :

1. Le consommateur riche a un budget de 8, et le pauvre un budget de 2. Quel est leur choix de panier de bien ?
2. Le ministre de la culture considère que le consommateur pauvre n'a pas suffisamment accès à la culture. Il décide d'instaurer une subvention à la culture pour l'agent pauvre. L'agent pauvre payera désormais un prix unitaire de $0,5$ € pour le bien culturel. Pour financer cette mesure, il est prévu que l'agent riche paye un prix unitaire de $1,125$ € pour le bien culturel :

(a) En supposant que les agents n'ajustent pas leur consommation aux nouveaux prix, la mesure instaurée arrive-t-elle à s'autofinancer ? Que croyez-vous qu'il arrivât ?

(b) Sous les nouveaux prix, quel est le panier de bien consommé par le riche ? par le pauvre ? la mesure est-elle équilibrée budgétairement ?

(c) Quel prix faudrait-il fixer pour l'accès à la culture au riche pour que la mesure soit équilibrée financièrement en prenant en compte les adaptations aux prix proposés ? s'il y a plusieurs solutions, comment l'interprétez-vous ? quelle est la meilleure solution à retenir ?

3. Supposons que le ministre de la culture arrive à fixer le prix de l'accès pour les riches de manière à équilibrer ses mesures. En vous basant sur le critère de Pareto, que pouvez-vous dire de la mesure prise ?
4. Quels enseignements généraux tirez-vous de cet exemple ?

**Exercice 3.5 Équilibre de court terme sur le marché de l'électricité**

On considère un pays avec deux types de centrales électriques : les centrales nucléaires (type N) et les centrales thermiques utilisant des énergies fossiles (type F).

Il y a 20 centrales du type N, qui ont chacune une capacité de production de 1GW=1 000MW et des coûts de production de $C_N(q) = 5\,000 + q$, où $q$ est la quantité d'électricité produite (en MW).

Il y a d'autre part 1 000 centrales de type F ayant chacune une capacité de production de 10MW et des coûts de production de $C_F(q) = 50q$. Les deux types d'usines vendent l'électricité produite sur un réseau national.

1. Quelle est la fonction d'offre individuelle d'une entreprise de type N ? d'une entreprise de type F ? Quelle est la fonction d'offre de l'industrie ? (Indice : représenter graphiquement ces fonctions peut vous aider à résoudre les questions suivantes.)
2. Pendant les heures creuses (20 h – 8 h), la demande est $D_1(p) = 40\,000 - 400p$. Quels sont : le prix d'équilibre, les entreprises qui produisent de l'électricité sur le marché, et la quantité produite, pendant les heures creuses ?
3. Pendant les heures pleines (8 h – 20 h), la demande est $D_2(p) = 50\,000 - 500p$. Quels sont : le prix d'équilibre, les entreprises qui produisent de l'électricité sur le marché, et la quantité produite ?

4. Les coûts de production des usines de type F augmentent en raison de l'augmentation du prix des combustibles fossiles, et s'élèvent désormais à $C_F(q) = 60q$. Quel est l'impact sur les prix de marché durant les heures creuses et les heures pleines ? Expliquez la différence.

**Exercice 3.6 Concurrence et pollution**

On considère deux pays $A$ et $B$, chacun disposant d'une industrie produisant le bien $X$. La demande dans chaque pays pour le bien $X$ est identique et est donnée par $D(p) = 1\,000 - 10p$. Toutes les entreprises du secteur ont la même fonction de coût variable $C(q) = \frac{1}{2}q^2$, et un coût fixe de 50. Le marché est parfaitement concurrentiel et les firmes sont libres d'entrer/sortir du marché.

1. Chaque pays est en autarcie (c'est-à-dire qu'il n'y a pas d'échange entre pays). Déterminer les caractéristiques de l'équilibre de long terme dans chacun des pays.
2. La production du bien X est polluante. La désutilité sociale, mesurée en perte de surplus, imposée par une entreprise produisant une quantité $q$ est $m(q) = \frac{3}{2}q^2 + 20q$. La convexité de $m(q)$ représente le fait que toute pollution supplémentaire est de plus en plus problématique au fur et à mesure que le niveau de pollution augmente. Le gouvernement du pays $A$ impose une taxe verte : chaque entreprise doit payer $t(q) = m(q)$ pour produire la quantité $q$. Quel est alors l'équilibre de long terme dans le pays $A$ ?
3. On décide d'ouvrir le marché entre les deux pays. Il n'y a ni taxe douanière ni coûts de transport. Seules les entreprises du pays $A$ doivent s'acquitter de la taxe verte. Il y a 120 entreprises dans le pays $A$ et 90 entreprises dans le pays $B$ :
   (a) déterminer l'équilibre de court terme ;
   (b) déterminer l'équilibre de long terme (où le nombre d'entreprises dans chaque pays peut changer).
4. Comparer le surplus des consommateurs du pays $B$, avant et après l'ouverture (NB : n'oubliez pas l'effet de la pollution ! On déterminera la désutilité par entreprise, puis la désutilité globale en additionnant les désutilités des entreprises. On considérera également que les consommateurs du pays $B$ ne sont affectés que par la pollution des entreprises du pays $B$). Commenter.

# Chapitre 4

# Commerce international

Bien que la mondialisation des échanges soit un phénomène relativement récent, le commerce entre pays ne date pas d'hier. Depuis plusieurs millénaires, des biens circulent entre l'Asie et l'Europe en suivant la route de la soie. Le commerce a fait la prospérité de nombreux États, à l'image de la cité de Sriwijaya (en Indonésie moderne), de la République de Venise ou de l'Empire britannique. Selon les situations, le commerce peut être source de conflits, comme lors des guerres de l'opium, ou au contraire de paix, comme l'explique Montesquieu avec sa conception du doux commerce.

FIGURE 4.1 – Part des exportations dans la production mondiale

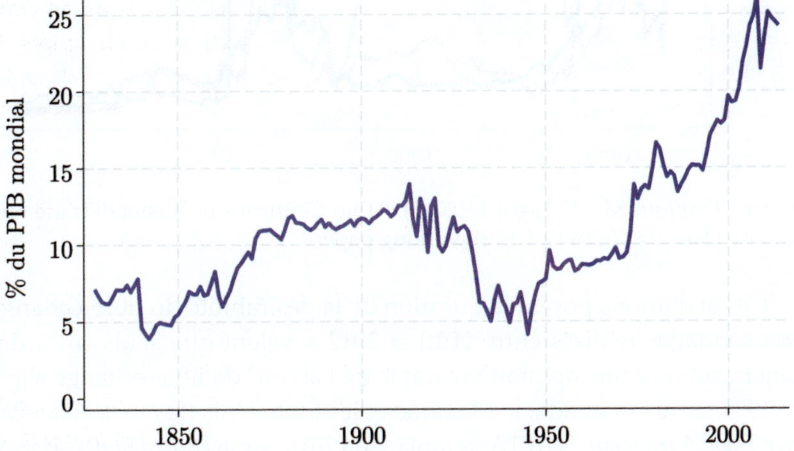


*Source* : Fouquin M. et Hugot J. (2016), "Two Centuries of Bilateral Trade and Gravity Data : 1827-2014", CEPII working paper.

Les innovations dans le domaine du transport, la paix consécutive à la fin des guerres napoléoniennes et le développement des empires coloniaux permirent une intensification des échanges commerciaux vers la fin du XIXe siècle, une période qualifiée de première mondialisation (voir la figure 4.1). Les deux conflits mondiaux et le retour du protectionnisme durant la Grande Dépression des années 1930 ont ensuite largement réduit la part des échanges dans l'économie mondiale. Puis, le commerce international s'est à nouveau développé dès la fin de la Seconde Guerre mondiale avec l'accord général sur les tarifs douaniers et le commerce (GATT) – aujourd'hui remplacé par l'Organisation Mondiale du Commerce (OMC) – qui a entraîné la quasi-suppression de la plupart des barrières douanières dans les pays riches et industrialisés, comme le montre la figure 4.2. Enfin, la seconde mondialisation, toujours en cours, a débuté vers la fin des années 1980 avec, d'une part, l'effondrement du bloc soviétique et, d'autre part, l'intégration progressive de la Chine dans l'économie mondiale.

FIGURE 4.2 – Niveau moyen des taxes douanières sur les importations

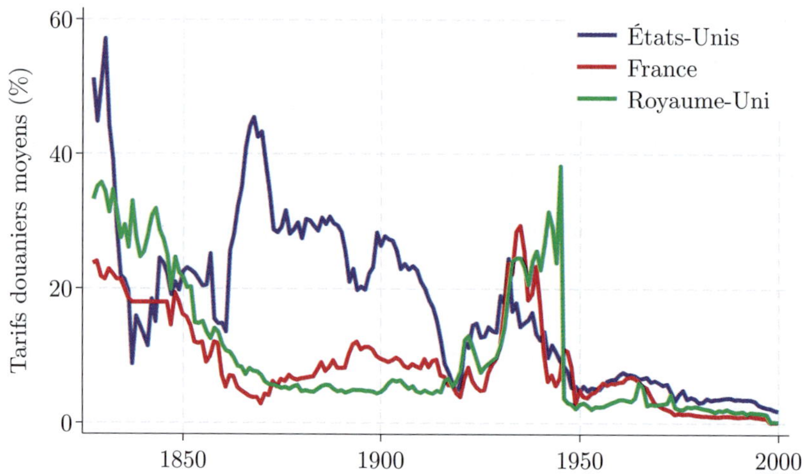


*Source* : Fouquin M. et Hugot J. (2016), "Two Centuries of Bilateral Trade and Gravity Data : 1827-2014", CEPII working paper.

Ces évolutions posent la question de la désirabilité du libre-échange. Des sondages réalisés entre 2010 et 2012 révèlent que seuls 46 % des Américains ont une opinion favorable de l'accord de libre-échange signé en 1994 entre le Canada, le Mexique et les États-Unis (le *North American Free Trade Agreement*, NAFTA, remplacé en 2018 par le *United States-Mexico-Canada Agreement*, USMCA) ; tandis que 95 % des économistes pensent qu'un tel accord fut bénéfique pour les Américains (Sapienza et Zingales,

2013). Dans ce chapitre, nous étudierons en détail le modèle de Ricardo qui constitue la base de la théorie économique du commerce international et qui met en évidence les gains liés aux échanges internationaux.

Pour comprendre certaines oppositions au libre-échange, nous irons ensuite au-delà du modèle ricardien afin de comprendre qui sont les gagnants et les perdants du commerce international. Enfin, nous passerons en revue quelques autres effets du libre-échange, qui justifient ou non l'ouverture des frontières au commerce.

## 4.1 Le modèle de Ricardo

Le mathématicien Stanisław Ulam mit un jour au défi le célèbre économiste américain Paul Samuelson (lauréat du prix Nobel en 1969) en lui demandant de nommer un résultat en sciences sociales qui soit à la fois vrai et non trivial. Samuelson revint vers lui en donnant comme réponse la notion d'**avantage comparatif**. Celle-ci était d'après lui « logiquement vraie [...], mais non triviale, comme en attestent les milliers d'hommes importants et intelligents qui n'ont jamais été capables de [se l'approprier] ou d'y croire après qu'on leur ait expliquée. » Quelle est donc cette idée contre-intuitive, mais logiquement indéniable, mise en avant par Samuelson ?

La notion d'avantage comparatif découle du modèle du commerce international élaboré en 1817 par l'économiste britannique David Ricardo. Ce modèle explique pourquoi un pays a toujours intérêt à commercer avec ses voisins, quelle que soit sa productivité dans chacun de ses secteurs d'activité.

### 4.1.1 Productivités, avantages absolus et avantages comparatifs

Une des principales raisons pour lesquelles les pays commercent entre eux est qu'ils sont différents : au sein de chaque secteur d'activité, les pays ont des productivités différentes. Ainsi, la France produit plus facilement des voitures que Madagascar, et Madagascar produit plus facilement de la vanille que la France. Pour comprendre en détail les implications de ces différences de productivité, le modèle de Ricardo se focalise sur un cas simple où il n'existe que deux biens et deux pays. En outre, ces biens sont fabriqués à partir d'un unique facteur de production : le travail.

Considérons donc un scénario dans lequel il n'y a dans l'économie que la France et l'Allemagne, qui ne produisent que des bateaux et des voitures. La construction d'un bateau prend 100 heures en Allemagne et 125 heures en France, tandis que la production d'une voiture nécessite 50 heures de travail en Allemagne et 125 heures en France (voir tableau 4.1).

TABLEAU 4.1 – Nombre d'heures de travail nécessaires à la construction d'une voiture et d'un bateau dans chaque pays

| | **Bateau** | **Voiture** |
|---|---|---|
| **Allemagne** | 100 | 50 |
| **France** | 125 | 125 |

Ainsi, l'Allemagne est plus productive que la France dans la construction navale et l'industrie automobile : elle peut produire chacun des deux biens à moindre coût. Dans ces circonstances, on serait tenté de penser que l'ouverture au commerce serait terrible pour la France : les entreprises françaises ne pourraient résister aux prix bas proposés par l'Allemagne et seraient anéanties par cette concurrence ! Mais que se passe-t-il vraiment lorsque l'on ouvre les frontières entre les deux pays ?

Pour analyser le problème, supposons que chaque pays est doté de 500 heures de travail. Dans ces circonstances :

- l'Allemagne peut produire 5 bateaux et 0 voiture ou 10 voitures et 0 bateau ;
- la France peut produire 4 bateaux et 0 voiture ou 4 voitures et 0 bateau.

Chaque pays peut également produire n'importe quelle combinaison linéaire de ces deux possibilités. Par exemple, la France peut décider de produire 2 bateaux et 2 voitures. Pour chaque pays, on peut représenter dans un plan la **frontière de production** qui correspond à l'ensemble des possibilités de production lorsque toute la main d'œuvre disponible est utilisée (voir figure 4.3).

Le fait que l'Allemagne soit plus productive que la France dans l'ensemble des secteurs d'activité implique que la frontière de production allemande est au-dessus de la frontière de production française. Soulignons qu'en autarcie, lorsque l'économie est fermée et que le commerce international est impossible, la frontière de production est également pour chaque pays la frontière de consommation, c'est-à-dire que chaque pays ne peut pas consommer un panier de biens qui dépasse sa frontière de consommation.

Les deux frontières de production sont décroissantes : cela signifie que pour construire un bateau supplémentaire, un pays doit renoncer à produire une certaine quantité de voitures. Ainsi, la production d'un bateau a un **coût d'opportunité.** Lorsque l'Allemagne produit un bateau

FIGURE 4.3 – Frontières de production de l'Allemagne et de la France

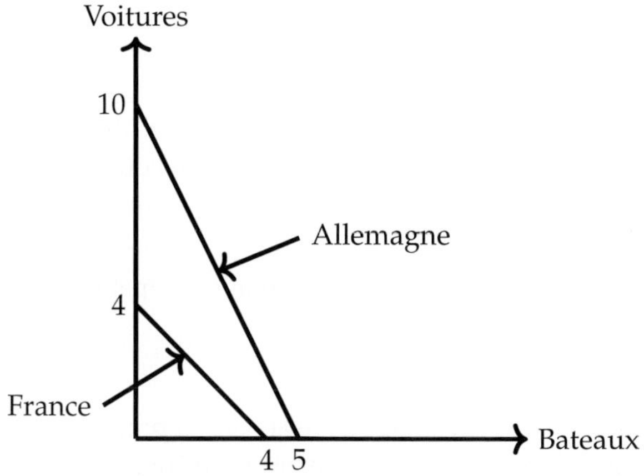


supplémentaire, elle doit y consacrer 100 heures de travail, qui auraient pu être employées à la construction de deux voitures. Le coût d'opportunité d'un bateau en termes de voitures est donc de 2. Autrement dit, pour produire un bateau supplémentaire, l'Allemagne doit renoncer à l'opportunité de produire deux voitures. La France a un coût d'opportunité plus faible : construire un bateau revient à renoncer à une voiture, soit un coût d'opportunité de 1. Notons que ce coût d'opportunité correspond à la pente de la frontière de production. De manière symétrique, on peut aussi calculer pour chaque pays le coût d'opportunité d'une voiture en termes de bateaux (voir le tableau 4.2).

TABLEAU 4.2 – Coûts d'opportunité en Allemagne et en France

| | **Bateau** | **Voiture** |
|---|---|---|
| **Allemagne** | 2 | 1/2 |
| **France** | 1 | 1 |

L'idée de coût d'opportunité est une notion fondamentale en sciences économiques, qui dépasse très largement le cadre du modèle de Ricardo. De manière générale, ce coût correspond à ce à quoi il faut renoncer pour obtenir quelque chose. Ainsi, le coût d'opportunité d'une heure de loisirs est le salaire qui aurait pu être perçu en travaillant pendant une heure. D'un point de vue économique, le temps de loisir n'est donc pas gratuit ! Pour un étudiant ayant le choix entre une spécialisation en sciences économiques, en physique ou en informatique et qui hésite entre ces deux premières possibilités, le coût d'opportunité d'une spécialisation en sciences économiques est de ne pas pouvoir se spécialiser en physique. En l'occurrence, la possibilité de se spécialiser en informatique ne rentre pas dans l'analyse car elle est, pour cet étudiant, dominée. L'idée de coût d'opportunité permet de définir la notion d'avantage comparatif évoquée par Samuelson :

Un pays dispose d'un **avantage comparatif** par rapport à un autre pays dans la production d'un bien lorsque son coût d'opportunité à produire ce bien y est plus faible.

Il faut bien différencier cette notion d'avantage comparatif de celle d'avantage absolu :

Un pays dispose d'un **avantage absolu** dans la production d'un bien lorsque, à ressources égales, il peut en produire davantage.

Dans notre exemple, l'Allemagne a un avantage absolu dans la production de bateaux et dans la production de voitures, car elle est plus productive que la France dans chacun des deux secteurs d'activité. Néanmoins, c'est la France qui dispose d'un avantage *comparatif* dans la production de bateaux. Le coût d'opportunité (en termes de voitures) de la construction d'un bateau est plus faible en France, où il est de 1, qu'en Allemagne, où il s'élève à 2. L'Allemagne dispose quant à elle d'un avantage comparatif dans la production automobile : produire une voiture correspond à renoncer à la production d'un demi-bateau, tandis qu'en France produire une voiture revient à renoncer à la production d'un bateau entier (voir le tableau 4.3).

TABLEAU 4.3 – Avantages absolus et comparatifs en Allemagne et en France

| | **Bateau** | **Voiture** |
|---|---|---|
| **Avantage absolu** | Allemagne | Allemagne |
| **Avantage comparatif** | France | Allemagne |

Un avantage absolu reflète une différence dans les niveaux de productivité, tandis qu'un avantage comparatif correspond à une différence *relative* de productivité. Par rapport à l'Allemagne, la France est relativement plus productive dans la construction navale que dans l'industrie automobile, tandis que l'inverse est vrai pour l'Allemagne. En conséquence, si un pays peut avoir un avantage absolu dans l'ensemble des secteurs de l'économie, comme c'est le cas de l'Allemagne dans notre exemple, il ne peut pas avoir un avantage comparatif dans tous les domaines. Si un pays est relativement plus productif qu'un autre dans un secteur d'activité, alors il est nécessairement relativement moins productif dans un autre secteur d'activité.

### 4.1.2 Spécialisation et échanges

**Situation en autarcie.** Quelle est la conséquence de ces différences de productivité sur les échanges commerciaux entre la France et l'Allemagne ? Pour le comprendre, partons d'une situation où les économies sont fermées et où les échanges internationaux sont impossibles. Intéressons-nous au prix des bateaux. Dans la mesure où les seuls autres biens existants sont des voitures, le prix d'un bateau n'a de sens que s'il est exprimé relativement à celui d'une voiture. Nous allons donc nous concentrer sur le ratio $p = \frac{P_{\text{Bateau}}}{P_{\text{Voiture}}}$, ce qui revient à normaliser le prix des voitures à 1 et à nous intéresser au prix $p$ des bateaux. [1]

Lorsque les pays sont en autarcie, le prix de chaque bien reflète son coût de production. Par conséquent, le prix d'un bateau, relativement à celui d'une voiture, doit être égal au coût d'opportunité de la construction d'un bateau, en termes de voitures. Dans la mesure où, en Allemagne, il faut deux fois plus d'heures de travail pour produire un bateau qu'une voiture, il est naturel qu'un bateau coûte deux fois plus cher. On a donc :

$$p^{\text{Allemagne}} = \frac{P^{\text{Allemagne}}_{\text{Bateau}}}{P^{\text{Allemagne}}_{\text{Voiture}}} = 2,$$

où $p^{\text{Allemagne}}$ correspond au prix d'un bateau en Allemagne (relativement à celui d'une voiture) en autarcie. De même, on a :

$$p^{\text{France}} = \frac{P^{\text{France}}_{\text{Bateau}}}{P^{\text{France}}_{\text{Voiture}}} = 1,$$

où $p^{\text{France}}$ est le prix d'un bateau en France en autarcie.

**Le prix unique.** Que se passe-t-il lorsque l'on ouvre les frontières en autorisant la circulation des biens entre la France et l'Allemagne ? La première chose à remarquer est que le prix relatif des bateaux dans chaque

1. Dans le chapitre précédent, nous nous sommes intéressés à un marché donné et avons exprimé les prix en euros, l'idée étant que les euros peuvent être dépensés sur les autres marchés dont nous avons fait abstraction. Il s'agissait d'une analyse dite en *équilibre partiel*. Désormais, nous étudions simultanément l'ensemble des marchés de l'économie. Nous faisons donc une analyse dite d'*équilibre général*. Or, en équilibre général, seuls les prix relatifs sont définis. On peut donc désigner un bien, les voitures, comme étant le numéraire (l'objet de référence) et se focaliser sur le prix des autres biens (en l'occurrence sur celui des bateaux). L'analyse demeure inchangée si l'on prend les bateaux comme numéraire.

pays s'équilibrera pour atteindre une valeur commune : on devra avoir $p^{\text{France}} = p^{\text{Allemagne}} = p$.

Imaginons que les prix ne s'ajustent pas, et qu'ils restent à leur valeur d'autarcie, avec $p^{\text{France}} = 1$ et $p^{\text{Allemagne}} = 2$. Un Français qui possède un bateau pourrait aller en Allemagne, l'échanger contre deux voitures, revenir en France et échanger ses deux voitures contre deux bateaux. En réitérant ce montage, il obtiendrait ensuite quatre bateaux, huit bateaux, etc. Avec des transactions peu coûteuses, il pourrait alors s'enrichir sans limite. On dit qu'il y a une possibilité d'arbitrage. Une telle situation ne peut pas perdurer : il y a une forte demande pour échanger des bateaux contre des voitures en Allemagne, ce qui augmente le prix relatif des voitures, et fait donc baisser $p^{\text{Allemagne}}$. En France, il y a une forte demande pour échanger des voitures contre des bateaux, ce qui fait augmenter $p^{\text{France}}$.

À l'équilibre, on doit nécessairement avoir l'égalité $p^{\text{France}} = p^{\text{Allemagne}} = p$, sans quoi des acheteurs pourraient faire des transactions circulaires et s'enrichir sans rien produire. Il s'agit là d'une conséquence de la loi du prix unique que nous avons vue au chapitre précédent : dans un marché, tous les échanges d'un même bien se font au même prix. En l'occurrence, une fois levées les barrières au commerce entre la France et l'Allemagne, il n'existe plus qu'un seul grand marché franco-allemand pour les bateaux, ainsi que pour les voitures. Soulignons que la loi du prix unique ne tient strictement qu'en l'absence de coûts de transaction.

**À propos des coûts de transaction**

L'hypothèse d'absence de coûts de transport peut paraître particulièrement forte, mais la standardisation des conteneurs et les progrès de logistique ont considérablement réduit le coût du transport de marchandises entre pays : aujourd'hui, acheminer un conteneur de 63 m$^3$ de New York à Marseille coûte aux alentours de 2 000 dollars. Celui-ci pouvant contenir plus de 20 tonnes de marchandises, le coût de transport est souvent très faible relativement à la valeur des biens. Ceci étant, certaines marchandises sont périssables et ne peuvent être transportées que par avion tandis que certains services sont difficilement échangeables à l'international, comme les services de santé, la restauration ou les services de coiffure. L'absence d'une langue commune réduit également les flux commerciaux entre pays. Enfin, pour des produits non standardisés (comme le textile ou les jouets, par opposition au pétrole ou au blé), le commerce passe d'abord par l'instauration d'un lien de confiance entre deux entreprises, l'une exportatrice et l'autre importatrice. Ces liens sont coûteux à construire et induisent donc des frictions. L'étude de ces frictions au commerce international est aujourd'hui un enjeu de recherche majeur.

**Spécialisation et gains à l'échange.** Supposons qu'une fois les frontières ouvertes, le prix d'un bateau se situe entre les prix qui prévalaient en autarcie en France et en Allemagne, soit $p \in ]1,2[$. Quelle est l'offre de bateaux et de voitures dans chacun des deux pays ?

Commençons par nous intéresser à l'Allemagne. Avec 100 heures de travail, le pays peut produire un bateau ou deux voitures. Or, si $p \in ]1,2[$, le prix d'un bateau est inférieur au double de celui d'une voiture. L'Allemagne a donc intérêt à se spécialiser dans l'industrie automobile. Elle produit alors 10 voitures. Chaque voiture peut être exportée en France contre l'importation de $1/p$ bateau, avec $1/p > 1/2$. Si l'Allemagne ne souhaite consommer que des bateaux, elle exporte ses 10 voitures et importe $10/p > 5$ bateaux.

Cette situation est représentée sur la figure 4.4. La ligne noire correspond à la frontière de production de l'économie allemande (que nous avions déjà vue sur la figure 4.3). En autarcie, il s'agit également de la frontière de consommation. La ligne bleue correspond à la frontière de consommation de l'économie allemande en économie ouverte lorsque $p < 2$. Ainsi, dès lors que l'Allemagne souhaite consommer quelques bateaux, importés de France et financés par l'exportation de voitures, elle sort gagnante du libre-échange. Son niveau de consommation est supérieur à ce qui aurait été possible en économie fermée.

Mais, qu'en est-il de la France ? Un bateau y est aussi coûteux à produire qu'une voiture. Or, si $p \in ]1,2[$, un bateau a plus de valeur qu'une voiture. La France se spécialise donc dans la construction navale et produit 4 bateaux. Chaque bateau peut être échangé contre $p$ voitures, où $p > 1$. Si la France ne souhaite consommer que des voitures, elle exporte ses 4 bateaux et importe $4p > 4$ voitures. Cette situation est représentée sur la figure 4.5. La frontière de consommation de l'économie française est supérieure en économie ouverte (ligne rouge) qu'en économie fermée (ligne noire). Dès lors que la France consomme quelques voitures, elle bénéficie également du libre-échange !

Ainsi, chaque pays se spécialise dans le secteur où il possède son avantage comparatif, ce qui permet la réalisation d'échanges mutuellement bénéfiques entre nations. La fermeture des frontières serait ici Pareto-inefficace.

FIGURE 4.4 – Frontières de consommation en Allemagne en économie fermée (noir) et ouverte (bleu) lorsque $p < 2$

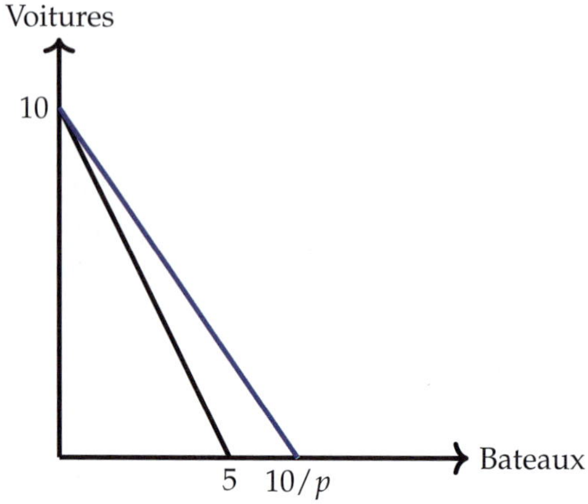


FIGURE 4.5 – Frontières de consommation en France en économie fermée (noir) et ouverte (rouge) lorsque $p > 1$

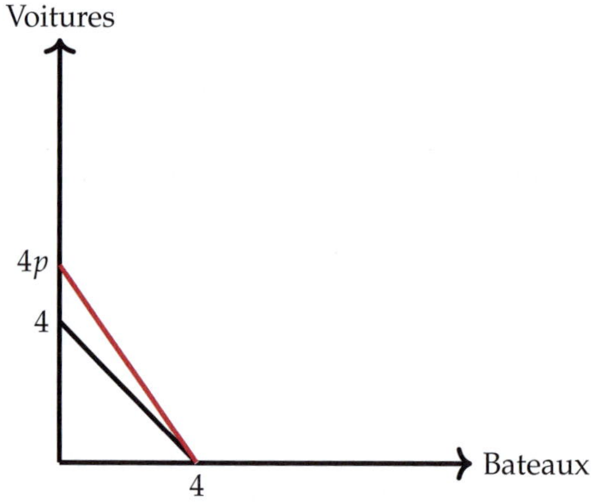


Le niveau du prix $p$ détermine la répartition des gains au commerce : lorsque $p$ est élevé, proche de 2, les Français peuvent acheter plus de voitures et ceux-ci empochent l'essentiel des gains à l'ouverture. Lorsque $p$ est au contraire proche de 1, ce sont les Allemands qui gagnent le plus au libre-échange. Plus l'ouverture des frontières modifie le prix des bateaux relativement à ce qu'il aurait été en autarcie, plus le pays gagne au libre-échange !

Dans le cas limite où $p = 1$, la France ne se spécialise plus nécessairement dans la production de bateaux : qu'elle produise 0 ou 4 bateaux, elle pourra consommer les mêmes quantités de biens. L'ouverture des frontières ne modifiant pas les prix relatifs, la France ne bénéfice pas du libre-échange. Dans le cas où $p = 2$, c'est l'Allemagne qui cesse de se spécialiser et de bénéficier du libre-échange.

**Détermination du prix unique.** Nous venons de déterminer l'offre de bateaux et de voitures à prix donné. Plus précisément, lorsque $p \in ]1,2[$, l'Allemagne produit 10 voitures et la France 4 bateaux. La production totale de l'économie franco-allemande est donc indépendante de $p$. Lorsque $p = 1$, l'Allemagne se spécialise dans l'industrie automobile, mais la France ne se spécialise pas nécessairement. La production mondiale est donc d'au moins 10 voitures et d'au plus 4 bateaux. À l'inverse, lorsque $p = 2$, c'est la France qui se spécialise, mais pas nécessairement l'Allemagne. La production mondiale est donc inférieure ou égale à 10 voitures et supérieure ou égale à 4 bateaux. *A fortiori*, si $p < 1$, ni la France, ni l'Allemagne ne produisent de bateaux, ce qui donne 14 voitures ; et, si $p > 2$, la production totale de voitures est nulle et celle de bateaux s'élève à 9.

Nous avons donc déterminé pour n'importe quel prix l'offre de bateaux et de voitures. Cela nous permet de construire la courbe d'offre relative de bateaux, c'est-à-dire le ratio $O(p) = \frac{O_{\text{Bateau}}(p)}{O_{\text{Voiture}}(p)}$ où $O_{\text{Bateau}}(p)$ est l'offre de bateaux et $O_{\text{Voiture}}(p)$ est l'offre de voitures. Ce ratio correspond à la dernière ligne du tableau 4.4.

TABLEAU 4.4 – Offre relative de bateaux selon le prix

| | $p < 1$ | $p = 1$ | $1 < p < 2$ | $p = 2$ | $p > 2$ |
|---|---|---|---|---|---|
| $O^{\text{France}}_{\text{Bateau}}$ | 0 | $\in [0,4]$ | 4 | 4 | 4 |
| $O^{\text{Allemagne}}_{\text{Bateau}}$ | 0 | 0 | 0 | $\in [0,5]$ | 5 |
| $O^{\text{France}}_{\text{Voiture}}$ | 4 | $\in [0,4]$ | 0 | 0 | 0 |
| $O^{\text{Allemagne}}_{\text{Voiture}}$ | 10 | 10 | 10 | $\in [0,10]$ | 0 |
| $O(p)$ | 0 | $\in [0, \frac{4}{10}]$ | $\frac{4}{10}$ | $\in [\frac{4}{10}, +\infty[$ | $+\infty$ |

Mais comment est déterminé le prix d'équilibre $p$ de l'économie ouverte ? Tout simplement de manière à ce que l'offre des entreprises soit égale à la demande des consommateurs.

Reste à construire la courbe de demande. Si $D_{\text{Bateau}}(p)$ est la demande de bateaux dans l'économie franco-allemande en fonction du prix $p$ et $D_{\text{Voiture}}(p)$ la demande de voiture, alors on peut définir la demande relative par $D(p) = \frac{D_{\text{Bateau}}(p)}{D_{\text{Voiture}}(p)}$. Naturellement, la demande de bateaux $D_{\text{Bateau}}(p)$ est une fonction décroissante du prix $p$ des bateaux, tandis que la demande de voitures $D_{\text{Voiture}}(p)$ est une fonction croissante de $p$. La fonction $D(p)$ est donc décroissante en $p$.

La figure 4.6 représente les courbes d'offre et de demande relatives, ce qui permet de trouver le prix d'équilibre $p^*$ et la quantité relative de bateaux produite à l'équilibre. Dès lors que le prix d'équilibre se situe entre 1 et 2, les pays sont spécialisés selon leurs avantages comparatifs. [2]

FIGURE 4.6 – Offre et demande relative de bateaux, et prix relatif à l'équilibre

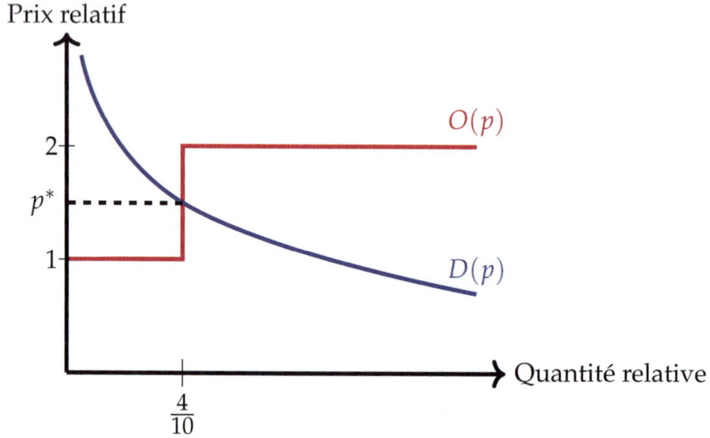


Soulignons qu'un accroissement de la demande de bateaux augmente leur prix relatif, ce qui est favorable à la France spécialisée dans la construction navale et défavorable à l'Allemagne spécialisée dans l'industrie automobile. Un pays bénéficie d'autant plus du libre-échange que la demande mondiale est forte pour les biens du secteur dans lequel réside son avantage comparatif.

### 4.1.3 Un exemple historique : l'ouverture au commerce du Japon

En 1639, le Japon entra pratiquement en autarcie : avec quelques rares exceptions, les Japonais avaient l'interdiction d'entrer en contact avec le

2. Pourquoi se focaliser sur l'offre et la demande *relative*, plutôt que sur l'offre et la demande sur chacun des deux marchés ? Les consommateurs n'ayant le choix qu'entre voitures et bateaux, la détermination de leur demande de bateaux pour un prix donné fixe automatiquement leur demande de voitures. *Idem* pour l'offre des producteurs. Par conséquent, si le marché des bateaux est à l'équilibre, alors celui des voitures doit l'être aussi ! Il serait donc erroné de traiter les deux marchés séparément. Il s'agit là d'une conséquence de la loi de Walras (qui fait partie de la théorie de l'équilibre général) selon laquelle, en présence de $n$ marchés différents, dès lors que $n-1$ marchés sont à l'équilibre, le $n$-ième marché doit l'être aussi. C'est la raison fondamentale pour laquelle seuls les prix relatifs sont déterminés, ce qui nous a conduit à normaliser le prix des voitures à 1.

monde extérieur, y compris pour faire des échanges commerciaux. Les choses changèrent brutalement en 1859 lorsque les Occidentaux forcèrent le pays à autoriser le commerce, avec des barrières douanières assez limitées. En quelques années, le Japon a fait face à un choc commercial rare dans l'histoire : le passage d'une extrême autarcie à une ouverture presque complète. Cet épisode constitue un bon cadre pour tester l'idée d'avantage comparatif.

Si ce concept est valide empiriquement, nous devrions observer une corrélation positive entre l'augmentation des prix des biens à l'ouverture et les exportations nettes du Japon de ces différents biens. En effet, dans le modèle de Ricardo, à l'ouverture des frontières, les prix augmentent dans les secteurs où les coûts de production sont bas relativement au reste du monde, là où se situent les avantages comparatifs du pays. Ce sont par ailleurs ces biens qui sont exportés car le pays a intérêt à se spécialiser dans le secteur dont les prix augmentent relativement aux coûts de production.

Bernhofen et Brown (2004) ont exploité des archives historiques afin de retrouver l'évolution des prix et des échanges de certains biens au moment de l'ouverture au commerce. Leurs résultats sur l'évolution des

FIGURE 4.7 – L'ouverture au commerce du Japon

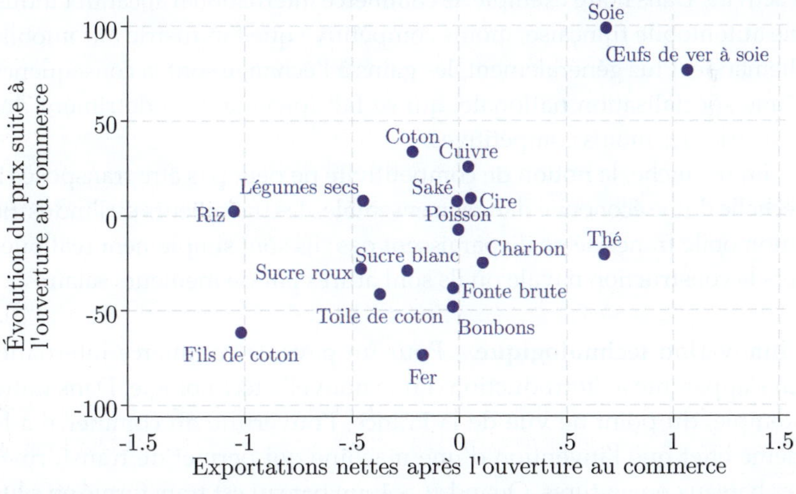


*Notes* : En abscisse, les exportations nettes du pays après l'ouverture pour différents biens (les quantités négatives correspondent donc à des importations) ; en ordonnée, l'évolution des prix de ces biens au moment de l'ouverture commerciale. *Source* : Bernhofen et Brown (2004).

exportations et des prix de biens sont résumés figure 4.7. On y observe clairement la corrélation positive prédite par la théorie des avantages comparatifs. Par exemple, le Japon est devenu fortement exportateur de soie et importateur de fils de coton, le prix de la soie ayant significativement augmenté, et celui des fils de coton diminué.

### 4.1.4 Les enseignements du modèle de Ricardo

Le modèle de Ricardo est riche d'enseignements fondamentaux sur le commerce international et plus généralement sur le fonctionnement d'une économie de marché.

**La compétitivité.** Tout d'abord, les échanges sont mutuellement bénéfiques pour tous les pays qui participent au commerce international, quels que soient leurs niveaux de productivité. Cela est dû au fait que le commerce entre nations n'est pas basé sur les avantages absolus mais sur les avantages comparatifs. Comme chaque pays a au moins un secteur d'activité dans lequel il dispose d'un avantage comparatif, tous bénéficient du commerce international.

Par conséquent, un pays ne peut pas ne pas être compétitif ! La notion de compétitivité est très pertinente à l'échelle d'une entreprise : une firme qui ne l'est pas risque tout simplement de disparaître, au bénéfice de ses concurrents. Cette notion est également utile à l'échelle d'un secteur d'activité. Dans notre exemple, le commerce international anéantit l'industrie automobile française, moins compétitive que l'industrie automobile allemande. Plus généralement, les gains à l'échange sont la conséquence d'une spécialisation nationale, qui se fait forcément au détriment des industries les moins compétitives.

En revanche, la notion de compétitivité ne peut pas être transposée à l'échelle d'une économie dans son ensemble : les travailleurs de l'industrie automobile française ne disparaissent pas ; ils sont simplement réalloués vers la construction navale où ils sont attirés par de meilleurs salaires.

**L'innovation technologique.** Pour un pays, le commerce international s'apparente à l'introduction d'une nouvelle technologie. Dans notre exemple, du point de vue de la France, l'ouverture au commerce a le même effet que l'invention d'une machine qui permet de transformer des bateaux en voitures. Quand $p > 1$, un bateau est transformé en plus d'une voiture et, quand $p < 1$, une voiture est transformée en plus d'un bateau. Chacune de ces deux possibilités est bénéfique pour la France qui peut se spécialiser dans la production du bien que cette technologie démultiplie. Dans une certaine mesure, l'opposition au libre-échange peut donc s'apparenter à une opposition à l'innovation technologique, à l'image des « luddites » de l'Angleterre du début du XIX$^e$ siècle qui, face à la révolution industrielle, brisèrent les métiers à tisser.

Ce parallèle met en lumière des similitudes entre les effets de l'innovation technologique et de l'ouverture au commerce international. Par exemple, le déclin de l'emploi dans le secteur du textile en Europe résulte à la fois des développements technologiques qui ont remplacé les travailleurs manuels par des machines et du commerce avec la Chine. Les évolutions technologiques et commerciales ont bien souvent des conséquences remarquablement similaires.

**Le commerce *intra*national.** La notion d'avantage comparatif n'est pas spécifique au commerce entre pays : elle est également pertinente pour expliquer les échanges au sein d'un pays, ou même d'une entreprise. Prenons l'exemple d'une entreprise dans laquelle deux types de tâches doivent être réalisées : des tâches managériales et des tâches administratives. Deux types d'employés y travaillent : des managers et des assistants. Leurs productivités sont décrites dans le tableau 4.5.

TABLEAU 4.5 – Nombre d'heures de travail nécessaires à différentes tâches

| | Tâche managériale | Tâche administrative |
|---|---|---|
| **Manager** | 4 | 5 |
| **Assistant** | 20 | 10 |

Le manager a un avantage absolu sur son assistant dans les deux types de tâches, mais il a un avantage comparatif dans les tâches managériales. [3] Il serait donc inefficace que le manager s'occupe de tâches administratives (sauf si l'assistant, spécialisé dans les tâches administratives, est débordé). Le fonctionnement d'une économie de marché aboutit naturellement à ce que chaque travailleur se spécialise dans le domaine où réside son avantage comparatif, ce qui est Pareto-efficace.

Bien que la notion d'avantage comparatif soit généralement présentée dans le contexte du commerce international, elle décrit le fonctionnement de toute économie de marché. Cela implique que le marché est fondamentalement inclusif : chacun y a sa place, quelle que soit sa productivité dans chaque secteur d'activité. Bien sûr, dans notre exemple, le manager aura une rémunération plus élevée que l'assistant. Le marché est donc efficace, mais pas forcément égalitaire, ce qui pose la question des politiques de redistribution.

3. Cet exemple est évidemment illustratif : nous avons tous en tête des exemples d'assistants qui seraient bien plus efficaces que leurs managers s'ils prenaient leur place.

### 4.1.5 Remarques méthodologiques

Le modèle de Ricardo, avec ses deux pays et ses deux biens, est-il réaliste ? Non, bien entendu ! Assurément, la réalité des échanges internationaux est infiniment plus complexe que la représentation simpliste que nous venons d'en faire. Pour rendre le modèle plus réaliste, il faudrait y inclure une multitude de dimensions d'hétérogénéité : augmenter le nombre de biens, le nombre de pays, autoriser chaque bien à être différent d'un pays à l'autre, distinguer les travailleurs qualifiés des non-qualifiés, prendre en compte le savoir-faire accumulé par les travailleurs au sein de leurs secteurs d'activité, inclure de multiples frictions allant des coûts de transport aux frais bancaires...

Le problème est que, même en incluant toutes ces dimensions d'hétérogénéité, notre modèle serait toujours infiniment plus simple que la réalité du monde qu'il cherche à décrire. En outre, ce modèle serait très complexe à résoudre et donc aussi obscur que la réalité que l'on cherche à comprendre. Ainsi, un bon modèle en sciences économiques n'est pas réaliste, mais lumineux, éclairant, *insightful*. En outre, même dans un modèle beaucoup plus complexe, le mécanisme des avantages comparatifs restera à l'œuvre et continuera de déterminer les flux d'échanges internationaux. Tout l'intérêt du modèle de Ricardo est d'isoler cet effet afin d'en montrer la logique et la pertinence avec une précision et une clarté mathématique.

La question intéressante n'est pas de savoir si le modèle est réaliste, mais si les résultats principaux survivraient à la prise en compte de dimensions d'hétérogénéité supplémentaires qui nous paraissent pertinentes. Autrement dit, quelles hypothèses devons-nous modifier pour invalider la logique des avantages comparatifs ? C'est ainsi que se construit la réflexion scientifique dans notre discipline. Il s'agit d'un usage de la modélisation mathématique qui est moins descriptif et plus conceptuel qu'en physique.

Le cœur des sciences économiques consiste en l'aller-retour entre la réalité du monde et l'abstraction de nos modèles mathématiques. Certes, il serait dangereux de confondre un modèle avec la réalité. Mais il faut savoir tirer les enseignements d'une représentation simplifiée de la réalité. C'est là que réside toute la subtilité des sciences économiques.

**Ricardo *vs.* les *corn laws***

Suite à sa révolution industrielle précoce du XVIIIe siècle, l'Angleterre s'est enrichie en important des denrées agricoles qu'elle échangeait contre des biens manufacturés. Au début du XIXe siècle, le blocus continental imposé par Napoléon entrava ces échanges, ce qui fit monter le prix des céréales. La défaite de Napoléon en 1815 aurait dû permettre la reprise des échanges, ce qui aurait été défavorable aux propriétaires terriens britanniques. Sous leur influence, le parlement instaura en 1815 les célèbres *corn laws*, mesures protectionnistes limitant fortement l'importation de céréales.

C'est dans ce contexte qu'en 1817, l'économiste, financier et membre du parlement britannique David Ricardo élabora sa théorie des avantages comparatifs afin de justifier son soutien au libre-échange et son opposition aux *corn laws*. Ricardo mourut en 1823, mais la pertinence de son analyse contribua largement à la suppression définitive des *corn laws* en 1846, ce qui marqua un tournant dans l'histoire politique britannique.

Le cas des *corn laws* montre que les propriétaires terriens auraient été des perdants du libre-échange. Pour mieux comprendre pourquoi, allons au-delà de la théorie de Ricardo.

## 4.2 Gagnants et perdants du libre-échange

Si le libre-échange est tellement bénéfique, pourquoi certaines personnes y sont-elles si farouchement opposées ? Il est bien sûr possible que la logique des avantages comparatifs soit difficile à saisir, aboutissant à des craintes injustifiées. Une hypothèse moins prétentieuse est que le libre-échange ne fait pas que des gagnants. Dans notre modèle de Ricardo, au sein d'un pays, tous les consommateurs sont identiques et tous les producteurs le sont également. Mais, si l'on admet qu'il y a des différences importantes entre travailleurs, on s'aperçoit alors que le libre-échange est défavorable à un ouvrier français spécialisé dans l'industrie automobile et dont la productivité serait nettement plus faible sur un chantier naval.

Des modèles de commerce international plus avancés permettent d'introduire de l'hétérogénéité parmi les consommateurs et les producteurs. Néanmoins, ils sont plus lourds et complexes à résoudre. Pour simplifier notre analyse des gagnants et des perdants du libre-échange, nous allons donc nous focaliser sur le cas d'une petite économie ouverte. Une économie est dite « petite » dès lors que l'ouverture de ses frontières ne peut pas affecter les prix mondiaux.

Ainsi, sur le marché du pétrole, la Belgique peut être considérée comme une petite économie ouverte : le fait que la Belgique importe plus ou moins de pétrole a un impact négligeable sur le prix mondial du pétrole. En revanche, lorsque les États-Unis changent le niveau de leurs importations et exportations de pétrole, ils peuvent avoir un impact important sur son prix : l'hypothèse de la petite économie ouverte ne serait donc pas adaptée dans ce cas.

### 4.2.1 Ouverture des frontières d'une petite économie

Aux chapitres précédents, nous avons introduit la notion de surplus, et avons décrit la répartition du surplus entre consommateurs et producteurs. Voyons comment adapter cette analyse au cas du commerce international.

Considérons donc une petite économie, et un marché dans celle-ci, par exemple le marché de l'acier. Avant l'ouverture au commerce, le prix $p^*$ de l'acier en vigueur dans ce pays est déterminé par l'équilibre entre l'offre et la demande, tel que représenté sur la figure 4.8. La surface bleue correspond au surplus des consommateurs et la surface rouge au surplus des producteurs.

FIGURE 4.8 – Petite économie avant son ouverture au commerce international

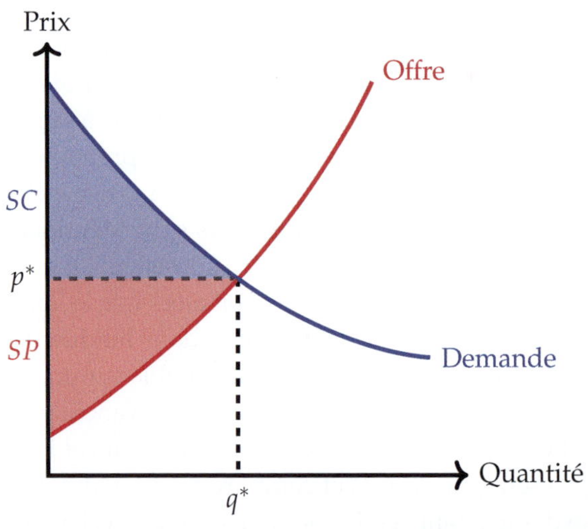


Lorsque le pays s'ouvre au commerce, n'importe qui peut acheter ou vendre de l'acier au reste du monde au prix mondial $p^{\text{Monde}}$. Par la loi du

prix unique, $p^{\text{Monde}}$ doit désormais être le prix de l'acier dans l'économie domestique. En effet, aucun consommateur n'est prêt à payer plus que $p^{\text{Monde}}$ pour de l'acier, sachant que c'est le prix auquel il peut s'en procurer à l'étranger, et aucun producteur n'est prêt à le vendre pour moins de $p^{\text{Monde}}$, sachant qu'il peut le vendre à ce prix à des consommateurs étrangers. Le prix $p^{\text{Monde}}$ est donc à la fois un plafond et un plancher.

Comment l'économie domestique réagit-elle à ce nouveau prix ? Tout dépend du niveau de $p^{\text{Monde}}$ relativement à $p^*$. Si $p^{\text{Monde}} > p^*$, le prix de l'acier augmente. Les consommateurs réduisent donc leur demande au niveau $q^{\text{Cons}}$ représenté sur la figure 4.9. À l'inverse, les producteurs sont poussés à accroître leur production, qui s'établit désormais au niveau $q^{\text{Prod}}$. La différence entre $q^{\text{Prod}}$ et $q^{\text{Cons}}$ correspond aux exportations d'acier.

FIGURE 4.9 – Petite économie ouverte avec un prix mondial supérieur au prix en autarcie

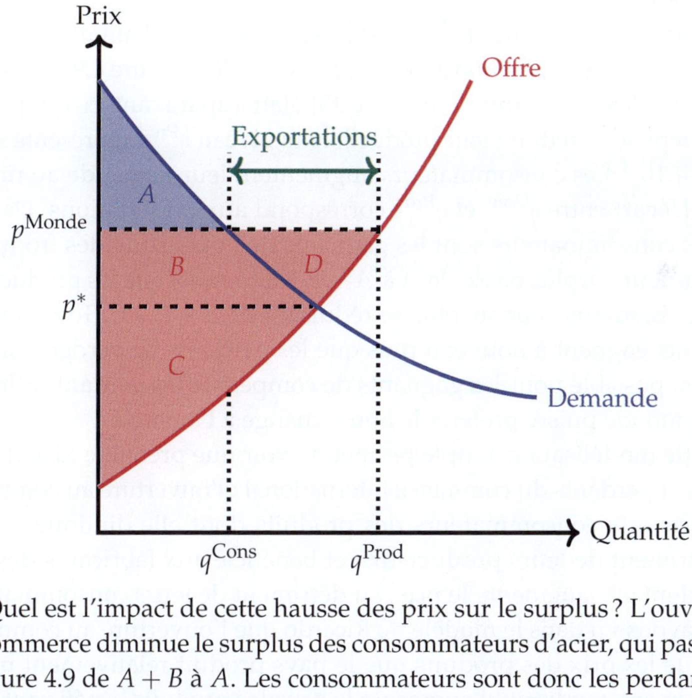


Quel est l'impact de cette hausse des prix sur le surplus ? L'ouverture au commerce diminue le surplus des consommateurs d'acier, qui passe sur la figure 4.9 de $A + B$ à $A$. Les consommateurs sont donc les perdants du libre-échange. En revanche, le commerce augmente nettement le surplus des producteurs, qui passe de $C$ à $B + C + D$. Ils sont donc les gagnants de l'ouverture des frontières. Soulignons que le surplus des producteurs augmente davantage que ne diminue le surplus des consommateurs. Ainsi, grâce au commerce, le surplus total de l'économie augmente de $D$, qui représente le bénéfice national du libre-échange.

En théorie, il est donc possible d'effectuer un transfert de richesse des producteurs aux consommateurs afin de compenser ces derniers, de sorte que tout le monde gagne à l'ouverture des frontières. Il faut pour cela que le transfert soit compris entre $B$ et $B + D$. Cette possibilité implique que le protectionnisme est Pareto-inefficace : en partant d'une situation d'autarcie, il est possible d'ouvrir les frontières et de redistribuer les gains à l'échange de telle manière que tout le monde préfère cette nouvelle situation à l'ancienne. Autrement dit, l'ouverture des frontières augmente le surplus total de l'ensemble des acteurs de l'économie, si bien qu'il serait inefficace d'y renoncer. Ce résultat explique pourquoi les économistes sont généralement défavorables aux barrières douanières.

Ceci étant, lorsque la redistribution des gagnants vers les perdants n'est pas possible, alors le protectionnisme peut être Pareto-efficace : en partant d'une situation d'autarcie, pour augmenter le bien-être des gagnants potentiels du libre-échange, il faut alors nécessairement diminuer celui des perdants.

Dans le cas où le prix $p^{\text{Monde}}$ est inférieur au prix d'autarcie $p^*$, nous sommes dans une situation symétrique à celle de la figure 4.9. Le prix de l'acier est désormais inférieur à ce qu'il était auparavant, ce qui pousse les entreprises à réduire leur production au niveau $q^{\text{Prod}}$ représenté sur la figure 4.10.[4] Les consommateurs augmentent leur demande au niveau $q^{\text{Cons}}$. L'écart entre $q^{\text{Cons}}$ et $q^{\text{Prod}}$ correspond aux importations. Dans ce cas, les consommateurs sont les gagnants de l'ouverture des frontières, puisque leur surplus passe de $A$ à $A + B + D$, tandis que les producteurs sont les perdants, leur surplus se réduisant de $B + C$ à $C$. Toutefois, les gagnants gagnent à nouveau plus que les perdants ne perdent, si bien qu'il est possible pour les gagnants de compenser les perdants afin que tout le monde puisse préférer le libre-échange à l'autarcie.

Cette modélisation simple permet d'avoir une première idée des gagnants et perdants du commerce international : l'ouverture au commerce bénéficie aux consommateurs des produits dont elle diminue le prix, au détriment de leurs producteurs, et bénéficie aux fabricants des produits dont elle augmente le prix, au détriment de leurs consommateurs. Nous avons vu dans le modèle de Ricardo que l'ouverture au commerce diminue les prix des produits que le pays produit relativement moins efficacement, tandis qu'il augmente le prix des produits bénéficiant d'un avantage comparatif. Ainsi, les secteurs où résident les avantages comparatifs gagnent au libre-échange, tandis que les autres perdent. La France

4. Cet ajustement peut s'interpréter de deux manières différentes : si l'on considère toutes les entreprises similaires et avec des coûts marginaux croissants, elles s'ajustent simplement en réduisant leur production. Dans le cas plus vraisemblable où les entreprises ont des productivités différentes, l'ouverture au commerce mène à la faillite des entreprises aux coûts les plus élevés.

FIGURE 4.10 – Petite économie ouverte avec un prix mondial inférieur au prix en autarcie

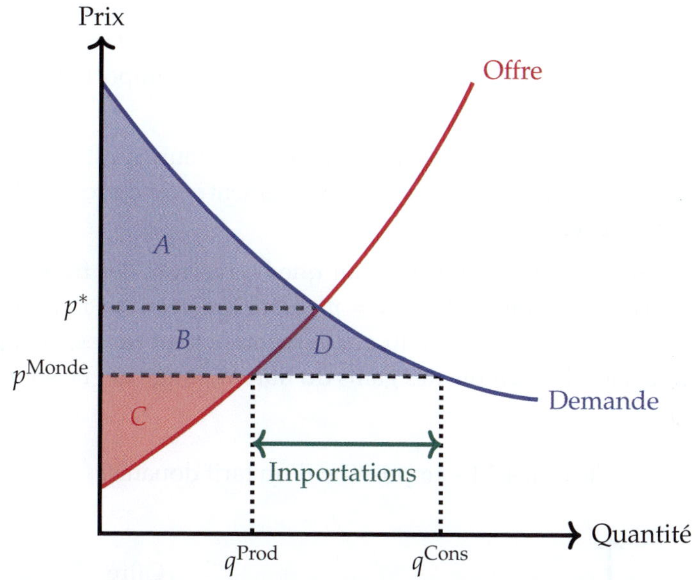


a un avantage comparatif dans le domaine du tourisme, du luxe, de l'industrie aéronautique... Ces secteurs se sont effectivement largement développés avec l'ouverture internationale. En revanche, les industries textiles et métallurgiques ont beaucoup souffert de l'exposition à la concurrence mondiale.

### 4.2.2 Imposition d'un tarif douanier

Parfois, les entreprises menacées par l'ouverture au commerce demandent au gouvernement de protéger leur activité en imposant des tarifs douaniers. Quel est l'effet de cette politique ? Repartons du cas où l'ouverture des frontières est défavorable aux producteurs (représenté sur la figure 4.10), et voyons ce qui se passe lorsque l'État impose un tarif douanier $t$ sur chaque unité importée. Le prix des importations est désormais de $p^{\text{Monde}} + t$, comme on peut le voir sur la figure 4.11. Cette augmentation du prix réduit la consommation et augmente la production, ce qui diminue le niveau des importations, et rapproche le pays de la situation d'autarcie. Le surplus des producteurs augmente de $C$ par rapport à la situation sans tarif, ce qui était le but de leur lobbying auprès du gouvernement. Les consommateurs voient quant à eux leur surplus diminuer de $C + I + H + J$ car ils font face à des prix plus élevés. Plus précisément, on voit sur la figure 4.11 que suite à l'imposition de la taxe,

- la quantité $C$ de surplus des consommateurs est transférée aux producteurs ;
- la quantité $H$ de surplus des consommateurs est transférée au gouvernement, dont les recettes représentées par le rectangle vert sont égales au produit du niveau $q^{\text{Cons}} - q^{\text{Prod}}$ des importations et du montant $t$ du tarif douanier ;
- la quantité $I + J$ de surplus des consommateurs n'est absorbée ni par les producteurs, ni par le gouvernement : cela correspond à une **perte sèche**.

Si le tarif est suffisamment élevé pour que l'ouverture des frontières ne modifie pas le prix, soit $p^{\text{Monde}} + t = p^*$, alors le niveau des importations est réduit à néant, les recettes du gouvernement sont nulles, et la perte sèche est égale à l'ensemble des gains du libre-échange qui ne sont donc pas réalisés.

FIGURE 4.11 – Imposition d'un tarif douanier

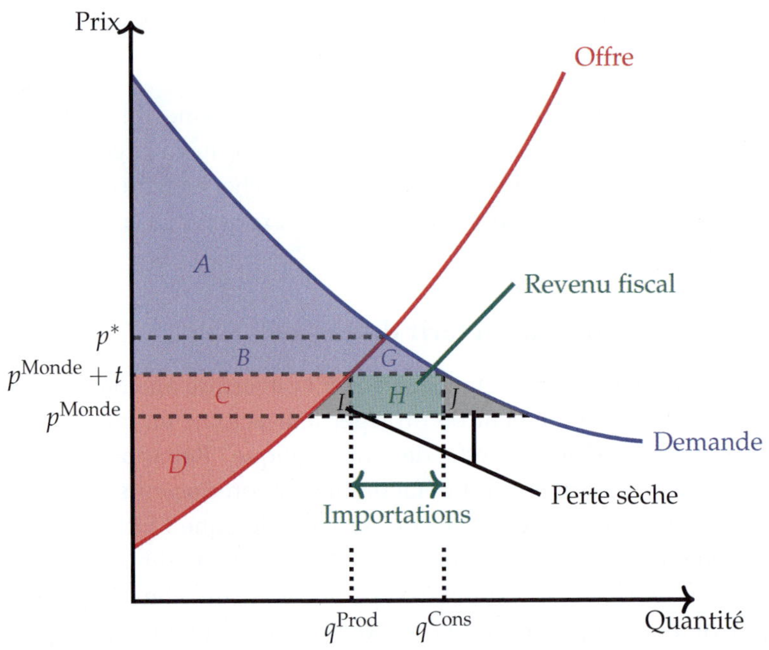


La présence de cette perte sèche marque une nouvelle fois l'inefficacité des mesures protectionnistes. Notre analyse montre que, pour une petite économie, la politique optimale consiste à ouvrir *unilatéralement* ses frontières.

**Le *China shock***

Un des phénomènes économiques les plus impressionnants des dernières décennies est la croissance fulgurante de la Chine. Entre 1990 et 2020, soit en une génération, le niveau de vie en Chine a été multiplié par près de dix. Ce développement vertigineux n'a pas seulement eu un impact sur la population chinoise : avec le commerce international, c'est le monde entier qui a été touché. Alors que la Chine ne produisait que 5 % des biens manufacturés en 1990, ce chiffre atteignait près de 30 % en 2020. Une grande part de cette production est exportée, en particulier depuis que la Chine a rejoint l'Organisation Mondiale du Commerce (OMC) en 2001.

Quelles ont été les conséquences de cette explosion des exportations chinoises, connue sous le nom de *China shock* ? L'impact a été localisé géographiquement. En effet, les industries ont tendance à se concentrer dans certaines zones géographiques (le textile dans le Nord de la France, les nouvelles technologies dans la Silicon Valley, etc.) et les zones qui ont le plus souffert de la concurrence chinoise sont celles où étaient concentrées les industries qui avaient un désavantage comparatif par rapport à la Chine. Aux États-Unis, le *China shock* a été particulièrement important dans le sud-est du pays (voir la figure 4.12). L'emploi manufacturier y a baissé significativement.

À long terme, les emplois détruits ont été recréés ailleurs : les travailleurs ont été réembauchés dans d'autres secteurs ou dans d'autres régions, lesquels ont d'ailleurs pu bénéficier de l'accroissement du commerce avec la Chine. Mais, malheureusement, cet ajustement a pris du temps. Les recherches de Autor, Dorn et Hanson (2016) ont montré qu'à court terme, cette réallocation s'est accompagnée d'une hausse du chômage, d'une baisse de la participation au marché du travail, et même d'une hausse de la mortalité (en particulier d'overdoses et des conséquences de l'alcoolisme). Les travailleurs les plus pauvres, ayant moins de mobilité géographique ou plus de difficultés à changer de secteur, ont été particulièrement touchés. Il a fallu plus d'une décennie pour que le choc soit résorbé. À court terme, les coûts de cette transition ont été du même ordre de grandeur que les gains de l'ouverture au commerce. Sur le long terme, les États-Unis semblent avoir gagné de l'ouverture au commerce avec la Chine, et même en prenant en compte les coûts d'ajustement, environ 95 % de la population sort gagnante du *China shock*.

FIGURE 4.12 – Exposition des différentes zones d'emploi aux États-Unis aux exportations chinoises

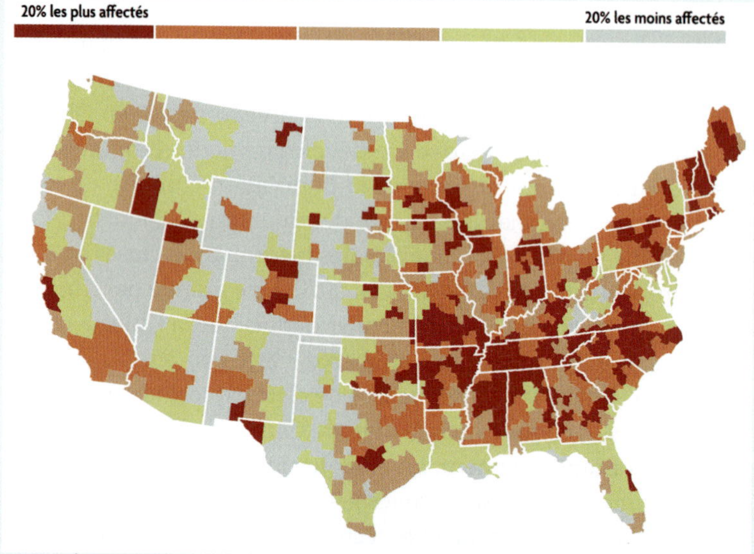


*Source* : Carte de Andrew Van Dam et Jessia Ma, utilisant les données de Autor, Dorn et Hanson (2016).

L'irruption de la Chine dans le jeu du commerce mondial montre que, lorsque l'on passe d'un équilibre à un autre, les coûts d'ajustement sont substantiels. Ces coûts résultent de multiples frictions sur le marché des biens et sur le marché du travail qui freinent la réallocation des ressources vers les secteurs bénéficiant du libre-échange.

## 4.3 Autres effets du libre-échange

Jusqu'ici, nous avons présenté deux modèles qui permettent de comprendre les principaux ressorts du commerce international ainsi que leurs conséquences pour les consommateurs et les producteurs. Le commerce entre nations a bien sûr d'autres effets que ceux mis en évidence par nos modèles de base. Quels sont-ils, et que pouvons-nous en déduire pour la politique commerciale ? Petit tour d'horizon.

### 4.3.1 Bénéfices du libre-échange

**L'accès à des produits plus variés.** Dans les secteurs caractérisés par d'importantes économies d'échelle, une production de masse est nécessaire pour minimiser les coûts unitaires de fabrication. Par exemple, le coût de conception d'une automobile et de la mise en place d'une chaîne de production est si élevé que le marché français peut difficilement avoir plus de deux ou trois constructeurs, avec à la clef un choix limité pour les consommateurs. L'ouverture des frontières permet à un bien plus grand nombre de constructeurs de coexister dans le gigantesque marché mondial. Les entreprises ont alors intérêt à diversifier leurs produits, offrant beaucoup plus de choix aux consommateurs. Ainsi, un Français n'est pas réduit à choisir entre Renault et Peugeot, mais il peut également acheter une BMW, une Ford ou une Toyota.

En 1979, l'Américain Paul Krugman fut le premier à formaliser ce type d'échanges internationaux, ce qui lui valut le prix Nobel en 2008. Cette nouvelle théorie du commerce permet de comprendre pourquoi l'essentiel des échanges s'effectue entre des nations dont les niveaux de productivité sont similaires, ce que la théorie des avantages comparatifs de Ricardo explique difficilement. Cette théorie explique pourquoi l'Allemagne exporte des voitures en France, alors que dans le même temps la France exporte des voitures en Allemagne. La raison est simple : les voitures françaises et allemandes ne sont pas les mêmes ! Certains consommateurs français préfèrent les voitures allemandes et vice versa.

Les travaux de Krugman permettent d'expliquer les échanges Nord-Nord, là où la théorie de Ricardo explique essentiellement les échanges Nord-Sud. C'est ironiquement à partir des années 1980 que la Chine a progressivement rejoint l'économie mondiale, générant de plus en plus d'échanges basés sur des avantages comparatifs. Soulignons que ces deux visions du commerce international ont exactement la même implication en termes de politique économique : ouvrir les frontières permet aux échanges mutuellement bénéfiques de se réaliser.

**La réduction des prix par l'intensification de la concurrence.** Nous reviendrons bientôt sur une défaillance de marché majeure : la concurrence imparfaite. Lorsqu'un petit nombre d'entreprises contrôle une grande partie de la production, elles imposent des prix trop élevés. Le commerce international augmente la taille du marché, ce qui intensifie la concurrence et diminue les prix. Cette concurrence accrue peut également pousser les entreprises à innover davantage.

Face à une concurrence insuffisante, l'État cherche généralement à réguler les entreprises. Mais comme le soulignait l'économiste libéral Milton Friedman, bien souvent, la meilleure régulation est tout simplement l'ouverture des frontières.

Néanmoins, il existe des domaines dans lesquels cet argument ne tient pas, et où au contraire l'ouverture au commerce international diminue la concurrence, accentuant une défaillance de marché. C'est particulièrement le cas dans l'industrie numérique où la libéralisation du commerce a permis à des entreprises comme Google, Amazon ou Facebook de dominer le marché mondial grâce à un effet de réseau. Plus une entreprise a un réseau qui est dense, plus elle est incontournable ! La fermeture de la Chine à ces entreprises occidentales a permis l'émergence d'équivalents nationaux comme Baidu, Alibaba ou Tencent, ce qui évite aux Chinois de payer les firmes américaines pour utiliser leurs services.

**La circulation des idées.** L'ouverture au commerce ne permet pas seulement d'échanger des biens : avec ces biens voyagent des personnes, et avec elles des idées. La diffusion d'innovations par le commerce n'est pas nouvelle : la route de la soie a amené de nombreuses technologies chinoises en Europe, à l'image de la boussole ou de la poudre. Plus récemment, c'est bien grâce à son intégration à l'économie mondiale que la Chine a connu au cours des dernières décennies une spectaculaire hausse de sa productivité. À l'inverse, les pays victimes d'embargos internationaux, comme Cuba ou la Corée du Nord, sont condamnés à être éloignés de la frontière technologique.

### 4.3.2 Dangers du libre-échange

Malgré tous ces bénéfices engendrés par le libre-échange, il existe également un certain nombre de dangers ou d'effets indésirables, justifiant des restrictions au commerce international.

**L'industrie naissante.** Supposons que grâce à ses ingénieurs talentueux l'Indonésie ait le potentiel de développer un avantage comparatif dans le secteur automobile. Cependant, les premières voitures sorties des usines indonésiennes seront probablement de qualité inférieure à celles proposées par la concurrence étrangère. Plusieurs années seront nécessaires pour réduire l'écart de productivité avec les grandes multinationales du secteur. Pour permettre à l'industrie automobile indonésienne de se lancer, il serait donc souhaitable de la protéger pendant qu'elle se développe. Ainsi, les consommateurs indonésiens seraient initialement obligés d'acheter des voitures produites dans leur pays, dont le rapport qualité-prix serait médiocre. Mais, petit à petit, ces voitures s'amélioreraient, jusqu'à ce qu'elles soient en mesure d'affronter la concurrence internationale.

Cet argument de l'industrie naissante est particulièrement important pour les pays en développement et pour les industries avec un rendement d'échelle croissant. Il ne justifie néanmoins que des barrières temporaires au libre-échange.

**Les difficultés de la redistribution.** En théorie, le gouvernement peut mettre en place des transferts des gagnants vers les perdants du libre-échange afin que chaque individu bénéficie de l'ouverture des frontières, rendant le protectionnisme Pareto inefficace. En pratique, cette redistribution est difficile à effectuer. Il est souvent compliqué d'identifier quels individus ont bénéficié et quels autres ont été victimes du libre-échange. En outre, les politiques de redistribution peuvent être politiquement difficiles à mettre en place. L'ouverture des frontières fait ainsi nécessairement des perdants qui ne peuvent pas être compensés. Dans ce cas, le protectionnisme n'est plus nécessairement inefficace. On peut alors avoir un compromis entre la prospérité de l'économie nationale et le niveau des inégalités : la fermeture des frontières réduit le développement économique, mais lorsque les perdants sont des travailleurs peu qualifiés, elle augmente les revenus des plus modestes.

**La protection environnementale.** L'Union européenne impose des normes environnementales strictes à ses entreprises. Ces normes créent un avantage comparatif des pays étrangers dans les activités polluantes. Si la pollution est locale, alors le libre-échange ne pose aucun problème : chaque pays peut librement décider de ses propres normes environnementales en fonction du coût local de la pollution et du bénéfice de l'exportation des biens dont la production dégrade l'environnement. En revanche, si l'impact de la pollution est mondial, comme c'est le cas pour les émissions de gaz à effet de serre, alors le libre-échange réduit considérablement l'intérêt de nos normes environnementales. Leur principal effet n'est pas de protéger la planète, mais de dégrader la compétitivité de nos secteurs industriels les plus polluants. Cela aboutit à ce que les gaz à effet de serre soient émis en Chine plutôt qu'en Europe – ont dit que le libre-échange engendre des « fuites de carbone ». Une réponse partielle au problème consiste à mettre en place une taxe carbone aux frontières, mais cette politique est difficile à concevoir et à administrer. Ceci étant, comme nous le verrons dans le chapitre suivant, la politique commerciale a potentiellement un rôle considérable à jouer dans la résolution planétaire du problème du réchauffement climatique.

**La dépendance géostratégique.** Le libre-échange conduit chaque pays à se spécialiser dans certains secteurs. Les consommateurs importent donc les biens qui ne sont plus produits localement. Un pays doit veiller à ne pas se retrouver en situation de dépendance face à un partenaire commercial. Ainsi l'Allemagne, qui importait près de la moitié de son gaz de Russie, s'est retrouvée en grande vulnérabilité lorsque le conflit russo-ukrainien s'est considérablement aggravé en 2022. De même que, lors de la pandémie de Covid-19, la capacité de certains pays à produire des médicaments ou des vaccins leur permettait d'en bénéficier en priorité.

Ceci étant, il est pratiquement impossible de parvenir à l'autosuffisance nationale dans tous les secteurs stratégiques. Une solution moins coûteuse consiste à diversifier ses sources d'approvisionnement afin d'éviter de se retrouver en situation de vulnérabilité et de dépendance stratégique.

**La perte de souveraineté nationale.** Il existe deux types de barrières douanières : les barrières tarifaires, dont nous avons déjà parlé et qui sont essentiellement des taxes sur les importations, et des barrières non tarifaires, ou réglementaires, qui servent à limiter la concurrence étrangère. Un exemple est donné par les politiques mises en place par Colbert sous Louis XIV pour réglementer le marché du textile : afin de limiter les importations, des règles arbitraires étaient imposées sur les manufactures françaises. Ainsi, les tissus de Châtillon devaient comporter 1 216 fils, ceux d'Auxerre 1 376, etc. Les tissus ne respectant pas ces contraintes ne pouvaient être échangés, barrant la route aux producteurs étrangers. Les traités de libre-échange sont généralement très longs car les différents pays harmonisent les réglementations qui s'appliquent aux produits échangés. D'ailleurs, le socle de l'Union européenne est le « marché unique » qui définit une réglementation commune afin de permettre à chaque entreprise de vendre sans entrave ses produits aux 450 millions de consommateurs du marché européen.

Certaines normes ne sont pas seulement des mesures protectionnistes mais relèvent d'un choix de souveraineté nationale. Par exemple, l'Europe a opté pour une agriculture moins industrielle que les États-Unis. Ainsi, l'Europe encadre plus étroitement le recours aux organismes génétiquement modifiés et interdit le bœuf nourri aux hormones de croissance ou le lavage des poulets au chlore, pratiques répandues outre-Atlantique. Il existe donc un arbitrage à faire entre le commerce international et la souveraineté nationale en matière réglementaire.

**Commerce et volatilité économique**

La théorie des avantages comparatifs implique que l'ouverture des frontières pousse les pays à se spécialiser dans certaines industries. Or, nos économies sont constamment sujettes à des chocs qui affectent certains secteurs d'activité plus que d'autres, dus par exemple aux évolution de la technologie ou à la raréfaction de certaines matières premières. On peut alors craindre qu'une économie très spécialisée soit moins résiliente et plus volatile face aux aléas de l'activité économique.

Ceci étant, le commerce est aussi une source d'assurance pour un pays. Outre les chocs sectoriels, il existe également des chocs macroéconomiques qui affectent l'ensemble de l'économie nationale, comme lors d'une crise financière ou politique. En ce cas, quand l'économie domestique ne parvient plus à produire suffisamment, le commerce permet de s'approvisionner à l'étranger. De même, quand les consommateurs domestiques ne dépensent pas suffisamment, le commerce permet de vendre à l'étranger. Ainsi, la diversification des partenaires commerciaux stabilise l'activité économique.

Caselli, Koren, Lisicky et Tenreyro (2020) ont utilisé une base de données regroupant 25 pays pour étudier empiriquement ces différents effets. Ils ont montré que, en moyenne, la réduction des barrières douanières entre 1972 et 2007 a *diminué* la volatilité des revenus nationaux de 36 %. La diversification des échanges domine donc l'effet de spécialisation sectorielle, si bien que le commerce est un facteur de stabilité économique.

### 4.3.3 Quantifier les bénéfices du libre-échange

Quels gains observe-t-on lorsque des biens peuvent circuler librement entre plusieurs régions ? À la fin du XIX^e^ siècle et au début du XX^e^ siècle, les coûts de transport ont été drastiquement réduits, notamment grâce au développement du chemin de fer. Quelle a été la conséquence économique de cette innovation facilitant les échanges ? La théorie de Ricardo suggère que nous devrions observer davantage de spécialisation et des gains liés au commerce qui en résulte. Les économistes Arnaud Costinot et Dave Donaldson se sont intéressés au cas particulier de la production agricole aux États-Unis (Costinot et Donaldson, 2016). Avec des données remontant jusqu'à 1880 sur la production agricole d'une large palette de produits dans les différentes régions américaines, ils ont étudié la spécialisation progressive des régions américaines dans la production d'espèces dans lesquelles elles avaient un avantage comparatif. Leur analyse montre que, depuis 1880, la production agricole américaine a autant augmenté grâce à la facilitation des flux de marchandises sur le territoire que grâce aux innovations technologiques. Les gains à la spécialisation au sein du pays ont donc été considérables.

Ces gains de productivité se répercutent sur les revenus individuels : exploitant des données historiques sur le développement des réseaux de chemin de fer en Inde, Donaldson (2018) montre que les villages indiens ayant obtenu un accès au rail ont vu leur revenu moyen augmenter significativement. Ce type de gains peut expliquer pourquoi une grande partie des aides au développement servent à développer des infrastructures.

Ces résultats empiriques nous aident à comprendre les gains au commerce *au sein* d'un pays. Qu'en est-il du commerce international à proprement parler ? Costinot et Rodríguez-Clare (2018) ont tenté d'estimer les gains au commerce extérieur des États-Unis en se posant la question suivante : combien les Américains devraient-ils débourser pour maintenir leur niveau de vie si toutes les frontières extérieures du pays venaient à fermer ? Leur réponse est de 2 à 8 % du Produit Intérieur Brut (soit 2 à 8 % de la richesse créée par l'économie américaine en une année). Ces gains au commerce international sont relativement importants, mais très inférieurs aux gains engendrés par le commerce intranational. Cela s'explique par le fait que les États-Unis sont un immense pays, capable de produire un grand nombre de biens différents. Ainsi, les importations américaines ne représentaient que 15 % de leur PIB en 2018. Pour un plus petit pays, comme la Belgique, dont les importations représentaient 81 % du PIB en 2018, les gains au commerce sont bien plus importants. En outre, ces estimations font abstraction des gains de productivité engendrés par l'échange d'idées qui accompagnent le commerce international.

### 4.3.4 Déficits commerciaux et mercantilisme

Les politiques protectionnistes mises en place par Colbert ont été largement influencées par le mercantilisme, un courant de pensée important du XVI^e au XVIII^e siècle selon lequel une bonne politique économique vise à dégager un surplus de la balance commerciale, c'est-à-dire exporter le plus de marchandises possible et en importer le moins possible. Les politiques mercantilistes consistaient ainsi souvent en des subventions aux exportations et des taxes douanières importantes. Jusqu'à présent, notre étude du commerce international n'apporte aucun éclairage à ce sujet car, dans le modèle de Ricardo, la seule et unique manière de financer les importations est d'exporter. Par conséquent, la balance commerciale y est toujours équilibrée.

Pour étudier les surplus et les déficits de la balance commerciale, il faut généraliser le modèle de Ricardo afin d'obtenir une représentation dynamique du commerce international. Ce type de modèle est au cœur d'une branche de notre discipline, appelée la *macroéconomie internationale,* qui s'intéresse aux liens entre les flux commerciaux et les flux financiers internationaux. Cela sera l'objet du chapitre 14. Nous verrons alors que les enseignements de l'approche statique ne sont pas fondamentalement remis en cause par l'approche dynamique car la seule et unique manière de financer les importations est toujours d'exporter, que ce soit maintenant ou plus tard. Ainsi, la balance commerciale doit nécessairement être équilibrée à long terme : les surplus d'une année sont forcément compensés par des déficits futurs, et vice versa.

Au XVIIIe siècle, des philosophes comme David Hume et des économistes comme Adam Smith et David Ricardo s'opposèrent aux mercantilistes et montrèrent que maintenir une balance commerciale excédentaire était très coûteux à court terme, et intenable à long terme. Cela mena progressivement à la fin du courant mercantiliste, et marqua le début de l'analyse économique dite « classique », dont les sciences économiques contemporaines découlent largement.

## Références

AUTOR, D. H., D. DORN ET G. H. HANSON (2016) : "The China Shock : Learning From Labor-Market Adjustment to Large Changes in Trade," *Annual Review of Economics*, 8, 205–240.

BERNHOFEN, D. M. ET J. C. BROWN (2004) : "A Direct Test of the Theory of Comparative Advantage : The Case of Japan," *Journal of Political Economy*, 112, 48–67.

CASELLI, F., M. KOREN, M. LISICKY ET S. TENREYRO (2020) : "Diversification Through Trade," *Quarterly Journal of Economics*, 135, 449–502.

COSTINOT, A. ET D. DONALDSON (2016) : "How Large Are the Gains From Economic Integration ? Theory and Evidence From Us Agriculture, 1880-1997," *National Bureau of Economic Research Working Paper*.

COSTINOT, A. ET A. RODRÍGUEZ-CLARE (2018) : "The US Gains From Trade : Valuation Using the Demand for Foreign Factor Services," *Journal of Economic Perspectives*, 32, 3–24.

DONALDSON, D. (2018) : "Railroads of the Raj : Estimating the Impact of Transportation Infrastructure," *American Economic Review*, 108, 899–934.

SAPIENZA, P. ET L. ZINGALES (2013) : "Economic Experts versus Average Americans," *American Economic Review*, 103, 636–642.

# Exercices du chapitre 4

**Exercice 4.1 La conscription**

Supposons qu'un pays est peuplé de 50 travailleurs qualifiés et de 50 non-qualifiés. Un travailleur qualifié peut soit produire 6 unités de biens industriels, soit 2 unités de défense nationale ; un travailleur non-qualifié peut soit produire 2 unités de biens industriels, soit 1 unité de défense nationale.

1. Montrer que les travailleurs non-qualifiés possèdent un avantage comparatif dans la production de défense.
2. Supposons que ce pays décide de produire 30 unités de défense. Ce pays aura-t-il plus de biens à consommer si la défense est produite par les travailleurs qualifés ou par les travailleurs non-qualifiés ? Ce résultat est-il surprenant ? Expliquer.
3. Supposons que le gouvernement instaure la conscription (le service militaire obligatoire) en désignant au hasard 10 travailleurs qualifiés et 10 travailleurs non-qualifiés pour la production de défense (qui, ensemble, produiront 30 unités de défense). Quelle est, dans ce cas, la production de biens industriels ?
4. Une alternative à la conscription est l'armée volontaire où l'État paye les travailleurs non-qualifiés suffisamment pour convaincre 30 d'entre eux d'être soldat. Comparer le coût d'opportunité (en termes de biens industriels) de la production de 30 unités de défense de ces deux options : la conscription et l'armée volontaire.
5. Le modèle de cet exercice est-il idiot ?

**Exercice 4.2 Le modèle ricardien**

Reprenons le modèle ricardien du chapitre où le nombre d'heures de travail nécessaire à la production de voitures et de bateaux est donné par :

| | Voiture | Bateau |
|---|---|---|
| Allemagne | 50 | 100 |
| France | 125 | 125 |

Chaque pays dispose de 500 heures de travail. On suppose qu'initialement la demande mondiale (franco-allemande) est telle qu'en économie ouverte, le prix relatif des bateaux est entre 1 et 2, i.e. $P^{\text{Inter}}_{\text{Bateau}}/P^{\text{Inter}}_{\text{Voiture}} \in (1,2)$.

1. Calculer le salaire horaire d'un travailleur allemand et d'un travailleur français dans chaque secteur d'activité. Dans quels secteurs vont-ils choisir de se spécialiser ? Les travailleurs allemands gagnent-ils plus que les travailleurs français ?
2. Expliquer la construction de la figure 4.6.
3. Une forte augmentation de la demande de bateaux aboutit à ce que le prix relatif d'un bateau $P^{\text{Inter}}_{\text{Bateau}}/P^{\text{Inter}}_{\text{Voiture}}$ soit égal à 2. Quel est l'impact de cette évolution sur chacun des deux pays ? Expliquer intuitivement ce résultat.
4. Supposons à nouveau que le prix relatif des bateaux est initialement compris entre 1 et 2, soit $P^{\text{Inter}}_{\text{Bateau}}/P^{\text{Inter}}_{\text{Voiture}} \in (1,2)$, et que, soudainement, l'Allemagne bénéficie d'un doublement de sa productivité dans la construction automobile et dans la construction navale. Quel est l'impact de cette évolution sur l'économie française ? Expliquer intuitivement ce résultat.
5. Supposons maintenant que l'Allemagne bénéficie d'un doublement de sa productivité uniquement dans la construction navale. Quel est l'impact de cette évolution sur l'économie française ? Expliquer intuitivement ce résultat.
6. Dépassons désormais le modèle ricardien en supposant qu'il existe un tout petit nombre de travailleurs allemands (avec des productivités horaires allemandes) dans l'économie française. Ces travailleurs sont-ils favorables à l'ouverture des frontières ? Expliquer.
7. Pourquoi le libre-échange ne fait-il jamais de perdants dans le modèle ricardien ?

**Exercice 4.3 Les perdants de la mondialisation**

1. L'Europe exporte des avions en Chine et importe des T-shirts. Pourquoi en Europe, les travailleurs peu qualifiés pâtissent-ils du libre-échange ? Quelles hypothèses du modèle ricardien devez-vous relâcher afin de répondre à cette question ?

2. Est-il possible pour les gagnants du libre-échange de compenser les perdants, de sorte que l'ouverture des frontières ne nuise à personne ? Expliquer.

**Exercice 4.4 Compensations et efficacité**

1. L'existence de perdants du libre-échange justifie-t-elle le protectionnisme ? Quelle hypothèse modifie votre conclusion ? Expliquer.
2. Le libre-échange sans compensations est-il Pareto-efficace ? Expliquer.
3. Doit-on compenser les perdants du libre-échange ?

# Chapitre 5

# Économie publique

L'économie publique est la branche des sciences économiques qui s'intéresse au rôle de l'État : quels sont les biens et services que celui-ci doit fournir aux citoyens ? Comment doit-il les fournir ? Quels taxes et impôts doit-il lever pour financer cette action ? Comment redistribuer les richesses de manière efficace ?

Dans ce chapitre, nous allons d'abord nous intéresser à la fiscalité avec deux thèmes principaux :

1. L'**incidence fiscale** : quel est l'impact d'un impôt sur les différents acteurs de l'économie ? Autrement dit, qui paye l'impôt ?
2. Les **distorsions fiscales** : quelles sont les conséquences de la fiscalité sur l'efficacité économique ?

Puis nous étudierons deux des principales défaillances de marché : les **externalités** et les **biens publics**. Nous identifierons précisément la nature du problème, ce qui nous permettra ensuite de déterminer comment l'État peut y remédier. Nous nous intéresserons à une défaillance de marché particulièrement importante : l'émission excessive de gaz à effet de serre, cause du réchauffement climatique.

## 5.1 Les ressources et l'action de l'État

Commençons par un bref tour d'horizon de l'importance de la puissance publique dans les économies occidentales. Concentrés au début du XIX^e siècle sur des fonctions régaliennes, comme la défense militaire ou la justice, les États ont depuis lors joué un rôle croissant dans la vie économique et sociale des pays, assurant aujourd'hui un rôle prépondérant dans l'éducation, la santé ou la construction d'infrastructures. Les États ont aussi acquis un rôle important dans la redistribution des richesses, avec la mise en place d'impôts et de subventions conditionnés aux revenus individuels. Ce rôle accru de l'État s'est traduit par une augmentation considérable des prélèvements obligatoires au cours du XXe siècle (voir figure 5.1).

FIGURE 5.1 – Recettes fiscales en pourcentage du revenu national, 1870-2010

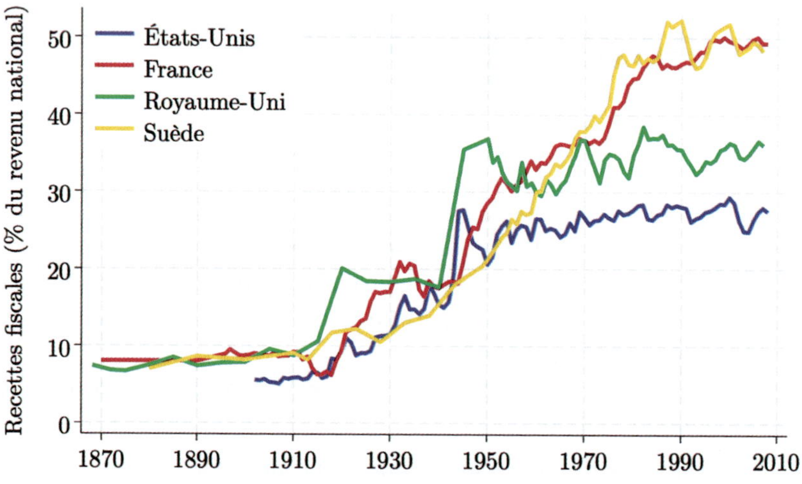


*Source* : Piketty T. (2014), *Capital in the 21st century*, Harvard University Press.

L'impôt représente donc désormais une part importante du Produit Intérieur Brut (qui mesure la valeur de la production nationale sur une année). Aujourd'hui, les recettes fiscales s'élèvent à près de 33 % du PIB dans les pays riches, avec une grande variation entre des pays comme les États-Unis, où les recettes fiscales s'élevaient à 25 % du PIB en 2019, et la France, où elles atteignaient 45 % du PIB au même moment. Ces prélèvements obligatoires sont constitués d'une multitude d'impôts et de taxes, que l'on peut classifier selon quelques grandes catégories rapportées dans le tableau 5.1 : les impôts sur le revenu, les cotisations sociales, les taxes sur la consommation, les impôts sur la propriété, et les impôts sur les sociétés.

En France, quels sont les principaux impôts et taxes qui rentrent dans chacune de ces catégories ?

1. Le premier impôt sur le revenu est la Contribution Sociale Généralisée (CSG) avec un taux unique de près de 10 % payé par tous les Français. Les revenus prélevés correspondent à près de 5,3 %

TABLEAU 5.1 – Recette fiscales en 2019, en pourcentage du PIB

| | France | All. | R.-U. | États-Unis |
|---|---|---|---|---|
| **Impôts sur le revenu** | 9,3 % | 10,5 % | 9,0 % | 10,3 % |
| **Cotisations sociales** | 16,6 % | 14,6 % | 6,6 % | 6,1 % |
| **Taxes sur la consommation** | 12,4 % | 10,2 % | 10,7 % | 4,4 % |
| **Impôts sur la propriété** | 3,9 % | 1,1 % | 4,1 % | 2,9 % |
| **Impôts sur les sociétés** | 2,2 % | 2,0 % | 2,3 % | 1,3 % |
| **Autres taxes** | 0,6 % | 0,2 % | 0,2 % | 0,0 % |
| **Total** | 44,9 % | 38,6 % | 32,8 % | 25,0 % |

*Notes* : All. correspond à l'Allemagne et R.-U. au Royaume-Uni. *Source* : Revenue Statistics 2021, OECD.

du PIB, tandis que l'Impôt sur le Revenu (IR), dont le barème est fortement progressif, ne représente que 3,1 % du PIB.

2. Les cotisations sociales, également appelées charges sociales, s'apparentent à un impôt sur le revenu mais servent à financer les prestations sociales. On distingue ainsi les *cotisations contributives*, qui ouvrent des droits croissants avec le niveau de cotisations payées (comme pour les retraites ou l'assurance chômage), et les *cotisations non contributives*, qui financent des prestations dont la générosité ne dépend pas du niveau des cotisations (comme pour la santé ou les allocations familiales). Les cotisations patronales sont à la charge de l'employeur, et représentent près de 75 % des charges, tandis que les cotisations salariales sont à la charge de l'employé. Comme le montre le tableau 5.1, les charges sociales sont particulièrement élevées en France.
3. La principale taxe sur la consommation est la Taxe sur la Valeur Ajoutée (TVA) qui rapporte 7,2 % du PIB. Cet impôt largement répandu dans les pays riches (à l'exception notable des États-Unis) fut inventé en 1954 par Maurice Lauré, polytechnicien et haut fonctionnaire français. Il existe aussi d'autres taxes sur la consommation, notamment sur l'essence, l'alcool et le tabac.
4. Les taxes sur la propriété sont essentiellement les taxes foncières et les taxes d'habitation. C'est aussi dans cette catégorie que se situent l'impôt sur les donations et successions, ainsi que l'Impôt sur la Fortune Immobilière (IFI) qui fait couler beaucoup d'encre mais dont les recettes ne représentent que 0,08 % du PIB. [1]
5. Les entreprises doivent payer l'Impôt sur les Sociétés (IS) dès lors qu'elles réalisent des bénéfices, ce qui rapporte à l'État 1,2 % du

1. L'ancêtre de l'IFI, l'Impôt de Solidarité sur la Fortune (ISF), rapportait environ 0,2 % du PIB.

PIB. Il existe également d'autres impôts de production, payés par les sociétés.

Ces recettes fiscales servent à financer des dépenses publiques, qui sont décomposées dans le tableau 5.2. Les différences de dépenses publiques entre pays sont principalement dues aux dépenses sociales, qui sont nettement plus élevées en Europe que dans les autres pays riches.

TABLEAU 5.2 – Postes de dépense publique de 2000 à 2010, en pourcentage du PIB

| | **France** | **All.** | **R.-U.** | **États-Unis** |
|---|---|---|---|---|
| **Dépenses sociales** | **34,3 %** | **30,6 %** | **26,2 %** | **22,4 %** |
| Éducation | 5,2 % | 4,4 % | 4,8 % | 4,7 % |
| Santé | 7,1 % | 7,8 % | 6,1 % | 7,7 % |
| Retraites | 12,2 % | 10,1 % | 4,8 % | 6,0 % |
| Autres dépenses sociales | 9,8 % | 8,4 % | 10,6 % | 4,0 % |
| **Autres dépenses** | **16,7 %** | **13,5 %** | **15,9 %** | **13,0 %** |
| **Total** | **51,0 %** | **44,1 %** | **42,1 %** | **35,4 %** |

*Notes* : All. correspond à l'Allemagne et R.-U. au Royaume-Uni. *Source :* Piketty T. et Saez E. (2014), "Optimal Labor Income Taxation", *Handbook of Public Economics*, Tableau 1.

Les dépenses publiques sont supérieures aux prélèvements obligatoires. La différence est soit financée par l'endettement public, soit par d'autres recettes gouvernementales, comme les amendes, les recettes des établissements publics (à l'image du musée du Louvre), ou les dividendes perçus par l'État-actionnaire.

Un fort niveau de dépenses publiques engendre une fiscalité lourde ce qui, comme nous allons le voir, pose des problèmes d'efficacité économique. Soulignons néanmoins qu'un faible niveau de dépenses publiques n'est pas un gage d'efficacité. Ainsi, en 2018, la France dépensait 11,3 % de son PIB pour la santé, dont l'essentiel financé par l'État, tandis que les États-Unis dépensaient 16,9 %, essentiellement financés par le secteur privé. Or, globalement, le système de santé public français semble plus efficace que le système privé américain, ce qui se traduit par un taux de mortalité plus faible et une espérance de vie plus élevée en France.

Intéressons-nous maintenant à l'impact économique de la fiscalité, en commençant par la question de l'incidence fiscale.

## 5.2 L'incidence fiscale

L'étude de l'incidence fiscale consiste à déterminer les conséquences d'un impôt pour les différents acteurs de l'économie. Autrement dit, cela consiste à répondre à la question : qui paye l'impôt ? Ou, plus précisément : qui supporte la charge de l'impôt ? Cette question semble triviale : il suffit de regarder qui envoie le chèque au trésor public. Par exemple, si une taxe est réglée par les vendeurs, comme c'est le cas de la TVA, c'est alors l'offre qui supporte la charge de cet impôt. Si, au contraire, c'est l'acheteur qui est imposé sur sa consommation, comme pour la taxe de séjour réglée par les vacanciers à l'issue de leurs nuits d'hôtel, c'est alors la demande qui paye. Non ?

Nous allons voir que la réalité est plus subtile et que l'incidence économique d'un impôt ne correspond pas nécessairement à son incidence légale.[2]

### 5.2.1 Imposer l'offre ou la demande ?

Supposons que l'État décide de créer une taxe sur un bien donné. Cette taxe s'élève à un montant $t$ pour chaque unité de bien échangée.[3] Il convient désormais de distinguer deux prix différents :

- $p^c$, le prix payé par les consommateurs lors de l'acquisition du bien ;
- $p^p$, le montant perçu par les producteurs lors de la vente du bien.

La différence entre ces deux prix correspond au montant de la taxe :

$$p^c = p^p + t.$$

La courbe de demande $D(p^c)$ est une fonction décroissante du prix $p^c$ payé par les consommateurs, tandis que la courbe d'offre $S(p^p)$ est une fonction croissante du prix $p^p$ perçu par les producteurs.

Notons $p$ le prix auquel la transaction s'effectue, c'est-à-dire le transfert d'argent du consommateur vers le producteur. En l'absence de taxe, on a l'équilibre habituel de la figure 5.2 où $p^*$ et $q^*$ sont le prix et la quantité à l'équilibre en l'absence de taxe.

Que se passe-t-il lorsque l'on introduit une taxe ? Considérons deux cas :

1. Dans le premier cas, ce sont les producteurs qui doivent payer la taxe. La transaction s'effectue au prix $p = p^c$ payé par les consom-

2. En principe, dans la langue française, une taxe est un prélèvement affecté à une dépense publique spécifique en contrepartie d'un service rendu aux administrés (comme pour la taxe d'apprentissage). Un impôt, en revanche, n'est pas affecté et ne prévoit pas de contrepartie. Par conséquent, la Taxe sur la Valeur Ajoutée (TVA) n'est pas une taxe mais un impôt. Nous utilisons ci-dessous les termes « impôt » et « taxe » de manière interchangeable, et sans nous soucier de l'utilisation que fait l'État de l'argent prélevé.

3. Nous considérons ici une taxe *accise*, c'est-à-dire une taxe d'un montant fixe pour chaque unité échangée. La plupart des taxes sont au contraire *ad valorem*, c'est-à-dire qu'elles sont proportionnelles aux prix de vente, comme pour la TVA. Tous les résultats que nous obtenons avec une accise sont également valides dans le cas *ad valorem*.

mateurs ; tandis que les producteurs reçoivent ce prix net de la taxe dont ils doivent s'acquitter, soit $p^p = p - t$ par unité vendue.

2. Dans le second cas, ce sont les consommateurs qui sont redevables de la taxe. La transaction s'effectue au prix $p = p^p$ perçu par les producteurs, tandis que les consommateurs payent la taxe en plus de la somme transmise aux producteurs, soit au total $p^c = p + t$ par unité achetée.

FIGURE 5.2 – Équilibre de marché sans taxe

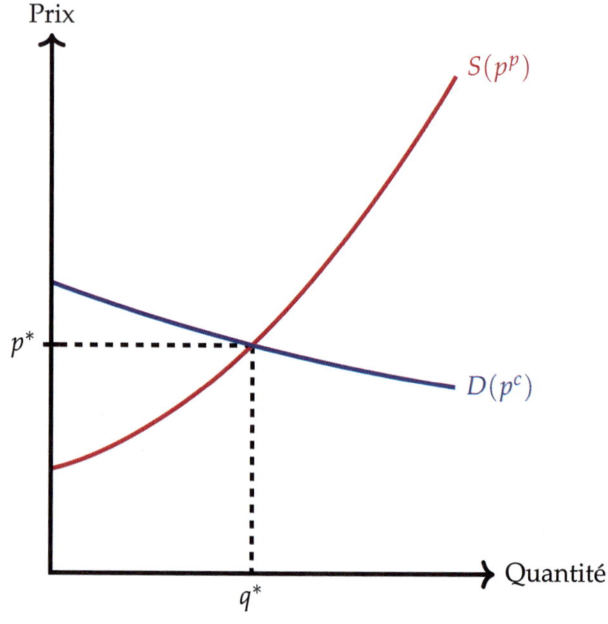


**Taxe payée par les producteurs.** Lorsque la taxe est payée par les producteurs, on a $p = p^c$, donc la courbe de demande demeure inchangée. En revanche, avec $p^p = p - t$, la courbe d'offre est translatée vers le haut d'un montant $t$ : les producteurs sont prêts à fournir une quantité $S(p^p)$ pour un prix perçu $p^p$, et donc pour une transaction au prix affiché $p = p^p + t$, d'où la translation vers le haut. Autrement dit, si une transaction s'effectue au prix $p$, alors les producteurs reçoivent $p - t$ par unité vendue et sont disposés à offrir la quantité $S(p - t)$. Cette situation est représentée sur la figure 5.3. Algébriquement, l'équilibre est donné par :

$$D(p) = S(p - t) \text{ avec } p^c = p \text{ et } p^p = p - t. \qquad \text{(Prod)}$$

En l'absence d'impôt, le prix d'équilibre est $p^*$. La taxe acquittée par les producteurs réduit le montant perçu par ceux-ci, de $p^*$ à $p^p = p - t$.

FIGURE 5.3 – Taxe payée par les producteurs

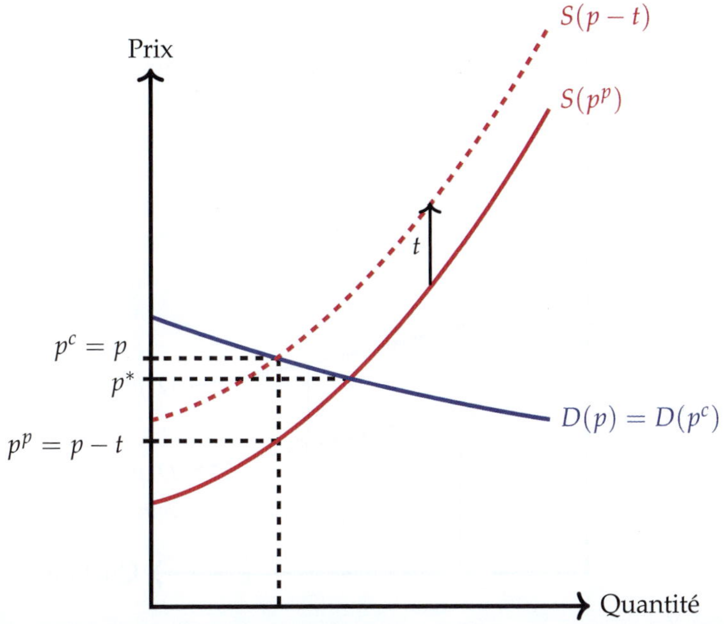


De façon plus surprenante, la taxe augmente le montant payé par les consommateurs, de $p^*$ à $p^c = p$, bien qu'ils ne soient pas directement imposés. La charge de l'impôt est donc répartie entre les producteurs et les consommateurs.

**Taxe payée par les consommateurs.** Lorsque la taxe est payée par les consommateurs, on a $p = p^p$, ce qui implique que la courbe d'offre demeure inchangée. En revanche, avec $p^c = p + t$, la courbe de demande est désormais translatée vers le bas d'un montant $t$ : les consommateurs demandent une quantité $D(p^c)$ pour un prix payé $p^c$, et donc pour une transaction effectuée au prix affiché $p = p^c - t$, d'où la translation vers le bas. Cette situation est représentée sur la figure 5.4. Algébriquement, l'équilibre est donné par :

$$D(p+t) = S(p) \text{ avec } p^c = p + t \text{ et } p^p = p. \qquad \text{(Cons)}$$

Là encore, on voit que la charge fiscale est portée à la fois par les consommateurs, dont le prix payé augmente de $p^*$ à $p^c = p + t$, et par les producteurs, dont le prix perçu baisse de $p^*$ à $p^p = p$.

**Comparaison.** Que remarque-t-on en comparant ces deux politiques ? Que la taxe soit payée par les producteurs ou par les consommateurs,

FIGURE 5.4 – Taxe payée par les consommateurs

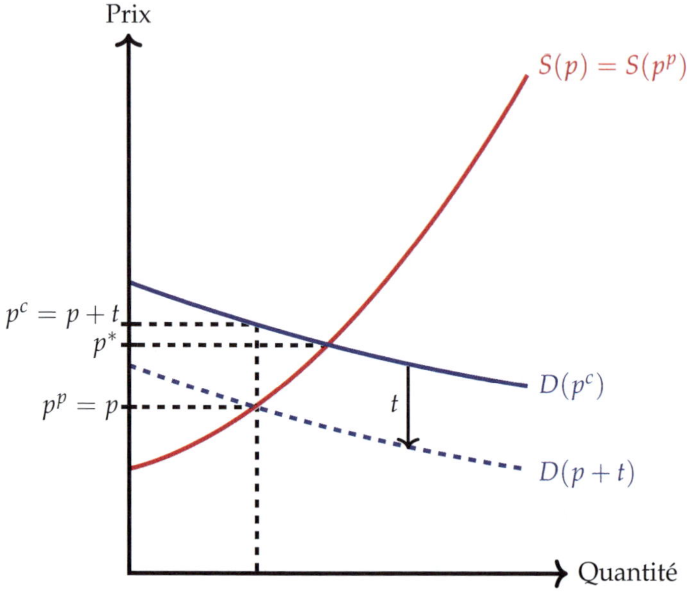


l'équilibre économique est rigoureusement identique ! Nous avons donc le résultat suivant :

> Le prix $p^c$ payé par les consommateurs, le prix $p^p$ perçu par les producteurs et la quantité échangée dépendent uniquement du montant $t$ de la taxe et sont indépendants de qui doit verser cet impôt au trésor public.

Ce résultat est visible graphiquement, mais également algébriquement puisque nos deux systèmes d'équations ci-dessus, (Prod) et (Cons), sont équivalents.

Au-delà du formalisme mathématique, ce résultat repose sur une intuition économique simple et puissante. Les consommateurs ne se préoccupent que du prix $p^c$ que leur coûte l'acquisition du bien. Les producteurs, quant à eux, ne se préoccupent que du prix $p^p$ que leur rapporte la vente du bien. L'équilibre économique est tel que la quantité achetée au prix $p^c$ est égale à la quantité vendue au prix $p^p$, où ces deux prix diffèrent du montant de la taxe, ce qui donne :

$$D(p^c) = S(p^p) \text{ avec } p^c - p^p = t.$$

Que l'impôt soit payé par l'offre ou par la demande ne change donc strictement rien à la nature du problème, ni donc à l'équilibre économique atteint.

Par conséquent, l'*incidence économique* d'un impôt est exclusivement déterminée par le jeu de l'offre et de la demande, et est indépendante de son *incidence légale*. Le législateur peut décider du niveau de l'imposition sur chaque marché, mais ne peut pas décider qui en supportera la charge.

En 2009, le gouvernement français a diminué le taux de TVA sur la restauration. Cette politique semble très différente d'une subvention aux clients, plutôt aisés, des restaurants. Et pourtant, sitôt l'équilibre économique atteint, ces deux politiques sont rigoureusement identiques !

### 5.2.2 Qui paye l'impôt ?

Nous venons d'établir que l'incidence économique d'un impôt ne dépendait pas de son incidence légale. Mais nous n'avons pas encore complètement répondu à la question : qui paye l'impôt ?

L'incidence est partagée entre les consommateurs, dont le prix payé augmente de $p^*$ à $p^c$, et par les producteurs, dont le prix perçu baisse de $p^*$ à $p^p$. Il est donc naturel de définir l'incidence économique de l'impôt comme suit :

- l'incidence sur le consommateur est égale à $p^c - p^*$ ;
- l'incidence sur le producteur est égale à $p^* - p^p$.

Le paiement de l'impôt est ainsi réparti entre l'offre et la demande.

Que la taxe soit payée par l'offre ou par la demande, la quantité échangée à l'équilibre est telle que la demande $D(p^c)$ au prix $p^c$ est égale à l'offre $S(p^p)$ au prix $p^p$ avec $p^c - p^p = t$, comme représenté sur la figure 5.5(a).

Dans l'exemple que nous avons étudié jusqu'ici, l'offre était relativement inélastique tandis que la demande était relativement élastique. Dans ce cas, le poids de la taxe reposait davantage sur les producteurs que sur les consommateurs. Dans la figure 5.5(b), en revanche, l'offre est plus élastique et la demande plus inélastique. Dans ce cas, la majorité de la taxe est payée par les consommateurs. Cette observation illustre un résultat général concernant l'incidence fiscale :

> La charge d'un impôt est principalement supportée par le côté le plus inélastique du marché.

Si l'offre est beaucoup plus inélastique que la demande, face à un nouvel impôt, les producteurs sont prêts à baisser fortement leur prix $p^p$

FIGURE 5.5 – Incidence fiscale sur le consommateur et sur le producteur

**(a)** Avec une demande élastique et une offre inélastique

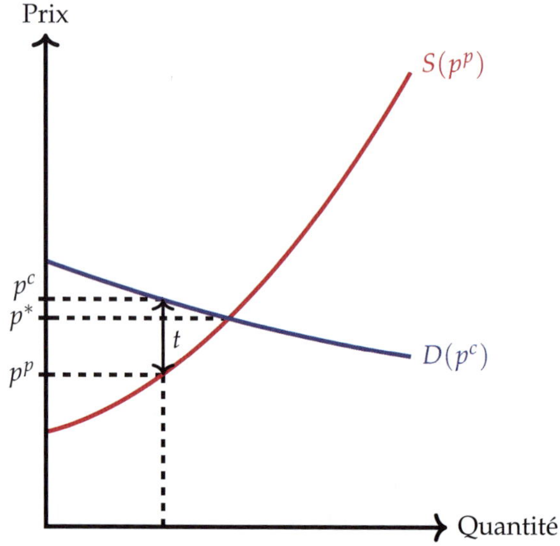


**(b)** Avec une demande inélastique et une offre élastique

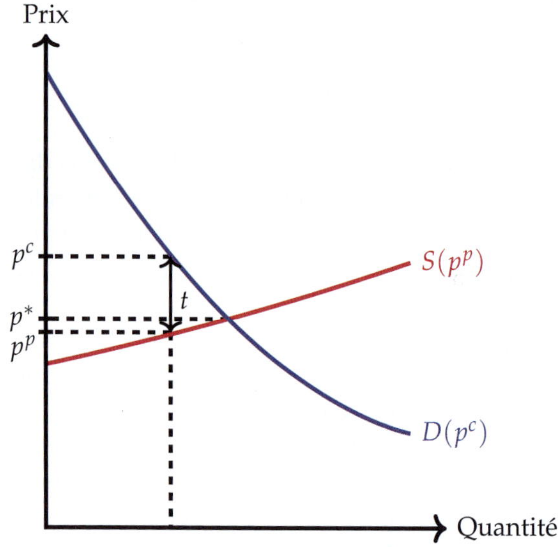


afin d'écouler leurs marchandises, tandis que les consommateurs ne sont pas vraiment disposés à augmenter le prix $p^c$ qu'ils payent. Dans ce cas, l'impôt est essentiellement payé par les producteurs (même lorsque ce sont les consommateurs qui envoient le chèque au trésor public). À l'inverse, si l'offre est plus élastique que la demande, les consommateurs sont prêts à payer beaucoup plus cher pour maintenir leur consommation, ce qui leur fait supporter l'essentiel de la charge de l'impôt.

Ce résultat peut facilement se démontrer mathématiquement pour une petite taxe. À l'équilibre, on a $D(p^c) = S(p^c - t)$. Un développement limité de cette expression autour de $t = 0$, avec $p^c = p^*$ lorsque $t = 0$, donne :

$$D'(p^*)\frac{\mathrm{d}p^c}{\mathrm{d}t} = S'(p^*)\left[\frac{\mathrm{d}p^c}{\mathrm{d}t} - 1\right].$$

L'élasticité de l'offre et de la demande (à l'équilibre sans taxe) sont respectivement données par $\varepsilon^s = p^*S'(p^*)/S(p^*)$ et $\varepsilon^d = -p^*D'(p^*)/D(p^*)$. En utilisant ces définitions ainsi que la condition d'équilibre sans taxe $D(p^*) = S(p^*)$, on obtient :

$$\frac{\mathrm{d}p^c}{\mathrm{d}t} = \frac{\varepsilon^s}{\varepsilon^s + \varepsilon^d}.$$

De même qu'avec $p^p = p^c - t$, on a

$$\frac{\mathrm{d}p^p}{\mathrm{d}t} = \frac{-\varepsilon^d}{\varepsilon^s + \varepsilon^d}.$$

Ainsi, plus la demande est inélastique (plus $\varepsilon^d$ est petit), plus la taxe se traduit par une augmentation du prix $p^c$ payé par les consommateurs plutôt que par une diminution du prix $p^p$ perçu par les producteurs.

Ce résultat se comprend intuitivement avec quelques exemples : si l'État imposait une taxe sur l'insuline (à la demande très inélastique), l'industrie pharmaceutique pourrait augmenter le prix de vente de l'insuline du montant de la taxe sans craindre de perdre des clients. Dans cette situation, les profits des producteurs d'insuline ne sont pas changés et tout le poids de la taxe repose sur les consommateurs. Au contraire, si l'État décidait de taxer les croisières (à la demande plus élastique et à l'offre peu élastique), les compagnies de tourisme réduiraient sans doute leurs marges pour ne pas perdre de clients.

### 5.2.3 Application au marché du travail

Notre analyse est lourde de conséquences pour l'imposition des revenus du travail. Comme nous le verrons en détail dans le chapitre consacré à l'économie du travail, le salaire est déterminé sur le marché du travail par la rencontre entre l'offre de travail des ménages, croissante avec le salaire, et la demande de travail des entreprises, décroissante avec le coût du travail. Dans les données, on observe que l'offre de travail des ménages est relativement inélastique : la plupart des individus souhaitent travailler à plein temps quelles que soient les évolutions de leurs salaires. En revanche, la demande de travail des entreprises est bien plus élastique : les embauches des entreprises sont très sensibles au coût du travail.

Il existe différents impôts sur le travail : d'un côté les cotisations patronales, à la charge de l'employeur, et de l'autre les cotisations salariales et l'impôt sur le revenu, à la charge de l'employé. La répartition des cotisations entre employeurs et employés fait parfois l'objet de débats passionnés : les syndicats plaident pour l'imposition des entreprises au nom de la défense du pouvoir d'achat, tandis que les entreprises souhaitent le contraire afin de préserver leur compétitivité.

Notre analyse de l'incidence fiscale nous apprend non seulement que ces considérations sont vaines, mais que tous ces impôts sont principalement payés par les salariés. En effet, l'offre de travail des salariés étant nettement plus inélastique que la demande de travail des entreprises, les salaires nets d'impôts baissent quasiment du montant de ces prélèvements obligatoires afin de maintenir le niveau de l'emploi, tandis que le coût du travail pour les employeurs augmente à peine !

Pour bien comprendre le mécanisme économique sous-jacent, supposons que l'État diminue les charges patronales. Le coût du travail se réduisant, la demande de travail des entreprises augmente d'autant plus fortement qu'elle est élastique. Néanmoins, l'offre de travail des ménages étant faiblement élastique, cette hausse de la demande ne se traduit pas principalement par une hausse de l'emploi, mais plutôt par une augmentation des salaires. À l'équilibre, les salaires augmentent pratiquement du niveau de la baisse des charges patronales. Cette baisse profite donc essentiellement aux employés, bien que les charges dont le niveau a baissé sont payées par les entreprises.

Précisons néanmoins deux limites à ce raisonnement. D'abord, nous avons ici supposé des marchés à l'équilibre. Dans le cas du marché du travail, la convergence vers l'équilibre peut prendre plusieurs années. À court terme, les salaires sont rigides et ce sont bien les entreprises qui empochent la baisse de charges. Par ailleurs, nous avons négligé le cas d'employés au salaire minimum, dont la rémunération est fixée par la législation plutôt que par un équilibre de marché : nous reviendrons sur ce cas lorsque nous étudierons spécifiquement le marché du travail.

### 5.2.4 L'incidence de l'imposition des entreprises

Contrairement à une idée reçue, les économistes s'intéressent exclusivement au bien-être des individus, et ne se préoccupent pas directement de la profitabilité des entreprises. Par conséquent, un principe fondamental en sciences économiques est qu'une entreprise ne paye jamais d'impôts ! Elle ne fait que les transférer aux personnes physiques qui se cachent derrière.

L'incidence de l'imposition des bénéfices des sociétés se répartit donc entre les actionnaires, dont les dividendes diminuent, les salariés, dont les salaires baissent, et les consommateurs, dont les prix augmentent. Pour quantifier cette répartition de l'incidence fiscale, il est nécessaire d'effectuer une analyse en équilibre général qui prend en compte l'interaction entre le marché financier, le marché du travail et le marché des biens.

Une telle analyse est par nature complexe. Ceci étant, si les rendements sur investissement sont déterminés par les marchés financiers à l'échelle mondiale, alors les actionnaires ne sont que faiblement touchés par la fiscalité d'un pays donné. L'incidence de l'imposition des entreprises repose donc en grande partie sur les travailleurs et les consommateurs, dont le pouvoir d'achat baisse du montant de ces impôts. Par conséquent, la capacité des entreprises à échapper à l'impôt en dégageant leurs profits dans des paradis fiscaux, comme l'Irlande ou les Bermudes, ne bénéficie vraisemblablement pas qu'à leurs actionnaires mais également à leurs salariés et à leurs consommateurs.

**L'incidence des tarifs douaniers de Donald Trump**

Pour illustrer la question de l'incidence fiscale, intéressons-nous à la guerre commerciale lancée par Donald Trump. En 2018, une part significative des produits importés aux États-Unis a été frappée par une augmentation des tarifs douaniers. Pour les produits concernés, ces tarifs sont passés en moyenne de 2,6 % à 16,6 %. Cette hausse des taxes sur les importations a-t-elle été supportée par les consommateurs américains ou a-t-elle réduit les marges des entreprises étrangères ?

La figure 5.6 (a), issue de Fajgelbaum, Goldberg, Kennedy et Khandelwal (2020), montre que les importations américaines ont baissé significativement après la mise en place des tarifs, conformément à ce que prédit la théorie. Par ailleurs, on observe sur le panel (b), que le prix des importations hors tarifs n'a pas baissé, ce qui indique que les entreprises étrangères n'ont pas diminué leurs marges. Le prix des importations, tarifs inclus, a lui augmenté d'une proportion similaire à la hausse des tarifs, comme le montre le panel (c). La demande américaine pour les produits taxés étant plus inélastique que leur offre, les Américains ont complètement supporté le poids de cette taxe.

FIGURE 5.6 – Évolution de la valeur totale et du prix des importations après la mise en place des tarifs douaniers

**(a)** Valeur des importations

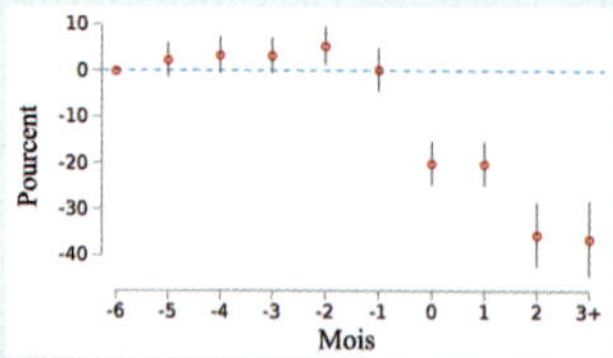


**(b)** Prix des importations, hors tarifs

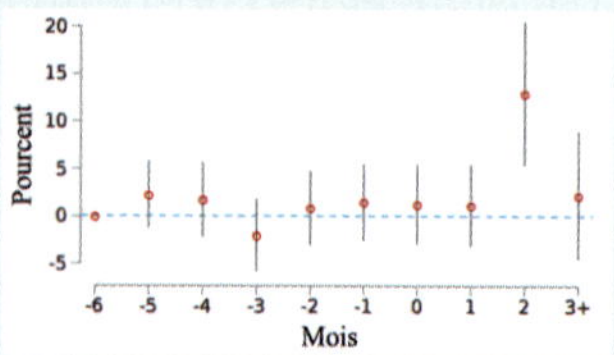


**(c)** Prix des importations, taxes comprises

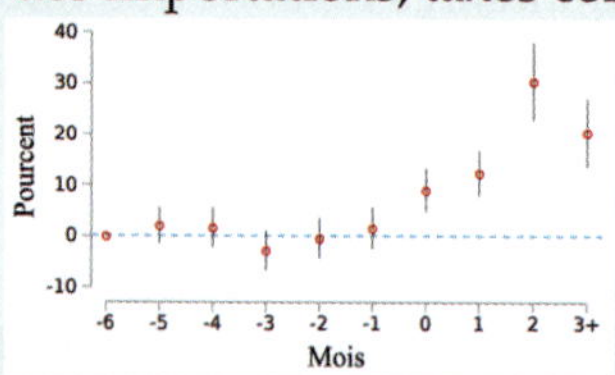


*Notes* : en abscisse, on a placé à 0 le mois de mise en place des tarifs.
*Source* : Fajgelbaum, Goldberg, Kennedy et Khandelwal (2020).

## 5.3 Les distorsions fiscales

Intéressons-nous désormais à l'impact de la fiscalité sur l'efficacité économique. En l'absence d'impôt, nous avons vu que l'équilibre d'une économie de marché permet à toutes les transactions mutuellement bénéfiques de se réaliser, ce qui est Pareto-efficace et engendre la maximisation du surplus total bénéficiant aux différents acteurs de l'économie, comme représenté sur la figure 5.7. Qu'en est-il en présence de taxes ?

### 5.3.1 La perte sèche

L'introduction d'une taxe $t$ crée un écart entre le prix $p^c$ payé par les consommateurs, qui détermine la quantité demandée, et le prix $p^p$ perçu par les producteurs, qui détermine la quantité offerte. Cela aboutit à la situation représentée sur la figure 5.8, où nous supposons (sans que cela n'ait d'importance) que la taxe $t$ est payée par les producteurs.

L'augmentation du prix, de $p^*$ à $p^c$, réduit le surplus des consommateurs ; de même que la diminution du prix, de $p^*$ à $p^p$, réduit le surplus des producteurs. Ceci étant, tout ce surplus n'est pas perdu : pour chaque unité vendue, le gouvernement touche le montant de la taxe, ce qui engendre une recette fiscale égale à $tq^* = (p^c - p^p)q^*$ représentée sur la figure 5.8 par le rectangle vert.

FIGURE 5.7 – Surplus du consommateur et du producteur en l'absence de taxe

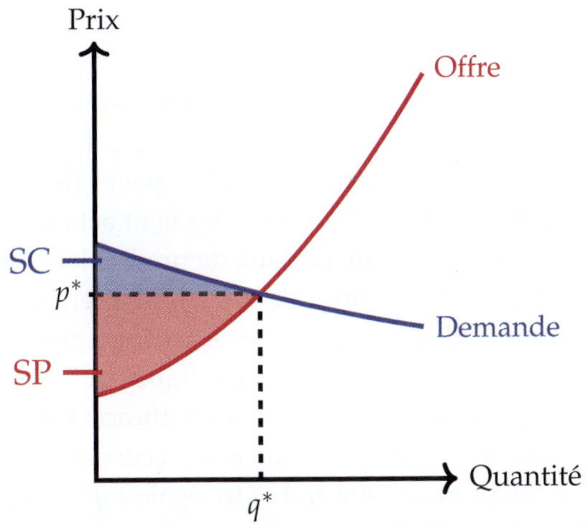


FIGURE 5.8 – Revenu fiscal, perte sèche et surplus après la mise en place d'une taxe

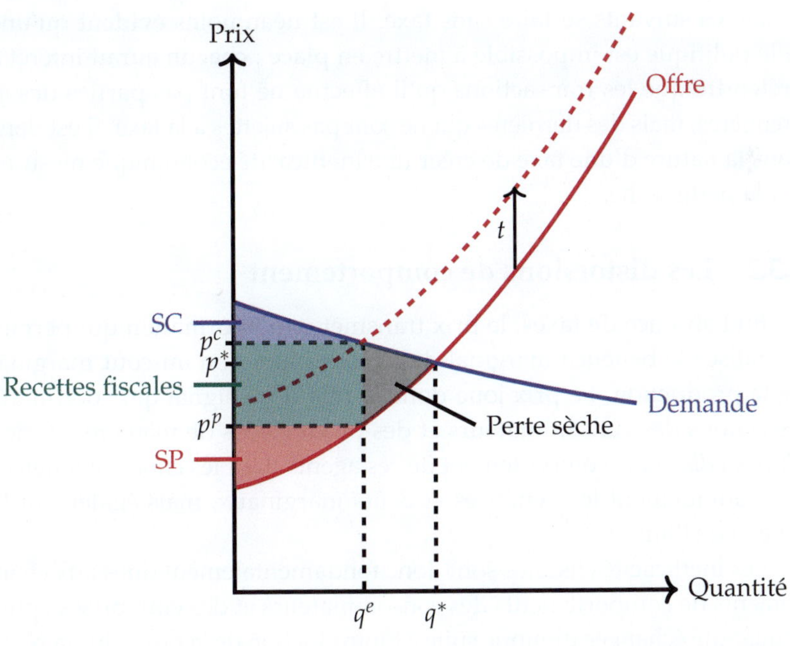


Reste le triangle gris. Il s'agit de la partie du surplus total qui existait avant la taxe et qui désormais ne revient ni aux consommateurs, ni aux producteurs, ni au gouvernement. C'est la **perte sèche** générée par la fiscalité. Nous avons donc le résultat suivant :

Pour récolter un euro de recettes fiscales, l'État doit nécessairement diminuer le surplus des consommateurs et des producteurs de plus d'un euro.

La perte sèche résulte des échanges mutuellement bénéfiques qui auraient dû avoir lieu mais qui sont empêchés par la taxe : les consommateurs qui ont une propension marginale à payer (représentée par la courbe de demande) entre $p^*$ et $p^c$ souhaiteraient acheter les unités que les producteurs dont les coûts marginaux de production (représentés par la courbe d'offre) se situent entre $p^p$ et $p^*$ souhaiteraient leur vendre. Néanmoins, comme de telles transactions s'accompagnent d'un prélèvement de $t$, ces échanges mutuellement bénéfiques qui créent un surplus inférieur à $t$ n'ont pas lieu, ce qui est Pareto-inefficace. L'aire en gris sur la figure 5.8 est donc une mesure des inefficacités économiques créées par la fiscalité. La quantité produite aurait dû être égale à $q^*$ mais, à cause de la taxe, à l'équilibre elle se limite à $q^e$.

En théorie, pour remédier à cette inefficacité, on pourrait uniquement imposer la taxe sur les $q^e$ premières unités échangées, et laisser les échanges suivants se faire sans taxe. Il est néanmoins évident qu'une telle politique est impossible à mettre en place : chacun aurait intérêt à prétendre que les transactions qu'il effectue ne font pas parties des $q^e$ premières, mais des dernières qui ne sont pas sujettes à la taxe. Il est donc dans la nature d'une taxe de créer une inefficacité économique mesurée par la perte sèche.

### 5.3.2 Les distorsions de comportement

En l'absence de taxes, le prix transmet une information qui permet d'égaliser le bénéfice marginal de la consommation au coût marginal de la production. Le prix joue donc le rôle d'un signal qui coordonne les actions des consommateurs et des producteurs de manière efficace. L'impôt *distord* le comportement de ces agents dont les choix ne reflètent plus uniquement les bénéfices et coûts marginaux, mais également le niveau de l'impôt.

Les inefficacités fiscales sont donc fondamentalement dues aux changements de comportements des consommateurs et des entreprises : plus la quantité échangée diminue suite à l'introduction de la taxe, plus la perte sèche est élevée. Par conséquent, si l'offre ou la demande est inélastique (et une des deux courbes est assez verticale), alors l'impôt ne distord que faiblement les comportements et la perte sèche est faible. C'est le cas représenté sur la figure 5.9, à gauche. En revanche, si l'offre et la demande sont toutes deux très élastiques (et les deux courbes sont plutôt horizontales), alors la quantité échangée diminue bien plus avec l'introduction d'une taxe, ce qui se traduit par une perte sèche élevée pour des recettes fiscales relativement basses (voir la figure 5.9, à droite). Il est donc préférable que le gouvernement impose les biens et services dont la consommation n'est que faiblement élastique.

FIGURE 5.9 – La perte sèche est d'autant plus élevée que l'offre et la demande sont élastiques

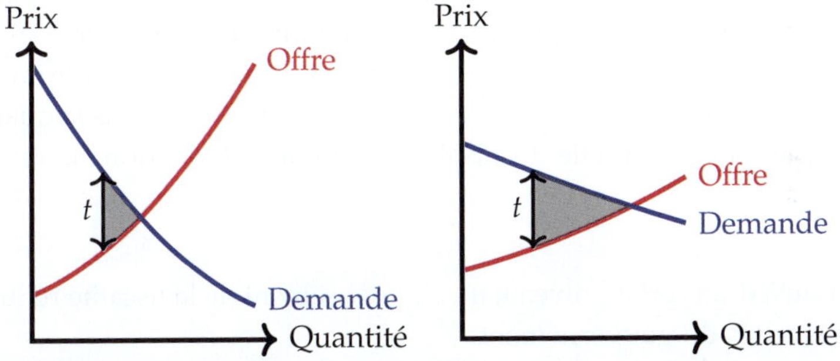


Il existe un impôt efficace, qui n'engendre aucune distorsion : l'**impôt forfaitaire**. C'est un impôt qu'un individu doit payer *quel que soit son comportement*. Par exemple, un impôt annuel de 100 euros que tous les Français devraient payer, indépendamment de leurs revenus, serait efficace (mais certainement pas équitable !). Cet impôt ne découragerait aucune transaction mutuellement bénéfique. [4] En pratique, les impôts ne sont jamais forfaitaires, mais reposent sur des transactions et distordent le comportement des agents qui les effectuent. Ainsi, l'imposition des revenus du travail décourage les ménages de travailler et les entreprises d'embaucher, l'imposition des revenus du capital réduit l'épargne, et l'imposition d'un bien en décourage la consommation.

### 5.3.3 L'impact du niveau d'imposition

Quel est l'impact du niveau d'imposition sur la perte sèche et sur les recettes fiscales ? Lorsque les courbes d'offre et de demande sont linéaires, la perte sèche est proportionelle au carré du montant de la taxe. De manière plus générale :

4. Cet impôt ne modifierait les comportements qu'au travers des revenus disponibles. Or, les modifications de comportements dus aux changements de revenus ne sont pas source d'inefficacité.

La perte sèche est une fonction convexe du taux d'imposition.

Ce résultat provient du fait que, plus le taux d'imposition est élevé, plus les transactions dont il empêche la réalisation sont mutuellement bénéfiques. En effet, lorsque le taux d'imposition passe de $t$ à $t + dt$, les échanges qui cessent d'avoir lieu sont caractérisés par un écart entre la propension marginale à payer des consommateurs et le coût marginal de production des fabricants égal à $t$ ; écart d'autant plus important que $t$ est élevé. *A contrario*, une petite baisse du taux d'imposition permet prioritairement aux échanges les plus bénéfiques de se réaliser.

Les recettes fiscales sont le produit du taux d'imposition par le nombre d'unités vendues. Or, plus le taux d'imposition est élevé, plus la quantité de transactions à laquelle il s'applique est faible. On a donc le résultat suivant :

Au-delà d'un certain niveau, un alourdissement de la fiscalité réduit les recettes du gouvernement.

Ces deux résultats sont représentés graphiquement sur la figure 5.10. Au fur et à mesure que le taux d'imposition augmente, la perte sèche augmente de plus en plus vite, tandis que les recettes fiscales augmentent de moins en moins vite, allant même jusqu'à diminuer au-delà d'un certain seuil.

L'idée d'une diminution des recettes est particulièrement marquante dans le cas de la fiscalité du travail : en augmentant le niveau d'imposition des revenus du travail, on décourage l'activité, réduisant ainsi l'assiette fiscale. En théorie, si le taux d'imposition atteint 100 %, plus personne n'a intérêt à travailler (ou à déclarer au fisc ses revenus du travail), et les recettes fiscales sont nulles. Le revenu de l'État suit donc une courbe en cloche, comme sur la figure 5.10 en bas à droite, connue sous le nom de *courbe de Laffer*, du nom d'Arthur Laffer, conseiller économique du président Ronald Reagan. On devrait plutôt parler de *courbe de Dupuit*, du nom de Jules Dupuit qui, en dérivant les bases de l'analyse microéconomique moderne avait naturellement obtenu cette courbe dès 1844 :

> *Si l'on augmente graduellement un impôt depuis 0 jusqu'au chiffre qui équivaut à une prohibition, son produit commence par être nul, puis croît insensiblement, atteint un maximum, décroît ensuite successivement puis devient nul.*

FIGURE 5.10 – Impact du taux d'imposition sur la perte sèche et sur les recettes fiscales

**(a)** Accroissement progressif d'une taxe

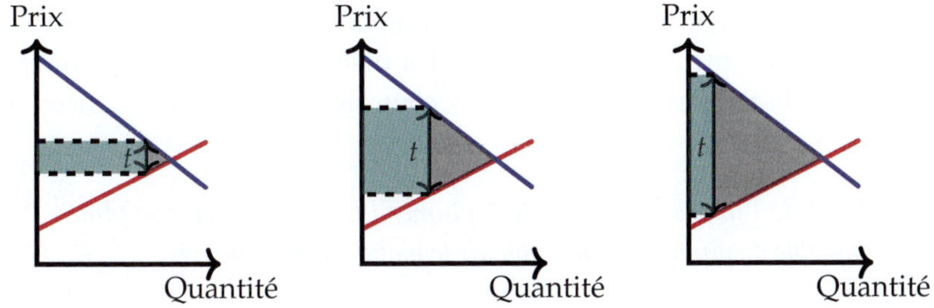


**(b)** Effet de cet accroissement sur la perte sèche et sur les recettes fiscales

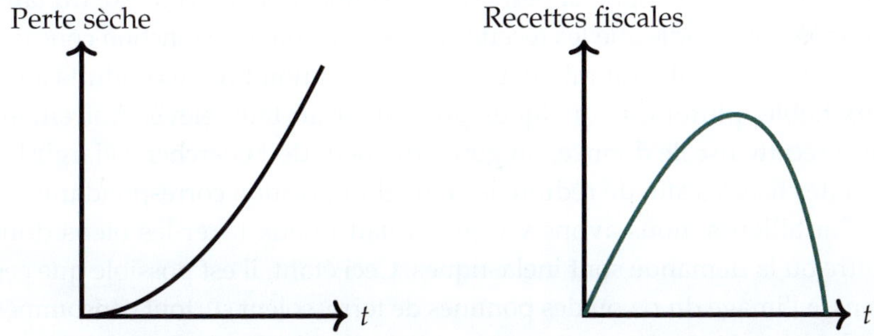


Il est très important d'identifier où se situe le sommet de la courbe de Dupuit-Laffer, car il serait Pareto-inefficace de fixer un taux d'imposition supérieur. Comme nous le verrons ultérieurement, la demande de travail des entreprises étant par nature très élastique, la localisation de ce sommet dépend essentiellement de l'élasticité de l'offre de travail des ménages : plus cette élasticité est élevée, plus le sommet de la courbe de Dupuit-Laffer est bas.

De manière plus générale, lorsque l'on tente d'estimer l'impact d'une hausse d'impôt sur les recettes fiscales, il est très important de prendre en compte l'adaptation des comportements et donc la variation de l'assiette fiscale. Certes, la réaction de l'assiette dépend de l'élasticité de l'offre et de la demande, qui ne sont jamais faciles à estimer empiriquement. Néanmoins, cela n'implique pas que la meilleure estimation soit l'absence de réaction ! Dans de nombreux pays, le ministère des Finances a tendance à raisonner à assiette fixe, ce qui aboutit à une surestimation des recettes engendrées par les hausses d'impôt ou du coût budgétaire des baisses d'impôt.

### 5.3.4 Qu'est-ce qu'une bonne fiscalité ?

L'existence de distorsions fiscales n'implique pas que les impôts sont par nature indésirables. L'État a un rôle majeur à jouer dans l'économie et doit nécessairement être financé par l'impôt. Ceci étant, ces impôts doivent être conçus de manière à minimiser les distorsions qu'ils impliquent. Comme le disait Jean-Baptiste Colbert, contrôleur général des finances de Louis XIV :

> *L'art de l'imposition consiste à plumer l'oie pour obtenir le plus possible de plumes avant d'obtenir le moins possible de cris.*

Que nous enseigne notre analyse ? Premièrement, nous venons de voir que, pour chaque impôt, la perte sèche est une fonction convexe du taux d'imposition, tandis que les recettes fiscales en sont une fonction concave. Par conséquent, il vaut mieux taxer un grand nombre de produits à un taux faible, plutôt que quelques produits à un taux élevé. Autrement dit, à recette fiscale donnée, un gouvernement doit chercher à élargir les assiettes fiscales afin de réduire les taux d'imposition correspondants.

Par ailleurs, nous avons vu qu'il valait mieux taxer les biens dont l'offre ou la demande sont inélastiques. Ceci étant, il est possible que ces biens, à l'image du riz ou des pommes de terre, soient surtout consommés par les plus démunis, tandis que les biens dont la demande est élastique, à l'image des produits de luxe, soient principalement consommés par les plus fortunés. Dans ce cas, il y a un compromis entre efficacité économique et équité. À recette fiscale donnée, le gouvernement ne doit pas nécessairement chercher à minimiser la somme des pertes sèches, car une perte sèche infligée à un pauvre peut être socialement plus coûteuse qu'une perte sèche d'un même montant imposé à un riche. La valorisation de ces différentes pertes sèches relève de la philosophie politique. Il existe une branche des sciences économiques, appelée *théorie du choix social*, dont nous reparlerons au chapitre 9, qui établit des liens entre des axiomes définissant des critères d'équité et les choix collectifs de la société. Plutôt que de donner des réponses définitives, cette approche met en évidence la difficulté d'appréhender les problèmes d'équité.

Ainsi, dès lors que l'on est confronté à un problème de redistribution, le gouvernement doit d'abord déterminer sa philosophie politique, plus ou moins égalitariste, afin de déterminer le poids à attacher aux pertes sèches infligées aux différents individus dans l'économie. Ensuite, on peut s'appuyer sur la description du fonctionnement des marchés, et notamment sur les estimations de l'élasticité de l'offre et de la demande, afin de minimiser la somme pondérée des pertes sèches. C'est ainsi que l'on parvient au meilleur compromis entre efficacité et équité.

Plus généralement, dans l'analyse économique, on distingue l'analyse *positive*, qui consiste à étudier l'économie telle qu'elle est, et l'analyse *normative*, qui consiste à déterminer l'économie telle qu'elle devrait être. L'analyse normative consiste donc à s'appuyer sur nos connaissances positives afin d'effectuer des recommandations de politiques économiques qui minimisent les problèmes d'inefficacité et d'iniquité. L'approche normative, contrairement à l'approche positive, peut faire intervenir des jugements de valeur qu'il convient alors de poser explicitement.

## 5.4 Les externalités

Jusqu'ici, nous avons vu d'un bon œil la consommation des agents, puisqu'elle résulte d'échanges mutuellement bénéfiques. Mais, parfois, on voudrait plutôt que la société consomme *moins* de certains produits, comme le pétrole ou les antibiotiques. Cette possibilité est la conséquence d'une des principales défaillances du marché : les externalités.

> Une externalité se produit dès lors que l'action d'un agent affecte *directement* le bien-être des autres agents.

Par directement, nous voulons dire qu'il ne s'agit pas d'un effet qui passe par le mécanisme des prix.

### 5.4.1 Les externalités négatives

Commençons par étudier les externalités négatives, qui se produisent lorsque l'action d'un agent a un impact direct et négatif sur les autres agents. C'est en particulier le cas des activités polluantes. Lorsqu'une entreprise chimique pollue une rivière, elle a un impact négatif sur la faune marine, et donc sur la production des pêcheurs. Un fumeur exerce une externalité négative sur son entourage. Lorsqu'un automobiliste arrive dans un embouteillage, il aggrave la congestion et exerce ainsi une externalité négative sur les autres automobilistes. Lorsque nous émettons des gaz à effet de serre, nous exerçons une externalité négative sur l'ensemble de la société en contribuant au réchauffement climatique.

Lorsque les Chinois accroissent leur consommation de blé, le prix de celui-ci augmente en Europe, diminuant le bien-être des Européens. Les Chinois exercent-ils une externalité négative sur les Européens ? Non, car cette action s'effectue par le fonctionnement normal du mécanisme des prix au sein d'une économie de marché ! Il n'y a donc pas là d'externalité, ni donc d'inefficacité.

Tentons de comprendre pourquoi les externalités sont une défaillance de marché. Dans le cas d'une externalité de production, il faut s'intéresser à la courbe d'offre, qui reflète les coûts marginaux de production des entreprises. Lorsqu'une production engendre des externalités, chaque unité produite fait porter à la société (et non à l'entreprise) un coût supplémentaire, appelé **coût marginal externe**. La somme du coût marginal privé (porté par les entreprises) et du coût marginal externe (l'externalité, portée par le reste de la société) est appelée **coût marginal social**.

Coût marginal social = coût marginal privé + coût marginal externe

Une externalité négative a lieu dès lors que le coût marginal externe est positif, ce qui implique que le coût marginal social est plus élevé que le coût marginal privé. Par exemple, dans le cas d'une compagnie aérienne, les coûts privés comprennent le kérosène, la maintenance des appareils, les salaires des équipages, ou encore les frais liés à la logistique. Les coûts externes sont les nuisances sonores aux abords des aéroports et la contribution des émissions de gaz carbonique au réchauffement climatique.

Pour obtenir une allocation Pareto-efficace, il faut que la propension marginale à payer des consommateurs, reflétée par la courbe de demande, soit égale au coût marginal *social* de la production, ce qui correspond à la quantité $q^o$ de la figure 5.11. En effet, si la quantité produite est supérieure à $q^o$, la propension à payer des consommateurs pour la dernière unité vendue est inférieure à son coût social de production. Il serait donc souhaitable de ne pas produire cette unité. En revanche, si la quantité échangée est inférieure à $q^o$, il serait souhaitable d'accroître la production.

Le problème est que les producteurs déterminent leur offre en fonction de leurs coûts marginaux *privés*, et négligent les coûts marginaux externes. Par conséquent, l'équilibre de l'économie de marché correspond à la quantité $q^e$ de la figure 5.11, qui est supérieure à la quantité optimale $q^o$. Il y a donc surproduction.

Cette surproduction entraîne une perte sèche. Pour chaque unité produite, le surplus est égal à la différence entre la propension marginale à payer des consommateurs, reflétée par la courbe de demande, et le coût marginal *social* de la production. Jusqu'à la quantité $q^o$, ce surplus est positif. Il est représenté sur la figure 5.12 par la surface verte. Au-delà de la quantité $q^o$, ce surplus est négatif car le bénéfice marginal de la consommation est inférieur au coût marginal social de la production. Ainsi, la quantité $q^e$ produite par l'économie de marché engendre une perte sèche représentée sur la figure 5.12 par la surface grise. D'un point de vue normatif, les unités situées entre $q^o$ et $q^e$ n'auraient pas dû être produites. Pour reprendre notre exemple des compagnies aériennes, leur négligence

FIGURE 5.11 – Une externalité négative de production

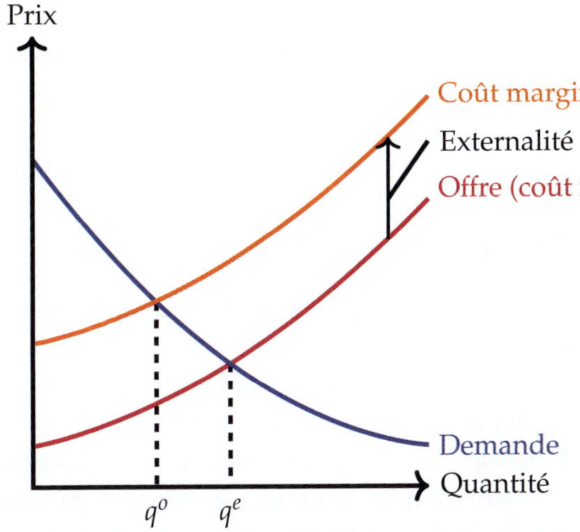


totale de l'impact négatif de leur production sur les nuisances sonores et sur le réchauffement climatique engendre une surconsommation du transport aérien.

FIGURE 5.12 – Surplus à l'optimum et perte sèche à l'équilibre de marché

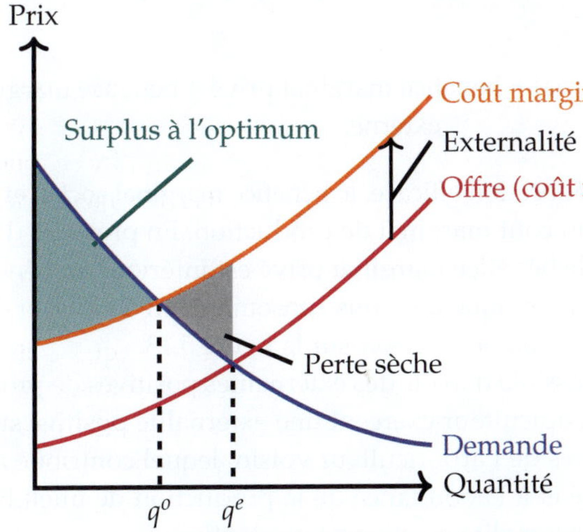


Il est également possible d'avoir une externalité négative de consommation (et non de production). Par exemple, la consommation d'antibiotiques augmente le risque d'apparition de bactéries résistantes aux antibiotiques, ce qui est nuisible au reste de la société. Dans ce cas, il y a un coût marginal externe à la consommation d'antibiotiques. On a donc :

Bénéfice marginal social = bénéfice marginal privé − coût marginal externe,

où le bénéfice marginal privé correspond à la courbe de demande. Par conséquent, en présence d'une externalité négative de consommation, la courbe de bénéfice marginal social se situe en dessous de la courbe de demande. À nouveau, en cas de *laissez-faire*, il y a surconsommation.

### 5.4.2 Les externalités positives

Il existe également des externalités positives : lorsqu'une personne se vaccine, elle ne peut plus être un vecteur de propagation de la maladie, ce qui protège les autres personnes de la société. Un jeune qui va à l'école y gagne personnellement, par exemple en améliorant ses perspectives futures sur le marché du travail, mais a également un impact positif sur la société en facilitant la transmission de connaissances, la communication entre les citoyens, voire en améliorant le fonctionnement de la démocratie. La recherche fondamentale exerce une externalité positive sur les innovateurs futurs qui pourront bâtir sur les connaissances accumulées.

Dans le cas d'une externalité de consommation, les consommateurs décident de leur demande en fonction de leur bénéfice marginal privé, mesuré par leur propension marginale à payer et représenté par la courbe de demande. Ils ignorent le bénéfice marginal externe, qui est ici positif. De manière générale :

Bénéfice marginal social = bénéfice marginal privé + bénéfice marginal externe.

Pour obtenir une allocation efficace, le bénéfice marginal social, et non privé, doit être égal au coût marginal de production. En présence d'une externalité positive, le bénéfice marginal privé est inférieur au bénéfice marginal social, ce qui implique une sous-consommation du bien et donc une perte sèche, comme on peut le voir sur la figure 5.13.

Il est également possible d'avoir des externalités positives de production. Les abeilles de l'apiculteur exercent une externalité positive sur la pollinisation des arbres de l'arboriculteur voisin, lequel contribue avec ses arbres à la qualité et à l'abondance de la production de miel. Il y a donc ici une double externalité positive de production.

### 5.4.3 Théorème de Coase

Pour l'économiste britannique Ronald Coase (1910-2013), pilier de l'École de Chicago, les externalités résultent d'un sous-développement

FIGURE 5.13 – Une externalité positive de production

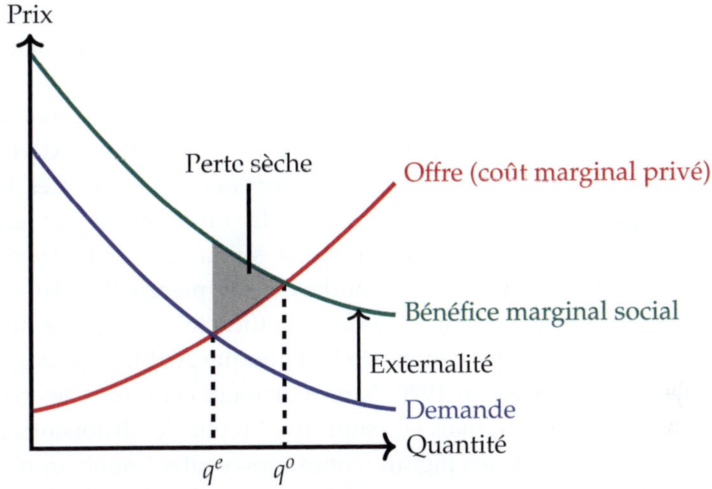


de la propriété privée. Reprenons l'exemple de la rivière polluée par une entreprise chimique, ce qui nuit à des pêcheurs. Une solution à ce problème serait que la rivière appartienne aux pêcheurs. Ces derniers pourraient alors vendre des quotas de pollution à l'entreprise chimique s'ils jugent qu'un niveau limité de pollution nuirait peu à leur activité de pêche. La création d'un droit de propriété privée permettrait des échanges mutuellement bénéfiques, ce qui garantirait l'efficacité. Ce résultat est connu sous le nom de **théorème de Coase**.

La force de ce résultat est que l'efficacité ne dépend nullement de l'identité des agents à qui sont attribués les droits de propriété privée. Ainsi, la rivière pourrait appartenir à l'entreprise chimique. Dans ce cas, ce serait les pêcheurs qui payeraient l'entreprise pour qu'elle limite sa pollution, et cette solution serait tout aussi efficace. D'ailleurs, que la rivière appartienne aux pêcheurs ou à l'entreprise, une fois les transactions réalisées, le niveau de pollution serait le même dans ces deux cas.[5] Bien sûr, chacun préfère que la propriété de la rivière lui soit attribuée, même si à l'équilibre cela ne change pas le niveau de la pollution.

Malheureusement, en pratique, les droits de propriété privée ne sont pas faciles à attribuer et, une fois attribués, le coût des transactions est souvent prohibitif. C'est justement à cause de ces difficultés que les externalités existent.

5. Ce résultat n'est pas vrai si les sommes échangées sont si élevées qu'elles modifient significativement la richesse totale des pêcheurs ou des entreprises. Il s'agit d'*effets de richesse* que nous supposons nuls dans cet ouvrage d'introduction. Les effets de richesse ne sont jamais source d'inefficacité.

### 5.4.4 Les taxes pigouviennes

En présence d'une défaillance de marché, une question se pose immanquablement : l'État peut-il intervenir pour restaurer l'efficacité ? Si oui, comment ?

En théorie, la solution est simple : dans le cas d'une externalité négative, il suffit d'imposer une taxe égale au coût marginal externe de production. Cela force les entreprises à *internaliser* les externalités. Cette taxe payée par le producteur a pour effet de translater vers le haut la courbe d'offre du montant de la taxe. Ainsi, sur la figure 5.11, la courbe d'offre coïncide désormais avec la courbe de coût marginal social, ce qui réduit la perte sèche à néant et restaure l'efficacité.[6] On parle de *taxe pigouvienne,* du nom de l'économiste britannique Arthur Pigou qui fut le premier à la proposer en 1920. Non seulement cette taxe ne crée aucune distorsion nouvelle, mais elle supprime en plus les distorsions dues aux externalités ! Les taxes pigouviennes représentent donc un moyen remarquablement efficace de générer des recettes fiscales. Elles relèvent de l'application du principe du « pollueur-payeur », dont la meilleure illustration est la taxe carbone utilisée pour lutter contre le réchauffement climatique. Une taxe pigouvienne est un instrument de marché : ce n'est pas l'État qui décide du niveau de consommation et de pollution des différents agents de l'économie. Chacun est mis face à ses responsabilités et est conduit, grâce à la taxe, à internaliser l'impact environnemental de ses choix. Ainsi, une taxe pigouvienne ne supprime pas le marché, elle le corrige.

Dans le cas d'une externalité positive, la solution consiste à instaurer une subvention égale au bénéfice marginal externe de la consommation. Cela justifie par exemple que l'éducation primaire et secondaire, la recherche fondamentale ou les campagnes de vaccination soient largement financées par l'État.

### 5.4.5 Application au réchauffement climatique

Le réchauffement climatique, causé par un excès d'émissions de gaz à effet de serre, est une gigantesque défaillance de marché due à une externalité environnementale. Pour résoudre le problème, nous pourrions décider de cesser toute activité économique. Mais cette solution serait ruineuse. D'où la question : comment concilier la préservation indispensable de notre planète et la prospérité économique à laquelle l'écrasante majorité des individus aspirent légitimement ?

6. Conformément à ce que nous avons vu précédemment, cette taxe a exactement le même effet si elle est payée par le consommateur. En ce cas, graphiquement, c'est la courbe de demande qui est translatée vers le bas aboutissant à la quantité $q^0$.

D'après les conclusions du GIEC (Groupe d'experts Intergouvernemental sur l'Évolution du Climat), pour limiter le réchauffement climatique à 1,5 °C, nos émissions *nettes* de gaz à effet de serre devront être réduites d'environ 45 % en 2030 par rapport à 2010, et atteindre zéro d'ici 2050. Il est donc nécessaire de réduire drastiquement nos émissions, mais il n'est pas nécessaire de les réduire à néant. Même à l'horizon 2050, pour parvenir à la neutralité carbone, les émissions resteront positives mais seront compensées par des efforts de capture du carbone, par exemple en reboisant.

Quels sont donc les biens que nous pouvons continuer à consommer, et quels sont ceux dont nous devons nous passer ? Une réponse est donnée par la taxe carbone. Il s'agit d'une taxe pigouvienne qui augmente le prix de chaque bien proportionnellement aux émissions qu'il génère, ce qui force les différents acteurs de l'économie à internaliser l'impact climatique de leurs comportements. En 2019, le Fonds Monétaire International a estimé qu'une taxe carbone mondiale de 75 $ par tonne de $CO_2$ permettrait de limiter le réchauffement climatique à 2 °C.

On estime qu'un aller-retour en avion de Paris à New York en classe économique produit presque deux tonnes de carbone (le double pour une place en business et le triple pour une première). Notre taxe augmenterait donc le prix du billet de 150 $, soit 130 €. Face à cette augmentation, certains consommateurs renonceront à leur voyage, ce qui est efficace car leur propension à payer est inférieure au coût total de ce déplacement, en y incluant le coût de la pollution. D'autres personnes préféreront payer la taxe et maintenir leur voyage. Il est donc efficace que ces consommateurs aillent à New York et polluent la planète car le bénéfice qu'ils tirent de ce voyage est supérieur à son coût total, qui comprend le coût environnemental.

La taxe carbone supprime les activités polluantes les moins valorisées par les consommateurs et préserve celles qui génèrent le plus de surplus. Il s'agit donc d'un mécanisme efficace pour trouver le meilleur compromis entre prospérité économique et préservation de la planète.

S'il est si difficile de lutter contre le réchauffement climatique, c'est précisément parce que cela coûte cher. Il est donc indispensable que chaque euro investi pour la préservation de notre planète ait l'impact environnemental maximal. C'est justement ce que permet la taxe carbone, et cela explique pourquoi les économistes soutiennent presque unanimement cette solution.

**Est-il juste que les plus riches polluent davantage que les plus pauvres ?** Comme le suggère notre exemple du transport aérien, les plus riches ont plus de chances de maintenir leur voyage après l'instauration d'une taxe, et donc de polluer la planète, que les plus pauvres. Mais les plus riches consomment plus de ressources en général, et il serait inefficace de chercher à imposer l'équité pour les seules consommations polluantes. D'ailleurs, si l'État imposait des quotas de pollution individuels, les plus pauvres seraient prêts à vendre les leurs aux plus riches, ce qui serait une amélioration de Pareto. Un excès d'inégalités doit donc se régler en redistribuant les revenus ; libre ensuite à chacun de dépenser ses propres revenus (nets d'impôt et de subventions) comme il le souhaite. Cette redistribution peut d'ailleurs être en partie financée par les recettes de la taxe carbone.

**Permis d'émissions échangeables.** Une alternative à la mise en place d'une taxe carbone est l'utilisation d'un système de permis d'émissions. Dans un tel système, dit de *cap-and-trade*, le gouvernement décide de la quantité de gaz à effet de serre que chaque entreprise est autorisée à émettre. Si une entreprise dispose d'un quota de pollution trop élevé, elle peut revendre ses permis aux entreprises qui n'en ont pas assez. En Europe, une telle politique est mise en place depuis 2005 sous le nom de EU ETS (European Union Emission Trading Scheme). En l'absence d'incertitude, la taxe carbone est rigoureusement identique à des permis d'émissions vendus par l'État. La régulation par les prix est donc équivalente à la régulation des quantités. En pratique, les États les plus soucieux de l'environnement mettent en place une combinaison de ces deux politiques.

Les entreprises préfèrent les permis d'émissions échangeables, à condition que les permis leur soient initialement donnés (généralement sur la base de leurs pollutions passées). Conformément au théorème de Coase, ce transfert de richesse (par rapport à une taxe carbone ou à des permis vendus par l'État) n'entrave pas l'incitation à réduire la pollution à un niveau efficace.

**Croissance et émissions de carbone.** Pour comprendre les différents chemins que nous pouvons emprunter pour réduire nos émissions de gaz à effet de serre, il est utile de voir l'identité de Kaya, du nom de l'économiste japonais Yoichi Kaya qui l'a décrite en 1993 :

$$\mathrm{CO_2} = \text{Population} \times \frac{\text{PIB}}{\text{Population}} \times \frac{\text{Énergie}}{\text{PIB}} \times \frac{\mathrm{CO_2}}{\text{Énergie}}.$$

Pour réduire nos émissions de carbone, il y a donc plusieurs possibilités : réduire la population mondiale, le PIB par habitant, l'intensité énergétique de la production, ou encore l'intensité en carbone de la production énergétique. À l'image de nombreux pays européens, la France est déjà engagée dans la voie d'une production plus respectueuse de l'environnement. La figure 5.14 montre que malgré la croissance de notre population et de notre PIB par habitant, nos émissions de carbone décroissent. Ce découplage est dû à deux facteurs : d'une part, une amélioration constante de notre efficacité énergétique et, d'autre part, un mix énergétique moins carboné grâce aux énergies renouvelables et au nucléaire.

FIGURE 5.14 – Décomposition de Kaya pour la France

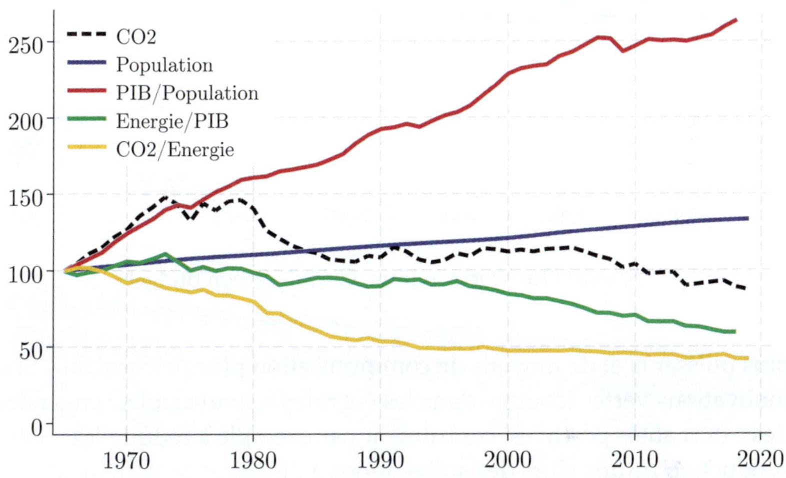


*Source* : Our World in Data, Global Carbon Budget.

Certains des biens les plus polluants que nous consommons sont importés de l'étranger. La figure 5.15 corrige cet effet : la courbe marron inclut le $CO_2$ émis pour la production des biens importés, tout en soustrayant le $CO_2$ émis pour produire les biens exportés. Il s'agit donc de l'énergie que les Français utilisent pour leur consommation. On observe que, même en prenant en compte la délocalisation d'une partie de notre pollution, nos émissions de $CO_2$ ont diminué au cours des dernières décennies, tandis que notre PIB a continué de croître.

Le moteur de la croissance à long terme est l'innovation et le progrès technologique. La taxe carbone, tout comme les permis d'émissions échangeables, oriente naturellement ce progrès vers la sobriété énergétique. Son imposition entraîne la décroissance des activités les plus polluantes et encourage le développement et l'adoption de technologies vertes. Ainsi, la croissance de demain ne devrait pas être faite de grosses voitures et de grandes maisons isolées et inchauffables, mais de nouveaux logiciels informatiques, de nouvelles molécules à usage pharmaceutique, d'ordinateurs

FIGURE 5.15 – Énergie par habitant en France, corrigée des effets du commerce international

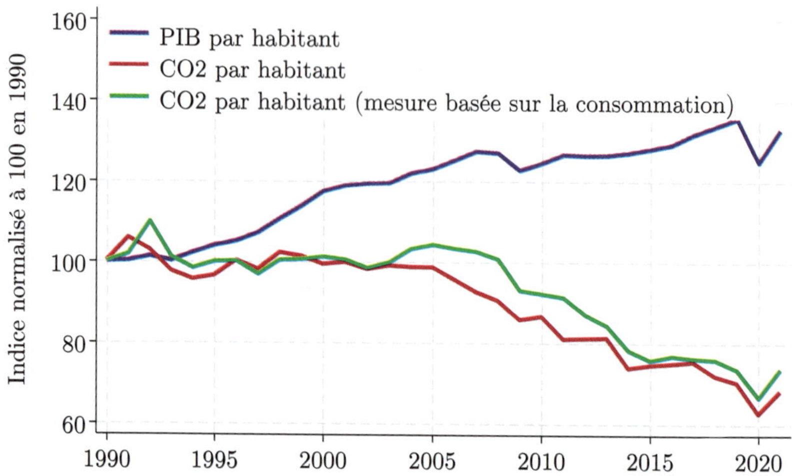


*Source* : Our World in Data, Global Carbon Budget.

plus puissants et de moyens de communication plus performants. Si des innovations vertes (comme dans les énergies renouvelables) engendrent des externalités positives, contribuant par exemple à réduire les coûts de production futurs, alors des subventions à l'innovation sont justifiées en complément de la taxe carbone.

Le découplage entre croissance économique et émissions de $CO_2$ est pratiquement la seule manière de concilier l'impératif de préservation de notre planète avec la nécessité du développement économique, notamment pour les pays les plus pauvres. Néanmoins, la possibilité d'une croissance respectueuse de l'environnement ne doit pas nous faire oublier que la lutte contre le réchauffement climatique reste coûteuse et demande des efforts substantiels. Notre prospérité dans les années à venir serait encore plus élevée en l'absence de contrainte environnementale. Mais, cette contrainte existant, il serait désastreux de l'ignorer afin d'entretenir un niveau de vie plus élevé à court terme, au prix de conditions de vie très dégradées pour les générations futures.

### 5.4.6 Taxes *vs.* régulations

Face aux problèmes de pollution, les gouvernements ont tendance à imposer un ensemble de régulations et d'interdictions. En général, une taxe pigouvienne est plus efficace qu'une interdiction, qui correspond à une taxe infiniment élevée. La taxe préserve une certaine liberté de choix, ce qui permet aux personnes qui valorisent le plus certaines consommations polluantes de ne pas y renoncer. Par exemple, le gouvernement français a imposé en 2022 la suppression des lignes aériennes pour lesquelles existait une alternative en train de moins de 2 h 30. Une taxe carbone aurait sans doute été un moyen plus efficace de réduire le trafic aérien le moins utile au regard de la pollution qu'il génère.

Un inconvénient des régulations est qu'elles aboutissent à un effort excessif pour certaines sources de pollution et insuffisant pour d'autres. Par exemple, les subventions à la voiture électrique coûtent autour de 250 $ par tonne de carbone évitée, tandis que le remplacement d'une chaudière au fioul par une pompe à chaleur ne coûte que 50 $. Il est donc cinq fois plus efficace de subventionner les changements de chaudière que les changements de véhicule !

Un attrait fondamental de la taxe carbone est son étendue. Dans le cas du réchauffement climatique, la régulation devient vite d'une complexité byzantine. Faut-il interdire les kiwis importés de Nouvelle-Zélande ? Et les mangues du Pérou ? Qu'en est-il des camemberts de Normandie, produits avec des vaches qui émettent du méthane en quantité ? Il est quasiment impossible pour un gouvernement de mesurer l'intensité en carbone des différents biens de consommation. En revanche, à chaque étape de la production, la taxe carbone augmente le coût de fabrication proportionellement à ses émissions de $CO_2$. Conduits par cette main invisible de la taxe carbone, les consommateurs sont poussés à faire des choix efficaces.

En pratique, l'opposition politique à la taxe carbone est forte, comme l'a montré le mouvement des gilets jaunes provoqué en 2018 par une augmentation de la taxe sur les carburants. Les citoyens redoutent légitimement que la lutte contre le réchauffement climatique ne soit qu'un prétexte pour les ponctionner davantage. En pratique, il semble donc important que la taxe carbone se fasse à niveau de prélèvements obligatoires inchangé : une hausse de la taxe carbone doit mécaniquement provoquer une baisse d'autres impôts, comme la TVA ou l'impôt sur le revenu.

## 5.5 Les biens publics

Jusqu'à présent, nous avons vu que les marchés organisaient de manière efficace la production et l'échange des biens et des services. Mais nous avons supposé que ces biens et services étaient privés, à l'image d'une crème glacée ou d'une chemise. Il existe également des biens dits publics, pour lesquels les marchés sont défaillants.

### 5.5.1 Les différents types de biens

Pour comprendre la nature du problème, il convient de classifier les biens de consommation selon deux dimensions : leur excluabilité et leur rivalité.

Un bien est **excluable** lorsque l'on peut empêcher quelqu'un de le consommer.

Par exemple, l'acquéreur d'une crème glacée est en droit de décider qui la mangera. Lorsqu'une entreprise crée un logiciel informatique, elle peut en interdire l'utilisation à ceux qui ne paient pas de licence. La télévision câblée est également excluable. En revanche, les poissons en mer sont non excluables, puisque tant qu'ils sont en liberté n'importe quel pêcheur est en droit d'essayer de les attraper. De même que l'on ne peut pas empêcher qui que ce soit de bénéficier de l'éclairage urbain ou de la défense nationale. Enfin, une route est excluable si elle dispose d'un péage, mais pas sinon.

Un bien est **rival** lorsque sa consommation par une personne empêche sa consommation par une autre personne.

La crème glacée est un bien rival puisque celui qui la mange empêche les autres d'en profiter. Les poissons en mer constituent également un bien rival car lorsqu'ils sont pêchés par un marin, les réserves diminuent ce qui rend la pêche plus difficile pour les autres marins. En revanche, un logiciel informatique n'est pas un bien rival, puisqu'un utilisateur ne souffre nullement du fait que son logiciel soit également utilisé par d'autres. *Idem* pour la télévision câblée. Il n'y a pas non plus de rivalité dans l'éclairage urbain ou dans la défense nationale, car le bénéfice qu'un citoyen tire de ces services ne dépend pas du nombre d'autres citoyens en bénéficiant. Enfin, une route encombrée est rivale, puisque chaque automobiliste supplémentaire aggrave la congestion, tandis qu'une route fluide est non rivale.

Un **bien privé** est défini comme étant excluable et rival, à l'image de notre crème glacée. C'est l'opposé d'un bien public.

Un **bien public** n'est ni excluable, ni rival.

L'éclairage des rues ou la défense nationale sont donc des biens publics. Il existe enfin deux catégories intermédiaires : les **ressources communes** sont rivales mais pas excluables, à l'image des poissons en mer, et les **biens de club** sont excluables mais pas rivaux, à l'image des logiciels informatiques ou des chaînes de télévision câblée. Ces différentes possibilités sont représentées dans le tableau 5.3.

TABLEAU 5.3 – Classification des biens selon leur excluabilité et leur rivalité

| | *Excluable* | *Non excluable* |
|---|---|---|
| *Rival* | **Bien privé**<br>Crème glacée<br>Route à péage encombrée | **Ressource commune**<br>Poissons en mer<br>Route sans péage encombrée |
| *Non rival* | **Bien de club**<br>Logiciel informatique<br>Télévision câblée<br>Route à péage fluide | **Bien public**<br>Eclairage des rues<br>Défense nationale<br>Route sans péage fluide |

### 5.5.2 Le problème du passager clandestin

Le marché est incapable de produire une quantité suffisante de biens publics, pour une raison qui est simple : personne ne souhaite les financer. Dès lors que quelqu'un investit dans un bien public, tout le monde peut profiter de cet investissement. Ainsi, chacun espère que ce sera son voisin qui fera l'effort nécessaire pour financer le bien public. C'est le *problème du passager clandestin* (le *free-rider problem* en anglais).

Si l'éclairage urbain n'était pas financé par l'État, il est probable qu'il n'existerait pratiquement pas. Le coût d'installation d'un lampadaire est très élevé, alors qu'un individu en tire un bénéfice personnel assez limité. Néanmoins, comme ce lampadaire profitera à un grand nombre de personnes, il crée un surplus total important, ce qui rend désirable son installation. L'État peut donc prendre en charge le financement des biens publics, corrigeant ainsi la défaillance de marché.

### 5.5.3 Application au réchauffement climatique

Au-delà du problème d'externalité environnementale déjà abordé, le climat est un bien public mondial. Cela implique un grave problème de passager clandestin : chaque pays juge son propre impact relativement négligeable et espère que les autres feront les efforts nécessaires pour prévenir le changement climatique. C'est là le nœud du problème, et pourquoi les accords internationaux n'ont jamais été à la hauteur du défi : soit les accords manquent d'ambition (comme lors de la COP 21 à Paris en 2015 ou de la COP 26 à Glasgow en 2021), soit ils ne sont pas signés par suffisamment de pays (comme lors du Protocole de Kyoto en 1997).

À l'échelle mondiale, une grosse partie des émissions résulte de la consommation de charbon en Chine. Les efforts substantiels réalisés par les pays européens sont vains s'ils ne s'inscrivent pas dans une démarche collective à l'échelle mondiale. Face à cette dure réalité, que pouvons-nous faire ?

L'Union européenne dispose d'un outil puissant : elle représente le premier marché au monde. Les pays européens pourraient donc s'engager, à compter d'une certaine date, à ne plus commercer avec les pays qui ne font pas leur part de l'effort nécessaire à la préservation de notre planète. L'objectif ne serait en aucun cas de déclencher une guerre commerciale à l'échelle mondiale, mais de créer une coalition mondiale pour le climat. Ainsi, il deviendrait individuellement rationnel pour chaque pays du monde de limiter drastiquement ses émissions de gaz carbonique.

Une telle stratégie est d'ailleurs préconisée par William Nordhaus, prix Nobel d'économie en 2018 pour ses travaux sur le réchauffement climatique (voir Nordhaus, 2015). Selon lui, la meilleure manière de surmonter le problème du passager clandestin est de former un club climatique. L'appartenance au club permettrait de bénéficier de barrières douanières très basses, mais pour y adhérer il serait nécessaire soit d'avoir une taxe carbone suffisamment élevée, soit de faire d'autres efforts équivalents en termes de réductions d'émissions.

Soulignons que le problème du passager clandestin contribue à la dégradation d'autres ressources mondiales sans frontières : les hautes mers, victimes de pollution et de surpêche ; les bactéries, de plus en plus nombreuses à résister aux antibiotiques du fait de certaines pratiques médicales et agricoles ; les virus, dont le développement est favorisé par le déplacement d'espèces vivantes hors de leurs habitats historiques ; ou encore l'espace en orbite basse, où les débris s'accumulent.

### 5.5.4 La tragédie des biens communs

Intéressons-nous désormais aux ressources communes qui sont rivales, mais ne sont pas excluables, à l'image des poissons en mer. Chaque marin décide de l'intensité de ses efforts de pêche en fonction de ses coûts privés, mais n'intègre pas dans ses choix l'externalité négative qu'il impose sur les autres pêcheurs : en réduisant la quantité de poissons disponible, il fait peser sur eux un coût direct. À l'équilibre de marché, il y a donc surpêche. La surexploitation des ressources communes est appelée **tragédie des biens communs**. Pour restaurer l'efficacité, l'État (ou des collectivités locales, si la ressource commune est locale) doit trouver le moyen de restreindre l'exploitation de la ressource commune.

En 2009, Elinor Ostrom a obtenu le prix Nobel d'économie pour ses travaux sur les manières dont différentes communautés à travers le monde parvenaient à surmonter la tragédie des biens communs. Elle a mis en évidence la capacité des petites communautés à parvenir spontanément à une exploitation efficace de la ressource commune.[7]

### 5.5.5 Les biens de club

Les biens de club sont excluables mais non rivaux. Il s'agit typiquement de biens dont la production engendre des coûts fixes très élevés, mais des coûts variables quasi nuls. Ainsi, le coût de la conception d'un logiciel informatique est exorbitant, tout comme le coût de la production d'un film ou de l'élaboration d'une nouvelle molécule. Mais, une fois la première unité réalisée, les unités suivantes ne coûtent quasiment rien à produire. Il serait donc efficace que ces biens de club soient en libre accès. Or, les entreprises souhaitent vendre ces biens à des prix élevés afin d'amortir leurs coûts fixes, ce qui crée un problème de *rareté artificiellement entretenue*.

En pratique, la solution consiste souvent à décerner un brevet à l'entreprise qui a conçu ce bien de club, afin qu'elle jouisse d'un pouvoir de monopole lui permettant de rémunérer son innovation. Au bout d'un certain temps, le brevet expire et le bien tombe dans le domaine public ce qui permet à son prix de refléter enfin son coût de production marginal très faible.

## 5.6 Les interventions de l'État

Nous disposons désormais d'une grille d'analyse nous permettant de savoir quand une intervention de l'État dans l'activité économique est souhaitable. Dans une économie de marché, le *laissez-faire* permet la réalisation d'échanges mutuellement bénéfiques. Sous certaines conditions, le premier théorème du bien-être nous garantit que l'allocation des biens qui en résulte est Pareto-efficace.

D'un point de vue économique, il existe deux justifications possibles pour une intervention de l'État. La première est qu'au moins une des conditions du premier théorème n'est pas satisfaite, aboutissant à une allocation Pareto-inefficace. On parle alors de défaillance de marché. Les principales défaillances du marché sont : les externalités, les biens publics,

7. Ces principes sont décrits dans Ostrom (1990).

la concurrence imparfaite, les asymétries d'information et la rigidité des prix.

La seconde justification est l'existence d'un problème d'équité. Même lorsque le marché est parfaitement efficace, on peut considérer que la distribution des richesses qui en résulte est injuste. Par exemple, si les inégalités sont perçues comme étant trop élevées, l'État peut intervenir pour redistribuer les ressources des plus riches aux plus pauvres. Comme nous l'avons déjà souligné, les sciences économiques ne permettent pas de dire si une distribution des ressources est juste ou pas. Fondamentalement, il ne s'agit pas d'une question d'ordre scientifique, mais philosophique.

Face à une défaillance du marché ou à un problème d'équité, l'État doit-il nécessairement intervenir ? Non, car il ne faut pas négliger la possibilité d'une **défaillance de l'État**, qui peut se produire pour deux raisons. D'abord, il est possible que l'État ne dispose pas de l'information ou des instruments nécessaires pour remédier à une situation indésirable. Par exemple, la redistribution des ressources est délicate et risque de décourager le travail, l'épargne et l'entreprise, ce qui limite sérieusement les possibilités en la matière.

Ensuite, une défaillance plus profonde de l'État tient à sa nature. Le planificateur bénévole et bienveillant est une abstraction théorique. Dans la réalité, l'action de l'État est conduite par des hommes et des femmes qui, comme chacun d'entre nous, ont légitimement des intérêts privés à défendre : les responsables politiques cherchent à être élus et réélus ; les hauts fonctionnaires souhaitent accumuler des responsabilités et obtenir des promotions. Or, la défense de ces intérêts privés ne va pas forcément dans le sens de l'intérêt général.

En 1986, l'Américain James Buchanan a obtenu le prix Nobel d'économie pour avoir intégré ces considérations dans notre discipline. Ses travaux sont le point de départ d'une immense littérature en **économie politique** (*political economy* en anglais) qui consiste à utiliser les outils théoriques et empiriques des sciences économiques afin d'étudier le fonctionnement des systèmes politiques et leurs interactions avec l'allocation des ressources. L'absence de croissance dans les pays en développement est bien souvent la conséquence de blocages politiques et institutionnels, qui sont les marqueurs de défaillances majeures de l'État.

## Références

FAJGELBAUM, P. D., P. K. GOLDBERG, P. J. KENNEDY ET A. K. KHANDELWAL (2020) : "The Return to Protectionism," *The Quarterly Journal of Economics*, 135, 1–55.

NORDHAUS, W. (2015) : "Climate Clubs : Overcoming Free-Riding in International Climate Policy," *American Economic Review*, 105, 1339–1370.

OSTROM, E. (1990) : *Governing the Commons : The Evolution of Institutions for Collective Action*, Cambridge University Press.

# Exercices du chapitre 5

**Exercice 5.1 Imposer la rente foncière**

La rente foncière correspond au revenu pour le propriétaire de la mise en location de la terre nue (c'est-à-dire non améliorée, par l'ajout de bâtiments par exemple). Quelles sont l'incidence et l'efficacité d'un impôt sur la rente foncière ? Est-ce un bon impôt ?

**Exercice 5.2 Subvention**

Soit le marché d'un bien avec un prix d'équilibre $p^*$. L'État introduit une subvention $s$ à la consommation de ce bien, ce qui déplace la courbe de demande vers le haut, comme indiqué sur la figure 5.16 ci-dessous.

FIGURE 5.16 – Analyse d'une subvention

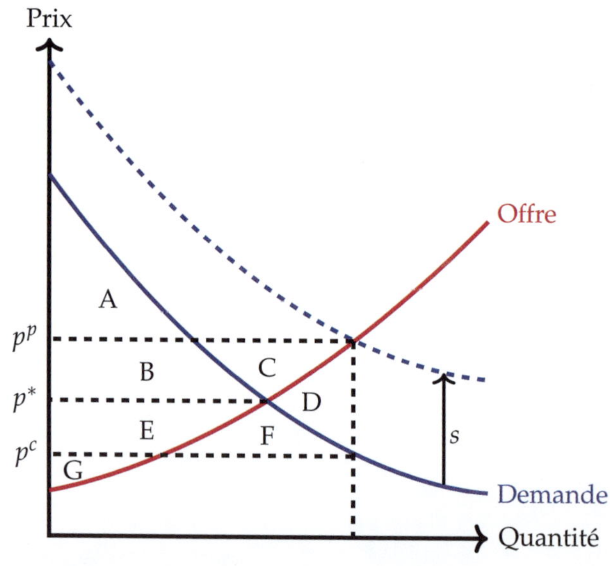

1. Quel est le montant du surplus du producteur et du consommateur avant l'implémentation de la subvention ?
2. Analyser l'impact de la subvention sur le bien-être des consommateurs et des producteurs ainsi que sur les recettes gouvernementales.
3. La subvention engendre-t-elle une perte sèche ? Expliquer.
4. En France, les Aides Personnalisées au Logement (APL) sont des subventions versées aux locataires. Quels effets peut-on attendre de ces aides ?

**Exercice 5.3 Pollution**

1. Supposons que la production d'un bien est source d'une pollution dont le coût externe s'élève à $c$ euros par unité produite (autrement dit, pour chaque unité produite, il faudrait donner $c$ euros aux victimes de cette pollution pour qu'ils soient intégralement indemnisés). Représenter graphiquement la quantité produite à l'équilibre de l'économie de marché $q^E$ et la quantité optimale $q^*$.
2. Supposons désormais que le coût externe de cette pollution n'est pas constant, mais croissant. Plus précisément, l'externalité est nulle pour les toutes premières unités produites, elle est positive et de plus en plus élevée pour les unités suivantes, et elle est infiniment élevée au-delà d'une certaine quantité $\bar{q}$ à cause de dommages très graves et irréversibles à l'environnement.
   a) Représenter graphiquement cette situation, en montrant à nouveau la quantité produite à l'équilibre de l'économie de marché $q^E$ et la quantité optimale $q^*$, en supposant que $q^E > \bar{q}$.
   b) Sur le graphique, déterminer le montant $t^*$ de la taxe pigouvienne permettant de corriger la défaillance de marché. Pourquoi cette taxe n'est-elle pas infiniment élevée, alors que la pollution est infiniment coûteuse au niveau $q^E$ ? Tracer la courbe d'offre une fois cette taxe en place.

**Exercice 5.4 Réchauffement climatique**

Comment résoudre efficacement le problème du réchauffement climatique ? Faut-il que chaque pays fasse le même effort de réduction d'émission ? Tous les pays devraient-ils chacun fixer sa propre taxe carbone, à des niveaux potentiellement différents ? Et, si la taxe carbone était au même niveau dans l'ensemble du globe, cela répartirait-il équitablement l'effort de réduction d'émission ? En quoi une politique de quotas d'émission diffère-t-elle d'une taxe carbone ? L'objectif de cet exercice est de réfléchir à ces questions qui sont cruciales pour la conduite des négociations internationales sur le réchauffement climatique.

Le monde est composé de deux pays, $N$ et $S$. Soit $Q_i$ la quantité d'émissions en tonne de $CO_2$ que choisit d'émettre le pays $i \in \{N, S\}$ et $\bar{Q}_i$ la quantité correspondante en cas de *laissez-faire*. L'effort de réduction d'émission du pays $i$ s'élève donc à $\bar{Q}_i - Q_i$, ce qui engendre un coût pour ses citoyens de :

$$\alpha_i \frac{(\bar{Q}_i - Q_i)^2}{2}.$$

On suppose $\alpha_N > \alpha_S$.

1. Interpréter le paramètre $\alpha_i$ et donner un exemple de différence géographique entre les deux pays aboutissant à $\alpha_N > \alpha_S$.
2. Pour préserver le climat, les scientifiques estiment que les émissions mondiales doivent diminuer d'une quantité $2E$. Un accord international oblige donc chaque pays à réduire ses propres émissions de $E$. Cette politique est-elle Pareto-efficace ? Expliquer.
3. Supposons que les deux pays s'accordent pour instaurer une taxe carbone au taux de $\tau$ par tonne de $CO_2$ émise. Les citoyens du pays $i$ doivent donc payer $\tau Q_i$ à leur gouvernement afin d'émettre $Q_i$ tonnes de $CO_2$.

   (a) Montrer que pour réduire les émissions mondiales de $2E$, la taxe carbone doit être fixée à :

   $$\tau = 2E \frac{\alpha_N \alpha_S}{\alpha_N + \alpha_S}.$$

   Interpréter cette formule.

   (b) Pour chaque pays $i$, calculer la réduction d'émission ainsi que le coût total de cette politique. Interpréter.

   (c) Cette politique est-elle efficace ? Cette politique est-elle équitable ?

4. Chaque pays $i$ dispose désormais d'un quota d'émission $C_i$ échangeable internationalement, tel que les émissions mondiales diminuent d'une quantité $2E$, ce qui donne $C_S + C_N = \bar{Q}_S + \bar{Q}_N - 2E$.

   (a) Déterminer l'équilibre du marché d'émission, où $p$ désigne le prix d'une tonne de $CO_2$. Comparer le niveau d'émission de chaque pays avec celui engendré par la taxe carbone.

(b) Supposons que les quotas sont répartis tels qu'en l'absence d'échange, chaque pays doit réduire ses propres émissions de $E$, ce qui implique $C_i = \bar{Q}_i - E$. Calculer le coût de cette politique pour chaque pays (avec la possibilité d'échanger les quotas). Comparer ce coût à celui de la taxe carbone. Interpréter.

5. Quelles conclusions tirez-vous de cet exercice concernant la conduite des négociations internationales sur le réchauffement climatique ?

**Exercice 5.5 L'éducation**

Le financement de l'éducation doit-il être public ? Pourquoi ? Les écoles doivent-elles être publiques ?

# Chapitre 6

# Concurrence imparfaite

Lors de l'analyse de l'équilibre de marché, nous avons supposé que les consommateurs et les producteurs sont *preneurs de prix*, c'est-à-dire qu'ils considèrent les prix des biens comme des données externes, et qu'ils optimisent leurs décisions d'achat et de production à prix donné. Lorsque chaque producteur et chaque consommateur a une taille négligeable par rapport au marché, chacun d'entre eux a une influence faible sur les prix ; l'approximation selon laquelle ils sont preneurs de prix est appropriée. Cependant, lorsque les marchés sont concentrés entre les mains d'un ou plusieurs grands acheteurs, ou d'un ou plusieurs producteurs, alors ces acteurs peuvent avoir une influence importante sur les prix. On dit qu'ils exercent un *pouvoir de marché* et que la concurrence est imparfaite.[1]

## 6.1 Le pouvoir de marché

### 6.1.1 Qu'est-ce que le pouvoir de marché ?

On distingue les cas suivants de pouvoir de marché, selon que le marché est concentré entre les mains d'un ou plusieurs acteurs dominants, et selon que ce pouvoir de marché est détenu par les acteurs contribuant à l'offre ou à la demande.

- Dans le cas d'un **monopole**, un producteur est seul ou dominant sur un marché. Par exemple, la SNCF a bénéficié du monopole du transport ferroviaire de passagers jusqu'en fin 2020. Jusqu'aux

1. Dès la seconde moitié du XIXe siècle, Karl Marx mettait en garde face à une concentration excessive du contrôle des moyens de production causée par l'accumulation du capital.

années 2000, De Beers avait le monopole de la production et de la distribution de diamants dans le monde.

- L'**oligopole** décrit un marché avec un petit nombre de producteurs. Dans la plupart des pays, les opérateurs de téléphonie mobile forment des oligopoles. Dans le cas de deux producteurs, on parle alors de duopole. La construction d'avions de ligne est un duopole entre Airbus et Boeing.
- Dans le cas d'un monopole ou d'un oligopole, le pouvoir de marché est détenu par les acteurs de l'offre qui peuvent influencer les prix. De façon symétrique, il existe des cas dans lesquels le pouvoir de marché est détenu par les acteurs de la demande. Le **monopsone** est la situation d'un acheteur dominant ou unique. Une telle situation arrive parfois sur le marché du travail, où les entreprises achètent le travail offert par les ménages. Lorsqu'il n'y a qu'une entreprise en activité dans une zone géographique, les ménages doivent lui fournir leur travail, donnant à cette entreprise une position de monopsone : c'est le cas de la Compagnie des Mines de Montsou, employeur quasi unique dans le roman *Germinal* de Zola.
- Dans un marché où un petit nombre d'acheteurs sont dominants, on parle d'un **oligopsone**. Un exemple d'oligopsone est celui de la transformation du lait en France, secteur dans lequel 4 acheteurs dominants représentent 60 % du marché en valeur.

De manière plus générale, on peut quantifier la concentration d'un secteur économique en utilisant des indices, dont le plus connu est l'indice de Herfindahl-Hirschmann. Celui-ci est égal à la somme des carrés des parts de marché possédées par chaque entreprise ($H = \sum s_i^2$). Pour un monopole, une seule entreprise possède une part de marché $s_i = 1$, et l'indice vaut alors 1. Dans le cas où $n$ entreprises possèdent chacune une part de marché $s_i = 1/n$, l'indice vaut $H = 1/n$, lequel tend vers 0 lorsque le nombre d'entreprises croît.

### 6.1.2 D'où provient le pouvoir de marché ?

La concentration varie fortement d'un secteur à l'autre : la restauration est relativement peu concentrée tandis que la production automobile l'est beaucoup plus (les cinq groupes Volkswagen, Toyota, Ford, General Motors et Renault-Nissan représentent plus de la moitié de la production mondiale). Quelles sont les forces économiques qui expliquent ces différences de concentration ?

**Barrières légales.** Dans certains cas, la concentration d'un marché provient tout simplement de la loi. Lorsqu'un écrivain, un musicien ou un peintre produit une œuvre, celle-ci ne peut pas être copiée par d'autres pendant une longue période : dans l'Union européenne, une production artistique est protégée jusqu'à 70 ans après la mort de son auteur, après quoi elle tombe dans le domaine public et peut être librement reproduite. Pendant toute cette période, l'auteur dispose d'un monopole sur la vente de son œuvre. De même, un inventeur peut faire breveter ses créations, il possède alors un monopole (quoique de durée limitée) sur l'exploitation de ses inventions. L'État peut parfois s'imposer comme monopole pour certains services (comme le train, l'électricité ou la poste). Lorsqu'il alloue des licences (comme pour les taxis, les fréquences radio ou téléphoniques), il agit également directement sur la structure du marché.

**Structures de production.** La présence d'un faible nombre d'acteurs sur un marché n'est pas toujours la conséquence d'une intervention de l'État : dans certaines circonstances, une structure concentrée s'imposera naturellement. C'est notamment le cas dans les secteurs avec un coût d'entrée important, comme pour l'aviation ou l'automobile : amortir les énormes coûts de recherche et développement dans ces secteurs nécessite de vendre un nombre important d'avions ou de voitures, et s'il y avait un grand nombre d'entreprises dans ce secteur, elles ne pourraient pas toutes survivre. Pour des grandes infrastructures comme un réseau électrique ou ferroviaire, les coûts d'entrée sont tellement importants qu'une seule entreprise (ou l'État) consentira à entrer sur le marché. Une fois qu'un réseau électrique a été construit, il serait totalement inefficace qu'une entreprise en construise un second en parallèle : dans une telle situation, on parle de *monopole naturel*.

**Accès aux ressources.** Si De Beers avait un monopole sur la production diamantaire, c'est parce que l'entreprise possédait l'immense majorité des mines de diamant dans le monde : un accès limité aux ressources peut donc causer une situation de monopole.

**Effets de réseau.** Dans certains cas, le bénéfice que l'on tire d'un produit augmente lorsque les autres utilisent le même produit. Si tous mes amis utilisent Facebook, j'ai intérêt à utiliser Facebook plutôt qu'Instagram : on parle d'effet de réseau. De même, si la plupart des chauffeurs de VTC utilisent Uber, un consommateur a intérêt à utiliser le service d'Uber plutôt que celui d'un concurrent, et un chauffeur débutant aura intérêt à utiliser Uber comme plateforme, où il trouvera plus de clients. De tels effets de réseau peuvent mener à une concentration du marché malgré des coûts d'entrée faibles.

## 6.2 Analyse du monopole

Nous avons décrit les circonstances dans lesquelles l'hypothèse d'agents preneurs de prix n'était pas vérifiée. En quoi l'invalidité de cette hypothèse modifie-t-elle le fonctionnement d'un marché tel que décrit au début de cet ouvrage ? Que se passe-t-il lorsque nous considérons des situations où des agents ont un pouvoir de marché ?

Pour comprendre les conséquences économiques d'un marché concentré, commençons par prendre un exemple extrême : celui du monopole. Considérons une entreprise privée qui est la seule à produire un bien, et qui cherche à maximiser son profit. Que se passe-t-il dans cette situation ?

Rappelons que le profit est la différence entre le revenu et les coûts de production. Le revenu du monopole est le produit de la quantité vendue $q$ par le prix unitaire $p$. Les termes $p$ et $q$ sont liés par la fonction de demande $D$ pour le bien : on a $q = D(p)$. Une caractéristique essentielle du monopole est de pouvoir librement choisir un prix de vente. S'il choisit $p$, il vend la quantité $D(p)$. Il peut aussi choisir une quantité vendue $q$ et le prix de vente est dans ce cas $p = D^{-1}(q)$. Autrement dit, le monopole choisit un point sur la courbe de demande.

Écrivons le revenu du monopole en fonction de la quantité produite : $R(q) = qp$ avec $D(p)$. Graphiquement, $R(q)$ est donc l'aire du rectangle situé sous la courbe de demande, comme illustré par la figure 6.1.

FIGURE 6.1 – Courbe de demande et revenu du monopole

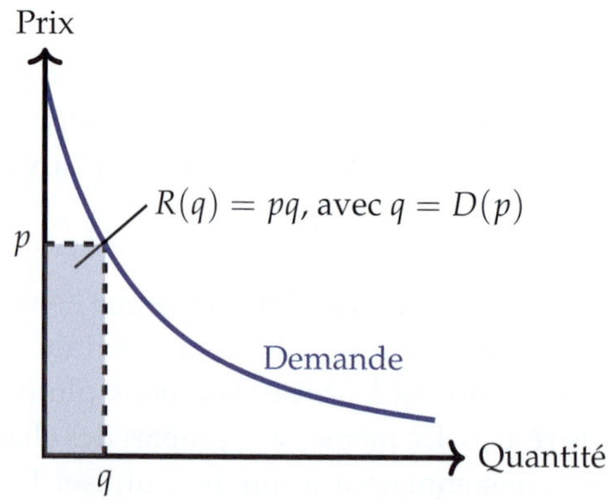


Comme nous l'avons vu dans les chapitres précédents, le raisonnement économique est souvent un raisonnement *à la marge*. Un producteur se posera la question du revenu généré par une unité supplémentaire vendue. Ceci est illustré figure 6.2 : lorsque la production passe de $q$ à $q + \mathrm{d}q$, le prix passe de $p$ à $p + \mathrm{d}p$ (avec $\mathrm{d}p < 0$, car il y a une baisse de prix consécutive à l'augmentation des quantités vendues).

La différence de revenu lorsque l'on augmente la production de $\mathrm{d}q$ est la somme de deux termes : un terme positif $\mathrm{d}q \cdot p$ (aire en bleu sur le graphe, qui correspond à une augmentation des ventes d'une quantité $\mathrm{d}q$ à un prix $p$), ainsi qu'un terme négatif $\mathrm{d}p \cdot q$ (aire en rouge sur le graphe, qui représente la baisse de prix $\mathrm{d}p$ que le producteur doit concéder sur l'ensemble de la quantité produite $q$ pour réaliser cette augmentation de la demande). Les quantités infinitésimales $\mathrm{d}q$ et $\mathrm{d}p$ sont liées par $\frac{\mathrm{d}q}{\mathrm{d}p} = D'(p)$ avec $D(p) = q$, soit $\frac{\mathrm{d}p}{\mathrm{d}q} = \frac{1}{D'(p)}$. En notant $R(q) = pq$ le revenu correspondant à une quantité $q$ produite, le revenu marginal égal à $R'(q) = p + q\frac{\mathrm{d}p}{\mathrm{d}q}$ s'exprime donc comme :

$$R'(q) = p + \frac{q}{D'(p)}, \quad \text{avec } D(p) = q.$$

Étant donné que le second terme est négatif pour $q > 0$, on a $R'(q) < p$ si $q > 0$. La courbe des revenus marginaux se situe donc sous la courbe de demande $D$.

FIGURE 6.2 – Revenu marginal du monopole

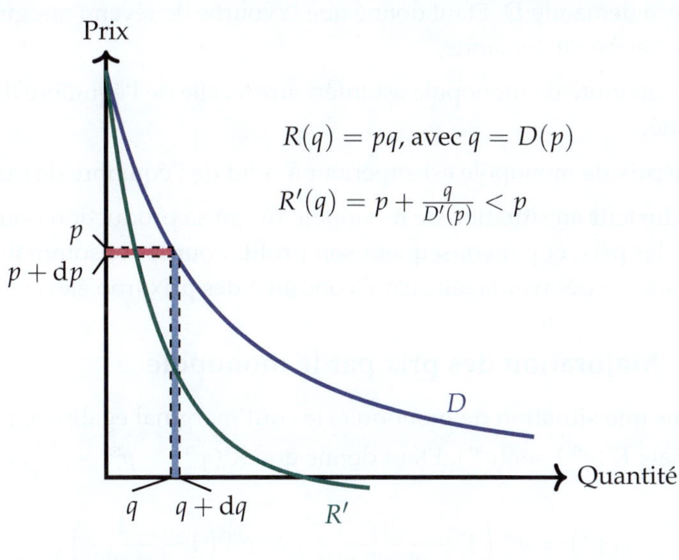


Nous sommes maintenant en mesure de déterminer le choix optimal du monopole. Étant donné que le monopole maximise son bénéfice exprimé comme $R(q) - C(q)$, où $C$ est la fonction de coûts de production, une solution $q^m$ du problème de maximisation telle que $q^m > 0$ doit satisfaire $R'(q) = c(q)$, où $c$ est la fonction de coûts marginaux (définie par $c(q) = C'(q)$). Ceci est intuitif : si $R' > c$, la firme a intérêt à augmenter sa production car une unité supplémentaire produite lui rapporte plus qu'elle ne coûte. Dans le cas contraire où $R' < c$, elle a intérêt à baisser sa production. Graphiquement, on obtient donc la quantité optimale $q^m$ produite par le monopole comme l'intersection de la courbe de revenus marginaux $R'$ et de celle de coûts marginaux $c$. Le prix de monopole $p^m$ est alors obtenu par la courbe de demande : $D(p^m) = q^m$, comme illustré sur la figure 6.3.

Est-il possible que la quantité optimale soit nulle ? C'est le cas si (et seulement si) aucune quantité produite par le monopole ne peut assurer de profit positif. Cela se passe si les coûts de production sont trop élevés, ou si la demande est trop faible. Il faut donc, en tout état de cause, vérifier que pour la quantité $q^*$ qui égalise $R'$ et $c$, on ait bien $p^m q^m - C(q^m) \geq 0$, c'est-à-dire que le prix $p^m$ se situe bien au-dessus du coût moyen $C(q^m)/q^m$. C'est la condition d'ouverture de la firme.

### 6.2.1 Comparaison avec l'équilibre de marché

Comparons maintenant la solution de monopole $(q^m, p^m)$ avec la solution de marché $(q^*, p^*)$ dans laquelle la firme serait preneuse de prix, et que l'on trouve à l'intersection de la courbe de coûts marginaux $c$ avec celle de la demande $D$. Étant donné que la courbe de revenu marginal est sous la courbe de demande,

- la quantité de monopole est inférieure à celle de l'équilibre de marché ;
- le prix de monopole est supérieur à celui de l'équilibre de marché.

Le producteur en situation de monopole réduit sa production pour augmenter les prix, et par conséquent son profit. Pour le consommateur, le monopole est désavantageux car il conduit à des prix trop élevés.

### 6.2.2 Majoration des prix par le monopole

Dans une situation de monopole, le coût marginal égalise le revenu marginal : $R'(q^m) = c(q^m)$. Étant donné que $R'(q^m) = p^m + \frac{D(p^m)}{D'(p^m)}$, on a

$$c(q^m) = p^m \left(1 + \frac{D(p^m)}{p^m D'(p^m)}\right) = p^m \left(1 - \frac{1}{e(p^m)}\right),$$

FIGURE 6.3 – Comparaison entre offre et prix de monopole et offre et prix de marché

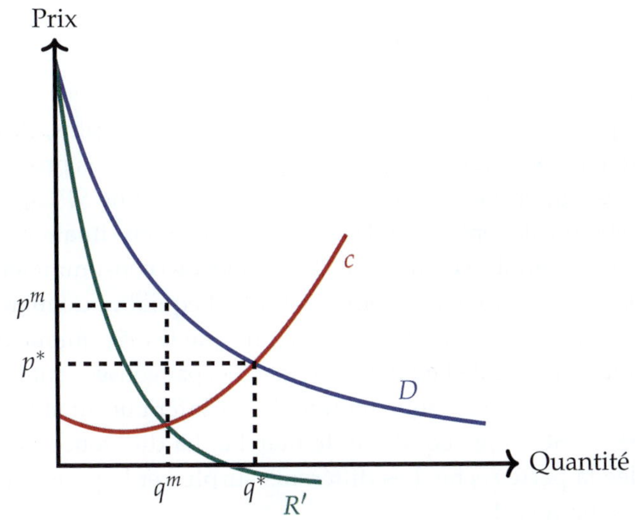


où $e(p^m) = -p^m D'(p^m)/D(p^m)$ représente l'élasticité-prix de la demande en $p^m$. Ceci nous permet d'exprimer le prix de monopole comme :

$$p^m = \frac{e(p^m)}{e(p^m) - 1} c(q^m).$$

Cette expression est instructive. Tout d'abord, elle montre que, dès lors que $e(p) > 1$, le monopole fixe un prix supérieur à son coût marginal de production. Plus l'élasticité de la demande est faible, plus le pouvoir de marché est fort et plus le prix est élevé relativement au coût marginal. Ce résultat est intuitif, car pour une élasticité faible le consommateur est prêt à accepter des prix plus élevés sans fortement baisser sa demande, situation dont le monopole peut aisément profiter. Ainsi, une compagnie pharmaceutique qui est la seule à pouvoir produire un traitement pour une maladie mortelle pourra facilement en tirer un revenu largement supérieur à son coût de production.

Ensuite, elle nous montre qu'un monopole ne choisit jamais un point sur la courbe de demande tel que son élasticité est inférieure à 1. En effet, face à une élasticité si faible, le monopole a toujours intérêt à réduire sa quantité produite car cette réduction augmentera ses profits. Si l'élasticité de la demande est uniformément inférieure à 1, alors en théorie le monopole choisit de vendre une quantité infiniment faible à un prix infiniment élevé. En pratique, le budget des consommateurs n'étant pas infini, il existe toujours un prix à partir duquel l'élasticité devient supérieure à 1.

### 6.2.3 Effet sur le surplus

Voyons maintenant les effets du monopole sur le surplus. Le monopole choisit sa production afin de maximiser son propre surplus, c'est-à-dire son profit. Par conséquent, le surplus du producteur sous prix de monopole $SP^m$ est supérieur à celui de l'équilibre de marché $SP^*$. Quant aux consommateurs, ils font face à des prix plus élevés en situation monopolistique qu'à l'équilibre de marché : le surplus des consommateurs sous monopole $SC^m$ est donc inférieur à celui de l'équilibre de marché $SC^*$. Qu'en est-il du surplus total ? Nous savons que le prix qui maximise le surplus total est celui de l'équilibre de marché, par conséquent le surplus total $ST^m = SP^m + SC^m$ sous monopole est inférieur au surplus total $ST^* = SP^* + SC^*$ sous équilibre de marché. La différence $ST^* - ST^m$ est appelée la perte sèche. Les différents surplus et la perte sèche sont représentés figure 6.4.

FIGURE 6.4 – Comparaison des surplus entre monopole (à droite) et marché (à gauche)

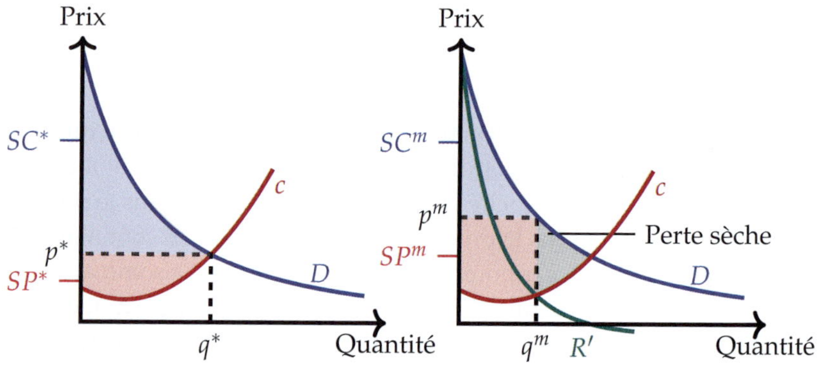


D'où vient cette perte sèche ? Pour les unités entre $q^m$ et $q^*$, la propension marginale à payer des consommateurs, donnée par la courbe de demande $D$, est supérieure au coût marginal de production $c$. Toutes ces unités pourraient donc donner lieu à des échanges bénéfiques entre les consommateurs et les producteurs. Cependant, ces échanges ne se réalisent pas car le monopole refuse de vendre des biens à un prix inférieur à $p^m$. La présence de la perte sèche caractérise donc une situation Pareto-inefficace, et le pouvoir de marché du monopole est source d'inefficacité.

## 6.3 Analyse du duopole

L'analyse du monopole montre que l'hypothèse d'agents preneurs de prix est nécessaire pour obtenir le résultat d'efficacité des marchés décrit au début de cet ouvrage. Néanmoins, l'analyse du monopole reste celle d'un cas extrême, diamétralement opposé à celui du marché parfaitement compétitif que nous avions étudié plus tôt, qui représente des situations dans lesquelles il y a un très grand nombre d'entreprises, toutes trop petites pour avoir un impact sur les prix.

Le point commun entre ces deux extrêmes est que ce sont des situations sans interactions entre firmes : dans les deux cas, les entreprises prennent leurs décisions de façon indépendante, sans prendre en compte les choix des autres entreprises.

Que dire d'une situation intermédiaire, dans laquelle les entreprises ont un pouvoir de marché mais ne sont pas en situation de monopole ?

### 6.3.1 Le modèle de duopole de Cournot

La situation intermédiaire la plus simple que l'on puisse considérer est celle d'un duopole, dans laquelle deux entreprises dominent un marché. Nous avons déjà évoqué le duopole formé par Boeing et Airbus dans le domaine de l'aéronautique, mais d'autres marchés prennent la forme d'un duopole : Visa et Mastercard, iOS et Android, macOS et Windows sont d'autres bons exemples.

C'est en 1838 que le mathématicien et philosophe français Augustin Cournot (1801-1877) a développé un premier modèle du duopole. Il considère deux firmes, que nous noterons 1 et 2, produisant des biens identiques. Les coûts de production de la firme $i$ sont donnés par la fonction $C_i$, et ses coûts marginaux par la fonction $c_i$. Les deux firmes font face à une unique fonction de demande $D$.

Chaque entreprise choisit le niveau de sa production, tandis que le prix est déterminé tel que la demande des consommateurs est égale à la production totale du secteur. De même que nous avons étudié la quantité optimale produite $q^m$ par un monopole, nous allons rechercher des quantités produites $q_1^*$ et $q_2^*$ pour les firmes 1 et 2 qui soient *mutuellement optimales*. Par mutuellement optimales, on entend que la quantité $q_i^*$ produite par $i$ est optimale pour cette firme étant donné la production $q_j^*$ de l'autre firme. Le problème peut sembler circulaire à première vue, car la quantité optimale de la firme $i$ dépend de celle de la firme $j$, qui dépend à son tour de celle fixée par la firme $i$. On parle dans ce cas d'interaction stratégique.

Pour résoudre ce problème, commençons par étudier comment chaque firme réagit aux décisions de l'autre firme.

### 6.3.2 Fonction de meilleure réponse

Pour fixer les idées, voyons quelle est la quantité optimale $Q_2(q_1)$ produite par la firme 2 lorsque la firme 1 choisit de produire la quantité $q_1$. On appelle $Q_2$ la **fonction de meilleure réponse** de la firme 2.

Si la firme 1 produit une quantité $q_1$ et que la firme 2 produit une quantité $q_2$, le prix $p$ auquel l'ensemble de ces unités sont vendues sera celui qui égalise offre et demande. En d'autres termes, on a $D(p) = q_1 + q_2$. Une manière de voir le problème de la firme 2 est le suivant : son choix de quantité $q_2$ correspond au choix d'un prix $p$, comme le fait un monopole, mais au lieu de vendre la quantité $D(p)$ qui serait celle d'un monopole, elle ne vend que la quantité $D(p) - q_1$ à ce prix. Cela signifie que la firme 2 fait face à une *demande résiduelle* $D^r$ donnée par $D^r(p) = D(p) - q_1$. La courbe de la demande résiduelle correspond à la courbe de demande translatée d'une quantité $q_1$ vers la gauche.

Tout se passe donc, du point de vue de la firme 2, comme si elle était en situation de monopole face à la demande résiduelle $D^r$, ou de façon équivalente à la courbe de revenu marginal résiduel $R^{r\prime}$, obtenue à partir de la demande résiduelle $D^r$ de la même manière que le revenu marginal $R'$ est obtenu à partir de la demande $D$.

FIGURE 6.5 – Demande $D$, demande résiduelle $D^r$, demande résiduelle $D^r$ et revenu marginal résiduel $R^{r\prime}$

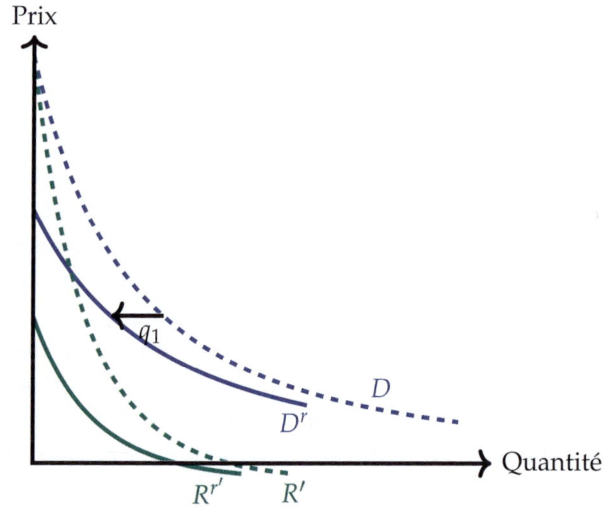

La firme 2 choisit une production qui égalise revenus marginaux résiduels et coûts marginaux, comme montré sur la figure 6.6.

Ainsi, pour une quantité $q_1$ fixée, nous avons trouvé la quantité $q_2$ que la firme 2 choisit de produire, et par la même occasion le prix de duopole correspondant ($p$ sur la figure 6.6).

Pour compléter tout à fait l'analyse de la meilleure réponse $Q_2(q_1)$ de la firme 2 à la firme 1, il faut prendre en compte la condition d'ouverture de la firme 2. Supposons que pour une production $q_1$ de la firme 1, il existe une production $q_2 > 0$ qui assure un bénéfice positif à la firme 2, et donc que sa condition d'ouverture soit satisfaite. Pour tout autre choix $q_1' < q_1$ de la firme 1, les prix résultant de la production d'une quantité $q_2$ par la firme 2 seront supérieurs au prix en vigueur lorsque la firme 1 choisit la quantité $q_1$. En effet, le prix $p$ qui satisfait $D(p) = q_1 + q_2$ est décroissant en $q_1$. Par conséquent, les bénéfices de la firme 2 en produisant $q_2$ face à $q_1'$ sont supérieurs à ce qu'ils sont en produisant $q_2$ face à $q_1$, et donc la condition d'ouverture de la firme 2 est satisfaite. Il y a alors deux cas possibles : soit la condition d'ouverture de la firme 2 est satisfaite pour tout $q_1 > 0$, soit il existe une valeur $q_1^e$ en deçà de laquelle la firme 2 entre sur le marché ($Q_2(q_1) > 0$), et au-delà de laquelle elle n'entre pas ($Q_2(q_1) = 0$).[2]

FIGURE 6.6 – La meilleure réponse $Q_2(q_1)$ est obtenue en égalisant coûts marginaux et revenus résiduels marginaux

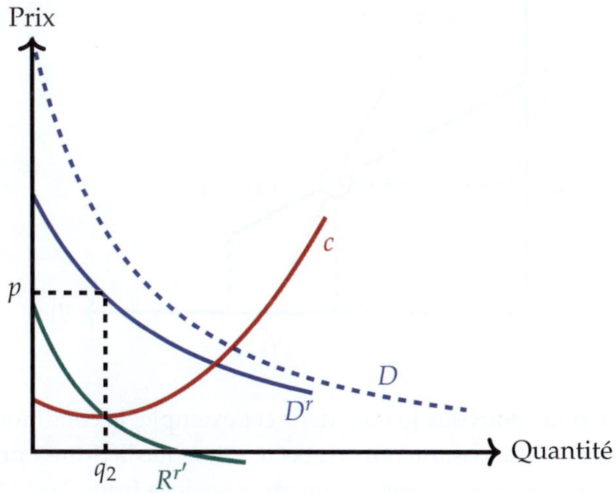


2. Le niveau précis $q_1^e$ dépend de la structure de coût de l'entreprise. Plus précisément, plus les coûts fixes sont élevés, plus $q_1^e$ est faible.

### 6.3.3 Équilibre de Cournot-Nash

Nous savons désormais comment la firme 2 réagit au choix de production de la firme 1. De manière symétrique, on peut trouver la fonction de meilleure réponse de la firme 1 face au choix de production de la firme 2. Ces fonctions de meilleure réponse sont l'élément fondamental permettant de décrire les interactions stratégiques entre les deux firmes, et à partir duquel nous pouvons déduire l'équilibre résultant de ces interactions.

**Représentation graphique des fonctions de meilleure réponse.** Pour représenter graphiquement l'interaction entre les deux firmes, on peut tracer les fonctions de meilleure réponse dans le plan $(q_1, q_2)$. Un exemple est tracé sur la figure 6.7 : la courbe bleue représente la meilleure réponse $Q_2(q_1)$ en fonction de la quantité $q_1$ produite par la firme 1, et la courbe rouge la meilleure réponse $Q_1(q_2)$ de la firme 1 en fonction de la quantité $q_2$ produite par la firme 2.

FIGURE 6.7 – Équilibre de Cournot-Nash du duopole

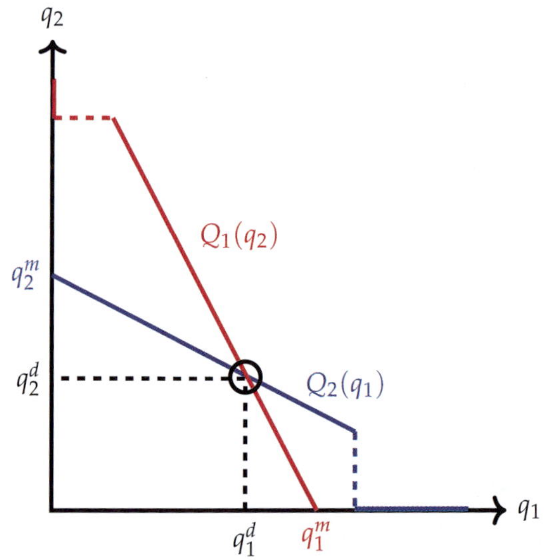


Comme nous pouvons le voir, dans cet exemple, la condition d'ouverture de la firme n'est pas toujours respectée : lorsque la firme 1 produit une quantité trop importante, la meilleure réponse de la firme 2 est $Q_2(q_1) = 0$ (et symétriquement, la firme 1 n'ouvre pas lorsque la production de la firme 2 est très importante).

**Existence de l'équilibre.** Les deux courbes se croisent en les quantités $q_1^d, q_2^d$. En ce point, la quantité $q_2^d$ produite par la firme 2 est une meilleure réponse à celle $q_1^d$ produite par la firme 1, et réciproquement. Le choix de chaque firme est optimal à choix donné de l'autre. Ces quantités sont appelées **équilibre de Cournot** du duopole. Elles correspondent à une situation stable dans laquelle, à choix fixé du concurrent, chaque firme maximise ses profits et ne désire pas changer son choix de production. Cette notion d'équilibre a été plus tard généralisée par le mathématicien et économiste américain John Nash, raison pour laquelle on parle aussi d'équilibre de Cournot-Nash.

**Convergence vers l'équilibre.** Il est intéressant de noter l'existence d'un équilibre stratégique où chaque firme n'a aucune raison de modifier ses décisions, mais que se passe-t-il en dehors de cet équilibre ?

Imaginons par exemple que les firmes produisent respectivement les quantités $q_1^0$ et $q_2^0$, distinctes des valeurs d'équilibre $q_1^d$ et $q_2^d$, représentées sur la figure 6.8 en haut à gauche. Dans une telle situation, la firme 2 a intérêt à changer sa production (à la réduire, plus précisément, étant donné que $Q_2(q_1^0) < q_2^0$). Imaginons que la firme 2 ajuste effectivement son niveau de production à la baisse, au niveau $q_2^{'} = Q_2(q_1^0)$ (en haut à droite sur la figure). Cette nouvelle situation n'est pas optimale pour la firme 1 : celle-ci ne produit pas assez face à $q_2$ (on a $Q_1(q_2^{'}) > q_1^0$). Si la firme 1 augmente sa production jusqu'à $q_1^{'} = Q_1(q_2^{'})$, on a la situation en bas à gauche. Cette nouvelle situation n'est toujours pas un équilibre car la firme 2 a encore intérêt à réduire sa production : l'issue de ce nouvel ajustement est représenté en bas à gauche de la figure 6.8.

On s'aperçoit que les quantités produites par les deux firmes se rapprochent petit à petit de l'équilibre de duopole $(q_1^d, q_2^d)$. Lorsque les firmes prennent leurs décisions de manière séquentielle, il y a bien une convergence vers cet équilibre de Cournot-Nash (on dit que cet équilibre est stable).

**Le cas du monopole naturel.** Il faut noter que les quantités de duopole $q_1^d, q_2^d$ d'équilibre de Cournot-Nash de la figure 6.7 sont toutes deux strictement positives. C'est le cas ici car lorsqu'une firme $i$ produit sa quantité de monopole $q_i^m$, la meilleure réponse de l'autre firme, $j$, est de produire une quantité $Q_j(q_i^m) > 0$.

La figure 6.9 illustre l'autre cas, celui dans lequel $Q_2(q_1^m) = 0$. La figure de gauche correspond à une situation symétrique où les deux firmes ont des fonctions de coût similaires, et celle de droite à une situation dans laquelle les coûts de la firme 1 sont inférieurs. Dans ces deux cas, les deux courbes de meilleures réponses ne se croisent pas pour deux quantités

FIGURE 6.8 – Convergence vers l'équilibre de Cournot-Nash

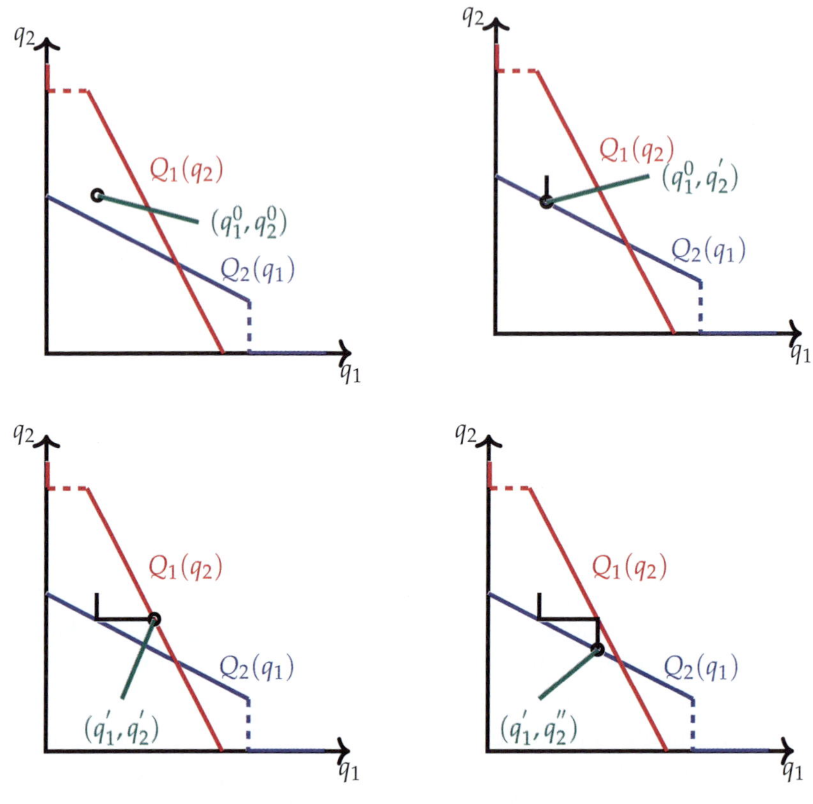


strictement positives (la partie en pointillés correspond à une discontinuité de la fonction de meilleure réponse).

Dans le cas symétrique, nous avons deux équilibres $(q_1^m, 0)$ et $(0, q_2^m)$, tandis que dans le cas asymétrique nous n'avons qu'un seul équilibre $(q_1^m, 0)$. Dans les deux cas, nous avons soit un, soit deux équilibres de Cournot-Nash dans lesquels un des producteurs produit la quantité de monopole tandis que l'autre n'entre pas sur le marché. Il s'agit de situations dites de *monopole naturel*, dans lesquelles des coûts fixes importants rendent la survie simultanée de deux producteurs impossible. L'établissement d'un monopole est ici dû à la structure de marché (coûts de production et demande pour le bien). Cette situation s'applique par exemple au réseau ferroviaire ou au réseau électrique, pour lesquels les coûts fixes colossaux ne permettent pas à deux entreprises de coexister.

FIGURE 6.9 – Le duopole : cas du monopole naturel, avec coûts symétriques (figure de gauche) et coûts asymétriques (figure de droite)

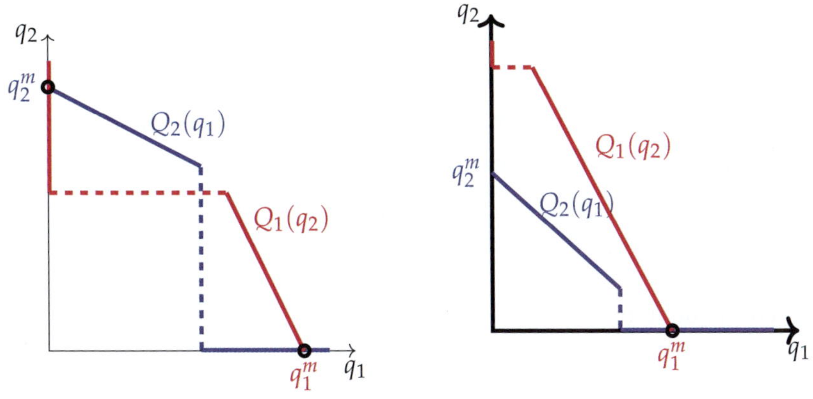


*Notes* : Les cercles indiquent les équilibres de Cournot-Nash.

## 6.4 Augmentation du nombre de firmes

À l'équilibre de Cournot-Nash, la présence d'une seconde firme augmente la quantité totale produite sur le marché. Cet ajout d'une nouvelle firme réduit donc la sous-production qui caractérise le monopole, et rapproche les prix de l'équilibre de marché. Que se passe-t-il lorsque le nombre de firmes présentes sur le marché augmente encore ? De manière empirique, on observe que lorsque le nombre de firmes présentes sur un marché augmente, les prix ont tendance à y diminuer.

Ainsi lorsque Free acquit une licence 4G en 2011, il rejoignit Orange, SFR et Bouygues parmi les principaux opérateurs téléphoniques en France. Cet événement fut associé à une chute de près de 40% des prix de la téléphonie en France (Philippon, 2019).

Lorsque le nombre de firmes augmente, le pouvoir de marché exercé par chacune, c'est-à-dire par sa capacité à influencer les prix, se trouve réduit. Il est alors intuitif que lorsque le nombre de firmes devient suffisamment important, l'équilibre d'oligopole finisse par se rapprocher de l'équilibre de marché dans lequel chaque firme est preneuse de prix. Formalisons cette intuition.

Considérons un secteur oligopolistique avec des firmes $1, \ldots, n$. Chaque firme $i$ a une fonction de coûts $C_i$ et une fonction de coûts marginaux $c_i$. La fonction de demande est $D$. Dans le modèle de compétition de Cournot correspondant, chaque firme $i$ fixe une quantité produite $q_i$, la quantité totale est alors $q = \sum_i q_i$, et le prix $p$ est déterminé par $D(p) = q$.

Le revenu de la firme $i$ est $R_i = q_i p$, et son bénéfice est $R_i(q_i) - C(q_i)$. Les revenus résiduels marginaux de la firme $i$ s'écrivent :

$$R_i'(q_i) = p + q_i \frac{\mathrm{d}p}{\mathrm{d}q_i}.$$

Rappelons que l'élasticité-prix de la demande est donnée par $e = -\frac{\mathrm{d}q}{\mathrm{d}p}\frac{p}{q}$. À production des autres firmes que $i$ données, on a

$$\frac{\mathrm{d}q}{\mathrm{d}p} = \frac{\mathrm{d}q_i}{\mathrm{d}p}.$$

Par conséquent, on a

$$\frac{\mathrm{d}p}{\mathrm{d}q_i} = -\frac{p}{eq}.$$

Ceci nous permet d'exprimer les revenus résiduels marginaux comme :

$$R_i'(q_i) = p\left(1 - \frac{1}{e}\frac{q_i}{q}\right).$$

Lorsque $i$ maximise son profit à production des autres firmes données, les revenus résiduels marginaux égalisent les coûts marginaux, et par conséquent :

$$c_i(q_i^o) = p\left(1 - \frac{1}{e}\frac{q_i^o}{q^o}\right),$$

où $q^o = \sum_i q_i^o$ est la quantité totale produite par l'ensemble des firmes.

Lorsque chaque producteur est petit face au marché, c'est-à-dire que $q_i^o$ est beaucoup plus petit que $q^o$, l'équation précédente est approximée par

$$c_i(q_i^o) = p.$$

Or, l'égalisation du prix et du coût marginal caractérise l'équilibre de marché. Par conséquent, lorsque toutes les firmes sont suffisamment petites par rapport à la taille globale du marché, les équilibres de Cournot-Nash se rapprochent de l'équilibre de marché, et l'équilibre de marché est une bonne approximation de l'équilibre de Cournot-Nash.

La vitesse de convergence de l'équilibre de Cournot-Nash vers l'équilibre de marché dépend du terme $\frac{1}{e}\frac{q_i^o}{q^o}$ : plus une firme possède une part de marché importante, plus $\frac{q_i^o}{q^o}$ est élevé, et plus cette firme exerce de pouvoir de marché. Un marché comprenant un grand nombre de producteurs mais très concentré, dans le sens où un faible nombre de producteurs possède une grande part de marché, pourra donc être plus proche d'un oligopole à faible nombre de producteurs qu'à l'équilibre de marché. Par ailleurs, plus l'élasticité-prix $e$ est petite, moins la demande réagit à des augmentations de prix, et plus les firmes sont tentées d'exercer leur pouvoir de marché pour augmenter les prix. La concentration des marchés et des celles des élasticités-prix faibles sont ainsi deux facteurs importants écartant l'équilibre de l'oligopole de l'équilibre de marché.

## 6.5 Compétition en prix : duopole de Bertrand

Dans sa revue des travaux d'Augustin Cournot publiée en 1883, Joseph Bertrand (major de l'X en 1839) propose de reprendre l'hypothèse de compétition en quantités (chaque firme décide de la quantité produite) et d'y substituer celle d'une compétition en prix. Dans le modèle de **duopole de Bertrand**, chaque firme décide d'un prix de vente, et les consommateurs achètent ensuite au meilleur prix proposé.

Pour fixer les idées, supposons deux firmes produisant des biens identiques au même coût. Le coût marginal de chaque firme est constant et égal à $c$. Par conséquent, pour chacune des firmes, le coût de production pour $q$ unités est $cq$. La demande du marché est donnée par la fonction de demande $D(p)$.

Dans la compétition en prix, chaque firme $i \in \{1,2\}$ annonce un prix de vente $p_i$. Ensuite, la demande se répartit entre les deux firmes selon les prix annoncés. Si une firme est moins chère que l'autre, elle reçoit toute la demande. En cas d'égalité, la demande se répartit également entre les deux firmes. En notant $Q_i(p_1, p_2)$ la quantité vendue par la firme $i$ face à son concurrent $j$, on a donc :

$$\begin{cases} Q_i(p_i, p_j) = D(p_i) & \text{si } p_i < p_j \\ Q_i(p_i, p_j) = D(p_i)/2 & \text{si } p_i = p_j \\ Q_i(p_i, p_j) = 0 & \text{si } p_i > p_j \end{cases}$$

La firme $i$ vend $Q_i(p_i, p_j)$ du bien, chaque unité est vendue au prix $p$ et coûte $q_i$ à produire : son bénéfice net est donc $Q_i(p_i, p_j)(p - c)$. En raisonnant par élimination, nous allons montrer qu'à l'unique équilibre possible, $p_1 = p_2 = c$.

Tout d'abord, nous ne pouvons avoir $\min\{p_1, p_2\} < c$, car dans ce cas là les firmes proposant le prix le plus bas feraient une perte, leur prix de vente étant inférieur au coût de production.

Peut-on avoir $\min\{p_1, p_2\} > c$ ? Supposons que nous soyons dans ce cas, et que la firme $i$ ait le prix le plus élevé, éventuellement à égalité avec l'autre firme $j$. Son bénéfice est alors soit 0 (si $p_i > p_j$), soit $(p_i - c)D(p_i)/2$

en cas d'égalité. Alors la firme $i$ aurait intérêt à proposer un prix très légèrement inférieur à $p_j$. Elle recevrait dans ce cas l'intégralité de la demande pour un prix de vente arbitrairement proche de $p_j$, et ferait donc un bénéfice proche de $(p_j - c)D(p_j)$, ce qui est strictement plus que $(p_j - c)D(p_j)/2$ et que 0.

On a donc forcément $\min\{p_1, p_2\} = c$. Supposons que la firme $i$ annonce le prix $p_i = c$. Est-il alors possible que l'autre firme annonce un prix $p_j > c$ ? Non, car dans ce cas la firme $i$ aurait la possibilité d'augmenter ses prix très légèrement tout en restant au-dessous du prix $p_j$, et de faire un bénéfice positif au lieu de nul.

La seule possibilité d'équilibre est donc $p_1 = p_2 = c$, et le profit des deux firmes est nul. En partant de cette situation, si une firme augmente son prix, elle continue à avoir un bénéfice nul (car la demande reçue est alors nulle). Si elle baisse son prix, elle vend à perte car son prix de vente est plus bas que son coût de production.

À l'équilibre de Bertrand, les firmes n'extraient pas de surplus, et tout le surplus est empoché par le consommateur. Avec seulement deux firmes nous obtenons le même résultat qu'avec un grand nombre de firmes dans le modèle de Cournot lorsqu'il y a libre entrée.

Les conclusions du modèle de Bertrand contrastent fortement avec celles du modèle de Cournot. En pratique, qui a raison de Cournot ou Bertrand ? L'hypothèse la plus raisonnable dépend du contexte : pour certaines productions industrielles, comme celles d'automobiles ou de ciment, les capacités de production sont difficilement ajustables et la compétition en quantités semble être une bonne hypothèse. Pour d'autres activités, comme la vente d'un service de streaming, les quantités vendues sont très facilement ajustables et ce sont les prix que les firmes ajustent. Dans tous les cas, il faut reconnaître que les deux modèles sont des simplifications qui ne prennent pas en compte certains aspects importants de la compétition tels que la différenciation des produits et les choix de capacité de production.

En effet, il est très rare d'observer différents producteurs offrant exactement les mêmes produits. Chaque producteur a intérêt à se différencier des autres afin justement de pouvoir mieux satisfaire une part des consommateurs que les autres et d'attirer des parts de marché. Dans la téléphonie mobile par exemple, la qualité et la couverture du réseau, le service client, les offres liées aux *Box* sont autant de points de différenciation entre opérateurs. Même pour un produit *a priori* très homogène comme l'eau minérale, l'emballage, le marketing, les réseaux de distribution sont autant de facteurs différenciants permettant d'expliquer des différences de prix importantes entre marques.

Les capacités de production sont des choix stratégiques des producteurs, effectués en amont des choix de prix. Par exemple, un producteur automobile devra mettre en place des chaînes d'assemblage avant la mise sur le marché d'une gamme auto. Une fois ces choix effectués, chaque producteur est contraint par une capacité maximale. Dans un article remarqué publié 100 ans après les travaux de Bertrand, Kreps et Scheinkman (1983) étudient un modèle dans lequel des choix de capacités de production précèdent une compétition en prix. Leur analyse montre que les équilibres de ce modèle sont les mêmes que ceux d'une compétition à la Cournot ! La boucle est alors bouclée, et l'on comprend désormais mieux pourquoi des situations d'oligopoles conduisent à des profits (comme chez Cournot) même lorsque les firmes se font ensuite concurrence en prix (comme chez Bertrand).

## 6.6 La régulation du pouvoir de marché

De façon plus générale, **l'organisation industrielle** est la branche des sciences économiques qui s'intéresse à la concurrence imparfaite et au pouvoir de marché. Les économistes qui y travaillent tentent de comprendre, par exemple, l'impact sur des marchés de l'entrée de nouvelles firmes ou de la fusion d'entreprises existantes. Pour cela, ils développent des modèles étendant l'analyse de Cournot et Bertrand, avec bien des complications permettant au modèle de se rapprocher de la réalité du secteur d'activité étudié. Avec des données sur les échanges économiques dans ce secteur, ils peuvent utiliser leurs modèles pour faire des prédictions. Par exemple, quel serait l'impact d'une fusion d'Orange et de SFR sur les prix de la téléphonie mobile ? La principale application de ces travaux est la régulation de la concurrence.

### 6.6.1 Régulation de la concurrence

Nous avons vu que la présence de firmes avec un fort pouvoir de marché avait pour effet de transférer une partie du surplus des consommateurs vers les producteurs, et engendrait une perte sèche qui caractérise une inefficacité économique.

Le premier effet explique pourquoi certaines firmes tentent d'étendre leur pouvoir de marché. Elles peuvent le faire en fusionnant avec d'autres firmes, en rachetant des potentiels concurrents avant qu'ils ne deviennent une réelle menace (ainsi, Facebook a racheté en 2014 l'entreprise WhatsApp pour un montant de 19 milliards de dollars, alors que l'entreprise ne comptait qu'une cinquantaine de salariés) ou en vendant à des prix très bas, voire même temporairement à perte, de manière à pousser leurs concurrents vers la faillite.

Le second effet est l'une des raisons pour lesquelles les États mettent en place des régulations de la concurrence pour contrer de telles actions. Ces régulations permettent de restaurer une partie de l'efficacité économique, de limiter le pouvoir économique des grandes firmes et de protéger les consommateurs. Dans la mesure où les individus qui perçoivent les surplus des producteurs (entre autres, les actionnaires) sont plus riches que la moyenne, ces régulations ont également des conséquences importantes pour la distribution des richesses.

La régulation de la concurrence peut prendre différentes formes. En 1911, la Cour suprême américaine jugea que l'entreprise Standard Oil était un monopole illégal et ordonna sa dislocation en une série de plus petites entreprises. Standard Oil, cofondée par John Rockefeller, avait acquis la grande majorité des activités pétrolières aux États-Unis. Cette position monopolistique a bien profité à Rockefeller, dont la richesse correspondait en 1913 à environ 2 % du PIB américain ! En général, la régulation de la concurrence prend la forme d'un contrôle des fusions et acquisitions. Lorsque deux grandes entreprises projettent de fusionner, des autorités de contrôle doivent au préalable estimer les effets probables de la fusion et peuvent décider de l'interdire.[3] Ainsi, en 2019, la Commission européenne a décidé d'interdire la fusion entre les industriels ferroviaires Alstom et Siemens, jugeant que l'entité issue de cette fusion jouirait d'un trop important pouvoir de marché.

En Europe, la politique de la concurrence a été très largement influencée par les travaux de Jean Tirole sur l'organisation industrielle. Sa principale contribution, récompensée par le prix Nobel en 2014, est d'avoir systématiquement analysé en termes stratégiques l'interaction entre les entreprises en s'appuyant sur la théorie des jeux qui sera l'objet du prochain chapitre.

### 6.6.2 Les incitations à l'innovation

Si l'on cherche à limiter le pouvoir de marché des entreprises, pourquoi alors crée-t-on parfois des monopoles de toutes pièces, lorsque l'on met en place un brevet par exemple ? Lorsqu'un médicament est créé par une entreprise pharmaceutique et que celui-ci est protégé par un brevet, ce médicament peut être produit en quantité insuffisante et la résiliation du brevet augmenterait le surplus total créé par ce marché.

3. Le département de la justice américain considère qu'une fusion est potentiellement nuisible lorsqu'elle augmente l'indice de Herfindahl-Hirschmann défini plus haut de plus de 0,02 dans un marché à l'indice de Herfindahl-Hirschmann dépassant 0,25.

Pourquoi alors mettre en place un brevet? Tout simplement pour que le marché existe en premier lieu! En l'absence de brevet ou de droits d'auteur, la production intellectuelle (une formule pharmaceutique, un livre ou une chanson) devient un bien public, et souffre alors du problème du passager clandestin que nous avons vu au chapitre 5. Un laboratoire pharmaceutique n'a pas intérêt à investir dans la recherche d'une nouvelle molécule s'il sait que les profits engendrés par celle-ci seront répartis entre l'ensemble des laboratoires. L'absence de propriété intellectuelle entraîne une sous-production d'innovations technologiques et artistiques : les brevets permettent de restaurer des incitations à innover et de résoudre partiellement ce problème.

Cette idée n'est pas nouvelle : une des premières lois de *copyright*, le *Statute of Anne*, passé en 1710 en Angleterre, résume ce problème économique dans ses premières lignes :

> *Les imprimeurs, libraires et d'autres personnes ont récemment pris la liberté d'imprimer, copier ou publier [...] des livres et d'autres textes sans le consentement de [leurs] auteurs et propriétaires, à leur grand détriment et trop souvent de leur ruine et celle de leurs familles : pour prévenir de telles pratiques dans le futur, et pour encourager les hommes d'esprit à composer et écrire des livres utiles...*

Le *Statute of Anne* protégeait les auteurs pour une durée de quatorze ans, renouvelables. Aujourd'hui en France, les brevets accordent à leurs détenteurs un monopole pour une durée de vingt ans, à l'issue desquels l'invention entre dans le domaine public. Cette limitation de la durée des brevets permet d'éviter à long terme la perte sèche créée par les monopoles qu'ils rendent possibles : les brevets opèrent ainsi un arbitrage entre incitations à innover et limitation anti-monopolistique.

L'innovation étant le principal moteur de la croissance à long terme, il existe en sciences économiques une vaste littérature sur le sujet. En plus d'inciter à l'innovation les brevets facilitent la diffusion des connaissances. En revanche, cette propriété intellectuelle peut avoir des effets pervers lorsque des entreprises choisissent de déposer des brevets stratégiques, dans le seul but d'empêcher leurs concurrents d'explorer un sentier d'innovation prometteur.

### 6.6.3 Tendances récentes

L'étude du pouvoir de marché est aujourd'hui un champ de recherche très actif. De nombreux économistes documentent deux tendances des dernières décennies dans l'économie américaine : la première est une plus importante concentration des secteurs économiques, et l'augmentation du pouvoir de marché des firmes. La seconde est l'augmentation du nombre de zones dans lesquelles les travailleurs peuvent difficilement choisir leur employeur, donnant aux entreprises dans ces zones une position de monopsone.

Pendant les trente dernières années, le nombre de fusions-acquisitions a augmenté aux États-Unis, menant à une hausse de la concentration (telle que mesurée par des indicateurs comme l'indice de Herfindahl-Hirschmann) dans différents secteurs de l'économie. En parallèle, les profits des firmes américaines ont augmenté, et celles-ci ont moins investi dans de nouveaux moyens de production. Enfin, le nombre de nouvelles firmes créées chaque année est en diminution. Ces indices suggèrent une baisse de la pression concurrentielle dans le pays (pour une description détaillée de ces tendances, voir Philippon, 2019).

Les chercheurs tentent de mieux comprendre le lien entre cette tendance de concentration des marchés aux États-Unis et d'autres tendances contemporaines dans ce pays : l'augmentation des inégalités de revenu et la réduction de la part des revenus totaux versés aux travailleurs sous la forme de salaires (contrairement à des dividendes et autres revenus du capital). Par ailleurs, le fort pouvoir de marché des géants du numérique soulève de nouvelles questions pour les régulateurs.

Il est important de noter que l'Europe suit pour l'instant une tendance différente : les marges de profit des entreprises n'y ont pas augmenté significativement, on n'y observe pas de hausse similaire de la concentration des marchés, et la part des revenus du travail n'a pas baissé pendant la même période. Cette différence s'explique en partie par des différences institutionnelles, les régulateurs de la concurrence européens étant plus indépendants du monde politique que les régulateurs américains. Très concrètement, cela se traduit notamment par des forfaits téléphoniques ou des billets d'avion nettement moins chers en Europe qu'aux États-Unis.

## Références

KREPS, D. M. ET J. A. SCHEINKMAN (1983) : "Quantity Precommitment and Bertrand Competition Yield Cournot Outcomes," *The Bell Journal of Economics*, 14, 326–337.

PHILIPPON, T. (2019) : *The Great Reversal : How America Gave Up on Free Markets*, Harvard University Press.

# Exercices du chapitre 6

**Exercice 6.1 Oligopole**

On considère un secteur industriel composé de $n$ firmes produisant des biens parfaitement substituables. Les coûts fixes sont supposés nuls et les coûts par unité de production sont de $c > 0$. La fonction de demande inverse (la réciproque de $D$) est donnée par $D^{-1}(q) = a - bq$ avec $a, b > 0$. On suppose $c < a$.

1. Soit $q_i$ la quantité produite par la firme $i$. En fonction de $q_{-i} = (q_j)_{j \neq i}$, quel est le profit $U_i(q_i, q_{-i})$, de la firme $i$ si elle produit $q_i$ unités du bien ?
2. Quelle est la quantité de meilleure réponse $Q_i(q_{-i})$ de la firme $i$ ?
3. Quelles sont les quantités $q_i^*$ produites à l'équilibre d'oligopole ?
4. Calculer la perte sèche en comparaison du surplus de l'équilibre de marché.
5. On suppose maintenant que les firmes 1 et 2 fusionnent pour donner la firme $f$ (comme fusion). Comparer les profits de la firme $f$ avec la somme des profits des firmes 1 et 2. Comparer les profits des firmes $i \neq 1, 2$ avant la fusion et après la fusion. Qui gagne à la fusion ?

**Exercice 6.2 Élasticité et pouvoir de marché**

Selon vous, le pouvoir d'un marché d'un monopole est-il plus important lorsque la demande est fortement élastique, ou bien fortement inélastique ?

Pour répondre à la question de manière formelle, on s'intéresse à une fonction de demande $D$ avec élasticité constante $e > 0$.

1. En fonction de la valeur de $e$, quelle est la fonction de demande $D_e(p)$ telle que l'élasticité-prix de la demande est constante et égale à $e$. On pourra utiliser la normalisation $D_e(1) = 1$ pour tout $e$.

2. On considère un monopole avec un coût unitaire de production $c$. En fonction de $c$ et de $e$, donner la quantité $q^m$ de monopole et le prix $p^m$ de monopole.
3. Que se passe-t-il pour $e < 1$ ? Ce résultat aurait pu être obtenu sans calculs. Voyez-vous comment ?
4. Pour $e > 1$, calculer la perte sèche due au monopole. Comment varie-t-elle avec $e$ ?
5. On considère maintenant un oligopole, où $n$ firmes ont le même prix unitaire de production $c$ (on ignore les coûts fixes). Quel est cette fois-ci le prix d'équilibre d'oligopole en fonction de $e$, $c$, et $n$ ? On pourra se contenter de résoudre pour un équilibre symétrique dans lequel toutes les quantités produites sont égales.

**Exercice 6.3 Équilibre de Stackleberg**

On considère un marché avec deux firmes. Les coûts de production sont de $c > 0$ par unité de bien, et la fonction de demande inverse est donnée par $D^{-1}(q) = a - bq$ avec $a, b > 0$, $a < c$.

1. On considère que la firme 1 entre en premier sur le marché. Cela signifie qu'elle décide de la quantité produite $q_1$ avant que la firme 2 décide de la quantité produite $q_2$. Au moment où la firme 2 fait son choix, elle connait la quantité $q_1$ décidée par la firme 1. En fonction de $q_1$, quel est le meilleur choix $Q_2(q_1)$ de la firme 2 ?
2. En utilisant la réponse à la question précédente, donner l'expression du gain $U_1^s(q_1)$ lorsque la firme 1 produit $q_1$ et la firme 2 produit $Q_2(q_1)$.
3. Trouver la quantité $q_1^s$ qui maximise $U_1^s(q_1)$, ainsi que la meilleure réponse $q_2^s = Q_2(q_1^s)$ de la firme 2.
4. Comparer $q_1^s$, $q_2^s$, ainsi que les profits obtenus lorsque la firme 1 entre avant la firme 2 aux quantités et profits de duopole (pour cette dernière partie on pourra s'appuyer sur les réponses à l'exercice 1). Commenter.

**Exercice 6.4 Discrimination par les prix**

L'objectif de cet exercice est de comprendre certains effets possibles d'une discrimination par les prix, c'est-à-dire d'une tarification différenciée selon les consommateurs.

Un monopole, TeleSport, vend les droits de retransmission par internet d'un événement sportif. Il existe deux catégories de consommateurs, les patients, qui aiment prévoir à l'avance et s'organiser, pour lesquels la fonction de demande inverse est $p = 50 - q$, et les impulsifs, qui décident de leur consommation au dernier moment et pour lesquels la fonction de demande inverse est $p = 100 - q$. Les coûts de retransmission de l'événement sportif pour TeleSport sont nuls.

1. Supposons que TeleSport puisse utiliser un tarif distinct pour chaque catégorie de consommateurs, par exemple en faisant payer un tarif distinct selon que l'achat est effectué longtemps à l'avance ou au dernier moment.
   (a) Quel est le prix de monopole pour chacun des groupes ?
   (b) Quel est le profit total de TeleSport ?
   (c) Quel est le surplus des consommateurs ?
2. Supposons qu'un régulateur puisse imposer une tarification à TeleSport en ayant pour objectif de maximiser le surplus total (TeleSport et consommateurs).
   (a) Quelle tarification maximise le surplus total ?
   (b) Quel est alors le profit de TeleSport ?
   (c) Quel est alors le surplus des consommateurs ?
3. Supposons maintenant que le régulateur impose à TeleSport de ne pratiquer qu'un seul et même tarif pour les deux groupes de consommateurs.
   (a) Quelle est la fonction de demande totale pour les deux groupes ?
   (b) Quelle est la tarification de monopole de TeleSport ?
   (c) Quel est alors le profit de TeleSport ?
   (d) Quel est alors le surplus des consommateurs ?
4. On demande de comparer les 3 situations des questions précédentes et de commenter.
   (a) Comparer les prix dans les 3 situations. Commenter.
   (b) Comparer les profits de TeleSport dans les 3 situations. Commenter. Aurait-on pu trouver cet ordre entre les 3 profits par un raisonnement direct ?
   (c) Comparer le surplus total dans les 3 situations. Commenter. Aurait-on pu trouver cet ordre entre les 3 surplus totaux par un raisonnement direct ?
   (d) Comparer le surplus des consommateurs dans les 3 situations. Commenter.
5. À la place du régulateur, seriez-vous favorable à imposer à TeleSport de pratiquer un tarif unique ?

6. À la lumière des questions précédentes, lorsqu'un monopole a la possibilité de connaître les préférences des consommateurs potentiels et de leur offrir des prix différenciés, quel est l'effet sur le surplus du monopole, sur le surplus des consommateurs et sur le surplus total en comparaison avec l'équilibre de marché ? Cette situation est-elle efficiente au sens de Pareto ?

# Chapitre 7

# Théorie des jeux

Au début de cet ouvrage, nous nous sommes concentrés sur des situations dans lesquelles il n'y avait pas d'interactions stratégiques entre agents économiques : chaque firme et chaque consommateur prenaient comme donné le prix de marché, et ce dernier n'était pas affecté par les choix des uns et des autres. Cette approximation permet de réfléchir à un certain nombre de problèmes économiques, mais elle devient insuffisante lorsque les choix de certains acteurs sont liés aux décisions des autres : nous avons vu au chapitre précédent que lorsqu'un petit nombre de firmes sont en compétition sur un marché, elles prennent leurs décisions de production les unes en fonction des autres. Pour modéliser ces interactions, nous avons introduit le concept de fonction de meilleure réponse et nous nous sommes intéressés aux équilibres qui pouvaient résulter de ces interactions. Ces outils font partie de la théorie des jeux, qui est à la fois une branche des mathématiques appliquées et des sciences économiques, et dont les notions ont ensuite été étendues à de nombreuses autres disciplines comme la biologie ou les sciences politiques. Dans ce chapitre, nous allons généraliser les notions introduites lors de l'étude du duopole, notamment en formalisant l'idée d'équilibre de Nash, centrale en théorie des jeux. Nous avons déjà utilisé ces outils pour étudier les conséquences économiques du pouvoir de marché : dans le chapitre suivant nous allons également pouvoir utiliser la théorie des jeux pour comprendre d'autres défaillances de marché, notamment celles liées à des asymétries d'information.

## 7.1 Concept de jeu

Comme son nom l'indique, la théorie des jeux s'intéresse à des jeux! En revanche, les jeux qu'elle étudie sont bien plus vastes que les jeux de société. En effet, en économie, un jeu désigne toute situation dans laquelle des agents interagissent : chacun fait des choix, et les conséquences de ces choix dépendent des choix faits par les autres agents. Afin de faire le meilleur choix possible, chacun est donc conduit à essayer de prédire les choix des autres. La théorie des jeux étudie la façon dont les agents se comportent dans de telles situations d'interactions stratégiques. Ainsi, dans le duopole de Cournot, les agents étaient des entreprises qui choisissaient des quantités à produire. Les décisions de chaque entreprise avaient un impact direct sur les prix, affectant toutes les entreprises sur le marché : cette situation était donc le premier jeu rencontré dans cet ouvrage.

### 7.1.1 Le dilemme du prisonnier

Pour illustrer les notions de base de la théorie des jeux, intéressons-nous à l'exemple célèbre du jeu du dilemme du prisonnier, né en 1950 à Princeton, lorsque le mathématicien Albert Tucker imagina une histoire similaire à celle-ci : deux complices, Joe et Averell, sont faits prisonniers par la police. Les enquêteurs ont des indices montrant leur culpabilité dans un délit, mais le dossier n'est pas suffisamment accablant pour les condamner : pour cela, ils ont besoin d'obtenir des aveux. Chaque prisonnier a le choix entre avouer les méfaits, ou garder le silence. Si les deux complices avouent, ils seront condamnés à 4 ans de prison chacun. Si aucun n'avoue, les peines ne seront que de 1 an de prison chacun. Les enquêteurs interrogent les suspects dans des pièces séparées, et expliquent à chacun que s'il avoue et que l'autre garde le silence, il pourra sortir immédiatement sous un statut de protection de témoin. En revanche, s'il garde le silence et que l'autre suspect l'accable en avouant, sa peine sera aggravée à 5 ans de prison.

Cette situation peut être représentée par le tableau de la figure 7.1. Joe choisit la ligne, Averell choisit la colonne et chaque case contient, en bas à gauche, la peine de Joe, et en haut à droite, celle de Averell.

Analysons les meilleurs choix possibles de chacun des prisonniers, d'un point de vue strictement personnel. Pour Joe, si Averell garde le silence, garder le silence conduit à un an de prison, tandis qu'avouer permet de sortir libre. Si Averell avoue, avouer conduit à 4 ans derrière les barreaux, et garder le silence à 5 ans. Indépendamment du choix d'Averell, Joe s'en tire mieux en avouant plutôt qu'en gardant le silence (voir les flèches verticales de la figure 7.2). La situation d'Averell est symétrique,

FIGURE 7.1 – Le jeu du dilemme du prisonnier

| | | Averell | |
|---|---|---|---|
| | | Silence | Avouer |
| Joe | Silence | 1 an<br>1 an | sortie<br>5 ans |
| | Avouer | 5 ans<br>sortie | 4 ans<br>4 ans |

et lui aussi a intérêt à avouer indépendamment du choix de Joe (voir les flèches horizontales de la figure 7.2). On dit dans ce cas qu'avouer est une **stratégie dominante** pour chacun des joueurs.

Cette logique conduit à ce que chaque prisonnier avoue, et passe 4 années en prison. Cela peut paraître paradoxal, car chacun a la possibilité de garder le silence, et si les deux gardent le silence l'issue est bien meilleure pour chacun d'entre eux. En d'autres termes, que les deux complices passent 1 an en prison domine au sens de Pareto la situation où ils passent chacun 4 ans en prison. L'issue sélectionnée par une logique de choix individuels conduit à une situation inefficiente du point de vue des prisonniers.

FIGURE 7.2 – Analyse du dilemme du prisonnier

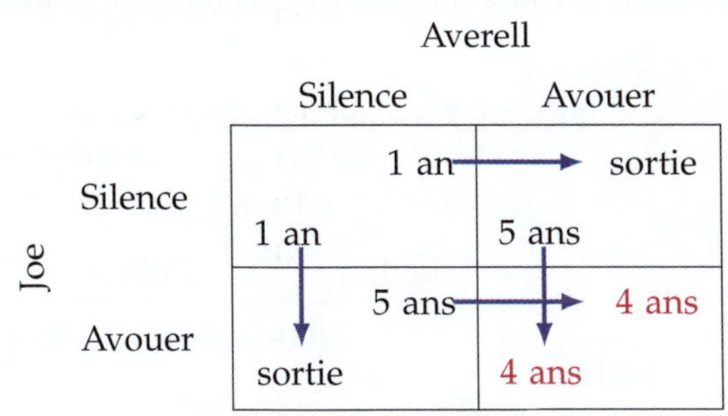


Le dilemme du prisonnier illustre donc la possibilité que, en cas d'interactions stratégiques, la recherche par chacun de son intérêt propre est Pareto-inefficace, contrairement à l'équilibre d'une économie de marché. En général, le premier théorème du bien-être ne tient pas en présence d'interactions stratégiques.

### 7.1.2 Externalités et dilemme du prisonnier

Face à une externalité négative, l'intérêt individuel est contraire à l'intérêt collectif, menant à une inefficacité. De telles situations peuvent être perçues comment relevant du dilemme du prisonnier. Pour le voir, considérons deux pays voisins, chacun ayant le choix entre réduire ses émissions de gaz à effet de serre, ou non. On fait les hypothèses suivantes :

- réduire les émissions a un coût de 100 milliards d'euros pour chaque pays ;
- un pays qui ne réduit pas ses émissions engendre une externalité négative, sous la forme d'un coût direct de 80 milliards d'euros pour chaque pays.

On a alors les gains suivants : si aucun pays ne réduit sa pollution, chacun subit l'externalité négative qu'il crée, ainsi que celle de son voisin, subissant alors une perte équivalente à 160 milliards d'euros. Si chaque pays réduit sa pollution, chacun ne doit payer que 100 milliards d'euros, dus au coût de la réduction de la pollution. Enfin, si un pays réduit sa pollution et l'autre non, celui qui la réduit absorbe un coût total de 180 milliards d'euros, tandis que celui qui pollue ne subit que 80 milliards d'euros d'externalités qu'il crée. La table de gains est représentée figure 7.3.

On constate ici la même logique qu'au dilemme du prisonnier. Chaque pays a intérêt à polluer, indépendamment du choix de l'autre pays, même si la meilleure issue pour les deux est obtenue lorsque les deux pays réduisent leur pollution. Nous avons vu les inefficacités engendrées par les externalités dans le cadre d'un marché, la même logique est à l'œuvre ici.

FIGURE 7.3 – Jeu de pollution

| Pays 1 \ Pays 2 | Réduire | Polluer |
|---|---|---|
| Réduire | -100 ; -100 | -180 ; -80 |
| Polluer | -80 ; -180 | -160 ; -160 |

De façon plus générale, de nombreuses situations sont analogues à un dilemme du prisonnier.

- Face à des entreprises mobiles, la compétition fiscale entre États consiste à diminuer ses taxes ou à offrir des incitations financières aux entreprises pour les attirer. Si chaque État riposte aux diminutions d'impôts de ses voisins par de nouvelles réductions, les recettes fiscales s'érodent sans que chaque État n'arrive à attirer beaucoup d'entreprises sur son sol.
- La tragédie des biens communs suit la même dynamique, et engendre la surexploitation des ressources naturelles : lorsque des pêcheurs en mer ne sont pas soumis à des quotas, ils ont intérêt à extraire un maximum de poissons avant leurs concurrents et accélèrent l'épuisement de la ressource.
- Lors d'un pic de pollution, on conseille à tous les automobilistes de ne pas utiliser leur voiture en attendant que les niveaux de pollution se stabilisent. Néanmoins, beaucoup de personnes, pensant qu'elles n'ont qu'un petit impact sur la pollution globale, décident d'utiliser quand même leur véhicule.
- Si une dizaine d'étudiants partagent une cuisine, on risque également de courir à la catastrophe : chaque étudiant est tenté de passer peu de temps à ranger en espérant qu'un autre fera le travail. Si les étudiants n'arrivent pas à s'organiser, la cuisine deviendra rapidement insalubre !

Dans *La Guerre du Péloponnèse*, l'historien athénien Thucydide explique les causes de la guerre qui déchira les cités grecques à la fin du V$^{e}$ siècle avant J.-C. D'après lui, une des raisons qui a poussé la Grèce à s'engouffrer dans ce conflit fratricide est sa division en petits États incapables de coopérer correctement. Il explique :

> *Comme [les républiques du Péloponnèse] ne forment pas un seul peuple, chacun pense à ses intérêts. Et pour l'ordinaire rien ne se termine. Les uns ont surtout en vue quelque vengeance ; les autres veulent que leurs propriétés n'aient rien à souffrir. Ils se rassemblent tard, jettent vite un coup d'œil sur les intérêts communs, et s'occupent bien plus constamment de leurs affaires personnelles. Aucun ne croit que sa négligence particulière fasse du tort au bien général : il pense qu'un autre y pourvoira pour lui ; et tous ayant séparément la même pensée, l'intérêt commun se détruit sans que l'on s'en aperçoive.*

Le dilemme du prisonnier a également sa place dans les questions de concurrence vues au chapitre précédent. Imaginons deux entreprises en duopole : nous avons vu que lorsque ces entreprises sont en compétition, elles produisent plus qu'une entreprise en monopole, et que cette augmentation de la production réduisait le profit total absorbé par les producteurs. Parfois, de telles entreprises décident de s'entendre pour réduire leur production, augmentant ainsi leurs profits et leurs marges. Lorsqu'une telle entente a lieu, on parle parfois d'un cartel. Un des cartels les plus connus est l'OPEP, qui regroupe 15 pays producteurs de pétrole qui possèdent à eux seuls plus de 80 % des réserves prouvées dans le monde. Ces pays décident de quotas d'extraction pour maintenir les prix à un niveau élevé. L'OPEP est loin d'être le seul cartel dans le monde : presque tous les secteurs d'activité ont, ou ont eu à un moment dans l'histoire un cartel pour imposer leurs prix : c'est le cas du marché de la bière, des diamants, de l'acier, du sucre... Néanmoins, un cartel reste difficile à maintenir : en effet, les membres d'un cartel font face à un dilemme du prisonnier. Lorsque les membres d'un cartel s'engagent à limiter leur production, ou à maintenir des prix élevés, leurs profits sont tous élevés. Néanmoins, chacun des membres a intérêt à dévier un peu de cette entente : s'il produit un peu plus que ce qui a été entendu, un membre tricheur peut profiter des prix hauts engendrés par les restrictions des autres membres et engranger encore plus de profits. Si l'entente est réalisée sur les prix et que tous les membres du cartel s'engagent à afficher des prix très hauts, un membre tricheur peut afficher un prix un peu moins haut pour attirer plus de clients, ce qui augmente sa part du marché. Seulement, si tous les membres du cartel décident de tricher, tout se passe comme s'il n'y avait pas d'entente : c'est le retour à la concurrence. C'est pour cette raison que la coopération entre membres de l'OPEP présente des failles : plusieurs pays ont une tendance à dépasser leurs quotas. L'ancien ministre saoudien du pétrole a d'ailleurs annoncé à propos de l'OPEP : « malheureusement, nous avons tendance à tricher » !

Ces ententes anticoncurrentielles sont en général illégales au sein d'un pays pour les raisons discutées au chapitre précédent. Les ententes entre entreprises sont ainsi sévèrement sanctionnées par les autorités du contrôle de la concurrence, et des amendes sont régulièrement infligées aux entreprises qui ne respectent pas ces lois. Pour détecter et démanteler plus facilement des cartels, les autorités de la concurrence utilisent la stratégie suivante : elles sont particulièrement clémentes avec les entreprises qui dénoncent les membres des cartels dont elles font partie. Une telle pratique place une nouvelle fois les membres du cartel face à un dilemme du prisonnier.

**Le cartel des lessives**

De 1997 à 2004, les quatre principaux fabriquants de lessives Unilever, Procter & Gamble, Henkel et Colgate Palmolive s'accordaient régulièrement sur les prix et les promotions de leurs produits pour le marché français. Les directeurs commerciaux des filiales françaises se rencontraient secrètement à peu près une fois par trimestre dans des hôtels ou dans des restaurants de la région parisienne où ils échangeaient des tableaux de prix. Pour ne pas se faire démasquer, chaque participant avait un nom de code : « Hugues » pour Henkel, « Pierre » pour Procter & Gamble, « Laurence » ou « Louis » pour Unilever et « Christian » pour Colgate.

En 2008, Unilever a choisi de dénoncer le cartel à l'autorité de la concurrence. Ces pratiques ayant nui aux consommateurs pendant près de six années, les entreprises fautives ont été lourdement sanctionnées. Henkel a dû payer 92 millions d'euros d'amende, Procter & Gamble 240 et Colgate Palmolive 35. Unilever aurait dû être sanctionnée à hauteur de 248 millions d'euros mais, ayant dénoncé le cartel aux autorités, elle a bénéficié d'une exonération totale de sanction.

### 7.1.3 Définition d'un jeu

Maintenant que nous avons vu l'exemple du dilemme du prisonnier, voyons comment formaliser un jeu en général. Un **jeu sous forme normale** à $n$ joueurs, noté $G$, est donné par :

1. Un ensemble $A_i$ de **stratégies** pour chaque joueur $i = 1, \ldots, n$. Un profil de stratégies $a = (a_1, \ldots, a_n)$ est constitué d'une stratégie $a_i$ pour chacun des joueurs $i = 1, \ldots, n$.
2. Un gain $g_i(a)$ dans le jeu pour chaque joueur $i$ et chaque profil de stratégies $a$. La fonction $g_i$ de l'ensemble des profils de stratégies vers les nombres réels est appelée fonction de gains du joueur $i$.

Dans l'exemple du dilemme du prisonnier, nous avons deux joueurs qui ont chacun deux stratégies, « silence » ou « avouer », et le gain pour chacun des joueurs est l'opposé du nombre d'années en prison. [1]

On supposera le plus souvent que chaque joueur $i$ a un nombre fini de stratégies (c'est-à-dire que les $A_i$ sont des ensembles finis), auquel cas on dit que nous avons affaire à un jeu dit fini.

1. Un joueur cherche à maximiser son gain, c'est-à-dire à minimiser le temps passé en prison.

La notion de dominance entre stratégies permet de formaliser l'idée qu'une stratégie est meilleure qu'une autre pour un joueur indépendamment du choix des autres. On dira qu'une stratégie $b_i$ du joueur $i$ domine une autre stratégie $c_i$ du même joueur lorsque face à tous choix des autres joueur, $b_i$ donne un meilleur gain au joueur $i$ que $c_i$. On distingue la dominance stricte de la dominance faible comme suit :

- $b_i$ *domine strictement* $c_i$ si pour tous choix $(a_1, \ldots, a_{i-1}, a_{i+1}, \ldots, a_n)$ des autres joueurs,

$$g_i(a_1, \ldots, a_{i-1}, b_i, a_{i+1}, \ldots, a_n) > g_i(a_1, \ldots, a_{i-1}, c_i, a_{i+1}, \ldots, a_n)$$

- $b_i$ *domine faiblement* $c_i$ si pour tous choix $(a_1, \ldots, a_{i-1}, a_{i+1}, \ldots, a_n)$ des autres joueurs,

$$g_i(a_1, \ldots, a_{i-1}, b_i, a_{i+1}, \ldots, a_n) \geq g_i(a_1, \ldots, a_{i-1}, c_i, a_{i+1}, \ldots, a_n)$$

  et si l'inégalité est stricte pour au moins un $(a_1, \ldots, a_{i-1}, a_{i+1}, \ldots, a_n)$.

De manière plus générale, on dit qu'une stratégie est *dominante* si elle domine toutes les autres, et qu'une stratégie est *dominée* s'il existe au moins une stratégie qui la domine. Ainsi, dans le dilemme du prisonnier, « Avouer » est une stratégie strictement dominante, et « Garder le silence » est strictement dominée par « Avouer ».

## 7.2 Équilibre de Nash

Lorsque nous avons étudié le duopole, nous nous sommes concentrés sur l'équilibre de Cournot-Nash et avons vu comment les joueurs convergent vers cet équilibre. Dans le cas du dilemme du prisonnier, la situation où les deux joueurs avouent est également un équilibre, car aucun des deux prisonniers n'a intérêt à changer de stratégie : se taire ne peut qu'augmenter la durée de leur peine. L'étude de tels équilibres est au cœur de la théorie des jeux. Nous allons étudier plusieurs autres exemples de jeu et formaliser la notion d'équilibre de Nash, que l'on définit ainsi :

**Équilibre de Nash**

Un équilibre de Nash est un profil de stratégies (une stratégie par joueur) tel qu'étant données les stratégies des autres joueurs, aucun n'a intérêt à changer la sienne.

Formellement, c'est un profil de stratégies $(a_1, \ldots, a_n)$ tel que, pour tout joueur $i$ et toute stratégie $b_i$ de ce joueur,

$$g_i(a_1, \ldots, a_{i-1}, a_i, a_{i+1}, \ldots, a_n) \geq g_i(a_1, \ldots, a_{i-1}, b_i, a_{i+1}, \ldots, a_n).$$

Cette notion, développée en 1951 par le mathématicien et économiste John Nash, généralise bien celle d'équilibre de Cournot décrite plus d'un siècle plus tôt. Dans un équilibre de Nash, chacun des joueurs joue une meilleure réponse au profil de stratégie des autres joueurs. Pour trouver un équilibre de Nash, on peut ainsi s'intéresser aux meilleures réponses de chaque joueur aux actions des autres, comme nous l'avions fait au chapitre précédent.

### 7.2.1 Les jeux de coordination

**La chasse au cerf**

Deux chasseurs peuvent décider chacun de chasser soit le cerf, soit le lapin. Chasser le lapin peut se faire seul, mais il faut être deux pour chasser le cerf. Un chasseur partant à la chasse au lapin revient avec un lapin. En revanche, un chasseur partant à la chasse au cerf n'aura de succès que si l'autre chasseur choisit lui aussi de chasser le cerf ; dans le cas contraire il reviendra bredouille. Pour fixer les idées supposons qu'une chasse infructueuse équivaut à un paiement nul, revenir avec un lapin à 1, et partager un cerf à 3 chacun. Le tableau de gains du jeu est représenté figure 7.4.

FIGURE 7.4 – Le jeu de la chasse au cerf

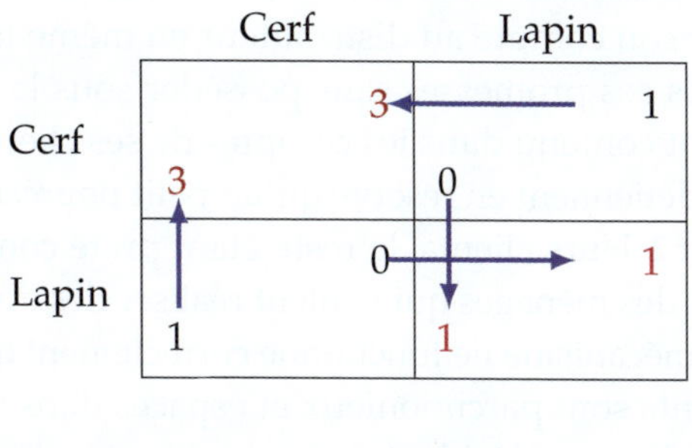


Le jeu de la chasse au cerf n'admet ni stratégie dominante, ni stratégie dominée. Chaque stratégie (cerf ou lapin) peut être le meilleur choix possible en fonction du choix de l'autre joueur. Cependant, nous voyons qu'il existe deux issues stratégiquement stables, la première dans laquelle les deux joueurs chassent le cerf, et la seconde dans laquelle ils chassent tous deux le lapin. En effet, si l'autre joueur chasse le cerf, il vaut mieux chasser le cerf que le lapin ; tandis que si l'autre joueur chasse le lapin, il vaut mieux chasser le lapin. Ces deux situations, où personne n'a intérêt à dévier en changeant de stratégie, sont les équilibres de Nash du jeu et généralisent bien la notion d'équilibre de Cournot-Nash étudiée dans le chapitre précédent. Ici, la meilleure réponse de chaque joueur à la stratégie « Cerf » est également « Cerf », tandis que la meilleure réponse à la stratégie « Lapin » est « Lapin » pour les deux joueurs. Pour les deux profils de stratégies (Cerf, Cerf) et (Lapin, Lapin), les deux joueurs utilisent la meilleure réponse face à leur adversaire, c'est ce qui rend l'équilibre stable. De manière plus générale, un équilibre de Nash correspond à une situation de meilleures réponses mutuelles.

Le jeu de la chasse au cerf est un jeu dit de **coordination** : obtenir la meilleure issue dépend de la capacité des joueurs à coordonner leurs choix. De telles questions sont courantes en économie dès qu'il s'agit de faire un choix collectif.

Dans le jeu de la chasse au cerf, il y avait une issue meilleure que l'autre : mieux vaut que les deux chasseurs aillent ensemble chasser le cerf. Il semblerait étonnant que les deux joueurs se coordonnent sur la chasse au lapin : ce second équilibre n'est-il pas un peu artificiel ?

Malheureusement, il arrive que des agents se coordonnent mal : c'est typiquement le cas lors de ce que l'on appelle les paniques bancaires. Une banque ne fonctionne pas comme une tirelire géante : lorsque vous contractez un prêt auprès de votre banque, l'argent qui apparaît sur votre compte n'est pas présent sous la forme de pièces sonnantes et trébuchantes dans les coffres de la banque. La somme qui figure sur votre relevé de compte constitue simplement une promesse de la banque de vous fournir autant de pièces et billets si vous venez les réclamer. Comme tout le monde ne va pas vider son compte au distributeur en même temps, la banque peut tenir toutes ses promesses sans posséder sous la forme de pièces et billets l'argent contenu dans les comptes de ses clients. Usuellement, les banques ne détiennent en réserve qu'un petit pourcentage de l'argent qu'elles doivent à leurs clients, le reste étant prêté contre intérêt à des entreprises ou à des ménages qui veulent réaliser des investissements de long terme. Ce mécanisme ne fonctionne correctement que parce que les retraits des clients sont parcimonieux et espacés dans le temps. Si tous les clients d'une banque décident de venir récupérer l'argent disponible sur leur compte dans un délai très court, la banque n'est plus en mesure de fournir à ses clients l'argent dont ceux-ci disposent sur leur compte et celle-ci fait faillite. Une telle ruée des clients vers la banque pour récupérer leur argent s'appelle une panique bancaire. Cet événement peut avoir lieu lorsque les clients d'une banque pensent que celle-ci va faire faillite. Pour ne pas perdre leur argent, ils se dépêchent d'aller le chercher avant que la banque ne fasse effectivement faillite. Soulignons qu'il s'agit là de la seule attitude rationnelle d'un déposant, contribuant ainsi à amplifier la panique.

On comprend donc qu'un jeu de panique bancaire est une généralisation du jeu de la chasse au cerf dans lequel le nombre de joueurs, les épargnants, peut être arbitrairement élevé. Comme dans le jeu de la chasse au cerf, nous avons un « bon » équilibre (le fonctionnement normal de la banque, où les épargnants ne retirent pas leur argent en masse) et un « mauvais » équilibre, où tous se ruent vers la banque. Une simple rumeur peut déclencher une panique bancaire.

Les paniques bancaires étaient très fréquentes lors des crises financières du XX^e^ siècle mais se font aujourd'hui plus rares. En effet, l'État intervient de nos jours pour limiter la ruée vers les distributeurs. Ainsi, pendant la crise grecque en 2015, le gouvernement limita les retraits à 60 euros par jour, empêchant les clients des banques grecques de vider leur compte d'un seul coup et ralentissant l'affaiblissement des banques. Par ailleurs, les États de l'Union européenne doivent assurer les dépôts bancaires de leurs citoyens à hauteur de 100 000 euros par compte et par personne. Ainsi, si vous avez moins de 100 000 euros sur vos comptes en banque, vous ne perdrez pas un sou même si toutes les banques dans lesquelles vous avez un compte font faillite. Une telle régulation limite l'incitation des clients à vider leur compte en cas de crise, sachant qu'ils ne perdront pas d'argent.

**Autres jeux de coordination**

On observe souvent des comportements de coordination dans l'adoption de normes, par exemple dans le choix d'un sens de conduite. La majorité des pays d'Afrique de l'Ouest sont des anciennes colonies françaises qui se sont alignées sur la norme française de circulation à droite. Au cœur de ces anciens territoires français se trouvent quatre anciennes colonies anglaises qui utilisaient elles un sens de circulation à gauche : la Gambie, le Ghana, le Sierra Leone et le Nigeria. Peu après leur indépendance, ces pays ont décidé de se coordonner avec leurs voisins en changeant leur sens de circulation. Dans cet exemple, il y a bien plusieurs équilibres potentiels (tous les pays roulent à gauche, et tous roulent à droite), mais ceux-ci sont assez équivalents : contrairement au jeu de la chasse au cerf, il n'y a plus un équilibre clairement préférable à l'autre.

Un domaine dans lequel la coordination est particulièrement visible est internet, avec le choix d'un réseau social. À l'heure où ces lignes sont écrites, Facebook est le réseau social dominant sur le marché. Un nouvel internaute qui veut s'inscrire sur un réseau social veut en choisir un sur lequel sont inscrits ses amis : si ceux-ci sont sur Facebook, c'est cette plateforme qu'il va rejoindre, rendant l'usage du site encore plus répandu. À l'équilibre, il est donc probable qu'un seul réseau social se démarque comme majoritaire, ou alors un par grande zone géographique. Le mécanisme de base est le même que pour le cas du sens de circulation : le plus important pour les personnes concernées est d'imiter les choix de leurs semblables. Par ailleurs, ce choix n'est pas irrévocable : comme les modes vestimentaires qui changent régulièrement, la société peut changer de réseau social de prédilection, passant d'un équilibre à un autre. C'est ce qui s'est passé entre 2008 et 2010, lorsque Facebook devint le premier réseau social au monde, dépassant MySpace, qui fut un temps le site le plus visité aux États-Unis et une plateforme florissante. En l'espace de quelques mois, le marché fut complètement bouleversé et les utilisateurs de MySpace délaissèrent le site pour rejoindre Facebook.

Ces effets de réseau expliquent également pourquoi l'adoption de technologies ou de standards suivent les mêmes dynamiques de coordination. Au début des années 1980, lors de l'émergence des cassettes vidéo, deux formats différents étaient en concurrence : le VHS mis au point par l'entreprise japonaise JVC et le Betamax lancé par Sony. Pendant quelques années les deux formats étaient produits et vendus, jusqu'à ce qu'une petite majorité de distributeurs (les vidéo-clubs par exemple) décident de n'utiliser que le VHS. À partir de ce moment, la part de marché de ce format augmenta rapidement jusqu'à ce que Sony abandonne le format Betamax : on a ainsi observé une coordination vers un équilibre où tous utilisaient la même technologie. Plus récemment, une même guerre de format eut lieu sur le marché des films HD, ce qui permit à Sony de prendre sa revanche : la firme japonaise lança en 2006 le disque Blu-Ray pour concurrencer le HD-DVD de Toshiba. Après quelques années de concurrence où les deux formats étaient sur le marché, Toshiba abandonna le HD-DVD en 2008 et commença à produire des lecteurs Blu-Ray.

### 7.2.2 Stratégies mixtes, extension mixte et théorème de Nash

#### Le rôle des stratégies aléatoires

Le jeu de la chasse au cerf admet deux équilibres de Nash : l'équilibre de Nash d'un jeu n'est donc pas nécessairement unique. Par ailleurs, certains jeux n'admettent pas forcément d'équilibre de Nash. Considérons par exemple le jeu de « Pierre, Papier, Ciseaux ». Il s'agit d'un jeu à deux joueurs dans lequel chacun choisit entre Pierre, Papier et Ciseaux. Ciseaux gagne contre Papier, Papier gagne contre Pierre et Pierre gagne contre Ciseaux. C'est un jeu dit *à somme nulle* car la somme des gains des deux joueurs est nulle, il y a soit un gagnant et un perdant, soit match nul. En notant les joueurs 1 et 2, on a donc $g_2 = -g_1$. Pour les jeux à somme nulle à deux joueurs, la convention est de n'indiquer que le paiement du joueur 1 (celui qui choisit la ligne) ; ce joueur 1 cherche donc à maximiser le paiement indiqué. Le joueur 2 cherche à minimiser le paiement du joueur 1.

Le jeu de « Pierre, Papier, Ciseaux » est représenté figure 7.5. On peut voir qu'il n'admet pas d'équilibre de Nash. En effet, dès lors que le joueur 2 joue une meilleure réponse au joueur 1, le joueur 2 remporte la partie. Et dès lors que le joueur 1 joue une meilleure réponse au joueur 2, c'est lui qui remporte la partie. Comme les deux conditions ne peuvent être vérifiées simultanément, il est impossible que les deux joueurs jouent une meilleure réponse l'un à l'autre simultanément.

FIGURE 7.5 – Le jeu de « Pierre, Papier, Ciseaux »

| | Pierre | Papier | Ciseaux |
|---|---|---|---|
| Pierre | 0 | -1 | 1 |
| Papier | 1 | 0 | -1 |
| Ciseaux | -1 | 1 | 0 |

Tous ceux qui ont joué à « Pierre, Papier, Ciseaux » dans leur vie savent qu'il est important de ne pas pouvoir être prédit par l'autre joueur, il faut pour cela faire entrer de l'aléatoire dans sa manière de jouer. C'est le sens de la notion de stratégies mixtes que nous allons maintenant aborder.

**Un premier exemple de stratégies mixtes**

Revenons à une situation dans laquelle les joueurs ne doivent faire leur choix que parmi deux stratégies. Imaginons par exemple deux armées qui s'affrontent : l'armée qui attaque choisit de passer par la terre ou par la mer, et l'armée adverse défend soit le passage terrestre, soit le passage maritime. L'attaquant échoue face aux troupes du défenseur et ne gagne le combat que lorsqu'il passe par le côté qui n'est pas défendu. Si une victoire se traduit par un paiement de 1 et une défaite par 0, on peut représenter le jeu par la figure ci-dessous.

Comme dans le jeu de pierre, papier, ciseaux, il n'y a pas ici d'équilibre de Nash : si l'un des deux joueurs est prévisible, il court à sa perte. Pour être imprévisibles, les joueurs peuvent ajouter une part d'aléatoire dans

FIGURE 7.6 – Un jeu d'attaque-défense

| | | Défense | |
|---|---|---|---|
| | | Terre | Mer |
| Attaque | Terre | 0 ; 1 | 1 ; 0 |
| | Mer | 1 ; 0 | 0 ; 1 |

leur comportement : au lieu de choisir la stratégie « Terre » ($T$) ou « Mer » ($M$) avec une probabilité 1, ils peuvent choisir chaque stratégie avec une certaine probabilité.

On peut par exemple construire une stratégie dans laquelle l'armée à l'attaque choisit de passer par la terre avec une probabilité $p$, et par la mer avec une probabilité $1 - p$, pour une valeur de $p$ comprise entre 0 et 1. On note cette stratégie $pT + (1 - p)M$. Une telle stratégie est appelée une **stratégie mixte**, car elle est composée de différentes **stratégies pures** du jeu, jouées avec différentes probabilités. Dans notre cas, les stratégies $T$ et $M$ sont les stratégies pures, et les stratégies de la forme $pT + (1 - p)M$ sont les stratégies mixtes. En reprenant les notations précédentes, on a $A_1 = A_2 = \{T, M\}$ et l'ensemble des stratégies mixtes est $S_1 = S_2 = \{pT + (1 - p)M \mid p \in [0, 1]\}$. Chaque stratégie pure correspond à une stratégie mixte jouant une action avec probabilité 1, et donc $A_i$ est un sous-ensemble de $S_i$ : en introduisant les stratégies mixtes, on étend les possibilités de chaque joueur.

Le jeu que nous étudions n'admet pas d'équilibre de Nash en stratégies pures, c'est-à-dire qu'il n'existe pas de profil de stratégies $(a_1, a_2)$ tel qu'aucun des deux joueurs n'ait intérêt à changer unilatéralement de stratégie. Est-ce toujours le cas lorsque l'on considère l'ensemble des profils de stratégies mixtes ?

Pour répondre à cette question, nous analysons les meilleures réponses de chaque joueur aux stratégies de l'autre joueur, en commençant par le joueur 2, en défense. Si l'armée en attaque choisit la stratégie $s_1 = pT + (1 - p)M$, alors la défense empoche les gains suivants en fonction de la stratégie choisie :

- en choisissant la terre : $g_2(T, s_1) = p$
- en choisissant la mer : $g_2(M, s_1) = 1 - p$

Ces gains sont représentés dans la figure 7.7. On y voit que lorsque $p$ est strictement supérieur à 0,5 (l'attaque est plus probable par la terre), alors le défenseur a intérêt à jouer la stratégie pure $T$, qui donne un gain plus élevé que $M$ (et donc plus élevé que toute stratégie mixte $s_2 = qT + (1-q)M$ pour $q < 1$). Lorsqu'au contraire $p < 0,5$, l'attaque est plus probable par la mer et la meilleure réponse du joueur 2 est de défendre la mer en jouant la stratégie pure $M$. Le cas $p = 0,5$ est un cas critique, où les deux stratégies pures $M$ et $T$ donnent le même gain à la défense, et le joueur 2 est indifférent entre toutes les stratégies parmi lesquelles il peut choisir (pures et mixtes) : elles lui donnent toutes un gain espéré de $\frac{1}{2}$.

FIGURE 7.7 – Gains de la défense pour chaque stratégie pure, en fonction de la stratégie de l'attaque $s_1 = pT + (1-p)M$

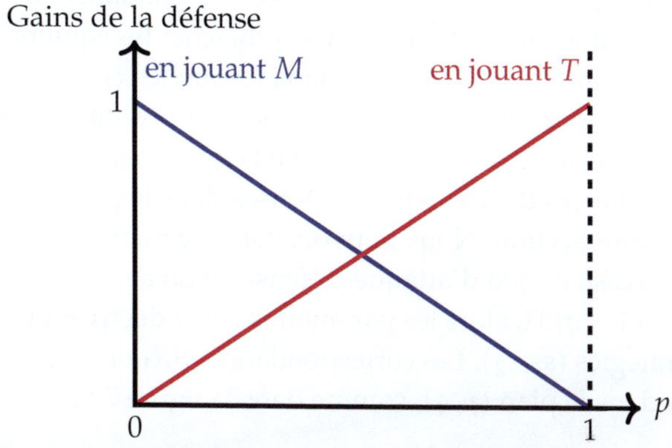


On peut ainsi construire la correspondance de meilleure réponse du joueur 2, qui associe à chaque stratégie du joueur 1 l'ensemble des stratégies de 2 qui maximisent son gain.[2] Cela donne :[3]

$$BR_2(pT + (1-p)M) = \begin{cases} \{M\} \text{ si } p < 0,5 \\ \{qT + (1-q)M \mid q \in [0,1]\} \text{ si } p = 0,5 \\ \{T\} \text{ si } p > 0,5 \end{cases}$$

Notez bien que la correspondance de meilleures réponses a pour ensemble de départ l'ensemble des stratégies du joueur 1 donné par $S_1$, mais pour ensemble d'arrivée l'ensemble des sous-ensembles de $S_2$. Ici, le joueur 2 est indifférent entre toutes ses stratégies lorsque le joueur 1 joue $0,5T + 0,5M$, et on a donc $BR_2(0,5T + 0,5M) = S_2$.

2. Une *fonction* est une relation qui, à chaque valeur d'une variable $x$, fait correspondre une *unique* valeur $y$. Une *correspondance* est une relation qui, à chaque valeur d'une variable $x$, fait correspondre un *ensemble* de valeurs. Dès lors que la meilleure réponse n'est pas nécessairement unique, on parle de *correspondance de meilleure réponse* plutôt que de *fonction de meilleure réponse*.

3. La meilleure réponse est ici notée $BR$ comme *best response* en anglais.

Après avoir construit la correspondance de meilleures réponses du défenseur $BR_2$, nous pouvons nous intéresser aux meilleures réponses du joueur 1. On déduit de la même manière l'ensemble des réactions optimales du joueur 1 lorsque le joueur 2 utilise la stratégie $s_2 = qT + (1-q)M$ :

$$BR_1(qT+(1-q)M) = \begin{cases} \{T\} \text{ si } q < 0,5 \\ \{pT+(1-p)M \mid p \in [0,1]\} \text{ si } q = 0,5 \\ \{M\} \text{ si } q > 0,5 \end{cases}$$

Maintenant que nous avons trouvé les correspondances de meilleures réponses de chaque joueur, nous pouvons chercher les équilibres de Nash, qui correspondent à des situations dans lesquelles chaque joueur joue une meilleure réponse à la stratégie de son opposant. Dans le cas du duopole de Cournot, nous avions trouvé l'équilibre de Nash en traçant les correspondances de meilleures réponses dans le plan et en trouvant leur point d'intersection. Nous pouvons faire de même pour trouver un équilibre de Nash du jeu d'attaque-défense. Si on a $s_1 = pT + (1-p)M$ et $s_2 = qT + (1-q)M$, alors les paramètres $p$ et $q$ décrivent totalement le profil de stratégies $(s_1, s_2)$. Les correspondances $BR_1$ et $BR_2$ peuvent ainsi être tracées dans le plan $(p, q)$, comme dans la figure 7.8.

FIGURE 7.8 – Correspondances de meilleures réponses dans le jeu d'attaque-défense

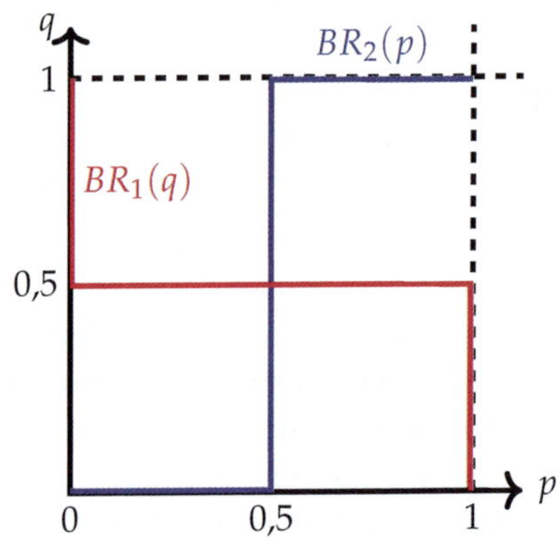


Les correspondances de meilleures réponses se croisent lorsque $p = q = 0,5$. Ce point d'intersection correspond à une situation dans laquelle chacune des stratégies des joueurs est une meilleure réponse à la stratégie de l'autre joueur. On a ainsi trouvé un équilibre de Nash en stratégies mixtes, qui est de plus l'équilibre unique du jeu car ce point d'intersection est unique. À l'équilibre de Nash, chaque armée choisit une stratégie aléatoirement avec une probabilité de $1/2$, et a une chance sur deux de remporter la bataille. Chaque joueur obtient un gain moyen de 0,5. Si un joueur venait à dévier de cette stratégie, alors il deviendrait (au moins partiellement) prévisible, et donnerait à l'autre joueur l'opportunité d'augmenter ses chances de gain. Notez qu'à l'équilibre de Nash, chaque joueur est indifférent entre jouer sa stratégie mixte et n'importe quelle autre stratégie.

Dans le jeu « Pierre, Papier, Ciseaux », nous pouvons vérifier que le profil de stratégie mixte dans lequel chaque joueur joue chacune des stratégies avec la même probabilité $1/3$ forme un équilibre de Nash en stratégies mixtes du jeu. En effet, si le joueur 2 joue chacune de ses 3 stratégies pures avec la même probabilité, chacune des stratégies pures du joueur 1 gagne $1/3$ du temps, perd $1/3$ du temps et fait match nul $1/3$ du temps. Le joueur 1 est donc indifférent entre toutes les stratégies pures, et par conséquent indifférent entre toutes les stratégies mixtes. En particulier, la stratégie du joueur 1 qui choisit chaque stratégie pure avec probabilité $1/3$ est une meilleure réponse du joueur 1. Pour la même raison, cette même stratégie est aussi une meilleure réponse du joueur 2. Si un joueur dévie de ce profil, il joue une des trois stratégies avec une probabilité strictement supérieure à $1/3$ et, en jouant la meilleure réponse à cette stratégie, son adversaire s'assure un gain strictement positif en moyenne (alors qu'à l'équilibre de Nash il aurait eu un gain nul).

**L'équilibre de Nash comme point fixe**

Pour trouver l'équilibre de Nash dans le jeu du duopole de Cournot ou dans le jeu d'attaque-défense que nous venons d'étudier, nous avons tracé les correspondances de meilleures réponses dans un plan, et trouvé l'équilibre à l'intersection de celles-ci. Plus généralement, il peut être utile de voir un équilibre de Nash comme un point fixe d'une correspondance. Considérons en effet la correspondance de meilleure réponse globale, notée simplement $BR$, et qui associe à chaque couple $(s_1, s_2)$ l'ensemble $BR(s_1, s_2)$ des couples $(t_1, t_2)$ tels que $t_1$ est meilleure réponse à $s_2$ et $t_2$ est meilleure réponse à $s_1$.

Un profil de stratégie $(s_1, s_2)$ est un équilibre de Nash lorsque $(s_1, s_2) \in BR(s_1, s_2)$. On dit alors que $(s_1, s_2)$ est un point fixe de la correspondance $BR$.

Voir ainsi un équilibre comme un point fixe permet de tirer parti des théorèmes d'analyse développés pour les étudier, comme le théorème de Kakutani ou celui de Brouwer. En particulier, le théorème d'existence d'équilibre de Nash se déduit simplement de celui d'existence d'un point fixe de correspondences due à Kakutani.

**Extension mixte d'un jeu**

Considérons un jeu fini $G$ avec $n$ joueurs dans lequel chaque joueur $i$ a comme ensemble de stratégies $A_i$ et comme fonction de gains $g_i$. Une stratégie mixte consiste à choisir chaque stratégie pure avec une certaine probabilité : formellement, c'est donc une loi de probabilité sur l'ensemble des stratégies $A_i$. On note $S_i$ l'ensemble de stratégies mixtes du joueur $i$. Ainsi :

- si $A_i = \{X, Y\}$, alors
$$S_i = \{pX + (1-p)Y | p \in [0,1]\},$$
- si $A_i = \{X, Y, Z\}$, alors
$$S_i = \{pX + qY + (1-p-q)Z | p, q \geq 0, p+q \leq 1\}.$$

Lorsque les joueurs utilisent le profil de stratégies mixtes $(s_1, \ldots, s_n)$, quel est le gain espéré du joueur $i$ ? On suppose que les choix aléatoires des différents joueurs sont indépendants, et ainsi si chaque stratégie mixte $s_j$ met une probabilité $s_j(a_j)$ sur l'action $a_j$, la probabilité que le profil d'actions jouées soit $(a_1, \ldots, a_n)$ est le produit des probabilités $s_j(a_j)$, noté $P_s(a_1, \ldots, a_n) = \prod_{j=1}^{n} s_j(a_j)$. On dit que $s = (s_1, \ldots, s_n)$ induit la loi de probabilité $P_s$ sur les profils d'actions $(a_1, \ldots, a_n)$.

Le gain espéré du joueur $i$ est alors la somme des probabilités des issues du jeu multipliées par les gains correspondant :

$$\tilde{g}_i(s_1, \ldots, s_n) = \sum_{(a_1, \ldots, a_n)} P_s(a_1, \ldots, a_n) g_i(a_1, \ldots, a_n),$$

où la somme est prise sur tous les profils de stratégies $(a_1, \ldots, a_n)$ de tous les joueurs.

Ces différents éléments nous permettent de définir l'extension mixte du jeu $G$. C'est un nouveau jeu à $n$ joueurs $\tilde{G}$ dans lequel chaque joueur $i$ a comme ensemble de stratégies $S_i$ et comme fonction de gains $\tilde{g}_i$. Remarquons que l'extension mixte n'est plus un jeu fini dès lors que l'un des $A_i$ n'est pas un singleton. Un équilibre de Nash de l'extension mixte de $G$ est appelé un **équilibre de Nash en stratégies mixtes** de $G$. C'est donc un profil de stratégies mixtes $(s_1, \ldots, s_n)$ tel que pour tout joueur $i$ et toute stratégie mixte $t_i$ de ce joueur, on a :

$$\tilde{g}_i(s_1,\ldots,s_{i-1},s_i,s_{i+1},\ldots,\tilde{s}_n) \geq g_i(s_1,\ldots,s_{i-1},t_i,s_{i+1},\ldots,s_n)$$

Comme chaque stratégie pure est aussi une stratégie mixte (associant une probabilité de 1 à une action et de 0 aux autres), tout équilibre de Nash en stratégies pures est aussi un équilibre de Nash en stratégies mixtes.

**Exemple.** Dans l'exemple de la chasse au cerf de la figure 7.4, on a :

$$\begin{cases} A_1 = \{C, L\} \\ A_2 = \{C', L'\} \\ s_1 = pC + (1-p)L \\ s_2 = qC' + (1-q)L' \end{cases}$$

On a $A = \{(C,C'),(C,L'),(L,C'),(L,L')\}$ et $s = (s_1, s_2)$ induit une probabilité sur $A$, avec :

$$\begin{cases} P_s((C,C')) = pq \\ P_s((C,L')) = p(1-q) \\ P_s((L,C')) = (1-p)q \\ P_s((L,L')) = (1-p)(1-q) \end{cases}$$

Enfin, les fonctions de gain sont les suivantes :

$$\begin{cases} \tilde{g}_1(s) = 3pq + (1-p)q + (1-p)(1-q) = 1 - p + 3pq \\ \tilde{g}_2(s) = 3pq + p(1-q) + (1-p)(1-q) = 1 - q + 3pq \end{cases}$$

Pour caractériser tous les équilibres de Nash, en stratégies pures comme en stratégies mixtes, on calcule les correspondances de meilleures réponses définies comme dans le cas du jeu d'attaque défense. Notons $p$ (resp. $q$) la probabilité que la stratégie mixte $s_1$ (resp. $s_2$) associe au choix « Cerf ». Dès lors que $q > 1/3$, le joueur 1 préfère strictement « Cerf » à « Lapin » et la seule meilleure réponse face à $q$ est donc $p = 1$. Pour $q < 1/3$, le joueur 1 préfère strictement « Lapin » à « Cerf » et la seule meilleure réponse est $p = 0$. Enfin, pour $q = 1/3$ le joueur 1 est indifférent et toute stratégie est une meilleure réponse. On a donc :

$$\begin{cases} BR_1(q) = \{1\} & \text{si } q > 1/3 \\ BR_1(q) = [0,1] & \text{si } q = 1/3 \\ BR_1(q) = \{0\} & \text{si } q < 1/3 \end{cases}$$

Symétriquement, pour le joueur 2, on a :

$$\begin{cases} BR_2(p) = \{1\} & \text{si } p > 1/3 \\ BR_2(p) = [0,1] & \text{si } p = 1/3 \\ BR_2(p) = \{0\} & \text{si } p < 1/3 \end{cases}$$

Ces correspondances de meilleures réponses sont représentées dans la figure 7.9.

FIGURE 7.9 – Correspondances de meilleures réponses dans le jeu de la chasse au cerf

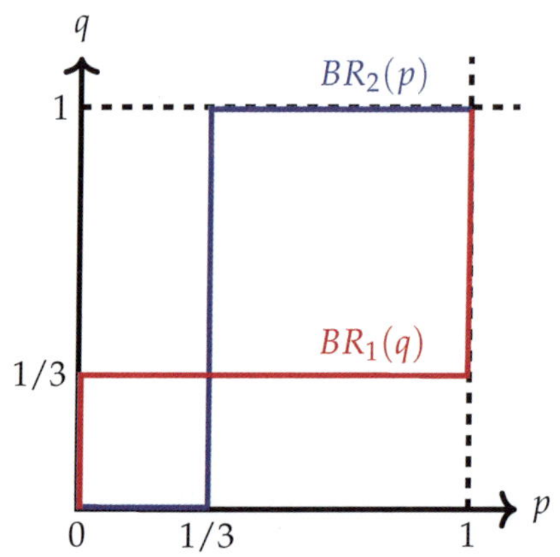


Nous voyons que les correspondances de meilleures réponses s'intersectent en trois points : $(0,0)$, $(1,1)$ et $(1/3,1/3)$. Les deux premiers correspondent aux équilibres en stratégies pures déjà vus. Le troisième est un équilibre en stratégies mixtes dans lequel chaque joueur est indifférent entre les choix de « Cerf » et « Lapin ».

Alors qu'il n'existe pas toujours un équilibre de Nash en stratégies pures, Nash a démontré en 1951 que tout jeu à nombre fini de stratégies pures admet un équilibre de Nash en stratégies mixtes !

**Théorème de Nash d'existence d'équilibres**

Tout jeu fini admet au moins un équilibre de Nash en stratégies mixtes.

John Nash était un mathématicien américain qui a fait des contributions majeures en mathématiques (en analyse et en géométrie algébrique) ainsi qu'en théorie des jeux. Pour ses travaux, il a reçu le prix Nobel d'économie en 1994 et le prix Abel en 2015.

### 7.2.3 Interprétation de l'équilibre de Nash

En sciences sociales, on peut interpréter un équilibre de Nash de plusieurs façons. Dans le cas des jeux de coordination vus plus haut, les équilibres de Nash forment des conventions (ou des normes sociales) stables. Le choix d'un standard ou d'une mode de vêtements constitue un équilibre de Nash.

Dans le cadre du duopole de Cournot, nous avons vu comment les entreprises se rapprochent de la situation d'équilibre en ajustant progressivement leur production face aux ajustements de leur concurrent : nous pouvons interpréter cette convergence vers l'équilibre de Nash comme un processus d'apprentissage. Une expérience célèbre en théorie des jeux est le « jeu du 2/3 », introduit en 1983 dans la revue française *Jeux et Stratégie*. Il consiste à rassembler un groupe et à demander à chaque personne dans le groupe d'écrire un nombre décimal entre 0 et 100. Celui qui a écrit le nombre le plus proche des deux tiers de la moyenne des réponses gagne le jeu. Dans ce jeu, il n'y a qu'un seul équilibre de Nash, où tous les joueurs écrivent le chiffre zéro. Néanmoins, si vous organisez effectivement ce jeu, les réponses que vous aurez ne seront probablement pas zéro : certains joueurs ne vont pas comprendre tout de suite que seule la situation où tous jouent zéro est un équilibre, et la plupart des joueurs ne s'attendront pas à ce que tous les autres joueurs jouent effectivement l'équilibre de Nash. Néanmoins, si vous demandez au même groupe de jouer plusieurs fois au jeu, vous verrez la réponse moyenne diminuer à chaque tour et converger vers zéro : on atteint l'équilibre de Nash suite à un apprentissage collectif.

Nous avons introduit la notion de stratégie mixte dans un exemple militaire où chaque joueur cherche à surprendre son adversaire. Les hommes de guerre ne choisissent pourtant pas le sort de leurs soldats à pile ou face : l'équilibre de Nash que nous trouvons dans ce cas a-t-il une interprétation ? Le jeu d'attaque-défense ressemble à beaucoup de situations dans le sport, où les joueurs à l'attaque et à la défense choisissent un côté. Par exemple, lors d'un tir de penalty au foot, le tireur choisit généralement de viser à droite ou à gauche, et le gardien plonge d'un côté ou de l'autre de son but. Le tireur et le gardien doivent tous deux être imprévisibles, et nous sommes dans une situation très proche de celle de la figure 7.6 (avec « droite » et « gauche » à la place de « terre » et « mer »). Il faudrait y remplacer les gains (0 ou 1) par la probabilité de marquer selon que le tireur tire à droite ou à gauche, et que le gardien plonge à droite ou à gauche. À l'équilibre de Nash, on trouve la probabilité que chacun des deux joueurs choisisse « droite » ou « gauche » et la probabilité d'un but. Un chercheur a décidé de tester si les joueurs de foot tiraient aléatoirement à droite ou à gauche du but selon les prévisions de la théorie des jeux. Il analysa plus de 1 400 tirs de penalty observés dans des matchs de football professionnel, trouva la matrice de gains et l'équilibre de Nash théorique associé. Le comportement prédit par la théorie des jeux était remarquablement proche des comportements observés chez les joueurs (voir Palacios-Huerta, 2003) ! De même, au poker, les joueurs peuvent décider de bluffer : lorsqu'ils ont un jeu faible, ils peuvent miser beaucoup pour faire croire qu'ils ont un jeu fort et pousser les autres joueurs à se coucher. Au contraire, lorsqu'ils ont un jeu fort, ils peuvent miser peu pour faire croire aux autres qu'ils n'ont pas un bon jeu et les pousser à miser beaucoup. Les stratégies mixtes permettent également à certaines institutions d'être beaucoup plus efficaces, notamment lorsqu'il s'agit de lutter contre la fraude. Lorsque l'on veut éviter qu'une population agisse dans l'illégalité, il est en général impossible de contrôler les actions de tout le monde : cela prendrait beaucoup trop de temps ou d'argent. On choisit alors de vérifier les agissements d'un échantillon aléatoire de la population. Dans les aéroports, les douanes luttent contre la contrebande, et procèdent donc à des fouilles. Là aussi, des fouilles prévisibles mèneraient à leur échec. Si les contrebandiers savent que les douaniers fouillent systématiquement les bagages de tel ou tel vol, ou les passagers qui viennent d'un pays en particulier, ils n'auront qu'à passer par d'autres routes. Pour éviter une telle situation, les douaniers procèdent à des contrôles aléatoires : sur tous les vols, ils contrôlent une certaine proportion des bagages et des passagers, ce qui correspond à inspecter chaque bagage ou passager avec une probabilité $p$. Toujours dans les aéroports, les portails de sécurité sont programmés pour déclencher des contrôles aléatoires selon des fréquences préétablies.

Enfin, un domaine dans lequel la théorie des jeux a été beaucoup appliquée est la biologie, surtout pour comprendre les phénomènes évolutifs. En interprétant les traits génétiques comme des stratégies et le nombre de descendants comme des gains, une stratégie dominante caractérise des traits qui vont s'imposer au fur et à mesure des générations, et un équilibre de Nash en stratégies mixtes correspond à une situation dans laquelle plusieurs traits coexistent en différentes proportions.

Un exemple particulièrement célèbre d'application de la théorie des jeux à la biologie concerne les lézards Uta, communs dans l'ouest des États-Unis et le nord du Mexique (étudiés dans Sinervo et Lively, 1996). Au sein de cette espèce de lézards, on trouve trois types de mâles, qui ont des gorges de couleurs différentes :

- Ceux qui ont des gorges oranges sont plus gros que les autres, et vivent sur de larges territoires avec de nombreuses femelles qu'ils défendent agressivement. Néanmoins, ils ne peuvent pas surveiller toutes leurs femelles en même temps.

- Ceux qui ont des gorges jaunes sont plus sournois et profitent de cette inattention : ils ne défendent pas de territoire particulier, mais s'infiltrent discrètement sur des territoires gardés par les lézards oranges pour s'accoupler avec des femelles protégées par ceux-ci.
- Ceux qui ont des gorges bleues utilisent encore une autre stratégie : ce sont des lézards monogames qui concentrent toutes leurs ressources sur une seule femelle.

Ces trois types de lézards ont donc trois types de stratégies pour se reproduire. Laquelle est la plus efficace? Lorsque les lézards bleus sont en majorité, ils se font battre par les oranges qui ont un territoire plus vaste et s'accaparent plus de femelles. Par contre, si les oranges étaient en majorité, les jaunes pourraient facilement se reproduire avec des femelles non surveillées par les oranges. Ces lézards sournois se développeraient donc rapidement. Enfin, si les lézards jaunes étaient en majorité, ils favoriseraient l'apparition des bleus, qui ne s'occupent que d'une femelle et qui peuvent ainsi repousser les jaunes qui essayeraient de s'en approcher. Cette situation s'apparente donc à un jeu de pierre-feuille-ciseaux, où aucune des trois stratégies n'est dominante. Au jeu de pierre-feuille-ciseaux, nous avions vu qu'à l'équilibre, il fallait choisir au hasard sa stratégie parmi les trois possibilités. Pour les lézards, il y a aussi un équilibre en stratégies mixtes : les trois types de lézards cohabitent, et si un type devient minoritaire, il dispose d'un avantage sur les deux autres types, ce qui lui permet d'augmenter en proportion.

Un autre exemple concerne les levures *saccharomyces cerevisiae*, communément utilisées par les boulangers, les viticulteurs et les brasseurs. Ces levures se nourrissent de sucres simples (glucose et fructose) et peuvent transformer des sucres plus complexes (comme le sucrose) en glucose et fructose lorsqu'elles n'ont pas accès directement à ces sucres simples. Néanmoins, lors de cette transformation, les *saccharomyces cerevisiae* libèrent dans le milieu environnant la plupart des sucres simples ainsi produits, et qui peuvent être utilisés par d'autres levures. On observe dans la nature des levures qui ont la capacité de transformer des sucres complexes en sucres simples et des levures qui ont perdu cette capacité. Ces deux types de levures correspondent à deux stratégies : les levures qui transforment les sucres ont une stratégie « altruiste » et aident leurs voisines à croître, tandis que celles qui ont perdu la capacité de transformer les sucres exploitent le travail de leurs congénères en pompant dans leur environnement les sucres simples produits par les levures « altruistes ». On peut appeler ces levures « opportunistes ». Lorsqu'il y a principalement des levures altruistes dans la population, celles-ci produisent assez de sucres pour que des levures opportunistes puissent survivre en leur compagnie sans en produire elles-mêmes. Comme elles utilisent moins d'énergie pour se nourrir que les levures altruistes, elles peuvent se développer plus facilement que ces dernières et leur nombre augmente. Au contraire, lorsque les levures altruistes sont en minorité, les levures opportunistes ne peuvent pas trouver assez de sucres dans leur environnement pour se reproduire aussi vite que les levures altruistes, qui ne manquent pas de nourriture. Ce sont alors les levures altruistes qui se développent. À l'équilibre, il y a donc cohabitation entre levures altruistes et levures opportunistes (Gore, Youk et Van Oudenaarden, 2009).

## Références

GORE, J., H. YOUK ET A. VAN OUDENAARDEN (2009) : "Snowdrift Game Dynamics and Facultative Cheating in Yeast," *Nature*, 459, 253–256.

PALACIOS-HUERTA, I. (2003) : "Professionals Play Minimax," *Review of Economic Studies*, 70, 395–415.

SINERVO, B. ET C. M. LIVELY (1996) : "The Rock–Paper–Scissors Game and the Evolution of Alternative Male Strategies," *Nature*, 380, 240–243.

# Exercices du chapitre 7

**Exercice 7.1 Meilleures réponses et équilibres de Nash**

1. Dans un couple, la première personne (joueur 1) souhaite aller assister à un concert de Bach (B) et la seconde (joueur 2) à un concert de Stravinsky (S). Chacune préfère se coordonner avec l'autre plutôt que d'aller à un concert seule. La matrice de paiements est la suivante :

| | B | S |
|---|---|---|
| B | 1<br>2 | 0<br>0 |
| S | 0<br>0 | 2<br>1 |

   On note par $p$ la probabilité que le joueur 1 met sur la stratégie $B$, et par $q$ la probabilité que le joueur 2 met sur $B$.

   (a) En fonction de la stratégie mixte (représentée par $p$) du joueur 1, quelles sont les meilleures réponses $BR_2(p)$ du joueur 2, *i.e.* l'ensemble des valeurs de $q$ qui maximisent son paiement lorsque le joueur 1 utilise $p$ ?

   (b) *Idem*, calculer l'ensemble des meilleures réponses $BR_1(q)$ du joueur 1 à une stratégie de 2 représentée par $q$.

   (c) Dans un graphique, représenter en abscisse les valeurs de $p$, et en ordonnée les valeurs de $q$. Comme les valeurs sont dans $[0, 1]$ on obtient un carré. Représenter le graphe de $BR_1$, ainsi que celui de $BR_2$.

   (d) Donner tous les équilibres de Nash du jeu.

2. Mêmes questions pour le jeu suivant :

| | Gauche | Droite |
|---|---|---|
| Haut | 1, 0 | -1, 0 |
| Bas | -1, 0 | 1, 1 |

**Exercice 7.2 Jeu de penalties**

On considère un jeu de penalties simplifié dans lequel le tireur (joueur 1) peut tirer soit à gauche ($G$) soit à droite ($D$). Le gardien de but peut plonger soit à gauche ($G$) soit à droite ($D$).

Si le gardien plonge du côté où la balle est tirée, le tir est arrêté à coup sûr. S'il plonge de l'autre côté, le ballon entre s'il est tiré de manière réussie. Le tireur est droitier, et pour lui il est plus facile de tirer à gauche (tir croisé) qu'à droite (il faut ouvrir le pied). On suppose que la probabilité de réussir un tir à gauche est 0.9, et 0.6 à droite.

Le but du tireur est de maximiser la probabilité de marquer, et pour le gardien il s'agit de minimiser cette probabilité.

Sachant que le tireur réussit plus souvent son tir à gauche qu'à droite, pensez-vous qu'il va tirer plus souvent à gauche, ou à droite ?

1. En fonction des choix $a_1$ et $a_2$, donner la matrice de paiements du joueur 1, où le paiement est la probabilité de marquer un but.

2. Soit $p$ la probabilité de tirer à gauche. Supposons que $p$ est connu du gardien. Quelles sont en fonction de $p$ les meilleures réponses du joueur 2 ? Quel est le gain espéré $v(p)$ du joueur 1 lorsqu'il utilise la stratégie $p$ et que le joueur 2 utilise une stratégie de meilleure réponse ?

3. Quelle est la stratégie $p_*$ du joueur 1 qui maximise $v(p)$ ? Quelle est la valeur correspondante $\underline{v}$ de $v(p_*)$ ? On dit que le joueur 1 peut se *garantir* $\underline{v}$. En effet, le joueur 1 a une stratégie $p_*$ qui assure un gain espéré de $\underline{v}$, indépendamment de la stratégie de 2.

4. Soit $q$ la probabilité pour le gardien de plonger à gauche. Supposons que $q$ est connu du tireur. Quelles sont en fonction de $q$ les meilleures réponses du joueur 1 ? Quel est le gain espéré $w(q)$ du joueur 1 lorsque le joueur 2 utilise la stratégie $q$ et que le joueur 1 utilise une stratégie de meilleure réponse ?

5. Quelle est la stratégie $q_*$ du joueur 2 qui minimise $w(q)$, et quel est le gain espéré correspondant $\overline{v} = w(q_*)$ du joueur 1 ? On dit

que le joueur 1 peut *défendre* $\overline{v}$. En effet, pour toute stratégie de 2, le joueur 1 a une stratégie $p$ qui lui assure un gain espéré de $\overline{v}$ au moins.

6. Comparer les valeurs de $\underline{v}$ et $\overline{v}$.
7. De manière générale, que peut-on dire des valeurs qu'il est possible de garantir ou de défendre ? Laquelle est la plus grande ?
8. Finalement, le tireur tire-t-il plus souvent à gauche ou à droite selon les prédictions du modèle ? Commenter.

**Exercice 7.3 Compétition spatiale de Hotelling**

On considère une plage, bande de sable représentée par l'intervalle $[0,1]$. Des vacanciers sont répartis également sur la plage (selon une distribution uniforme). Deux marchands de glace sont en compétition pour vendre des glaces. Le marchand $i$ décide de se positionner au point $x_i \in [0,1]$. Chaque vacancier achète une glace à prix fixé auprès du marchand le plus proche de lui. En cas d'égalité de distance la répartition des vacanciers se fait à parts égales entre les deux.

1. En supposant que le gain d'un plagiste est égal au nombre de vacanciers qui sont ses clients, écrire la fonction de gains du jeux.
2. Caractériser les équilibres de Nash du jeu.
3. Ce jeu de Hotelling a longtemps été utilisé comme modèle de compétition électorale. Voyez-vous pourquoi ? La prédiction du modèle électoral vous semble-t-elle pertinente ? Si non, quels éléments manquent-ils selon vous au modèle ?

**Exercice 7.4 Pierre, Papier, Ciseaux**

Cet exercice concerne le jeu de « Pierre, Papier, Ciseaux » vu dans ce chapitre.

1. Montrer que dans tout équilibre de Nash, le gain du joueur 1 est 0 en moyenne.
2. Montrer que le seul équilibre de Nash est $(1/3, 1/3, 1/3)$ pour chaque joueur.

**Exercice 7.5 Le jeu des 2/3**

On propose d'étudier une variation du jeu des 2/3 décrit dans ce chapitre.

Chaque participant parmi $n$ joueurs choisit un nombre décimal compris entre 0 et 100. Chacun paye ensuite la différence en valeur absolue entre son annonce et les 2/3 de la moyenne des annonces. Si chaque joueur $j$ annonce $x_j$, le gain du joueur $i$ est donc

$$-|\frac{1}{n}\sum_j x_j - x_i|.$$

1. Quelles sont les stratégies strictement dominées ?
2. Si on élimine les stratégies dominées du jeu, quelles sont les stratégies dominées du jeu restantes ?
3. Quels sont les équilibres de Nash du jeu ?

**Exercice 7.6 Le concours de beauté**

Le grand économiste britannique John Maynard Keynes remarquait qu'une grande partie du succès des acteurs économiques résidait non pas seulement à prédire le monde, mais à comprendre ce que les autres acteurs en pensent, et ainsi de suite. Il décrivait le monde comme un concours de beauté dans lequel chaque membre du jury chercherait à se rapprocher de l'opinion exprimée par les autres membres.

Chaque participant parmi $n$ joueurs choisit un nombre rationnel compris entre 0 et 100. Chacun paye ensuite le carré de la différence entre son annonce et la moyenne de toutes les annonces. Si chaque joueur $j$ annonce $x_j$, le gain du joueur $i$ est donc

$$-(\frac{1}{n}\sum_{j=1}^{n} x_j - x_i)^2.$$

1. Quelles sont les stratégies strictement dominées ?
2. Si chaque joueur $j$ utilise une stratégie pure $x_j$, quelles sont les meilleures réponses du joueur $i$ ?
3. Quels sont les équilibres de Nash en stratégies pures du jeu ?
4. Si chaque joueur $j$ utilise une stratégie mixte $s_j$, quelles sont les meilleures réponses du joueur $i$ ?
5. Quels sont les équilibres de Nash en stratégies mixtes du jeu ?

# Chapitre 8

# Asymétries d'information

Intéressons-nous maintenant à une des principales défaillances de marché : les asymétries d'information. Jusqu'ici, nous avons considéré implicitement que tous les agents ont accès à la même information. En particulier, tous les vendeurs et tous les acheteurs ont la même information sur les caractéristiques des biens échangés. Lorsque vous achetez un litre d'essence, prendre en compte les asymétries d'information n'est pas très important car la qualité de l'essence est maintenue à un standard par des normes et il n'y a pas de risque de mauvaise surprise. Lorsque l'on s'intéresse au marché du logement ou de l'emploi, les asymétries d'information deviennent beaucoup plus importantes : des propriétaires qui veulent vendre leur maison peuvent avoir connaissance de vices cachés, contrairement aux acheteurs potentiels. De même, il est difficile pour une employeuse de déceler lors d'un entretien d'embauche toutes les qualités et défauts d'un candidat à un poste ; de surcroît il est également parfois difficile de vérifier la qualité du travail effectué.

Dans ce chapitre, nous allons commencer par étudier le problème dit de *sélection adverse* qui se pose lorsque acheteurs et vendeurs ne disposent pas de la même information sur la qualité du bien échangé. Nous verrons ensuite comment certains agents parviennent à transmettre leur information afin de surmonter la difficulté. Nous étudierons aussi les situations dans lesquelles les choix effectués par certains agents, comme l'effort mis à l'exécution d'une tâche, ne sont pas observables et donc ne peuvent faire l'objet d'un contrat. Pour finir, nous évoquerons les problèmes d'asymétrie d'information auxquels sont confrontés les gouvernements.

## 8.1 La sélection adverse

Pour comprendre le problème de la sélection adverse, prenons comme exemple le marché des voitures d'occasion, avant de nous intéresser à l'assurance santé et au marché du crédit.

### 8.1.1 Le marché aux guimbardes

Les prix des voitures d'occasion sont inférieurs à ceux des voitures neuves, et leur prix décroît avec leur ancienneté : rien de surprenant. Ce qui peut être plus étonnant est que, entre une voiture neuve et une voiture qui vient d'être achetée, la décote atteint typiquement entre 15 et 20 % de la valeur ! Dit autrement, juste après l'achat d'une voiture neuve, vous avez perdu une sacrée somme d'argent.

Pourquoi alors acheter une voiture neuve ? Il vaut mieux acheter une voiture ayant à peine quelques kilomètres au compteur ! Si c'était si simple, suffisamment d'acheteurs joueraient de ce bon plan, et le prix des voitures d'occasion quasi neuves devrait remonter.

Qu'est-ce qui peut donc bien justifier que les acheteurs se détournent de modèles d'occasion quasi neufs ? Plaçons-nous du point de vue de l'acheteur face à un vendeur. La question naturelle qui se pose est : « Pourquoi ce vendeur, qui vient à peine d'acquérir ce véhicule, souhaite-t-il s'en débarrasser ? » Évidemment, il est possible que des changements soudains de projets de vie puissent motiver le vendeur. Mais il y a aussi une suspicion naturelle, celle qu'après quelque temps d'usage, le vendeur ait découvert un défaut dans le véhicule qui ne pouvait pas être détecté au moment de l'achat.

Dans un article publié en 1970, l'économiste américain George Akerlof fut le premier à s'intéresser à ce type de problème, et utilisa ce marché des guimbardes (*market for lemons*) comme exemple. Cela lui a permis de démontrer que les asymétries d'information peuvent être une source majeure de défaillance de marché, et rendent dans certains cas les échanges entre vendeurs et acheteurs tout simplement impossibles (Akerlof, 1970). Cet article fondateur lui valut de recevoir le prix Nobel en 2001.

Considérons un marché des voitures d'occasion. Supposons pour simplifier que les véhicules peuvent soit être de bonne qualité, soit de mauvaise qualité (c'est une guimbarde). Un acheteur est prêt à payer 16 000 € pour une voiture de bonne qualité et 8 000 € pour une guimbarde. Un vendeur souhaite se séparer de son véhicule pourvu que son prix soit au moins de 14 000 € s'il est de bonne qualité et de 6 000 € sinon. La moitié des vendeurs possèdent des voitures de bonne qualité et l'autre de mauvaise qualité.

Commençons par étudier le cas sans asymétrie d'information dans lequel à la fois l'acheteur et le vendeur observent la qualité du véhicule. C'est le cas si la qualité dépend de facteurs facilement observables, comme la rouille éventuelle sur la carrosserie. Dans ce cas, les voitures de bonne qualité sont échangées à un prix entre 14 000 et 16 000 €, tandis que les guimbardes s'échangent entre 6 000 et 8 000 €. Toutes les transactions mutuellement bénéfiques ont lieu.

Supposons maintenant que ni l'acheteur ni le vendeur ne connaissent la qualité du véhicule. C'est une hypothèse réaliste si, par exemple, la qualité correspond à d'éventuels problèmes mécaniques n'apparaissant qu'après un kilométrage important non encore atteint par le véhicule. Dans ce cas, du point de vue du vendeur, la valeur moyenne du véhicule est donnée par son espérance mathématique, soit (1/2) 14 000 + (1/2) 6 000 = 10 000 €, tandis que la valeur moyenne du point de vue de l'acheteur s'élève à (1/2) 16 000 + (1/2) 8 000 = 12 000 €. Tout prix d'échange entre ces deux valeurs est satisfaisant pour les deux parties et le véhicule peut être vendu à ce prix.

Passons maintenant au cas qui nous intéresse particulièrement, celui d'une asymétrie d'information entre l'acheteur et le vendeur. On suppose maintenant que le vendeur connaît la qualité de son véhicule, tandis que l'acheteur l'ignore. C'est une hypothèse logique si la qualité est liée à des facteurs tels que la consommation de carburant ou d'huile, une faible autonomie pour un véhicule électrique ou la nécessité de réparations fréquentes par exemple.

En supposant que tous les véhicules sont en vente indépendamment de leur qualité, un acheteur est prêt à payer 12 000 € pour une voiture d'occasion de qualité inconnue. Le prix d'échange ne peut donc dépasser 12 000 €. Le problème est que les propriétaires de voitures de bonne qualité n'acceptent pas de les vendre pour moins de 14 000 €. Il se retirent donc du marché des voiture d'occasion ! Les acheteurs comprennent ce problème, dit de **sélection adverse**, qui implique que seules les guimbardes sont mises en vente. Ils ne sont alors prêts à payer que 8 000 € pour une voiture d'occasion. À l'équilibre seules les guimbardes sont échangées pour un prix situé entre 6 000 et 8 000 €. L'asymétrie d'information a détruit le marché des voitures d'occasion de bonne qualité. Des échanges mutuellement bénéfiques n'ont pas lieu, ce qui constitue une défaillance de marché.

Cet exemple est d'autant plus frappant qu'à l'équilibre l'information cachée est révélée : les voitures échangées sont toutes des guimbardes. Avec plus de deux niveaux de qualité, on peut facilement construire un exemple où seules les pires voitures sont échangées, tandis que tous les autres segments du marché d'occasion sont détruits par l'asymétrie d'information.

### 8.1.2 L'assurance santé

Le problème de la sélection adverse est particulièrement important dans le cas de l'assurance santé privée. Nous sommes en effet inégaux face au risque d'être confrontés à la maladie. Certains d'entre nous, chanceux, savent qu'ils sont généralement en bonne santé et qu'ils ont peu de chance d'avoir recours à la médecine, tandis que d'autres, moins chanceux, en sont beaucoup plus dépendants. Lorsque des assureurs couvrent des clients contre le risque d'avoir des problèmes de santé, ils ne savent pas si ceux-ci sont à fort ou à faible risque. Désormais, l'asymétrie d'information est inversée : les clients ont une information privée que les vendeurs de contrats d'assurance n'ont pas.

Les assureurs ne peuvent pas observer le niveau de risque de leurs clients, et doivent proposer les mêmes tarifs à tous. Les clients à fort risque souscrivent systématiquement à l'assurance car il est assez probable qu'ils aient à l'utiliser. En revanche, les clients « sûrs », qui savent qu'un problème de santé est pour eux peu probable, ne souscrivent pas à l'assurance car ils estiment que celle-ci coûte bien trop cher étant donné leur bonne santé. Cela génère une sélection averse de clients risqués, ce qui augmente le niveau des cotisations d'assurance nécessaires au financement des remboursements à prévoir. Mais cette hausse de prix ne fait que renforcer la sélection adverse de clients risqués. À l'équilibre, seuls les clients dont la santé est la plus fragile s'assurent, mais à un coût très élevé. Pour limiter ce problème, les assureurs peuvent demander des examens médicaux à leurs clients, afin de proposer des cotisations moins élevées aux personnes en bonne santé. Ceci étant, même des examens poussés ne permettent pas de surmonter complètement le problème de la sélection adverse.

Comment rétablir l'efficacité sur le marché de l'assurance santé ? Une solution simple est de rendre obligatoire la souscription à une assurance. Cela peut soit se faire par un système public d'assurance maladie, comme au Royaume-Uni, soit par une obligation d'acheter une assurance auprès d'une compagnie privée, comme aux Pays-Bas. La France dispose d'un système intermédiaire avec une couverture principalement publique, mais où la plupart des salariés ont l'obligation de souscrire à une mutuelle qui offre un complément d'assurance. Il est important de souligner que cette politique n'est pas une amélioration de Pareto par rapport à une absence d'assurance. En effet, les individus à faible risque préféreraient ne pas être assurés (c'est la source de la sélection adverse). Ceci étant, l'assurance santé obligatoire est Pareto efficace : une fois mise en place, pour améliorer le bien-être des personnes à faible risque, en leur permettant de ne pas s'assurer, il faut nécessairement diminuer celui des personnes à fort risque, en augmentant leurs cotisations. Ainsi, l'assurance santé obligatoire n'est pas seulement la correction d'une défaillance de marché, c'est aussi une politique de redistribution des personnes en bonne santé vers celles en mauvaise santé. Il s'agit donc d'un choix de société : la solidarité nationale face à la maladie. Ce choix va de soi en Europe, mais pas aux États-Unis où de nombreuses voix se sont élevées au nom du respect des libertés individuelles contre la réforme de santé de Barack Obama obligeant tous les Américains à s'assurer.

**Obamacare**

Aux États-Unis, l'assurance santé est privée, sauf pour les plus pauvres qui bénéficient de *Medicaid* et les plus de 65 ans qui bénéficient de *Medicare*. De nombreux Américains cotisent à une assurance santé privée *via* leur entreprise. Mais ce système laisse des millions de personnes sans couverture maladie. En 2010, le président Barack Obama a réalisé une réforme majeure du système de santé américain, le *Affordable Care Act*, plus connue sous le nom de *Obamacare*. L'objectif de cette réforme était de diminuer drastiquement le nombre d'Américains sans assurance.

Cette réforme repose sur trois piliers. Premièrement, l'interdiction pour les compagnies d'assurance de discriminer les clients selon leurs antécédents médicaux. Les tarifs doivent donc être indépendants de l'état de santé des personnes. En outre, les assureurs ont l'interdiction de refuser des clients. Ce premier pilier est de nature à renforcer la sélection adverse. Pour contrecarrer ce problème, le deuxième pilier de la réforme est l'obligation pour tous les Américains de souscrire à une assurance santé. Ceux qui choisissent de ne pas s'assurer doivent payer une pénalité s'élevant à 2,5 % de leurs revenus, jusqu'à un maximum de 695 dollars par an. Enfin, le troisième pilier est une plus grande éligibilité à *Medicaid* pour les plus pauvres, des subventions de l'assurance santé des Américains ayant de faibles revenus (jusqu'à 400 % du seuil de pauvreté), et des taxes sur les plus riches pour financer ces mesures de redistribution.

La part d'Américains de 18 à 64 ans sans couverture santé est passée de 22,3 % en 2010 à 12,4 % en 2016. Bien que complexe et imparfaite, cette réforme a permis à des millions d'Américains d'être assurés contre la maladie. Il sera donc politiquement difficile de revenir en arrière, même si de nouvelles réformes pourraient être envisagées afin d'aller vers une couverture maladie universelle, au moins pour les soins essentiels. C'est ce que proposent par exemple les économistes de la santé Liran Einav de Stanford et Amy Finkelstein du MIT (Einav et Finkelstein, 2023).

### 8.1.3 Le marché du crédit

La sélection adverse est un problème rencontré également sur le marché du crédit. Lorsque des banques accordent des prêts à des entreprises, les emprunteurs ont une information plus précise sur le niveau de risque de leurs investissements que les banques.

Supposons que tous les investissements génèrent en moyenne le même revenu, mais que certains sont beaucoup plus risqués que d'autres. Ainsi, certains projets rapportent beaucoup avec une faible probabilité, tandis que d'autres rapportent moins mais avec une probabilité plus élevée. La banque n'est remboursée que si le projet se réalise avec succès et évite la faillite. Lorsqu'une crise économique survient, l'incertitude augmente le nombre de clients à risque. Cela force les banques à augmenter leurs taux d'intérêt. Les clients sûrs décident alors de ne plus emprunter car le coût de l'emprunt est trop élevé au vu de la faible rentabilité de leurs projets peu risqués. Ils ont intérêt à attendre que la crise passe et que le coût de l'emprunt redescende. À l'inverse, les clients à risque acceptent les taux d'intérêt plus élevés sachant que leurs projets sont très rentables en cas de succès, mais qu'ils ont une forte chance de faire défaut. Les banques financent donc une proportion bien plus élevée de projets à risque, qui ont une forte chance d'aboutir à un défaut de paiement, ce qui les pousse à augmenter encore leurs taux d'intérêt pour couvrir ce risque, les faisant entrer dans un cercle vicieux.

Ce problème de sélection adverse conduit ainsi à une contraction du crédit en cas de crise, amplifiant la dépression de l'activité économique.

### 8.1.4 Les signaux

Les propriétaires de voitures de bonne qualité ou les personnes à faible risque d'avoir un problème de santé souhaiteraient révéler publiquement leur information cachée. Ainsi, ils parviendraient à vendre leurs voitures à un bon prix ou à s'assurer contre le risque de la maladie à faible coût. Le problème est que tout le monde prétend appartenir à la bonne catégorie. En terminologie de théorie économique, les personnes qui ont un bon

**type** (bonne qualité ou faible risque) doivent trouver un moyen *crédible* de communiquer cette information à travers l'envoi des bons **signaux**.

Pour être crédible, un signal doit être plus coûteux à envoyer pour un agent de mauvais type que pour un agent de bon type. Plus précisément, il doit être prohibitivement coûteux à envoyer pour un agent ayant le mauvais type. Par exemple, pour signaler une voiture de bonne qualité, son propriétaire peut proposer une garantie de deux ans sur ses fonds propres. Un acheteur sait qu'il serait ruineux pour un vendeur de guimbardes d'offrir une telle garantie. Par conséquent, la garantie révèle de manière crédible l'information cachée. Bien que coûteux, le propriétaire d'une voiture de bonne qualité peut avoir intérêt à envoyer ce signal car c'est la seule manière de vendre sa voiture à un bon prix.

Habiter au cinquième étage d'un immeuble sans ascenseur envoie un signal crédible d'une bonne santé à une compagnie d'assurance. En effet, une personne avec un fort risque de maladie ne choisirait pas d'habiter un tel appartement. Pour l'individu en bonne santé, il pourrait être préférable d'avoir un ascenseur, mais cela l'empêcherait de signaler son faible risque à son assureur.

Sur le marché du travail, certaines personnes ont un potentiel productif plus important que d'autres. Elles souhaiteraient donc se voir confier des responsabilités plus exigeantes, avec un salaire élevé à la clef. Le problème est que les employeurs ne peuvent pas facilement observer ce potentiel. Dans la mesure où pratiquement tous les jeunes cherchent à travailler quel que soit leur salaire, cela ne génère pas de problème de sélection adverse. En revanche, les personnes les plus talentueuses souhaitent signaler leur potentiel sur le marché du travail. Une manière d'y parvenir est d'acquérir des diplômes.

En effet, obtenir une licence ou un master à l'université est beaucoup plus coûteux, voire quasiment impossible, pour les personnes ayant moins de facilités pour les études académiques. Ainsi, les diplômes universitaires montrent une capacité à étudier des problèmes abstraits et complexes, ce qui est corrélé à la capacité d'assumer avec succès des responsabilités au sein d'une entreprise. Par conséquent, un jeune a intérêt à acquérir des diplômes, même si le contenu des enseignements lui sera parfaitement inutile pour sa future carrière ! Michael Spence a partagé le prix Nobel en 2001 pour avoir utilisé les outils de la théorie des jeux afin de formaliser ce problème de signalement sur le marché du travail.

Bien entendu, une autre dimension de l'éducation est que l'enseignement supérieur permet d'acquérir des compétences utiles qui augmentent la productivité future des étudiants. L'éducation représente alors un investissement dans le **capital humain**. Les médecins, les ingénieurs, les juristes, et même les économistes apprennent des choses utiles à l'université ! En pratique, l'enseignement supérieur est à la fois un signal et un investissement dans le capital humain.

### 8.1.5 Un exemple de signal

Pour fixer les idées, prenons un exemple. On considère une population de travailleurs dont le type, noté $\theta \in \{10, 20\}$, représente leur capacité de travail. Le type $\theta = 20$ correspond à une grande capacité, tandis que $\theta = 10$ correspond à une faible capacité. Il y a un nombre identique de travailleurs de chaque type.

Les employeurs sont prêts à payer $\theta$ pour embaucher un travailleur de type $\theta$, soit 10 (milliers d'euros) pour un travailleur de type $\theta = 10$ et 20 (milliers d'euros) pour un travailleur de type $\theta = 20$. Le problème est que $\theta$ n'est pas directement observable par les employeurs.

**Premier cas.** Supposons que les travailleurs aient la possibilité d'obtenir un diplôme. Les travailleurs de type $\theta = 10$ mettent deux ans à l'obtenir, tandis que ceux de type $\theta = 20$ ne mettent qu'un an. Le coût d'une année d'études est de 6 milliers d'euros, de sorte que le coût des études est de 12 pour un travailleur de productivité basse, et de 6 pour un travailleur de productivité haute. Le paiement total d'un travailleur est donné par le salaire reçu en fin d'études minoré par le coût éventuel des études suivies.

Si seuls les travailleurs de productivité haute entreprennent des études, alors ces derniers reçoivent un salaire de 20 (car leur diplôme leur permet de démontrer leur productivité). Avec un coût des études de 6, leur paiement total est de 14. Un travailleur de productivité haute aurait-il intérêt à ne pas étudier ? Dans ce cas, son paiement serait de 10 (car son absence de diplôme serait perçu comme signe de productivité basse). On voit que, dans ce cas, il est dans l'intérêt d'un travailleur de productivité haute de suivre des études.

Que peut-on dire d'un travailleur de qualité basse ? En n'étudiant pas, son paiement est de 10 (une absence de diplôme impliquant un bas salaire). Si un tel travailleur décidait d'étudier, son paiement serait de 20 (car il serait assimilé à un travailleur à haute productivité) minoré du coût d'obtenir le diplôme de 12, soit un total de 8. On voit donc qu'il est dans l'intérêt d'un travailleur de productivité basse de ne pas obtenir le diplôme.

Avec ces paramètres, la valeur du diplôme est donc suffisamment élevée sur le marché du travail pour que les travailleurs de productivité haute choisissent d'étudier, mais son coût est trop élevé pour que les travailleurs de faible productivité le fassent également. Dans ce cas, le diplôme est bien un signal de la productivité sur le marché du travail.

**Deuxième cas.** Faisons varier les paramètres et imaginons que le diplôme soit très difficile à obtenir, avec un coût de 12 pour les travailleurs plus productifs et de 24 pour les moins productifs. Dans ce cas, un travailleur productif obtient $20 - 12$, soit 8, en passant le diplôme, mais s'il se décourage et ne passe pas le diplôme il obtient $10 - 0 = 10$. Les travailleurs de productivité haute n'ont donc pas intérêt à passer le diplôme, et les études ne peuvent alors servir de signal de la productivité.

En l'absence d'information sur la productivité individuelle des travailleurs, les employeurs choisissent de les payer tous au niveau de leur productivité moyenne, soit $0,5 \times 10 + 0,5 \times 20 = 15$. Dans cet équilibre, personne ne passe le diplôme.

**Troisième cas.** Faisons maintenant baisser la difficulté d'obtention du diplôme et imaginons que le coût pour un travailleur de productivité élevée est de 4, tandis qu'il est de 8 pour un travailleur de productivité basse.

Dans ce cas, on voit qu'un travailleur de productivité basse a tout intérêt à obtenir lui aussi le diplôme ! En effet, entreprendre des études pour se faire passer pour un travailleur de productivité haute lui donne un paiement de $20 - 8 = 12$, ce qui est préférable à ne pas passer le diplôme et recevoir $10 - 0 = 10$. Le problème est que le diplôme est alors incapable de révéler une productivité élevée. Les employeurs décident donc de payer tous les travailleurs au niveau de leur productivité moyenne, soit 15. À l'équilibre, personne ne cherche à obtenir ce diplôme. Bien que facile à obtenir, et donc peu coûteux, ce diplôme ne signale rien du tout et n'a ainsi aucune valeur.

Pour qu'un signal fonctionne, il faut qu'il soit suffisamment coûteux pour décourager les moins bons de l'envoyer, mais pas trop coûteux sans quoi personne n'a intérêt à employer.

## 8.2 L'aléa moral

Jusqu'à présent, nous nous sommes intéressés à des asymétries d'information relevant de **caractéristiques cachées**, comme la qualité d'une voiture ou l'état de santé. Il existe aussi des asymétries d'information relevant d'**actions cachées** au sein d'une relation contractuelle.

Commençons par illustrer la nature du problème dans la relation entre une entreprise et un salarié, avant d'en proposer une lecture plus générale.

### 8.2.1 Le salaire d'efficience

Lorsqu'une entreprise emploie un salarié, elle n'est pas capable d'observer parfaitement son niveau d'application et d'effort dans son travail. L'action du salarié est donc partiellement cachée. Pourtant, un travail de qualité est de nature à produire de meilleurs résultats, ce qui est bénéfique pour l'entreprise. Le problème est que ces résultats sont également affectés par de nombreux autres facteurs, comme l'effort d'autres salariés, des facteurs extérieurs à l'entreprise ou encore l'évolution technologique.

Ses actions n'étant pas précisément observables, le salarié a intérêt à être plus paresseux que si l'employeur pouvait parfaitement observer le niveau d'effort exercé, ce qui est coûteux pour l'employeur. C'est le problème de l'**aléa moral**. Pour surmonter ce problème, l'entreprise doit trouver le moyen d'inciter son salarié à faire des efforts. Une manière d'y parvenir est de surpayer son salarié, tout en promettant de le licencier si les résultats de l'entreprise ne sont pas bons. Le salarié est alors incité à travailler dur afin de maximiser la probabilité de garder un poste si bien rémunéré. Certes, il est possible que malgré ses efforts, les résultats ne soient pas au rendez-vous et qu'il perde donc son emploi. Cette probabilité est néanmoins d'autant plus faible que ses efforts sont élevés.

La rémunération de ce travail est supérieure au salaire d'équilibre du marché du travail, qui égalise l'offre et la demande de travail. On parle de **salaire d'efficience**. Ce terme est trompeur car ce salaire est efficient du point de vue de l'employeur, mais pas de l'économie dans son ensemble. En l'absence d'asymétrie d'information, l'efficacité de Pareto requiert en effet un niveau de salaire qui égalise l'offre et la demande de travail. Le salaire d'efficience est supérieur à ce niveau, ce qui engendre une demande de travail des employeurs inférieure à l'offre de travail des salariés, générant un chômage qui est la conséquence d'un problème d'une asymétrie d'information.

En 1914, Henry Ford était confronté dans ses usines automobiles à un problème de qualité de sa production et d'une rotation trop élevée de son personnel, qui l'obligeait à renouveler sans cesse ses équipes. Pour répondre à ce problème, il a instauré le célèbre *five dollars a day* correspondant à un doublement du niveau de salaire de ses ouvriers. Les travailleurs des régions avoisinant les usines Ford ont souhaité les rejoindre en masse, et la qualité de la production est montée en flèche. Henry Ford a reconnu par la suite que cette politique fut l'une des plus rentables qu'il ait mise en œuvre.

### 8.2.2 Le problème principal-agent

L'exemple du salaire d'efficience correspond à ce que les économistes appellent un **problème principal-agent**, que l'on retrouve dans de nombreuses situations. L'agent, ici le salarié, est celui qui choisit l'action inobservée. Le principal, ici l'entreprise, est affecté par les actions de l'agent mais ne peut pas directement les contrôler. L'agent a intérêt à choisir des actions qui nuisent au principal, ici la paresse. C'est le problème de l'aléa moral. Cependant, le principal observe des signaux qui sont affectés par l'action de l'agent, ici les résultats de l'entreprise. Par conséquent, le principal peut surmonter l'aléa moral en proposant un contrat qui incite l'agent à agir dans son intérêt, ici un salaire d'efficience qui incite à travailler dur.

Cette configuration s'applique dès lors qu'il est impossible de vérifier le comportement des agents économiques. Cela concerne en particulier l'industrie de l'assurance. Prenons l'exemple d'une assurance contre les accidents de la route. Le principal est l'assureur et l'agent l'automobiliste. Si un conducteur est assuré à 100 % contre le risque d'avoir un accident, alors il conduira sans précaution. Certes, il évitera d'avoir un accident grave, mais il n'hésitera pas à malmener son véhicule et se souciera moins d'avoir des accrochages qui nécessitent de coûteuses réparations. C'est encore une fois un problème d'aléa moral. Pour surmonter ce problème, l'assureur doit inciter l'automobiliste à conduire prudemment et à préserver son véhicule. C'est la raison pour laquelle il existe habituellement une franchise qui reste à la charge de l'assuré. Par exemple, lorsque la franchise est de 1 000 €, alors les 1 000 premiers euros de réparation ne sont pas couverts par l'assurance. L'assureur peut aussi instaurer un système de bonus-malus afin de réduire les cotisations de ses clients qui n'ont pas eu d'accident dans le passé.

L'aléa moral est également au cœur de l'assurance chômage. Les travailleurs qui perdent leur emploi s'exposent à de grosses difficultés financières. Il est donc souhaitable d'avoir une assurance chômage afin que les chômeurs puissent continuer à percevoir un revenu pendant leur recherche d'emploi. Le problème est que l'assureur n'observe pas l'intensité de l'effort de recherche d'emploi du chômeur. La possibilité de continuer à toucher un salaire inchangé sans travailler limite les incitations à retrouver un emploi dès que possible. Pour surmonter cet aléa moral, l'assurance chômage prévoit habituellement des allocations qui sont inférieures au dernier salaire et qui décroissent au cours du temps.

Les investisseurs sont également confrontés à un problème d'aléa moral lorsqu'ils prêtent de l'argent à des entrepreneurs. Une fois le prêt effectué, l'action des entrepreneurs n'est pas facilement observable par les investisseurs. Les entrepreneurs peuvent donc choisir de ne pas travailler dur, ce qui réduit la probabilité de succès de leur entreprise, ou de prendre des risques excessifs. Pour surmonter ce problème d'aléa moral, les investisseurs peuvent demander aux entrepreneurs d'engager des fonds propres dans le projet qu'ils financent. C'est ce qui explique pourquoi, plus un entrepreneur est riche, plus il peut emprunter, d'où l'expression « on ne prête qu'aux riches » !

**L'expérience de la RAND**

La *RAND Corporation* est un institut de recherche américain spécialisé dans les politiques publiques et la défense. Entre 1974 et 1982, cet institut a réalisé la plus grande expérience randomisée jamais entreprise au sujet de l'assurance santé. 5 800 Américains de moins de 62 ans provenant de 2 000 foyers différents représentatifs de la population américaine ont été aléatoirement répartis entre différents niveaux de remboursement de leurs dépenses de santé. Les taux de remboursement allaient de 5 % à 100 %, jusqu'à un plafond de dépenses maximum au-delà duquel les soins étaient remboursés à 100 %. Ce plafond s'élevait de 5 à 15 % du revenu du ménage et était lui-même fixé aléatoirement. Cette expérience a coûté près de 80 millions de dollars de 1977 (soit près de 400 millions de dollars de 2023), raison pour laquelle elle n'a jamais été reproduite.

Les résultats ont montré que le passage du taux de couverture de 100 à 75 % réduisait les dépenses de santé de près de 30 %, tandis que la diminution de la couverture en dessous de 75 % avait un faible impact sur les dépenses de santé. Ainsi, la gratuité augmente fortement les dépenses de santé. Cette augmentation concerne principalement les dépenses non hospitalières (les visites chez le médecin ou les médicaments par exemple).

De manière plus surprenante, le taux de couverture, et donc le niveau des dépenses de santé, n'a eu pratiquement aucun impact visible sur l'état de santé des personnes au cours de la durée de l'étude. Cela suggère que la gratuité de la santé engendre une surconsommation caractéristique d'un aléa moral. La seule exception concerne les pauvres souffrant de maladies chroniques, comme l'hypertension, pour qui une meilleure couverture améliore sensiblement l'état de santé.

Cette expérience suggère qu'une bonne politique de remboursement des dépenses de santé peut consister en un remboursement inférieur à 100 % jusqu'à un certain seuil, au-delà duquel les soins sont remboursés à 100 %. Une exception mérite d'être prévue pour les personnes souffrant de maladies chroniques nécessitant des soins réguliers. Ainsi, on évite la surconsommation pour les petites dépenses pour lesquelles l'aléa moral est fort, tout en ayant une couverture totale pour les maladies chroniques et pour les soins hospitaliers pour lesquels l'aléa moral est nettement plus faible.

### 8.2.3 Étude d'un exemple de contrat optimal

L'exemple des franchises montre que certaines structures de contrat peuvent aider à limiter le problème d'aléa moral. Montrons dans un cadre très simple quel est le contrat dit « optimal » offert par un employeur à un employé. L'effort exercé par l'employé, et donc la qualité de son travail, n'est pas directement observé par l'employeur. Pour simplifier, on supposera ici que l'effort de l'employé est soit élevé, soit inexistant. L'employeur observe en revanche le succès ou non de l'employé (nouvelles ventes, satisfaction de clients, innovation sur des produits, etc.). Pour simplifier, on va supposer qu'un effort élevé donne lieu à un succès 70 % du temps, et l'absence d'effort réduit la probabilité de succès à 20 %. En cas de succès, la valeur économique du projet pour l'employeur est de 2 000 €, et en cas d'échec cette valeur est nulle. Pour l'employé, le coût d'effectuer un effort haut est mesurable en termes monétaires par 200 €.

On pourrait penser que, pour l'employeur, offrir un salaire fixe de 200 € à son employé est une bonne idée. En effet dans ce cas l'employé est compensé pour le coût de l'effort, tandis que l'augmentation de la probabilité de succès du projet de 20 % à 70 % compense largement le salaire versé. Mais c'est oublier que l'employé pourrait décider d'empocher les 200 € sans effectuer aucun effort !

Le contrat optimal suppose donc de payer le salarié en fonction des résultats. Supposons que le salaire minimum légal est fixé à 100 €. L'employeur promet un salaire de 100 € en cas d'échec et d'une valeur notée $S$ en cas de succès. Dans ce cas, du point de vue de l'employé, pour qu'il vaille la peine d'effectuer un effort, il faut que l'augmentation des chances d'empocher $S$ compense le coût de l'effort. En cas d'effort, l'employé a 70 % de chances d'obtenir $S$ et 30 % d'obtenir 100 €, tandis que l'effort lui coûte 200 € (autrement dit, l'effort est aussi pénible qu'une perte de 200 €). Sans effort, l'employé n'a que 20 % de chances d'obtenir $S$ et 80 % d'obtenir 100 €. Par conséquent, pour que l'employé choisisse un niveau élevé d'effort dans son travail, il faut satisfaire la **contrainte d'incitation** suivante :

$$0,7 \times S + 0,3 \times 100 - 200 \geq 0,2 \times S + 0,8 \times 100.$$

On voit donc que la condition sous laquelle le travailleur est incité à l'effort est que $S$ soit suffisamment élevé, ici $S \geq 500$.

Mais alors, du point de vue de l'employeur, un tel contrat n'est-il pas trop coûteux ? On voit qu'en cas de succès, il doit compenser l'employé du quart des 2 000 € correspondant à la valeur du projet. Il lui reste tout de même 1 500 € en poche. L'employeur a donc 70 % de chances d'obtenir 1 500 € et 30 % de chances d'obtenir -100 €, ce qui fait un profit espéré de 1 020 €.

L'employeur pourrait décider de payer l'employé le salaire minimum de 100 € en cas de succès comme d'échec. Dans ce cas l'employeur a 20 % de chances de gagner 2 000 − 100 = 1 900 € et 80 % de chances de gagner -100 €, ce qui implique un profit espéré de 300 €. Cette option est nettement moins profitable que l'alternative consistant à inciter le salarié à travailler dur en promettant de partager avec lui une partie des profits en cas de succès du projet.

**Variante.** Supposons désormais que la probabilité de succès en l'absence d'effort est de 50 %, tandis que cette probabilité est toujours égale à 70 % en cas d'effort. La contrainte d'incitation s'écrit alors :

$$0,7 \times S + 0,3 \times 100 - 200 \geq 0,5 \times S + 0,5 \times 100,$$

soit $S \geq 1\ 100$. Pour inciter l'effort, la récompense offerte par le patron en cas de succès doit donc être de 1 100 € ou plus. En offrant ce contrat incitatif, le patron garde en poche 2 000 − 1 100 = 900 € en cas de succès, c'est-à dire 70 % du temps, et perd 100 € en cas d'échec, soit 30 % du temps. Le profit espéré s'élève donc à 600 €. Si le patron décide de payer son employé 100 € quoi qu'il arrive, il a 50 % de chances de gagner 2 000 − 100 = 1 900 € et 50 % de chances de perdre 100 €, pour un profit espéré de 900 €. On voit qu'il est alors trop coûteux pour l'employeur de donner des incitations à son employé. Cependant, d'un point de vue de l'efficacité de Pareto, il serait préférable que l'employé travaille dur car la valeur économique de son travail, mesurée par l'augmentation des chances de succès du projet multiplié par la valeur en cas de succès, soit 70 % - 50 % fois 2 000 € vaut 400 €, ce qui compense largement le coût de 200 € de l'effort produit.

Lorsqu'on étudie les asymétries d'information sous l'angle des contrats, on voit que même le meilleur contrat n'est pas nécessairement efficace au sens de Pareto.[1] C'est pourquoi les asymétries d'information et l'aléa moral sont bien une source de défaillance des marchés, on dit alors que le contrat optimal permet d'obtenir un optimum de second ordre (le mieux qu'il soit possible d'obtenir en prenant en compte l'asymétrie d'information).

## 8.3 L'État face aux asymétries d'information

Dès lors que l'État intervient pour améliorer l'allocation des ressources dans la société, il est confronté à des problèmes d'asymétrie d'information. Cette défaillance de marché est fondamentalement liée à toutes les autres.

Face à un monopole, l'État peut chercher à réguler les prix afin qu'ils reflètent les coûts de production. Le problème est que l'entreprise aura intérêt à exagérer ses coûts, que le régulateur peut difficilement observer avec précision. Les possibilités d'investir pour réduire les coûts futurs sont encore plus difficilement observables, si bien qu'une mauvaise régulation risque d'aboutir à des coûts de production durablement trop élevés. Une bonne régulation doit donc inciter les entreprises régulées à gagner en efficacité, ce qui requiert de les récompenser lorsque leurs coûts de production baissent.

Les victimes d'externalités négatives ont intérêt à exagérer leurs dommages, qui sont souvent difficilement observables. Les consommateurs de biens publics, comme l'éclairage urbain ou les routes, exagèrent le bénéfice qu'ils en tirent s'ils ne sont pas mis à contribution et minimisent ce bénéfice s'ils doivent contribuer à leur financement proportionnellement à ce bénéfice individuel, en espérant être les passagers clandestins d'autres contributeurs.

Lorsqu'une défaillance de marché résulte d'une asymétrie d'information, l'État n'a pas accès aux informations privées qui sont la source du problème, ce qui limite sa capacité à agir. Face à la sélection adverse, il peut rendre la participation obligatoire, comme c'est habituellement le cas en Europe pour l'assurance santé. En revanche, face à un problème d'aléa moral, l'État n'est généralement pas en mesure de proposer une solution pour corriger cette défaillance du marché. Autrement dit, le marché est Pareto inefficace par rapport à une situation où il n'existerait pas d'infor-

1. L'inefficacité est ici due au salaire minimum qui empêche d'avoir un écart suffisamment grand entre la rémunération du salarié en cas de succès et en cas d'échec du projet. Plus généralement, on suppose que les salariés aiment moins le risque que leurs employeurs. En l'absence d'asymétrie d'information, l'employeur absorberait le risque du projet en payant une rémunération fixe en l'échange de l'effort (observable) du salarié. En présence d'aléa moral, pour inciter le salarié à faire des efforts, l'entreprise doit intéresser le salarié aux résultats du projet. Le salarié supporte donc une part de risque, ce qui est inefficace.

mation cachée. Néanmoins, en présence d'asymétries d'information, le marché n'est pas nécessairement moins efficace que l'alternative publique.

L'État peut aussi intervenir pour redistribuer les revenus des plus riches vers les plus pauvres. Le cœur du problème consiste à augmenter les revenus des plus pauvres tout en préservant l'incitation des plus riches à créer des richesses. En 1971, l'économiste écossais James Mirrlees a théorisé ce problème comme un problème d'asymétrie d'information, ce qui lui valut le prix Nobel en 1996. L'État observe les revenus des différents travailleurs, mais pas leur capacité intrinsèque à obtenir un revenu élevé. Par conséquent, si l'impôt sur le revenu du travail a des taux d'imposition trop élevés, alors les travailleurs les plus productifs réduiront leur effort et se contenteront d'un revenu plus faible, sans que l'État puisse savoir que ces travailleurs productifs ont la capacité de gagner beaucoup plus. Cela réduira la capacité de l'État à redistribuer vers les travailleurs les moins productifs.

Dès lors que la conception d'une politique publique est confrontée à un problème d'asymétrie d'information, l'analyse économique peut utiliser la **théorie des mécanismes** afin de déterminer la politique optimale. Cette approche permet de modéliser conjointement les contraintes de ressources d'une part, et les contraintes d'incitations d'autre part. Les contraintes de ressources imposent qu'on ne peut pas collectivement consommer plus qu'on ne produit, tandis que les contraintes d'incitation imposent qu'un individu ne peut pas être forcé à agir de manière contraire à ce qu'il perçoit être son intérêt sachant ses informations cachées. Une fois l'allocation optimale déterminée, on peut déduire les instruments de politique économique, comme les taxes et les subventions, capables d'instaurer cette allocation dans une économie de marché où les prix et les quantités sont déterminés par la rencontre entre l'offre et la demande. En 2007, les économistes américains Leonid Hurwicz, Eric Maskin et Roger Myerson ont obtenu le prix Nobel pour avoir développé cette théorie des mécanismes, à l'intersection entre la théorie des jeux et la théorie des asymétries d'information. Il s'agit d'un des outils théoriques les plus puissants et les plus remarquables que nous offrent les sciences économiques, permettant notamment de caractériser l'allocation optimale des ressources en présence d'informations cachées.

**Le jugement de Salomon**

Dans l'Ancien Testament, le roi Salomon est confronté à un dilemme. Deux femmes ont mis au monde un enfant à trois jours d'écart. L'un est rapidement mort. Chacune des deux femmes réclame le nourrisson vivant en prétendant en être la mère. Le roi Salomon souhaite donner cet enfant à sa mère, mais ne dispose pas de cette information. Il demande alors qu'on lui apporte une épée et dit « Coupez en deux l'enfant qui vit, et donnez-en la moitié à l'une et la moitié à l'autre ». Alors, la femme dont le fils est vivant s'adresse au roi : « Ah! mon seigneur, donnez-lui l'enfant qui vit, et ne le faites point mourir », tandis que l'autre femme dit : « Il ne sera ni à moi ni à toi; coupez-le! ». Alors le roi annonce : « Donnez à la première l'enfant qui vit, et ne le faites point mourir. C'est elle qui est sa mère. »

Dans sa sagesse divine, le roi Salomon a trouvé un mécanisme permettant de révéler l'information qui lui était cachée. Ceci étant, le mécanisme de Salomon repose sur l'amour maternel et l'émotion du moment. Si les deux femmes avaient été froidement rationnelles et avaient compris le raisonnement de Salomon, chacune aurait dit « Qu'on donne à l'autre l'enfant vivant et ne le tue pas! ». La théorie des mécanismes cherche à concevoir des mécanismes qui sont robustes à de tels comportements stratégiques.

Si Salomon avait été face à des mères calculatrices, il aurait pu leur soumettre le mécanisme suivant. Le roi demande d'abord à chacune de dire qui est la mère, tout en prévenant qu'en cas de désaccord il organisera une enchère et donnera l'enfant à la plus offrante tout en infligeant une faible amende à l'autre. En supposant que la mère véritable est prête à payer plus cher pour avoir l'enfant, la femme qui n'est pas la mère anticipe qu'en cas d'enchère elle se verra infliger une amende. Elle ne prétend donc pas être la mère. Ce mécanisme incite chacune des deux femmes à dire spontanément la vérité, ce qui permet de rendre l'enfant à sa mère sans même organiser d'enchère.

## Références

AKERLOF, G. A. (1970) : "The Market for "Lemons" : Quality Uncertainty and the Market Mechanism," *The Quarterly Journal of Economics*, 84, 488–500.

EINAV, L. ET A. FINKELSTEIN (2023) : *We've Got You Covered : Rebooting American Health Care*, Penguin Random House.

# Exercices du chapitre 8

**Exercice 8.1 La consommation médicale**

1. Les personnes bénéficiant d'une couverture maladie vont chez le médecin plus souvent que les autres. Pourquoi est-ce le cas ?
2. L'État doit-il rendre la santé gratuite pour tous, et financée par l'impôt ?

**Exercice 8.2 L'obligation de souscrire à une assurance santé**

Soit une population composée de 50 personnes ayant un faible risque de maladie et 50 personnes ayant un fort risque. Les personnes à faible risque dépensent en moyenne 300 € pour leur santé et sont prêtes à payer jusqu'à 500 € pour une assurance (afin d'être à l'abri de l'incertitude). Les personnes à fort risque dépensent en moyenne 1 000 € et sont prêtes à payer jusqu'à 1 100 €.

1. Quel est l'équilibre avec information complète ? Calculer le surplus total dans ce cas.
2. Quel est l'équilibre avec asymétrie d'information, telle que les assurés connaissent leur risque individuel mais les assureurs ne l'observent pas ? Calculer le surplus total dans ce cas.
3. Le gouvernement rend obligatoire la souscription à une assurance de santé pour un prix maximum fixé à 650 €. Quel est l'équilibre dans ce cas ? Cette politique est-elle efficace ? Tout le monde gagne-t-il à l'instauration de cette obligation ? Expliquer.

**Exercice 8.3 Rémunération d'un dirigeant d'entreprise**

Le dirigeant d'une entreprise effectue un niveau effort $e$ dans son travail. Les revenus de l'entreprise s'élèvent à $\pi = e + \varepsilon$, où $\varepsilon$ est une variable aléatoire d'espérance nulle et de variance $\sigma^2$. L'entreprise verse un salaire $w(\pi) = \alpha + \beta\pi$ à son dirigeant, qui est une fonction linéaire des revenus $\pi$ de l'entreprise. Le coût de l'effort pour le dirigeant s'élève à $e^2/2$. La satisfaction du dirigeant est donnée par

$$\mathbb{E}(w(\pi)) - \frac{\gamma}{2}\mathbb{V}(w(\pi)) - \frac{e^2}{2},$$

où $\mathbb{E}(w(\pi))$ désigne l'espérance mathématique du salaire et $\mathbb{V}(w(\pi))$ sa variance. Le paramètre $\gamma$ détermine le niveau d'aversion au risque du dirigeant. Le marché du travail implique que, pour recruter un dirigeant, l'entreprise doit lui proposer un contrat qui lui assure un niveau de satisfaction supérieur ou égal à $W$.

1. Interpréter les paramètres $\alpha$ et $\beta$.
2. Calculer la satisfaction du dirigeant et le profit espéré pour l'entreprise en fonction de $\alpha$, $\beta$ et $e$.
3. Caractériser le contrat optimal lorsque l'effort $e$ du dirigeant est observable par l'entreprise. Expliquer le résultat.
4. Caractériser le contrat optimal lorsque l'effort $e$ du dirigeant n'est pas observable par l'entreprise. Expliquer le résultat. Quel est l'impact de $\sigma^2$ et de $\gamma$ sur le contrat optimal ?

# Chapitre 9

# Choix social

Dans les premiers chapitres de cet ouvrage, nous nous sommes intéressés aux décisions d'individus ayant des préférences. L'État doit également prendre des décisions. Certaines peuvent être d'ordre économique, d'autres ne le sont pas : Quel doit être le montant des impôts pour financer des biens publics ou pour permettre une redistribution des richesses ? Comment le poids de la taxation doit-il être réparti entre différents groupes ? La France doit-elle entrer en guerre ? Doit-elle restreindre la liberté d'expression en interdisant des discours haineux ? Or, une nation en soi n'a pas de préférences, seuls les individus qui la composent en ont. Comment, alors, un État, une ville, une association, ou tout autre groupe politique peut-il prendre des décisions ? C'est à cette question que tente de répondre la théorie du choix social, l'une des branches des sciences économiques. À titre d'introduction à ce champ des sciences économiques, nous allons en décrire quelques résultats fondamentaux.

## 9.1 Les difficultés du vote

Le problème du choix social se pose en général de la manière suivante : un groupe de personnes, chacune ayant ses propres préférences, doit faire un choix parmi un ensemble d'options. Par exemple : les membres du comité exécutif d'une entreprise doivent décider de la localisation d'une nouvelle usine ; les députés français doivent approuver ou non une réforme proposée par le gouvernement ; le corps électoral français doit choisir un nouveau président. Pour fixer les idées, considérons un groupe de 14 personnes qui doivent prendre une décision parmi quatre candidats, A, B, C et D. Les préférences des électeurs sont représentées sur la figure 9.1.

FIGURE 9.1 – Préférences des électeurs

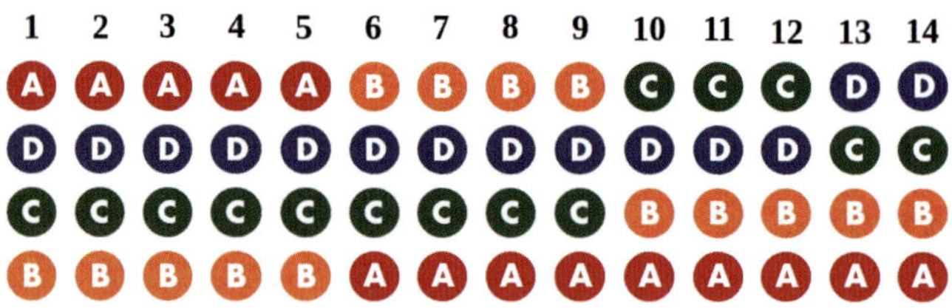


Ainsi, l'électeur 1 préfère A à D à C à B, et l'électeur 6 préfère B à D à C à A. Les préférences de ces électeurs n'étant pas parfaitement alignées, comment ce groupe peut-il prendre une décision ? Une première solution est la dictature : un seul électeur décide pour l'ensemble du groupe. Si l'on veut prendre une décision de façon plus démocratique, on peut procéder à un vote.

Il reste toutefois à déterminer la règle de vote. Les démocraties anglo-saxonnes utilisent très souvent le système de scrutin majoritaire à un tour (aussi appelé système de pluralité) : chacun vote pour un unique candidat, et le candidat qui obtient le plus de voix est désigné vainqueur. Pour élire le président français, on utilise aussi un scrutin uninominal, mais à deux tours. Dans certains pays, les électeurs sont amenés à choisir plus qu'un seul candidat lors du scrutin. En Australie, pour l'élection des membres de la Chambre des représentants ou en Irlande pour l'élection du président, on utilise le système du vote alternatif. Chaque électeur classe tous les candidats par ordre de préférence, du meilleur au moins bon. Si un candidat est classé premier par plus de la moitié des électeurs, il est déclaré vainqueur. Sinon, on enlève de la course le candidat qui a été choisi le moins de fois en premier. Alors, si un des candidats restants est le préféré d'une majorité parmi cette liste restreinte, il est déclaré vainqueur. Sinon, on recommence jusqu'à ce qu'un candidat obtienne la majorité des suffrages. Y a-t-il une règle qui soit préférable aux autres ? Voyons ce que ces règles donnent dans l'exemple de nos 14 électeurs.

FIGURE 9.2 – Avec un scrutin uninominal majoritaire à un tour, A gagne

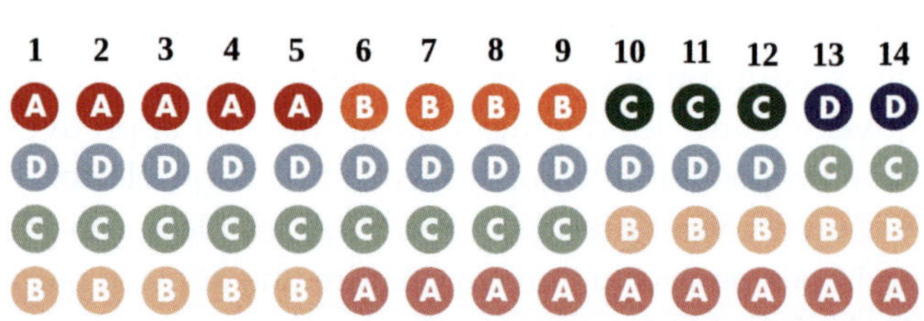


Si l'on choisit d'utiliser un système uninominal majoritaire (comme en Grande-Bretagne), les électeurs ne doivent renseigner sur leur bulletin

de vote que le candidat qu'ils préfèrent. On ne s'intéresse alors qu'à la première ligne du tableau, et on s'aperçoit que dans cette configuration, c'est le candidat A qui gagne l'élection (voir figure 9.2).

Que se passerait-il alors si les électeurs utilisaient un système à deux tours ? Les candidats qui auraient le plus de voix au premier tour seraient A et B. Si les électeurs ne changent pas d'avis entre les deux tours, on peut savoir ce qu'ils voteraient au deuxième tour en éliminant C et D du tableau : on s'aperçoit alors que c'est le candidat B qui gagnerait l'élection (voir figure 9.3).

FIGURE 9.3 – Si le scrutin est à deux tours, c'est B qui gagne

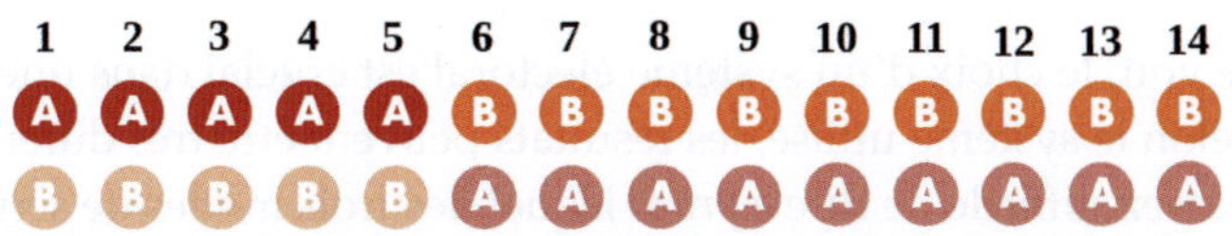


Ainsi, choisir un système à un ou deux tours n'est pas neutre, et peut changer le résultat de l'élection. C'est par exemple ce qui s'est passé lors de l'élection présidentielle française de 1995 : Lionel Jospin y a devancé Jacques Chirac au premier tour de près de 3 %, mais s'est fait battre par lui au second tour.

Examinons maintenant ce qui se passerait en utilisant un système de vote alternatif, comme en Irlande ou en Australie. Au premier tour, aucun candidat ne récolte plus de la moitié des voix : on élimine alors le candidat D qui en a reçu le moins.

À ce stade, il n'y a toujours pas de candidat qui récolte plus de 7 voix, on élimine alors le candidat B qui en a une de moins que A et C (voir figure 9.4). Enfin, lorsqu'il ne reste plus que ces derniers en lice, c'est le candidat C qui remporte le plus de voix (voir figure 9.5).

FIGURE 9.4 – Lors d'un vote alternatif, D serait éliminé au premier tour

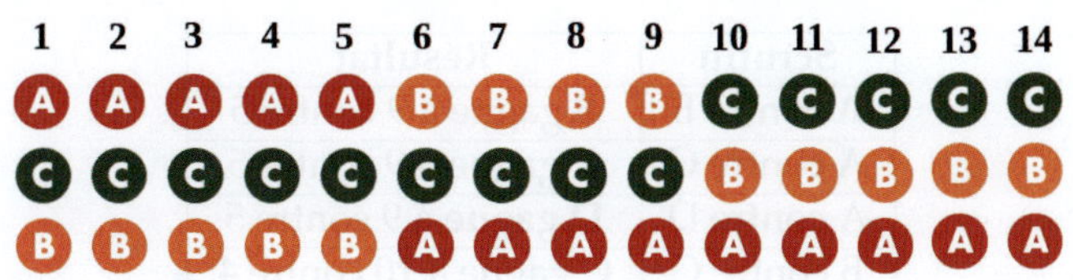


Ainsi, dans cette configuration, le gagnant désigné est encore différent de celui désigné par les deux premiers modes de scrutin. Une telle situation a été observée par exemple en Irlande lors de l'élection présidentielle de 1990 : le candidat désigné vainqueur n'était pas celui que la majorité avait préféré. Si les Irlandais avaient utilisé un scrutin uninominal à un

FIGURE 9.5 – C est le gagnant du vote alternatif

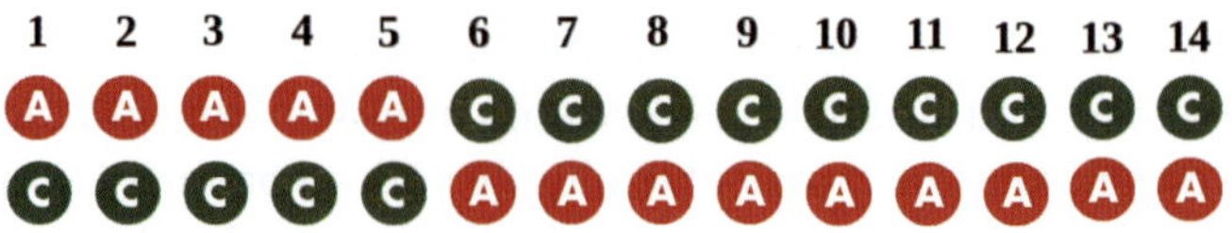


tour (comme en Grande-Bretagne), ils auraient eu un autre président cette année-là.

## 9.2 Critère et paradoxe de Condorcet

On le voit, le choix d'un système électoral est crucial dans une démocratie : selon le système utilisé, les résultats peuvent être très différents, et il paraît assez difficile de dire *a priori* lequel des trois modes de scrutin est le meilleur. Il existe d'ailleurs une multitude d'autres systèmes électoraux dans le monde. Comment choisir le meilleur ?

Le mathématicien et homme politique Nicolas de Condorcet (1743-1794) est l'un des premiers à s'être penchés sur ce problème. Il proposa un critère électoral intéressant : si un candidat est préféré à tout autre par une majorité d'électeurs, alors il doit être élu. Ce critère est appelé le **critère de Condorcet**.

Pour mieux expliquer ce critère, nous allons reprendre l'exemple précédent. Si nous comparons les résultats des candidats pris par paires, on obtient le résultat du tableau 9.1. D gagne toutes les confrontations avec les autres candidats : une majorité d'électeurs préfère D à A, une autre majorité préfère D à B et enfin, une troisième majorité préfère D à C. Le candidat D satisfait donc le critère de Condorcet : on dit que c'est le **vainqueur de Condorcet**.

TABLEAU 9.1 – D est le vainqueur de Condorcet

| Scrutin | Résultat |
|---|---|
| A contre B | B gagne à 9 contre 5 |
| A contre C | C gagne à 9 contre 5 |
| A contre D | **D gagne** à 9 contre 5 |
| B contre C | C gagne à 10 contre 4 |
| B contre D | **D gagne** à 10 contre 4 |
| C contre D | **D gagne** à 11 contre 3 |

Le critère de Condorcet est un bon critère pour désigner le vainqueur d'une élection, car il limite le nombre d'électeurs déçus. Si le vainqueur d'une élection n'était pas le vainqueur de Condorcet, alors une majorité des électeurs aurait préféré qu'un autre candidat soit élu. L'exemple précédent nous montre qu'aucun des systèmes étudiés (le scrutin uninominal majoritaire à un ou deux tours, ou le vote alternatif) ne permet d'élire systématiquement le vainqueur de Condorcet.

De telles situations où le vainqueur d'une élection n'est pas le vainqueur de Condorcet sont assez fréquentes. Imaginez une population divisée en trois catégories : les partisans de gauche, les partisans de droite et les partisans du centre droit, comme indiqué dans le tableau 9.2. Ils doivent choisir lors d'une élection un représentant parmi trois candidats : un candidat de droite D, un candidat de gauche G et un candidat centriste C.

TABLEAU 9.2 – C est le vainqueur de Condorcet mais n'est pas choisi par un scrutin uninominal à un ou deux tours

| | **Partisans de gauche (45 %)** | **Partisans du centre-droit (15 %)** | **Partisans de droite (40 %)** |
|---|---|---|---|
| **Premier choix** | G | C | D |
| **Deuxième choix** | C | D | C |
| **Troisième choix** | D | G | G |

Si ce corps électoral désignait son représentant à l'aide du scrutin uninominal majoritaire à un tour, c'est le candidat G qui serait choisi. S'il y avait deux tours, ce serait le candidat D. Néanmoins, le seul candidat qui satisfasse le critère de Condorcet est le candidat C : 60 % des électeurs préfèrent C à D et 55 % préfèrent C à G.

Pourquoi les pays n'adoptent-ils donc pas un système qui choisisse systématiquement le vainqueur de Condorcet ? Pour le comprendre, nous allons raisonner sur l'exemple du tableau 9.3 avec 20 électeurs et trois candidats.

Pour trouver le vainqueur de Condorcet, il faut s'intéresser aux confrontations opposant les candidats deux à deux. On trouve qu'aucun candidat n'est préféré par une majorité face à ses deux opposants. Il n'y a donc pas de vainqueur de Condorcet. Ce résultat s'appelle le **paradoxe de Condorcet**. Un individu rationnel qui préfère A à B et B à C préfère nécessairement A à C. Or, un groupe d'individus rationnels ne satisfait pas une telle propriété (dite de transitivité) : ici, une majorité préfère A à B, une majorité préfère B à C et une majorité préfère C à A. On parle d'un **cycle de Condorcet**.

L'inconvénient du critère de Condorcet réside dans le fait qu'il peut y avoir des configurations dans lesquelles aucun candidat ne peut être élu.

TABLEAU 9.3 – Un corps électoral à 20 électeurs

**(a)** Préférences des électeurs

| | 7 électeurs | 7 électeurs | 6 électeurs |
|---|---|---|---|
| **Premier choix** | A | B | C |
| **Deuxième choix** | B | C | A |
| **Troisième choix** | C | A | B |

**(b)** Il n'y a pas de vainqueur de Condorcet

| Scrutin | Résultat |
|---|---|
| A contre B | A gagne à 13 contre 7 |
| B contre C | B gagne à 14 contre 6 |
| C contre A | C gagne à 13 contre 7 |

## 9.3 Théorème d'impossibilité d'Arrow

Nous l'avons vu, même si le critère de Condorcet est intéressant, il ne permet pas de classer les candidats en toutes circonstances : on dit que ce mode de scrutin n'est pas universel. L'universalité est une première règle importante que doit respecter un « bon » système électoral.

Quelles sont les autres propriétés souhaitables d'un mode de scrutin dans une démocratie ? Tout d'abord, il est souhaitable que le mode de scrutin ne soit pas dictatorial, c'est-à-dire qu'aucun des électeurs ne puisse déterminer de manière systématique le classement final des candidats (il n'y a pas de dictateur).

Une autre règle souhaitable pour un système de vote est l'unanimité, une condition beaucoup moins forte que le critère de Condorcet. On dit qu'un scrutin respecte la règle d'unanimité si, lorsque tous les électeurs préfèrent un candidat A à un candidat B, alors le scrutin déclare que le candidat A est préféré au candidat B. Cela signifie qu'un candidat ne peut pas être élu si tous les électeurs préfèrent un autre candidat à lui.

Enfin, une dernière règle souvent retenue est l'indépendance des options non pertinentes. Imaginons que lors d'une élection avec deux candidats, un scrutin déclare qu'un candidat A est préféré à un autre candidat B. Imaginons maintenant que l'on renouvelle le scrutin avec un troisième candidat C : si le scrutin déclare maintenant que B est préféré à A, alors on dit que le scrutin ne respecte pas la règle de **l'indépendance des options non pertinentes**.

Cette dernière règle est la plus difficile à comprendre. Voyons tout d'abord une situation dans laquelle cette règle n'est pas respectée, en reprenant l'exemple du scrutin entre les candidats de gauche, de droite et du centre.

Si le candidat du centre ne se présente pas et que les électeurs ont à choisir parmi D et G dans un scrutin uninominal majoritaire à un tour, alors le résultat du scrutin est le suivant : D est préféré à G. Mais si le candidat du centre se présente et que l'on utilise le même mode de scrutin, on aura le résultat : G est préféré à D et D est préféré à C.

Le fait d'ajouter un candidat change l'ordre de D et G dans les résultats du vote, quand bien même le candidat C ne gagne pas l'élection... Ainsi, le scrutin uninominal majoritaire à un tour ne satisfait pas la règle de l'indépendance des options non pertinentes.

Mais pourquoi inclut-on cette règle dans une liste des propriétés intéressantes pour un « bon » système électoral ? Pour mieux comprendre cette règle, imaginez que, devant un vendeur de glaces, vous ayez à choisir entre une glace à la vanille et une glace au chocolat, et que vous annonciez que vous préférez la vanille au chocolat.

Si jamais le vendeur vous dit que vous pouvez également choisir de prendre une glace à la fraise, et vous demande vos préférences, vous pourrez répondre de trois manières différentes (si vous êtes rationnel) :

- soit vous préférez la vanille au chocolat et le chocolat à la fraise ;
- soit vous préférez la vanille à la fraise et la fraise au chocolat ;
- soit vous préférez la fraise à la vanille et la vanille au chocolat.

Mais vous ne pourrez pas annoncer que vous préférez le chocolat à la vanille et la vanille à la fraise sans entrer en contradiction avec votre première annonce. Il paraît naturel que lorsqu'une option est ajoutée aux deux précédentes et que l'on vous demande à nouveau celle que vous préférez, soit vous ne changez pas votre avis, soit vous choisissez la nouvelle option. Il semblerait naturel qu'une telle logique soit présente dans un système électoral.

Ainsi, nous avons défini quatre règles qui semblent importantes à satisfaire par un « bon » mode de scrutin :

1. l'universalité ;
2. l'absence de dictateur ;
3. l'unanimité ;
4. l'indépendance des options non pertinentes.

Il faudrait donc trouver un mode de scrutin satisfaisant ces quatre règles... Or c'est impossible dès lors qu'il y a plus de deux candidats ! Tout mode de scrutin ne respecte pas au moins une de ces quatre règles, selon une démonstration mathématique publiée en 1950 par l'économiste américain

Kenneth Arrow. Ce résultat, connu sous le nom de **théorème d'impossibilité d'Arrow**, souligne la difficulté d'agréger les préférences d'électeurs de manière cohérente (Arrow, 1950).

## 9.4 Le vote stratégique

Jusqu'ici nous n'avons mentionné qu'un seul système électoral dans lequel les électeurs classent les candidats selon leurs préférences : la méthode du vote alternatif, tel que pratiqué en Irlande. Néanmoins, on peut imaginer bon nombre de systèmes électoraux qui classent des candidats en agrégeant une série de listes de candidats classés par les électeurs. L'une de ces méthodes est la méthode Borda, qui consiste à donner des points à chaque candidat. Lorsqu'un électeur fait son classement, il donne un point au candidat qu'il préfère, deux au deuxième sur sa liste, trois au troisième, etc. Le gagnant est le candidat qui récolte le moins de points (on peut imaginer des variantes de la méthode en changeant la méthode d'allocation des points). Cette méthode, décrite en 1770 par Jean-Charles de Borda, est utilisée en politique dans quelques pays, et dans le monde académique pour nommer des professeurs. On l'utilise aussi dans le monde du sport, et dans le concours Eurovision de la chanson !

Parmi les premières institutions à utiliser la méthode de Borda, on trouve l'Académie des Sciences dont Borda faisait partie. Le système fut rapidement abandonné, car les électeurs de l'Académie surent comment le détourner : ceux qui voulaient soutenir avec force un candidat plaçaient leurs adversaires les plus forts en bas de leur liste. En d'autres termes, des membres de l'Académie donnaient des listes qui ne reflétaient pas leurs véritables préférences, mais étaient destinées à maximiser les chances d'arriver à leurs fins : ils votaient de manière stratégique. Borda comprit la faille de son système, et finit par déclarer : « Mon scrutin n'est fait que pour d'honnêtes gens. »

Le vote stratégique retrouva une place importante dans les discussions politiques françaises à la suite de l'élection présidentielle de 2002. Le principal candidat de gauche, Lionel Jospin, était concurrencé par sept autres candidats de gauche et d'extrême gauche, fragmentant l'électorat. Conséquence de cette fragmentation, Lionel Jospin ne récolta pas assez de voix pour participer au second tour de l'élection présidentielle, et fut dépassé par le candidat d'extrême droite Jean-Marie Le Pen. Les commentateurs politiques de l'époque jugèrent que le résultat de l'élection aurait été différent si les électeurs de gauche avaient voté de manière « stratégique » pour Lionel Jospin au lieu d'un autre candidat de gauche qui leur plaisait plus. Ainsi, au second tour, ils n'auraient peut-être pas eu à choisir entre deux candidats à droite du système politique.

Avec le théorème d'impossibilité d'Arrow, nous avons vu qu'aucun système de vote n'était tout à fait parfait, dans le sens où chaque système électoral vient avec ses paradoxes, comme la dépendance aux options non pertinentes. Les exemples ci-dessus mettent en avant un autre problème potentiel des systèmes électoraux : leur sensibilité au vote stratégique (aussi appelé vote tactique ou vote utile). Lorsque l'on utilise comme système électoral la méthode de Borda ou le vote uninominal majoritaire à deux tours, les électeurs peuvent être amenés à ne pas révéler leurs préférences réelles et à mettre en avant des candidats qui ne sont pas leurs premiers choix. Un bon système de vote devrait limiter ce genre de vote stratégique, dans la mesure où il brouille le signal envoyé par les électeurs. Existe-t-il un système qui empêche tout vote stratégique (c'est-à-dire où la stratégie dominante des électeurs est de révéler leurs préférences réelles dans leur vote) ?

Lorsque nous avions mentionné l'exemple des électeurs de gauche, de droite et du centre, nous avions supposé que les électeurs votaient pour leur candidat préféré et révélaient donc leurs préférences de manière authentique. Un scrutin uninominal majoritaire à un tour (le système de pluralité) donnait alors gagnant le candidat de gauche.

Néanmoins, le résultat peut changer si les électeurs votent de manière stratégique : les électeurs du centre-droit savent que s'ils votent pour leur candidat préféré (C), alors le gagnant de l'élection sera G, leur troisième choix. Au contraire, s'ils votent pour leur deuxième choix D, ils assureront la victoire de ce dernier. Dans ces circonstances, les électeurs du centre-droit ont donc intérêt à utiliser un vote tactique et voter pour le candidat D. Cela montre que dans le scrutin majoritaire à un tour, les électeurs peuvent être incités à ne pas voter pour leur candidat préféré.

Le système du vote alternatif pourrait être une bonne solution : en effet, même si le candidat que l'on préfère n'a aucune chance de gagner, on peut le mettre en premier dans sa liste en sachant qu'il se fera éliminer lors des premiers tours de la sélection. Dans les tours ultérieurs du vote alternatif, ce seront alors les candidats classés un peu plus loin dans la liste qui seront pris en compte.

Ce système du vote est-il résistant au vote stratégique ? Dans les années 1970, Allan Gibbard et Mark Satterthwaite montrèrent que non : il existe des circonstances dans lesquelles les électeurs n'ont pas intérêt à révéler leurs véritables préférences, même dans le système du vote alternatif. Leur résultat va même plus loin. Il est connu sous le nom de **théorème de Gibbard-Satterthwaite**. Selon ce théorème, un système électoral dans lequel les électeurs classent leurs candidats et qui n'est pas dictatorial n'est forcément pas résistant au vote stratégique dès lors que plus de deux candidats sont de potentiels vainqueurs (Gibbard, 1973; Satterthwaite, 1975).

Ce résultat représente une nouvelle difficulté dans la recherche d'un « bon » système de vote : en démocratie, chaque système de vote a ses défauts.

## 9.5 Préférences unimodales et théorème de l'électeur médian

Les résultats que nous venons de décrire sont plutôt décevants : non seulement ils sont d'un usage limité pour celui qui voudrait trouver un bon système de vote, mais ils n'aident pas non plus à prévoir l'issue d'un vote : selon le système employé, il semble que n'importe quel résultat puisse être obtenu à l'issue du scrutin.

Pour obtenir les résultats précédents, nous n'avons pas fait d'hypothèse particulière sur les préférences des électeurs. Or, en pratique, certaines préférences ne sont que rarement observées. Prenez par exemple une élection où quatre candidats se présentent : un candidat de gauche, un de centre gauche, un de centre droit et un de droite. Si un électeur préfère le candidat de gauche au candidat de centre gauche, alors il préférera probablement le candidat de centre gauche au candidat de centre droit, et le candidat de centre droit au candidat de droite. Il est peu probable, en revanche, que cet électeur préfère le candidat de gauche à celui de centre gauche, mais préfère également le candidat de droite à celui de centre gauche.

De façon générale, les électeurs ont tendance à avoir des **préférences unimodales**, c'est-à-dire qu'en ordonnant les candidats sur un axe (par exemple, un axe droite-gauche), chaque électeur a un candidat préféré, et préférera d'autant moins les autres candidats qu'ils sont éloignés de ce candidat préféré. Sur la figure 9.6, on représente les préférences de trois électeurs avec des préférences unimodales et de deux électeurs avec des préférences non-unimodales.

En présence de préférences unimodales, on peut définir un **électeur médian**. Il s'agit de l'électeur tel que la moitié des électeurs préfère un candidat plus à gauche et l'autre moitié préfère un candidat plus à droite. Avec des préférences unimodales deux résultats importants peuvent être démontrés :

- un vainqueur de Condorcet existe toujours ;
- le vainqueur de Condorcet est le candidat préféré par l'électeur médian.

FIGURE 9.6 – Préférences unimodales et non-unimodales

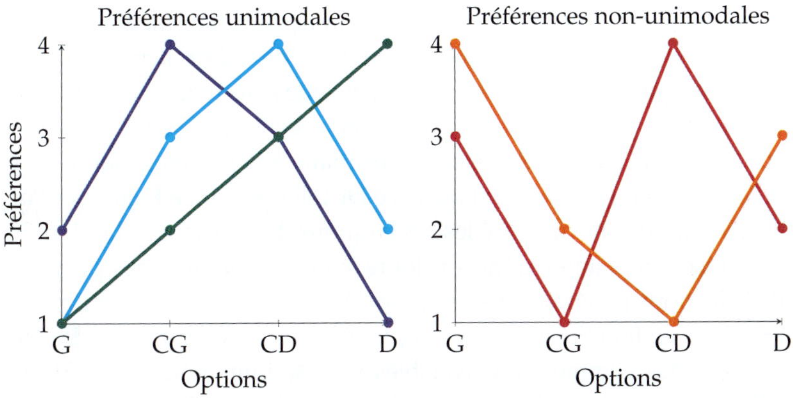


*Notes* : Sur cette figure, on représente les préférences de cinq électeurs. Chacun classe les candidats G, CG, CD, D de 1 à 4, 4 correspondant à leur candidat préféré.

En particulier, s'il n'y a que deux candidats, pour obtenir le vainqueur de Condorcet, un scrutin majoritaire suffit. On appelle cet ensemble de résultats le **théorème de l'électeur médian**.

## 9.6 Économie politique

Jusqu'à présent, nous avons étudié les propriétés des différents systèmes électoraux. La théorie du choix social s'intéresse également au fonctionnement du système politique, et analyse notamment la compétition entre les candidats à une élection.

Le théorème de l'électeur médian a une implication majeure pour la compétition électorale : dans une élection à deux candidats, c'est le candidat le plus proche de l'électeur médian qui l'emporte. Pour gagner, les candidats ont donc tendance à se rapprocher des préférences de celui-ci. À l'équilibre, ils se positionnent de façon relativement rapprochée sur l'échiquier politique. On appelle ce phénomène la **convergence downsienne**, du nom de l'économiste américain Anthony Downs qui la formalisa en 1957.

Il est possible de voir cette convergence à l'œuvre lorsqu'une élection se déroule en plusieurs étapes. Ainsi, la plupart des élections aux États-Unis (qu'elles soient présidentielles ou parlementaires) commencent par des primaires au sein du parti Démocrate et du parti Républicain, avant que les deux vainqueurs des primaires ne s'affrontent lors d'élections générales. Lors des primaires, les candidats de chaque parti tentent de se rapprocher de l'électeur médian *de leur parti* pour remporter cette première étape. Puis, à l'élection générale, ils se rapprochent de l'électeur médian *dans l'ensemble de la population*. Comme l'électeur médian du parti Démocrate est plus à gauche que l'électeur médian dans l'ensemble de la population, qui est lui-même plus à gauche que l'électeur médian du parti Républicain, on devrait observer une convergence des candidats vers le centre lorsqu'ils passent de l'élection primaire à l'élection générale.

C'est exactement ce qu'ont observé Di Tella, Kotti, Le Pennec et Pons (2023), lorsqu'ils ont comparé les déclarations de candidats à la Chambre des représentants américaine sur leurs sites internet lors des primaires et des élections générales. Ils ont associé à chaque déclaration un score idéologique en fonction des mots employés dans ces déclarations. En effet, certains termes, comme « renouvelables », « discrimination », « minorités », « pollueurs » ou « les plus riches » sont utilisés régulièrement dans les déclarations politiques à gauche et très rarement à droite. Les termes « bureaucrates », « bible » ou « avortement », en revanche, sont utilisés couramment à droite et peu à gauche. En comptant la fréquence des termes « de gauche » à ceux « de droite » dans une déclaration, il est possible de la placer sur un axe droite-gauche. La figure 9.7(a) montre que lorsque l'on passe des primaires aux élections générales, les candidats démocrates ajustent stratégiquement leurs déclarations vers la droite, tandis que les candidats républicains se déplacent vers la gauche.

Un mouvement de modération similaire peut être observé en France, lorsque l'on passe du premier au second tour des élections parlementaires ou départementales : les candidats qui atteignent le second tour ajustent leur positionnement politique vers le centre, comme indiqué sur la figure 9.7(b).

La convergence downsienne est l'un des résultats les plus connus en **économie politique**, la branche des sciences économiques qui s'intéresse aux phénomènes politiques et à leur impact sur l'allocation des ressources. Jusqu'ici, nous nous sommes beaucoup intéressés à une allocation décentralisée des ressources *via* un marché, et à la manière dont les allocations de marché peuvent être améliorées par un gouvernement bienveillant, qui imposerait des taxes et des subventions permettant aux agents économiques d'internaliser leurs externalités. Or, le gouvernement n'est pas une entité abstraite qui prend automatiquement les meilleures décisions pour l'ensemble de la communauté humaine. C'est un ensemble d'hommes et de femmes qui ont leurs objectifs et intérêts propres, et qui en général sont élus. Par ailleurs, il n'y a pas *un* gouvernement mais *des* gouvernements. Bien entendu, il y a plusieurs gouvernements nationaux, mais également une multitude de gouvernements locaux à l'intérieur de chaque pays. L'échelon auquel les décisions de politique publique

FIGURE 9.7 – Ajustement stratégique des positionnements politiques aux États-Unis et en France

**(a)** États-Unis

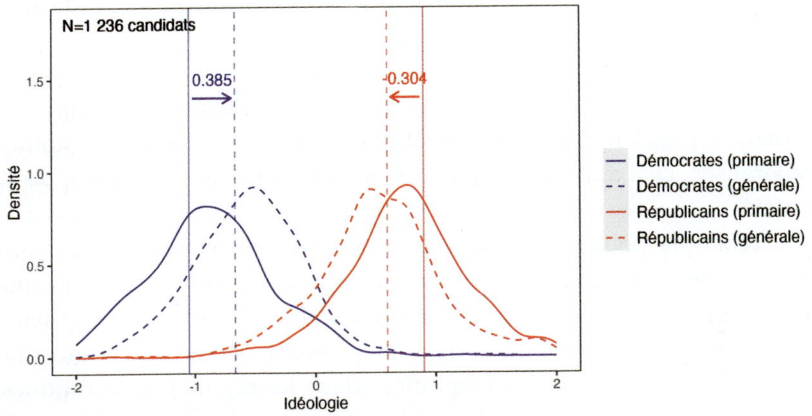


**(b)** France

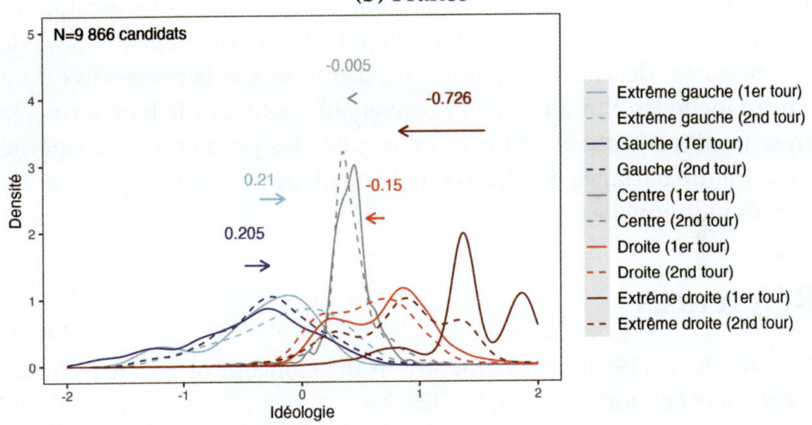


*Source* : Di Tella, Kotti, Le Pennec et Pons (2023). Les élections américaines retenues dans cette étude sont les élections à la Chambre des représentants, et les élections françaises retenues sont les élections législatives et cantonales/départementales.

sont prises (local, régional, national) a un impact important sur celles-ci. Comme nous l'avons vu précédemment, le mode de scrutin influence également les décisions prises. Tout ceci a d'importantes conséquences sur les décisions de politique publique, et donc sur la façon dont l'économie fonctionne.

Pour se faire élire, les décideurs politiques prennent des décisions qui favorisent leur électorat. Or, cet électorat est généralement loin d'être représentatif de la société dans son ensemble. Une partie de la population ne vote pas, soit car elle s'abstient lors des élections, soit car elle n'a pas le droit de vote (c'est le cas des étrangers, par exemple). De plus, les décisions politiques peuvent être influencées par des lobbys et des organisations non gouvernementales.

Cela amène certains segments de la population à avoir un poids plus important que d'autres dans la décision politique.

Enfin, les hommes et femmes politiques ne satisfont pas seulement leur électorat. Ils peuvent chercher à s'enrichir personnellement ou à garder le pouvoir le plus longtemps possible. Dans le cas extrême d'une corruption généralisée, cela a des conséquences désastreuses sur l'ensemble de la société.

L'économie politique étudie l'ensemble de ces phénomènes et a montré qu'ils avaient un impact extrêmement important sur la réussite économique des pays, ainsi que sur l'allocation des richesses au sein des sociétés. Elle a également montré que les difficultés des démocraties à produire une bonne gouvernance étaient magnifiées dans les régimes autocratiques. En renvoyant régulièrement devant leurs électeurs les responsables politiques, les institutions démocratiques font mieux coïncider les aspirations de la population avec la décision publique. Elles permettent aux pays de se débarrasser de leaders inefficaces ou corrompus, et la perspective d'un scrutin incite les élus à travailler convenablement. Sur le long terme, la présence d'institutions démocratiques robustes permet une prospérité économique partagée en plus d'être le meilleur moyen de préserver les libertés individuelles.

## Références

ARROW, K. J. (1950) : "A Difficulty in the Concept of Social Welfare," *Journal of Political Economy*, 58, 328–346.

DI TELLA, R., R. KOTTI, C. LE PENNEC ET V. PONS (2023) : "Keep Your Enemies Closer : Strategic Platform Adjustments During US and French Elections," *National Bureau of Economic Research Working Paper*.

GIBBARD, A. (1973) : "Manipulation of Voting Schemes : A General Result," *Econometrica*, 41, 587–601.

SATTERTHWAITE, M. A. (1975) : "Strategy-Proofness and Arrow's Conditions : Existence and Correspondence Theorems for Voting Procedures and Social Welfare Functions," *Journal of Economic Theory*, 10, 187–217.

# Exercices du chapitre 9

**Exercice 9.1 Théorème de May**

Considérer une élection avec deux candidats, $x$ et $y$, et un nombre impair d'électeurs. On cherche à construire un système de vote qui respecte les règles suivantes :

1. L'universalité : l'élection doit toujours mener à la désignation d'un unique vainqueur.
2. L'anonymat : le résultat de l'élection ne dépend pas de quel électeur a mis quel bulletin dans l'urne. En d'autres termes, si des électeurs s'échangent les bulletins de vote qu'ils ont remplis avant de les insérer dans l'urne, le résultat du vote ne change pas.
3. La neutralité : si chaque électeur inverse son vote, alors le résultat de l'élection est inversé. Cela implique que le système électoral traite les candidats de façon symétrique et ne favorise pas un candidat par rapport à l'autre.
4. La monotonicité : si le candidat $x$ est désigné vainqueur d'une élection, alors inverser le vote d'un électeur ayant voté pour $y$ ne change pas le résultat de l'élection (augmenter la préférence pour un candidat au niveau individuel ne peut pas nuire à ce candidat à l'échelle du groupe).

Montrer que le vote à la majorité simple (le candidat qui remporte le plus de voix gagne) est le seul système de vote qui respecte ces quatre règles.

**Exercice 9.2 Modèle des citoyens-candidats**

On considère un continuum de citoyens, dont les préférences politiques sont distribuées uniformément sur un axe gauche-droite, représenté par l'intervalle $[0, 1]$. Cet ensemble de citoyens doit décider de la politique à mettre en place, correspondant à un point sur $[0, 1]$. Ils organisent pour cela une élection à la majorité simple, en deux étapes. Dans une première étape, les citoyens peuvent décider de se présenter ou non à l'élection. À la seconde étape, chaque électeur vote pour le candidat le plus proche de lui, et le vainqueur met en place la politique correspondant à sa position sur l'échiquier politique. En cas d'égalité, le vainqueur est tiré au sort.

Un électeur ne se présentant pas à l'élection et se trouvant en $x$ obtient un gain de $-|x-a|$ où $a$ est la politique mise en place à l'issue de l'élection. Se présenter à l'élection est associé à un coût $c$, et gagner l'élection est associé à un bénéfice $b$ (correspondant, par exemple, à un salaire d'élu ou une forme de gloire). Ainsi, un citoyen qui se présente à l'élection et la remporte obtient un gain total de $b-c$. S'il perd l'élection, son gain est de $-|x-a|-c$, où $a$ est la position du vainqueur.

On s'intéresse aux équilibres de Nash de ce jeu. Un équilibre correspond à un ensemble de candidats se présentant à l'élection, où chaque candidat obtient (en espérance) en se présentant un gain supérieur ou égal à celui qu'il aurait obtenu en ne se présentant pas (en laissant inchangées les décisions des autres citoyens).

1. Existe-t-il des équilibres dans lesquels un seul candidat se présente ? À quelle(s) condition(s) ?
2. Existe-t-il des équilibres dans lesquels deux candidats se présentent ? Et à trois candidats ?
3. Est-il possible qu'un citoyen se présente en sachant qu'il ne gagnera pas l'élection ?

# Chapitre 10

# Conception de mécanismes d'allocation

De manière générale, l'économie s'intéresse à l'allocation des biens et services aux individus. Dans les chapitres précédents, nous nous sommes intéressés à la rencontre, par les marchés, de l'offre et de la demande. Dans certaines situations, les biens ne sont pas alloués selon des prix de marchés. C'est le cas par exemple lorsque l'éthique ou les habitudes interdisent les transactions monétaires, comme pour les dons d'organes. C'est le cas aussi lorsque les biens à allouer sont en petite quantité, et face à un nombre trop petit d'acheteurs pour établir un prix d'équilibre, c'est ce qui se produit lorsqu'une ligue sportive vend ses droits de retransmission à des médias télévisuels ou lorsque l'État vend le droit d'exploitation de fréquences hertziennes. En l'absence d'un marché à proprement parler, les économistes s'intéressent à la conception de mécanismes permettant d'allouer les biens selon des propriétés normatives telles que l'efficacité de Pareto, la robustesse des mécanismes à la manipulation stratégique, ou encore, dans le cas d'enchères, à la maximisation du revenu pour le vendeur.

Dans ce chapitre, nous décrirons de tels mécanismes, en commençant par des mécanismes d'échange sans transactions financières avant de nous intéresser aux mécanismes d'enchères.

## 10.1 Échanges et cycles d'échanges

Dans une ville telle que Paris, les bénéficiaires de logements sociaux ont la possibilité de s'échanger des logements entre eux, à une condition : aucun échange monétaire ne peut accompagner l'échange de logements.

Dans un tout autre contexte, lorsque des personnes sont prêtes à donner un de leurs reins pour sauver un proche, il arrive que des incompatibilités entre le donneur et le receveur rendent ces dons impossibles. Il reste la possibilité salvatrice de dons croisés dans lesquels deux personnes donnent chacune un organe pour aider un proche de l'autre. Dans ce type de situations, la quasi-totalité des pays au monde interdit d'accompagner ces échanges par des transactions monétaires.

Ces deux cas ont plusieurs points communs. D'abord, chaque individu est titulaire d'un objet avant que des échanges n'aient lieu. Ensuite, il est évident que si des individus ou des familles ont des préférences sur les logements, les logements eux n'ont pas de préférence sur les individus qu'ils hébergent. De même, si une sœur est prête à donner un organe pour sauver son frère, elle aura des préférences sur les organes potentiellement reçus par son frère pour qu'il ait la meilleure santé possible, mais sera indifférente à qui recevra le sien.

Dans de telles conditions, la conception du mécanisme régissant les échanges est d'une importance cruciale (et potentiellement vitale dans le cas des dons de reins). Comment les organiser de la meilleure façon possible ? Pour commencer à réfléchir à cette question, partons d'un exemple.

### 10.1.1 L'exemple d'un échange de chambres

Supposons que quatre amis entrent en internat dans la même école. L'école leur a attribué des chambres au hasard. Amanda ($A$) s'est vu attribuer la chambre argent ($a$), Bérénice ($B$) la beige ($b$), Corentin ($C$) la chambre corail ($c$) et Dimitri ($D$) la dorée ($d$). On suppose que les préférences de chacun sont données par le tableau 10.1. Y a-t-il un moyen de réallouer les chambres de façon bénéfique à certains sans pénaliser personne ?

TABLEAU 10.1 – Préférences des amis sur les chambres

| | 1 | 2 | 3 | 4 |
|---|---|---|---|---|
| $A$ | $b$ | $a$ | $c$ | $d$ |
| $B$ | $c$ | $b$ | $d$ | $a$ |
| $C$ | $a$ | $c$ | $b$ | $d$ |
| $D$ | $b$ | $c$ | $d$ | $a$ |

*Notes* : Les lignes correspondent aux différents amis, et les colonnes aux ordres de préférence. Par exemple, Amanda préfère la chambre beige, puis la argent, puis la chambre corail et en dernier la dorée.

Regardons tout d'abord si deux amis peuvent faire un accord mutuellement gagnant. Pour qu'Amanda participe à un échange, il faudrait qu'elle puisse obtenir la chambre beige, seule à être préférée à sa chambre attribuée. Il faudrait donc qu'elle puisse échanger avec Bérénice, mais cette dernière ne voudrait pas échanger sa chambre beige contre la chambre argent. Il n'y a donc pas d'échange gagnant pour Amanda. Bérénice, elle, accepterait d'échanger avec Corentin, mais Corentin ne voudrait pas échanger la chambre corail pour la chambre beige. Cependant, Corentin serait prêt à échanger avec Amanda, mais on a vu qu'il n'y a pas d'échange mutuellement gagnant avec elle. Et finalement, Dimitri serait prêt à faire l'échange avec Bérénice ou avec Corentin, mais aucun des deux ne serait d'accord.

Nous sommes donc dans une situation où aucun échange entre deux amis n'est mutuellement bénéfique. Est-ce que cela signifie que la situation est efficace au sens de Pareto, c'est-à-dire qu'il n'existe aucune autre qui soit meilleure pour tout le monde ?

Imaginons qu'Amanda laisse sa chambre à Corentin, Corentin la sienne à Bérénice et Bérénice la sienne à Amanda. Avec cet échange cyclique, Amanda, Bérénice et Corentin se retrouvent avec leur chambre préférée, tandis que Dimitri garde la même chambre. On a donc trouvé une amélioration au sens de Pareto !

Peut-on continuer en envisageant d'autres échanges bénéfiques ? Dans l'amélioration de Pareto que nous avons trouvée, Amanda, Bérénice et Corentin ont tous les trois leur chambre favorite. Il n'existe pas de possibilité d'amélioration pour eux, et donc aucune autre allocation ne peut faire aussi bien pour les quatre amis. Ceci montre qu'après l'échange, l'allocation obtenue est efficace : elle n'est dominée au sens de Pareto par aucune autre.

De manière générale, comment est-il possible de parvenir, par un système d'échanges, à une allocation qui soit toujours au moins aussi bien pour chacun que l'allocation initiale, et qui soit efficace au sens de Pareto ? Une réponse à cette question a été apportée par le mathématicien David Gale, et publiée en 1974 par Lloyd Shapley et Herbert Scarf (Shapley et Scarf, 1974). C'est l'algorithme des cycles d'échange.

### 10.1.2 L'algorithme des cycles d'échange

Généralisons l'exemple précédent à un nombre quelconque d'individus et d'objets. On considère un ensemble $I$ d'individus et un ensemble $J$ d'objets, chacun de ces ensembles contenant le même nombre $n$ d'éléments. Chaque individu a des préférences sur les objets, et a toujours une préférence stricte entre toute paire d'objets.[1] Une **allocation** associe un objet dans $J$ à chaque individu dans $I$.

Une allocation est dominée au sens de Pareto par une autre si chaque individu qui reçoit des objets différents dans les deux allocations préfère celui reçu dans la seconde à celui reçu dans la première. Dans ce cas, aucun individu n'est pénalisé par un passage de la première allocation à la seconde, et tous ceux qui ont un objet différent préfèrent la seconde à la première.

L'algorithme des cycles d'échange de David Gale permet de déterminer si une allocation est efficace ou non et, si elle ne l'est pas, il permet de trouver une amélioration de Pareto qui est elle-même efficace. Il fonctionne comme suit :

(1) Chacun pointe du doigt la personne qui détient son objet préféré (une personne peut se pointer elle-même).

(2) Pour chaque cycle identifié en (1), chaque personne récupère l'objet vers lequel elle pointe. (Une personne pointant vers elle-même correspond à un cycle de taille 1.)

(3) On élimine toutes les personnes qui ont reçu un objet en (2) ainsi que les objets correspondants, et on recommence à partir de (1) jusqu'à ce qu'il ne reste plus personne.

On appelle itération de l'algorithme un passage par les étapes (1)-(3).

Considérons par exemple cinq personnes qui sont prêtes à donner un rein pour sauver un proche : Anne pour sa sœur, Béatrice pour son époux, Claude pour sa mère, Denis pour son oncle et Étienne pour sa cousine. Le meilleur donneur pour la sœur d'Alice est Étienne, celui pour l'époux de Béatrice, de la mère de Claude et de l'oncle de Denis est Béatrice, et celui pour la cousine d'Étienne est Denis.

À la première itération, chacun pointe dans la direction indiquée sur la figure 10.1(a). Seul $B$ forme un cycle, et Béatrice donne donc son rein à son époux. À la deuxième itération de l'algorithme, on élimine Béatrice et on demande aux participants restants de pointer vers leur donateur préféré parmi ceux disponibles. Anne continue de pointer vers Étienne et Étienne vers Denis, mais cette fois Denis et Claude pointent vers leur seconde préférence (qu'on suppose être Étienne et Denis, respectivement). Cette fois, le seul cycle qui apparaît est entre Étienne et Denis – voir la figure 10.1(b). Étienne donne donc un rein à l'oncle de Denis et Denis à la cousine d'Étienne ; Denis et Étienne sont ensuite sortis de l'algorithme. À la troisième itération, Anne pointe vers son second choix en termes de donneur qu'on suppose être Claude, et Claude vers son troisième

1. On exclut ici le cas où des individus sont indifférents entre plusieurs objets, dont l'analyse dépasse le cadre de cet ouvrage d'introduction.

choix qui est Anne. Le cycle ainsi obtenu conduit à un échange de reins entre ces deux donneurs comme sur la figure 10.1(c). L'algorithme a donc permis deux dons croisés de reins mutuellement bénéfiques : entre Denis et Étienne et entre Anne et Claude.

FIGURE 10.1 – Illustration de l'algorithme des cycles d'échange

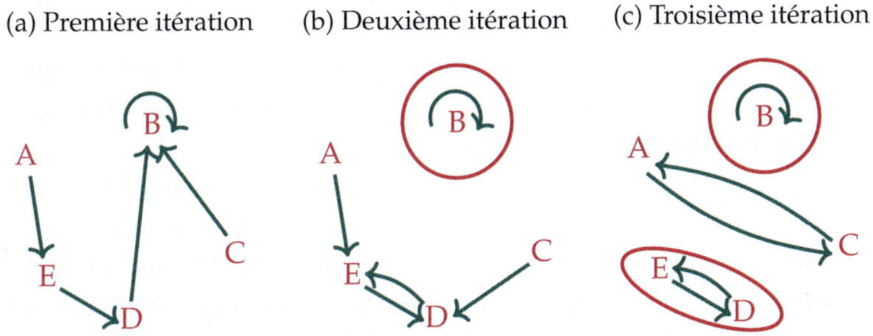


*Notes* : *A* correspond à Anne, *B* à Béatrice, *C* à Claude, *D* à Denis et *E* à Étienne.

**L'algorithme trouve systématiquement un appariement**

Par cycle, on entend un groupe d'individus tel que le premier pointe vers le deuxième, le deuxième vers le troisième, etc., et le dernier vers le premier. Remarquons que le graphe dans lequel chaque individu pointe vers un autre admet toujours au moins un cycle. En effet, prenant un individu au hasard, s'il pointe vers lui-même nous avons un cycle. S'il pointe vers un autre individu, alors si ce deuxième individu pointe vers lui-même ou vers le premier, on a un cycle de taille 1 ou 2. Si ce deuxième individu pointe vers un troisième, alors nous avons un cycle si le troisième pointe vers un des deux premiers ou vers lui-même. Lorsque l'on continue ainsi de suite jusqu'au $n$-ième individu, celui-ci pointe forcément vers l'un des $n-1$ premiers ou vers lui-même, si bien qu'il existe un cycle dans tous les cas !

L'existence d'au moins un cycle à chaque itération implique que l'algorithme finira toujours par trouver un appariement entre personnes et objets. En effet, à chaque itération, il existe au moins un cycle, et par conséquent au moins un individu se trouve éliminé. Étant donné qu'il y a un nombre fini $n$ d'individus, au bout d'un maximum de $n$ itérations de l'algorithme, tout le monde est éliminé, et donc a reçu un objet.

**L'algorithme ne lèse personne**

À chaque itération de l'algorithme, les individus restants pointent soit vers leur propre objet, soit vers un autre objet qu'ils préfèrent au leur.

Toute personne faisant partie d'un cycle obtient donc un objet qui est soit son objet initial, soit un objet qu'elle préfère à son objet initial. Par conséquent, personne ne sort perdant de l'algorithme.

### Efficacité de l'allocation trouvée

Nous venons d'établir que si l'algorithme modifie l'allocation, alors il génère une amélioration de Pareto. Mais s'agit-il d'une allocation Pareto efficace ? Autrement dit, est-il possible de trouver une allocation qui soit encore meilleure que celle trouvée par l'algorithme ? Supposons une allocation alternative qui soit au moins aussi bonne pour chacun que celle donnée par l'algorithme. Cette allocation alternative doit être en particulier aussi bonne pour les individus servis lors de la première itération. Or, ceux-ci obtiennent leur objet favori. Donc pour contenter chacun au moins aussi bien que l'algorithme, il faut nécessairement que cette allocation alternative donne les mêmes objets que l'algorithme à tous les individus sortis lors de la première itération.

Mais ensuite, comment peut-on faire aussi bien pour les individus servis lors de la deuxième itération ? Ceux-ci obtiennent à travers l'algorithme leur objet favori après élimination de ceux alloués lors de la première itération. Étant donné que l'allocation alternative ne peut leur allouer différemment ces objets, la seule manière de faire aussi bien que l'algorithme pour ces individus est là encore de leur allouer les mêmes objets qu'avec l'algorithme.

En répétant ce raisonnement, on conclut que l'allocation alternative doit donner à chaque individu les mêmes objets que l'algorithme si elle ne veut léser personne. Il n'y a donc en particulier aucun moyen de satisfaire chacun aussi bien que l'algorithme en donnant à au moins un individu un objet qu'il préfère à celui obtenu au travers de l'algorithme. L'allocation donnée par l'algorithme ne peut être améliorée au sens de Pareto, et est donc Pareto efficace.

### Manipulabilité stratégique

Lors de la mise en pratique de méthodes telles que l'algorithme des cycles d'échange, il est important de prendre en compte la possibilité que certains pourraient chercher à manipuler les résultats à leur avantage en ne jouant pas le jeu de la manière prescrite. Est-il possible pour un individu d'obtenir un meilleur objet en ne pointant pas vers son objet préféré comme il lui est demandé de faire ? Dans ce cas on dira que l'algorithme est manipulable.

Prenons une itération de l'algorithme. Si à cette itération un individu $i$ obtient son objet préféré parmi ceux disponibles en pointant vers lui, alors il n'a bien sûr aucun intérêt à pointer vers un autre objet. Supposons maintenant qu'il n'obtienne pas son objet préféré. Alors, en pointant vers un autre objet *j*, soit *i* ne ferme pas de cycle (à gauche sur la figure 10.2), soit en ferme un (à droite sur la figure). Dans le premier cas, *j* n'est pas servi à cette itération, et de plus le fait de pointer vers *j* au lieu de l'objet préféré ne change pas les objets éliminés à cette itération, et donc n'a pas d'impact sur la suite de l'algorithme. Dans le second cas, l'objet *j* vers lequel *i* pointe est attribué à *i*, mais il n'aurait pas été attribué si *i* avait pointé vers son objet préféré. *j* aurait donc été disponible à l'itération suivante, et *i* peut toujours remporter l'objet *j* ou un autre encore meilleur pour lui en pointant selon ses préférences à chaque étape. Dans aucun des cas il n'est donc profitable pour *i* de pointer vers un autre objet que son préféré.

FIGURE 10.2 – Impact d'une manipulation sur les cycles d'échange

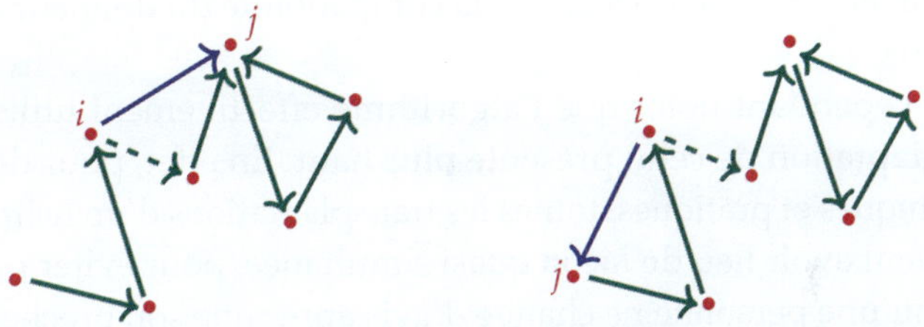


*Notes* : L'objet favori de *i* est indiqué par la flèche en pointillés mais *i* décide de pointer vers un autre objet marqué par la flèche bleue. Soit *i* pointe vers un objet qui ne lui sera pas attribué (à gauche), soit l'objet vers lequel il pointe aurait été disponible à l'itération suivante (à droite).

**Les greffes de rein**

En France, une personne sur dix souffre d'insuffisance rénale chronique, plus de 42 000 personnes vivent avec un rein greffé, et plus de 2 500 greffes de rein sont effectuées chaque année. Sachant qu'une personne peut vivre en bonne santé avec un seul rein, il est tout à fait possible de se porter donneur d'un rein pour aider une personne proche. Hormis en Iran, il n'est pas possible d'acheter un organe à son porteur et les pratiques de don sont strictement encadrées.

Un frein aux dons de reins est la question de la compatibilité. En effet, selon les caractéristiques du donneur et du receveur, en termes de groupe sanguin et tissulaires notamment, une greffe aura plus ou moins de chances de réussite. Il se peut donc qu'une personne soit prête à donner un rein à un proche, mais que des raisons d'incompatibilité diminuent voire annulent complètement les chances de succès de l'opération.

C'est ici que l'ingénierie des marchés intervient. En 2004-2005, Alvin Roth, professeur en économie et spécialiste de l'ingénierie des marchés à l'université de Harvard élabora la mise en place d'un système de dons croisés de reins qui suit l'algorithme de cycles d'échange. Dès qu'une personne est prête à donner un rein pour un proche, une classification de tous les donneurs potentiels est effectuée selon les critères de compatibilité médicaux. Puis, on applique l'algorithme des cycles d'échanges pour déterminer des cycles de dons. Par exemple, une personne donne au proche d'une autre, cette deuxième personne donne au proche d'une troisième, et cette troisième personne donne finalement au proche de la première. Pour chaque don effectué, on s'assure de la compatibilité du donneur et du receveur.

Il faut cependant noter que l'algorithme effectivement utilisé est une adaptation de celui présenté plus haut. En effet, pour des raisons éthiques et pratiques, toutes les transplantations d'un même cycle doivent avoir lieu de façon quasi simultanée, pour éviter par exemple qu'une personne ne change d'avis après que son proche a reçu une greffe. En pratique, il n'est pas possible d'effectuer plus de deux, voire au maximum trois transplantations simultanées. Cela limite donc la taille des cycles de l'algorithme à ce nombre. Par ailleurs, de nouveaux dons arrivent au cours du temps et de nouvelles greffes sont régulièrement effectuées, changeant au cours du temps les individus pris en compte dans l'algorithme.

En 2012, Alvin Roth et Lloyd Shapley obtinrent le prix Nobel d'économie pour leurs contributions à l'ingénierie des marchés.

## 10.2 Les mécanismes d'appariement

Lorsqu'il s'agit d'allouer des élèves à des places en université, des médecins à des internats, ou encore des apprentis chez des maîtres d'apprentissage, il est important de considérer les meilleurs mécanismes possibles selon lesquels ces allocations peuvent avoir lieu. On pourrait simplement tirer les allocations au hasard, mais il est très probable qu'il existe des solutions plus satisfaisantes pour tous. Là encore, ces allocations se passent sans transfert monétaire, il est bien entendu interdit d'acheter sa place en université ou en internat !

Nous sommes maintenant dans un cadre où il existe deux faces au marché et chacune de ces faces a des préférences sur l'autre. Par exemple, les étudiants ont des préférences sur les universités, mais aussi les universités sur leurs étudiants, les médecins ont des préférences sur les internats, mais aussi les internats sur les médecins. Différence supplémentaire avec les cycles d'échange, aucun élève n'est propriétaire d'une place en université qu'il pourrait échanger pour une autre, non plus que les universités sont propriétaires de leurs étudiants.

Sachant qu'il s'agit de faire se rencontrer deux groupes qui constituent les deux faces d'un même marché, on parle généralement de méthodes ou de mécanismes d'appariement. Que peut nous dire l'ingénierie économique sur des « bonnes » méthodes d'appariement dans ces marchés ?

### 10.2.1 Appariements stables

Une propriété souvent recherchée des appariements obtenus est celle de leur **stabilité**, que nous allons introduire par un exemple.

Prenons pour commencer l'exemple de journalistes devant former des binômes constitués d'un cameraman et d'un reporter. Nous avons 3 cameramen, Agathe ($A$), Bilal ($B$) et Carol ($C$), et trois reporters, Kasper ($K$), Ludivine ($L$) et Marcel ($M$). On cherche à apparier les cameramen et les reporters en respectant leurs préférences, qui sont données dans le tableau 10.2. Ainsi, Agathe préfère travailler avec Marcel, puis avec Kasper, et en dernier lieu avec Ludivine. Marcel préfère Bilal à Carol, et Carol à Agathe.

TABLEAU 10.2 – Préférences des reporters et des cameramen sur leurs binômes

| | 1 | 2 | 3 |
|---|---|---|---|
| $A$ | $M$ | $K$ | $L$ |
| $B$ | $M$ | $L$ | $K$ |
| $C$ | $K$ | $L$ | $M$ |

| | 1 | 2 | 3 |
|---|---|---|---|
| $K$ | $C$ | $B$ | $A$ |
| $L$ | $A$ | $B$ | $C$ |
| $M$ | $B$ | $C$ | $A$ |

*Notes* : Les lignes correspondent aux différents individus et les colonnes aux ordres de préférence.

Une solution simple serait de demander aux cameramen de choisir avec qui ils souhaitent travailler, et de satisfaire leurs choix autant que possible. Si on demande en premier à Agathe, elle choisit de travailler avec Marcel, puis on demande à Bilal qui choisit Ludivine (Marcel étant déjà pris), puis enfin Carol est associée à Kasper.

Le problème de cet appariement est que Marcel et Bilal ont tout intérêt à faire sécession et à ne pas respecter cet appariement. En effet Marcel préfère travailler avec Bilal plutôt qu'avec Agathe, tandis que Bilal lui aussi préfère Marcel à Ludivine. On dit dans ce cas que Marcel et Bilal peuvent bloquer l'appariement proposé.

Peut-on trouver un appariement tel qu'aucun binôme ne viendra le bloquer ? C'est le cas si Agathe est associée à Ludivine, Bilal à Marcel et Carol à Kasper. Dans ce cas Bilal et Kasper obtiennent chacun leur meilleur choix, ils ne peuvent donc faire partie d'un binôme bloquant. Agathe préférerait travailler avec Marcel ou Kasper qu'avec Ludivine, mais ni Marcel ni Kasper ne souhaite quitter son binôme pour travailler avec elle !

On a donc trouvé, dans le cas qui nous intéresse, un appariement dit stable pour lequel il n'existe aucun binôme bloquant. De manière générale, un tel appariement stable existe toujours, et nous avons même un algorithme permettant d'en construire un, que l'on appelle l'**algorithme d'acceptation différée**.

### 10.2.2 L'algorithme d'acceptation différée

On considère deux groupes $I$ et $J$ comprenant chacun $n$ individus. Pour fixer les idées, on imaginera que les membres de $I$ sont des hommes et ceux de $J$ des femmes, et que le but est de former des couples hétérosexuels. Chaque homme $i$ dans $I$ a des préférences quant aux femmes de $J$, et de même chaque femme $j$ dans $J$ a une préférence sur les hommes de $I$. Un **appariement** est une formation de $n$ couples entre les membres de $I$ et ceux de $J$. On dit qu'un homme $i$ et une femme $j$ bloquent un appariement si $i$ préfère $j$ à son partenaire dans l'appariement et $j$ préfère aussi $i$ à son partenaire dans l'appariement. Un appariement est *stable* s'il n'est bloqué par aucun couple homme, femme. En d'autres termes :

> Un appariement est **stable** s'il n'existe aucun couple d'individus pour lequel chacun préfère l'autre à son partenaire actuel.

Le problème de trouver les appariements stables dans ce contexte est un problème célèbre que l'on appelle le **problème des mariages stables**. Bien entendu, la théorie s'applique à de nombreux autres cas.

Pour trouver un appariement stable, on peut suivre l'algorithme suivant, dit d'acceptation différée (ou de Gale et Shapley, du nom de ses inventeurs) :

(1) Chaque homme soumet sa candidature à sa femme préférée dans $J$.

(2) Chaque femme $j$ qui obtient au moins une candidature retient son homme préféré parmi les candidatures reçues et rejette les autres.

(3) Chaque homme $i$ dont la candidature est rejetée soumet une nouvelle candidature à son choix suivant dans sa liste de préférences.

(4) Chaque femme $j$ retient la candidature favorite entre l'homme précédemment retenu (s'il y en a un) et les nouvelles candidatures.

(5) On répète les étapes (3) et (4) jusqu'à ce que chaque femme $j$ ne retienne qu'une candidature. L'issue de l'algorithme est l'appariement obtenu à ce moment.

Les étapes (1)-(2) puis chaque répétition de (3)-(4) consistent en une itération de l'algorithme.

Considérons l'exemple précédent entre la population de cameramen $I = \{A, B, C\}$ et celle de reporters $J = \{K, L, M\}$, et supposons que les cameramen font les propositions aux reporters. À la première itération, Agathe et Bilal proposent à Marcel, tandis que Carol propose à Kasper. Marcel retient son choix préféré parmi Agathe et Bilal, c'est-à-dire Bilal. À la deuxième itération, Agathe propose à son deuxième choix, c'est-à-dire Kasper. Kasper a donc le choix entre Agathe et Carol, et retient Casper. À la troisième itération, Agathe propose à son troisième choix, Ludivine. À ce moment, les trois équipes sont formées : Agathe et Ludivine, Bilal et Marcel, Carol et Kasper et l'algorithme s'arrête. Comme pour l'algorithme des cycles d'échange, l'algorithme d'acceptation différée présente un certain nombre de garanties théoriques.

**L'algorithme trouve systématiquement un appariement**

Pour que l'algorithme donne lieu à une nouvelle itération, il faut et il suffit qu'au moins une femme $j$ ait plusieurs propositions. Elle rejette celle d'au moins un homme, appelons-le $i$. À l'itération suivante, cet homme $i$ fera une proposition à la femme qui suit $j$ dans son ordre de préférences. Étant donné qu'il y a $n$ hommes et que chacun est rejeté au plus $n - 1$ fois, l'algorithme termine en $n(n - 1) + 1$ itérations.

À la dernière itération, tout les participants sont appariés. Pour le montrer, on peut effectuer un raisonnement par l'absurde. Supposons qu'un homme n'est pas apparié à la fin de l'algorithme. Cela signifie qu'un homme a été rejeté par toutes les femmes. Or, cela implique que chaque femme a reçu au moins une proposition, et donc que chaque femme est appariée avec un homme. Or, comme il y a autant d'hommes que de femmes, si chaque femme est appariée, alors chaque homme l'est aussi. Nous avons une contradiction avec notre point de départ, prouvant que l'algorithme conduit bien à un appariement complet.

### L'appariement obtenu est stable

Pour montrer que l'appariement obtenu est stable, considérons deux couples appariés par l'algorithme, $(i, j)$ et $(i', j')$ tels que $i$ préfère $j'$ à $j$, et montrons qu'il n'est pas possible que $j'$ préfère $i$ à $i'$ (ce qui rendrait l'appariement instable). Étant donné que $i$ préfère $j'$ à $j$, $i$ a forcément fait une offre à $j'$ avant d'en faire une à $j$. Mais alors, si $j'$ a rejeté $i$, c'est pour garder à chaque étape une offre qu'elle préfère à $i$. Ainsi $j'$ préfère $i'$ à $i$.

L'algorithme d'acceptation différée nous montre donc qu'il existe un appariement stable pour toute configuration de préférences ! En prime, l'algorithme nous donne une méthode pour obtenir un tel appariement.

### L'appariement dépend de quelle partie fait les offres

Dans l'algorithme que nous avons décrit, ce sont les hommes qui font des offres aux femmes. Dans une autre version de l'algorithme, ce sont les femmes qui font les offres. Cette version symétrique est-elle équivalente à la première ? Il se trouve que non. Pour le voir, prenons un nouvel exemple d'appariement entre trois hommes et trois femmes, $I = \{A, B, C\}$ et $J = \{K, L, M\}$ dont les préférences sont données par le tableau 10.3.

TABLEAU 10.3 – Préférences hommes-femmes

| | 1 | 2 | 3 |
|---|---|---|---|
| $A$ | $K$ | $L$ | $M$ |
| $B$ | $L$ | $K$ | $K$ |
| $C$ | $K$ | $L$ | $M$ |

| | 1 | 2 | 3 |
|---|---|---|---|
| $K$ | $B$ | $A$ | $C$ |
| $L$ | $A$ | $B$ | $C$ |
| $M$ | $A$ | $B$ | $C$ |

Supposons que les hommes proposent aux femmes. Dans ce cas, on a les offres décrites dans le tableau 10.4. Chaque ligne correspond à une itération, et chaque colonne correspond à une femme. Parmi les offres, on indique en rouge celles qui ne sont pas conservées. Ainsi, à la première itération, la femme $K$ reçoit une offre des hommes $A$ et de $C$, et rejette l'offre de $C$. En trois itérations, on arrive à l'appariement stable dans lequel $A$ est avec $K$, $B$ avec $L$ et $C$ avec $M$.

TABLEAU 10.4 – Déroulement de l'algorithme si les hommes proposent

| | $K$ | $L$ | $M$ |
|---|---|---|---|
| 1 | $A, C$ | $B$ | |
| 2 | $A$ | $B, C$ | |
| 3 | $A$ | $B$ | $C$ |

Considérons maintenant la situation où les rôles sont inversés et les femmes font des propositions aux hommes. La succession d'offres est décrite dans le tableau 10.5 : on arrive en trois itérations à un appariement stable distinct du premier, dans lequel $A$ est avec $L$, $B$ avec $K$, et $C$ avec $M$.

TABLEAU 10.5 – Déroulement de l'algorithme si les femmes proposent

| | $A$ | $B$ | $C$ |
|---|---|---|---|
| 1 | $L, M$ | $K$ | |
| 2 | $L$ | $K, M$ | |
| 3 | $L$ | $K$ | $M$ |

**Comparaison d'appariements stables**

Dans notre dernier exemple, l'appariement obtenu lorsque les hommes proposent est au moins aussi bien pour tous les hommes que celui obtenu lorsque les femmes proposent. Pour $A$ et $B$, il est même strictement meilleur. En revanche, la situation est inversée pour les femmes. Pour elles, c'est lorsqu'elles font les propositions que l'appariement leur est le plus favorable. Nous allons voir ici que ce n'est pas dû au hasard. De manière générale, l'algorithme d'acceptation différée bénéficie à ceux qui font les propositions.

Nous allons même voir que parmi tous les appariements stables, celui obtenu lorsque les hommes proposent est le meilleur possible pour les hommes. Pour le démontrer, il suffit de prouver que si un homme $i$ dans $I$ est associé à $j$ lorsque les hommes proposent, et que $i$ est associé à $j'$ dans un autre appariement stable, alors soit $j' = j$, soit $i$ préfère $j$ à $j'$.

Pour commencer, nous allons dire qu'une femme $j$ est *possible* pour un homme $i$ lorsqu'il existe un appariement stable dans lequel $i$ et $j$ sont appariés. Nous allons reposer sur le résultat intermédiaire suivant :

*Dans l'algorithme d'acceptation différée, si un homme est rejeté par une femme à n'importe quelle itération, alors cette femme est impossible pour lui.*

Pour montrer ce résultat, procédons par l'absurde. Supposons qu'au moins un homme est rejeté par une femme qui lui est possible. Considérons alors le premier homme $i$ rejeté par une femme possible, appelons-la $j$, dans l'algorithme d'acceptation différée. On suppose donc qu'aucun homme n'est rejeté par une femme possible avant que $i$ soit rejeté par $j$, et s'il y a plusieurs hommes rejetés simultanément en premier lieu nous en prenons un arbitrairement. Notons $i'$ l'offre conservée par $j$ au moment où $i$ est rejeté par $j$. Comme $j$ est possible pour $i$, il existe un appariement stable dans lequel $i$ et $j$ sont appariés. Soit $j'$ la femme à qui $i'$ est associé dans ce même appariement. On sait que $j$ préfère $i'$ à $i$ car $i'$ est conservé au lieu de $i$. Comme l'appariement considéré est stable, il faut donc que $i'$ préfère $j'$ à $j$. Mais alors, dans l'algorithme d'acceptation différée, $i'$ a dû faire une offre à $j'$ avant d'en faire une à $j$. S'il en a faite une à $j$, c'est que son offre à $j'$ a été rejetée. Par conséquent, $i'$ a été rejeté par une femme possible avant que $i$ ne soit rejeté par $j$, ce qui contredit l'hypothèse selon laquelle $i$ est le premier homme rejeté.

Le résultat intermédiaire nous permet de montrer les résultats suivants :

Parmi les appariements stables, celui obtenu par l'algorithme est le meilleur pour ceux qui font les offres ; c'est aussi le pire pour ceux qui les reçoivent !

En effet, le résultat intermédiaire nous dit que dès qu'un homme fait une offre à une femme possible, cette offre est forcément acceptée jusqu'à la fin car nous avons vu qu'elle ne peut être rejetée. Étant donné que les hommes font leurs offres par ordre décroissant de préférences, l'appariement obtenu est bien celui qui associe à chaque homme la meilleure femme possible pour lui.

Montrons maintenant que l'appariement où les hommes proposent est le pire pour les femmes parmi les appariements stables. Supposons que $i$ et $j$ sont appariés lorsque les hommes proposent, et considérons un autre appariement stable dans lequel $j$ est appariée à un certain $i'$, et $i$ est apparié à $j'$, avec $i \neq i'$ et $j \neq j'$. On a établi que $i$ préfère $j$ à $j'$. Mais alors si le nouvel appariement est stable, c'est que $j$ préfère $i'$ à $i$. On a donc bien montré que pour toutes les femmes, l'appariement lorsque les hommes proposent est moins bien que tout appariement stable alternatif.

#### Manipulation stratégique

Est-il possible, dans l'algorithme où les hommes proposent, qu'un homme puisse obtenir un meilleur appariement en faisant des offres stratégiquement, dans un ordre qui soit différent de celui de ses préférences ?

Supposons qu'un homme (appelons-le $i$) choisisse l'ordre dans lequel il effectue les offres, et choisisse un ordre alternatif qui lui permette d'obtenir, dans l'algorithme, sa femme préférée parmi toutes celles qu'il peut obtenir en faisant varier l'ordre de ses offres. Considérons l'appariement ainsi obtenu, lorsque $i$ fait ses offres selon l'ordre alternatif et les autres hommes utilisent leurs véritables ordres de préférences. Montrons que cet appariement est nécessairement stable. Aucun autre homme que $i$ ne peut faire partie d'un couple bloquant, car si $i$ préfère une femme $j$ à celle à qui il est apparié, $j$ a reçu une offre de $i$ et l'a rejetée, et est donc appariée avec un homme qu'elle préfère à $i$. Est-ce que $i$ pourrait faire partie d'un couple bloquant ? Supposons que $i$ préfère une femme $j'$ à $j$ et que $j$ préfère $i$ à son partenaire dans l'appariement. Dans ce cas, $i$ aurait tout intérêt à faire une offre à $j$ en premier et avant $j'$ car il serait ainsi apparié à $j$. Par conséquent, l'appariement obtenu lorsque $i$ est stratégique est stable. Or, nous avons vu que parmi tous les appariements stables, le meilleur pour $i$ est celui dans lequel tout les hommes utilisent leur véritable ordre de préférences. Par conséquent, $i$ ne peut obtenir de femme meilleure en étant stratégique.

Considérons maintenant la possibilité pour les femmes d'être stratégiques. Une femme peut-elle, en gardant à certaines itérations de l'algorithme un homme qui n'est pas son favori parmi les offres reçues, obtenir à la fin un homme meilleur pour elle qu'en suivant l'algorithme ?

Reprenons à notre exemple entre les hommes $\{A, B, C\}$ et les femmes $\{K, L, M\}$. Si les hommes font des propositions mais que $K$ est stratégique, $K$ peut prétendre préférer $C$ à $A$ et $B$ à $C$. L'algorithme se déroule alors comme dans le tableau 10.6.

TABLEAU 10.6 – Déroulement de l'algorithme avec une femme stratégique

| | $K$ | $L$ | $M$ |
|---|---|---|---|
| 1 | $A, C$ | $B$ | |
| 2 | $C$ | $A, B$ | |
| 3 | $B, C$ | $A$ | |
| 4 | $B$ | $A$ | $C$ |

Dans cette situation, $K$ termine avec son homme favori, $B$ ! Que s'est-il passé ? En renvoyant $A$, elle l'a forcé à faire une offre à $L$. Sachant que $A$ est le favori de $L$, $L$ a renvoyé $B$ qui est ensuite accouru faire une offre à $K$, qui n'avait plus qu'à le conserver. Ainsi, on a les résultats suivants :

L'algorithme est robuste aux manipulations stratégiques de ceux qui font les offres, mais pas aux manipulations de ceux qui les reçoivent !

Dans de nombreux systèmes éducatifs, ce sont des variantes de l'algorithme d'acceptation différée qui sont employées pour allouer des étudiants à des universités. Dans ce cas-là, ce sont en général les étudiants qui font les offres aux universités.

**Théorie des mécanismes et théorie des jeux**

La théorie des mécanismes, dont nous étudions des problèmes dans ce chapitre, étudie la construction de règles encadrant des interactions entre agents économiques. Là où la théorie des jeux analyse à partir des données d'une interaction (un jeu) quelle en sera l'issue si les agents sont stratégiques, la théorie des mécanismes utilise la théorie des jeux pour définir un mécanisme à partir des issues souhaitées. La théorie des jeux est un exercice descriptif, qui cherche à expliquer pourquoi des agents se comportent de telle ou telle manière lorsqu'on les place dans un certain environnement économique (que l'on modélise sous la forme d'un jeu). La théorie des mécanismes est un exercice normatif : on cherche à adapter le jeu auquel les agents jouent pour obtenir une allocation des ressources que l'on juge désirable. C'est une forme d'ingénierie économique qui a permis notamment la conception de nouvelles formes d'enchères. La théorie des mécanismes trouve sa source dans les travaux de Vickrey (1961), Clarke (1971) et Groves (1973) et ses développements ont été récompensés par le prix Nobel d'économie attribué à Leonid Hurwicz, Eric Maskin et Roger Myerson en 2007.

## 10.3 Les enchères

Un mécanisme d'allocation des biens particulièrement commun est l'enchère. Traditionnellement, les enchères sont un système de vente dans lequel les acheteurs placent des enchères, et la vente est remportée par celui qui place l'enchère la plus haute. Même si elles remontent à l'Antiquité, elles ont connu un fort gain d'intérêt en Europe à partir du XVIII$^{e}$ siècle avec des compagnies dédiées comme Sotheby's et Christie's à Londres, et Drouot à Paris. La rapidité de communication entre acheteurs et vendeurs permise par internet a facilité la mise en place de nombreux systèmes d'enchères, comme eBay pour la vente d'objets entre particuliers, ou pour la mise en vente par Google de publicités sur les pages de résultats de son moteur de recherche. Les marchés financiers électroniques tels que le New York Stock Exchange fonctionnent sous forme de doubles enchères dans lesquelles les acheteurs indiquent des quantités souhaitées pour un actif financier et le prix maximum qu'ils souhaitent payer (leur *bid*, en anglais), tandis que les vendeurs indiquent des quantités qu'ils souhaitent vendre ainsi qu'un prix minimal de vente (leur *ask*).

Il existe de nombreux formats d'enchères selon qu'elles sont simultanées (chaque enchérisseur indique une et une seule enchère), ou séquentielles (chacun a la possibilité d'enchérir entre plusieurs étapes), ascendantes (avec mises croissantes) ou descendantes (avec mises décroissantes). Pour entièrement décrire un mécanisme d'enchères, il nous faut définir selon quel format les participants enchérissent, comment le gagnant est déterminé, et enfin quel est le prix payé par le gagnant. Intéressons-nous maintenant aux **enchères simultanées au second prix**.

### Enchères au second prix

Dans une enchère simultanée au second prix, chaque acheteur potentiel indique son enchère de manière confidentielle sous pli scellé. Les plis sont ouverts simultanément, et l'enchérisseur ayant placé l'enchère la plus haute remporte l'objet. En cas d'égalité, on tire le gagnant au hasard. Le prix payé est alors non celui enchéri par le gagnant, mais la deuxième enchère la plus élevée.

Par exemple, si, pour remporter une voiture, Amanda soumet une enchère de 6 000 €, Boris de 5 000 € et Chloé de 10 000 €, Chloé remporte l'enchère et paye 6 000 €.

Les enchères au second prix peuvent être vues comme une simplification des enchères séquentielles croissantes, aussi appelées enchères anglaises, dans lesquelles chaque acheteur peut à n'importe quel moment enchérir au-dessus de la plus haute enchère déjà placée. Celui qui remporte l'objet est le dernier en lice, et le prix qu'il paie est sa dernière enchère placée. En effet, imaginons que la voiture est mise en vente selon des enchères croissantes, qu'Amanda a décidé qu'elle est prête à enchérir jusqu'à 6 000 €, Boris jusqu'à 5 000 € et Chloé jusqu'à 10 000 €. Avec un prix de départ à 0, les trois acheteurs font monter les enchères jusqu'au prix de 5 000 €, moment où Boris abandonne. Amanda et Chloé continuent d'enchérir l'une face à l'autre jusqu'à ce qu'on ait atteint 6 000 €. Amanda reste alors seule en lice et remporte la voiture au prix de 6 000 €. [2]

Une propriété attractive des enchères au second prix est que chaque enchérisseur a tout simplement intérêt à miser la valeur que l'objet a pour lui. Plaçons-nous en effet dans le cas où chaque enchérisseur connaît la valeur qu'il attribue à l'objet (notons la $v$). [3] Alors, miser $v$ est ce que nous avons appelé en théorie des jeux une stratégie faiblement dominante. Pour rappel, cela signifie que face à toutes les stratégies possibles des autres

2. Il faut éventuellement ajouter à ces 6 000 € l'incrément minimal entre deux enchères que nous négligeons dans cette analyse.

3. On parle alors de valeurs privées, pour indiquer que la valeur pour chaque enchérisseur est connue de lui-même et ne dépend pas de la valeur qu'a l'objet pour les autres enchérisseurs.

enchérisseurs, miser $v$ donne un gain au moins égal à celui de n'importe quelle autre enchère.

La figure 10.3 représente le gain de l'enchérisseur en fonction de la mise la plus élevée hors la sienne pour trois valeurs de son enchère. En misant $v$, il remporte l'objet si la mise la plus élevée hors la sienne est inférieure à $v$, auquel cas son gain économique est positif et égal à la différence entre $v$ et la seconde mise, et il ne remporte pas l'objet si la meilleure enchère hors la sienne est supérieure à $v$. En misant une enchère $v''$ inférieure à $v$, il cesse de gagner l'objet sur tout l'intervalle entre $v''$ et $v$, alors qu'il aurait aimé gagner l'objet en payant un montant entre $v''$ et $v$. En misant une somme $v'$ supérieure à $v$, il se met à gagner l'objet sur l'intervalle entre $v$ et $v'$, où il est conduit à payer un prix supérieur à sa valeur $v$, alors qu'il aurait mieux aimé ne pas remporter l'objet. La fonction de gain en misant $v$, représentée en rouge sur la figure 10.3, est supérieure ou égale à la fonction de gain pour tout autre stratégie, ce qui montre que miser sa propre valorisation $v$ est bien une stratégie faiblement dominante.

FIGURE 10.3 – Gain d'un enchérisseur dont la valeur pour l'objet est $v$ en fonction de la mise la plus élevée parmi les autres enchérisseurs

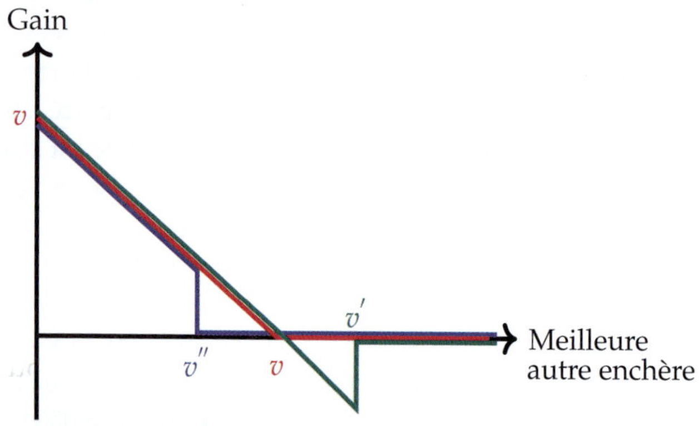


*Notes* : La ligne rouge correspond au gain s'il enchérit $v$. La ligne verte correspond au gain s'il enchérit une valeur $v'$ supérieure à $v$, et la ligne bleue correspond au gain s'il enchérit une valeur $v''$ inférieure à $v$.

La figure 10.4 illustre le même phénomène sous un angle différent. On y montre le gain de l'enchérisseur en fonction de son enchère pour trois valeurs de l'enchère maximale hormis la sienne, $w$, pour trois valeurs de $w$. À $w$ fixé, le gain est nul pour une enchère inférieure à $w$, et vaut $v - w$ pour une enchère supérieure à $w$. Ainsi, dès lors que $w < v$, l'enchérisseur à intérêt à enchérir plus que $w$ (ligne bleue) ; tandis que, dès lors que $w > v$, l'enchérisseur à intérêt à enchérir moins que $w$ (ligne verte). Que $w$ soit inférieur, égal ou supérieur à $v$, le gain de l'enchérisseur est toujours maximal en misant $v$.

FIGURE 10.4 – Gain d'un enchérisseur dont la valeur est $v$ en fonction de son enchère pour trois valeurs de l'enchère la plus haute hormis la sienne ($w$)

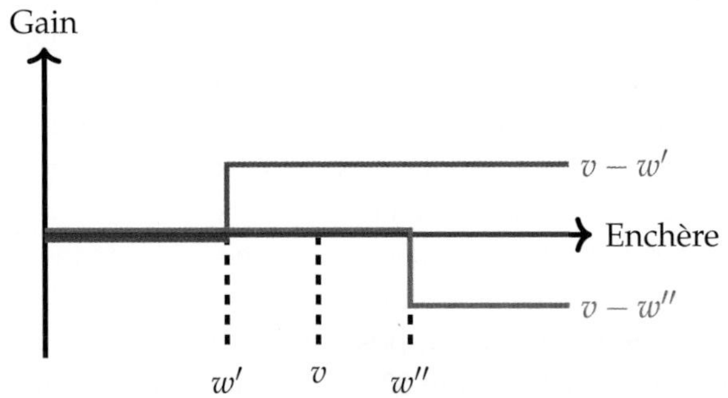


*Notes* : La ligne rouge correspond au cas où $w$ est égal à $v$. La ligne bleue au cas où $w$ prend une valeur $w'$ inférieure à $v$, et la ligne verte au cas où $w$ prend une valeur $w''$est supérieure à $v$.

L'enchère au second prix constitue donc un mécanisme incitant chaque enchérisseur à révéler son information cachée sur sa propre valorisation du bien à vendre. Cela permet d'allouer le bien à celui qui le valorise le plus.

Notons que les choses ne fonctionnent pas ainsi dans une enchère au premier prix, dans laquelle l'enchérisseur qui remporte l'enchère paie son enchère (et non la deuxième enchère la plus élevée). Pour le voir, reprenons l'exemple avec Amanda (dont la valeur pour l'objet est de 6 000 €), Boris (dont la valeur pour l'objet est de 5 000 €) et Chloé (dont la valeur pour l'objet est de 10 000 €). Si chaque participant révèle la valeur qu'il attribue à l'objet en enchérissant cette valeur, alors Chloé remporte l'enchère et paie 10 000 €, lui donnant un gain nul. Or, ce comportement n'est pas optimal pour elle : si elle avait enchéri 8 000 €, elle aurait remporté l'objet à ce prix et aurait empoché un gain de 2 000 €. Lorsqu'il ne connaît pas la valeur accordée à l'objet par les autres, un participant à l'enchère a intérêt à annoncer une enchère en deçà de sa valeur. Selon le comportement de chacun, il est tout à fait possible que l'objet ne revienne pas au participant qui a la valeur la plus élevée.

**Les prix de réserve**

Il est courant pour des enchères d'avoir un prix de réserve. Dans ce cas, le vendeur fixe un prix minimal au-dessous duquel il ne vend pas l'objet. Dans une enchère au second prix avec prix de réserve, l'objet n'est pas vendu si personne ne mise au-dessus du prix de réserve et, dans le cas contraire, l'enchérisseur le plus haut remporte l'objet à un prix fixé au maximum entre le prix de réserve et la deuxième enchère la plus haute. Ainsi le vendeur s'assure que si l'objet est vendu, il l'est à un prix au moins égal au prix de réserve. Dans ce format d'enchères, les enchérisseurs ont toujours intérêt à miser leur valeur, le raisonnement effectué pour les enchères au second prix sans prix de réserve restant valide.

Pour comprendre l'intérêt des prix de réserve, considérons deux enchérisseurs. La valeur attribuée à l'objet pour chacun des enchérisseurs est soit 400 €, 800 €, 1 200 € ou 1 600 €. Le revenu du vendeur est indiqué sur les tableaux 10.7, à gauche sans prix de réserve et à droite avec un prix de réserve de 800 € (on suppose que l'objet est vendu au prix de 800 € si la meilleure enchère vaut 800 €). En comparant les deux tableaux, on voit que le prix de réserve diminue le revenu du vendeur dans la configuration où les deux enchérisseurs ont la valeur la plus basse pour l'objet (en rouge). En revanche, elle l'augmente dans tous les cas où un seul des deux vendeurs a la valeur la plus basse (en bleu).

TABLEAU 10.7 – Revenu du vendeur avec deux enchérisseurs en fonction de leurs mises dans une enchère au second prix

**(a)** Sans prix de réserve

| | 400 | 800 | 1 200 | 1 600 |
|---|---|---|---|---|
| 400 | 400 | 400 | 400 | 400 |
| 800 | 400 | 800 | 800 | 800 |
| 1 200 | 400 | 800 | 1 200 | 1 200 |
| 1 600 | 400 | 800 | 1 200 | 1 600 |

**(b)** Avec prix de réserve de 800 €

| | 400 | 800 | 1 200 | 1 600 |
|---|---|---|---|---|
| 400 | 0 | 800 | 800 | 800 |
| 800 | 800 | 800 | 800 | 800 |
| 1 200 | 800 | 800 | 1 200 | 1 200 |
| 1 600 | 800 | 800 | 1 200 | 1 600 |

*Notes* : Les lignes correspondent aux mises du premier enchérisseur et les colonnes à celles du second.

Comme illustration numérique, faisons l'hypothèse que toutes les configurations de paires de valeurs entre les deux enchérisseurs sont également probables. Le revenu espéré pour l'enchérisseur, calculé comme la moyenne des revenus sur l'ensemble du tableau, vaut 750 € sans prix de réserve et passe à 875 € avec l'ajout d'un prix de réserve.

Une analyse avancée des systèmes d'enchères permet de montrer qu'une enchère au second prix avec prix de réserve adéquat est l'enchère qui permet de maximiser le gain économique du vendeur. En revanche, on voit qu'un tel système n'est pas efficace au sens de Pareto. En effet, dans notre exemple avec deux enchérisseurs, l'introduction du prix de réserve empêche d'attribuer l'objet à un des enchérisseurs s'ils ont tous deux la valuation la plus basse alors qu'il serait économiquement bénéfique de le faire. Remarquons au passage que le vendeur ne se comporte pas comme un enchérisseur comme un autre, car il a tout intérêt à mettre un prix de réserve supérieur à sa propre valorisation pour l'objet (qui est ici nulle).

Ceci permet d'illustrer une tension entre objectifs normatifs dans la construction de mécanismes. Ainsi, dans une vente de biens appartenant à l'État (saisies, droits d'exploitation d'autoroutes ou de fréquences radio), une bonne gestion des finances publiques impose de maximiser le revenu, ce qui peut être en contradiction avec l'objectif économique plus général d'efficacité.

**L'allocation des fréquences du spectre électromagnétique**

La quasi-totalité de nos télécommunications s'effectue par la transmission d'ondes électromagnétiques. Les stations de radio et de télévision, les opérateurs de téléphonie mobile et les contrôleurs aériens émettent tous des ondes électromagnétiques sur des fréquences différentes pour transmettre de l'information. Pour éviter que différentes personnes émettent des ondes sur la même fréquence et causent des interférences, les gouvernements allouent le spectre électromagnétique entre ses différents utilisateurs. Les stations de radio et de télévision n'ont le droit d'émettre que sur certaines fréquences. Certaines sont réservées à l'armée, d'autres au contrôle aérien et maritime.

Comment faire si plusieurs opérateurs demandent à avoir accès à une même fréquence ? Pendant longtemps, le gouvernement américain tranchait parmi les différentes demandes en auditionant les requéreurs et en tentant de comprendre quelles entreprises bénéficieraient le plus d'un droit d'émission. Ce processus était délicat, car les entreprises auditionnées avaient naturellement tendance à s'enjoliver et surestimer le bénéfice qu'elles tireraient de l'allocation d'une fréquence. Avec le développement rapide des télécommunications, le nombre de demandes d'allocation a explosé, et la Federal Communications Commission (FCC) qui assigne les fréquences fut tellement débordée que certaines fréquences n'étaient même pas allouées. Le Congrès américain décida de remplacer les auditions par des loteries qui détermineraient au hasard l'entreprise ayant droit d'émettre sur telle ou telle fréquence. Cela n'améliora pas les choses, car des milliers d'entreprises plus ou moins obscures commencèrent à participer aux loteries, dans l'espoir de remporter une fréquence et de la revendre à un grand opérateur au prix fort. Pour couper court à ces mésaventures, les États-Unis ainsi que d'autres pays décidèrent d'employer des enchères pour allouer les fréquences.

La Nouvelle-Zélande décida initialement d'utiliser une enchère au second prix sans prix de réserve. Elle révéla que certains opérateurs étaient prêts à payer des sommes très importantes pour recevoir un permis d'émission. En revanche, l'omission d'un prix de réserve rendit l'enchère décevante pour le gouvernement. Une firme qui avait misé 100 000 dollars néo-zélandais pour une fréquence ne dut payer que six dollars, le montant de la deuxième meilleure enchère.

Le format d'enchères initialement employé par la Nouvelle-Zélande n'étant clairement pas le meilleur pour le gouvernement, comment peut-on mieux faire ? Trouver un bon système n'est pas facile, car le gouvernement a plusieurs objectifs : il veut extraire des revenus de l'enchère et allouer les fréquences de façon économiquement efficace. Ce dernier objectif est lui-même complexe, car le fonctionnement de certains usagers du spectre électromagnétique repose sur des économies d'échelle. En d'autres termes, la valeur d'un ensemble de fréquences est plus élevée que la somme des valeurs des fréquences prises individuellement. Par exemple, un opérateur de téléphonie mobile peut être prêt à payer beaucoup pour avoir le droit d'émettre sur l'ensemble du territoire d'un pays, mais ne serait pas intéressé par un permis d'émettre dans une seule région. La possession par un même opérateur d'un ensemble important de licences bénéficie également aux consommateurs, qui n'ont pas besoin de changer d'opérateur lorsqu'ils se déplacent d'une région à l'autre. L'État n'a néanmoins pas intérêt à allouer à un seul opérateur un nombre trop important de fréquences, car cet opérateur pourrait devenir un monopole.

Pour trouver un format d'enchères susceptible de satisfaire aux exigences du gouvernement, la FCC demanda à de nombreux économistes, dont John McMillan, Robert Wilson et Paul Milgrom, de lui faire des propositions. Elle décida d'employer une enchère dite simultanée, ascendante et à plusieurs tours. Dans une telle enchère, toutes les fréquences électromagnétiques sont mises en vente en même temps et l'enchère se déroule en plusieurs tours. À chaque tour, les participants font des offres pour les fréquences qu'ils désirent acheter de façon cachée (pour rendre plus difficile la collusion entre entreprises). Le gouvernement annonce à la fin de chaque tour le montant de l'offre la plus élevée pour chaque fréquence. Au tour suivant, personne n'aura le droit d'offrir moins pour une fréquence que la meilleure enchère que cette fréquence ait reçu au tour précédent. L'enchère s'arrête lorsque plus personne n'a envie de surenchérir. Vendre l'ensemble des fréquences de façon simultanée (plutôt que chaque fréquence séparément) permet aux entreprises d'acquérir plus facilement un ensemble cohérent de fréquences qui leur permettra de réaliser des économies d'échelle. La FCC ajouta d'autres règles à l'enchère pour éviter la création de monopoles et aider des petites entreprises, des entreprises rurales ou des entreprises possédées par des minorités ou des femmes. Elle imposa dans certains cas des prix de réserve pour éviter le problème qui s'était posé en Nouvelle-Zélande. McMillan (1994) décrit avec plus de détails le fonctionnement des enchères de la FCC, ainsi que les débats théoriques qui on mené à leur mise en place.

Ce système d'enchères a eu un succès retentissant. Depuis le début des enchères de la FCC, le gouvernement américain a récolté plus de 60 milliards de dollars *via* l'allocation des fréquences du spectre électromagnétique, et de nombreux pays ont adopté un format d'enchères similaire. Forts de cette réussite, Paul Milgrom et Robert Wilson reçurent le prix Nobel d'économie en 2020 pour avoir « amélioré la théorie des enchères et inventé de nouveaux formats d'enchères ».

# Références

CLARKE, E. H. (1971) : "Multipart Pricing of Public Goods," *Public Choice*, 11, 17–33.

GROVES, T. (1973) : "Incentives in Teams," *Econometrica*, 41, 617–631.

MCMILLAN, J. (1994) : "Selling Spectrum Rights," *Journal of Economic Perspectives*, 8, 145–162.

SHAPLEY, L. ET H. SCARF (1974) : "On Cores and Indivisibility," *Journal of Mathematical Economics*, 1, 23–37.

VICKREY, W. (1961) : "Counterspeculation, Auctions, and Competitive Sealed Tenders," *Journal of Finance*, 16, 8–37.

# Exercices du chapitre 10

**Exercice 10.1 Les cycles d'échange**

On considère 4 étudiants notés $A$, $B$, $C$ et $D$ à qui on a assigné des projets notés, 1, 2, 3 et 4 au hasard. Les étudiants ont le droit d'échanger les projets entre eux. L'étudiant $A$ a le projet 1, $B$ a le 2, $C$ a le 3 et $D$ a le 4. Les préférences des étudiants sont les suivantes :

$$A : 2 > 3 > 4 > 1$$

$$B : 3 > 2 > 1 > 4$$

$$C : 1 > 4 > 2 > 3$$

$$D : 4 > 1 > 3 > 2$$

1. Appliquer l'algorithme des cycles d'échange. Quelle est l'allocation finale ?
2. Quels sont les étudiants qui obtiennent leur projet favori ?
3. Vérifier qu'à partir des résultats de l'algorithme, il ne serait pas possible d'allouer les projets différemment en améliorant la situation de chacun et sans empirer la situation d'aucun étudiant.
4. Est-il vrai que chaque étudiant obtient par l'algorithme un projet qu'il aime au moins autant que son projet initialement alloué ?

**Exercice 10.2 Non-manipulabilité des cycles d'échange**

On demande de compléter la preuve de la non-manipulabilité du mécanisme d'échange par cycles de la section 10.1.2. En particulier, on considère un individu $i$ qui n'obtient pas son objet préféré à une itération de l'algorithme en pointant vers cet objet, et on souhaite montrer que cet individu n'a pas intérêt à pointer vers un autre objet $j$ que son préféré.

1. Supposons qu'en pointant vers $j$, $i$ ne ferme pas de cycle. Montrer que pointer vers $j$ plutôt que vers l'objet préféré ne modifie pas les objets éliminés à cette itération.

2. Supposons qu'en pointant vers $j$, $i$ ferme un cycle, montrer que si $i$ avait pointé vers son objet préféré, l'objet $j$ aurait été disponible à l'étape suivante.

**Exercice 10.3 Appariements stables**

On considère 4 hommes : $\alpha$, $\beta$, $\gamma$ et $\delta$, et 4 femmes $A$, $B$, $C$ et $D$. Les préférences de chaque groupe sur l'autre groupe sont données par ce tableau.

| | $A$ | $B$ | $C$ | $D$ |
|---|---|---|---|---|
| $\alpha$ | (1,4) | (2,3) | (3,1) | (4,3) |
| $\beta$ | (3,3) | (4,1) | (1,3) | (2,4) |
| $\gamma$ | (2,2) | (4,2) | (1,4) | (3,1) |
| $\delta$ | (4,1) | (3,4) | (2,2) | (1,2) |

Par exemple, l'entrée $(1,4)$ à la ligne $\alpha$, colonne A signifie que $A$ est le premier choix de $\alpha$ tandis que $\alpha$ est le dernier choix de $A$.

1. Vérifier si ces appariements sont stables ou non :

$$(\gamma, A), (\alpha, B), (\delta, C), (\beta, D)$$

$$(\gamma, A), (\alpha, B), (\beta, C), (\delta, D)$$

2. Quel est l'appariement donné par l'algorithme dans lequel les hommes proposent aux femmes ?
3. Et lequel est obtenu lorsque les femmes proposent aux hommes ?
4. Du point de vue des hommes, est-il mieux que les hommes proposent ? ou bien les femmes ? Et du point de vue des femmes ?

**Exercice 10.4 Partage de chambres doubles**

Supposons que 4 amis notés $A$, $B$, $C$ et $D$ doivent partager deux chambres doubles. Les préférences de chacun sur son compagnon de chambre sont les suivantes :

$$A : B > C > D$$

$$B : C > A > D$$

$$C : A > B > D$$

$$D : A > B > C$$

1. L'appariement $(A, B)$, $(C, D)$ est-il stable ?

2. L'appariement $(A, C)$, $(B, D)$ est-il stable ?
3. L'appariement $(A, D)$, $(B, C)$ est-il stable ?
4. Est-ce en contradiction avec ce que nous savons sur les mariages stables ?

**Exercice 10.5 Malédiction du vainqueur**

Est-il possible que remporter un objet aux enchères soit une mauvaise nouvelle pour le gagnant ? Il semblerait *a priori* que non, le gagnant d'une enchère devant par principe être heureux d'avoir remporté l'enchère. Nous allons voir que c'est en effet le cas, mais seulement si le gagnant a bien réfléchi avant de poser sa mise.

On considère la mise en vente d'un droit d'exploitation d'un puits de pétrole dont la valeur est soit élevée (noté $E$) à 100 millions d'euros, soit nulle (noté $N$) à 0 €. Les deux possibilités $E$ et $N$ sont également probables.

Des enchérisseurs ont la possibilité de s'informer sur la valeur du projet. Chaque enchérisseur peut utiliser une technologie de détection du pétrole, qui produit des faux positifs (elle trouve du pétrole où il n'y en a pas), mais pas de faux négatifs (elle trouve toujours du pétrole s'il y en a). On représente cette technologie par un signal qui peut prendre une valeur haute, notée $H$, ou basse, notée $B$. Lorsque la valeur du puits est élevée, le signal de chaque enchérisseur est toujours haut. Lorsque la valeur du puits est basse, le signal peut être soit haut, soit bas, avec probabilités égales. Lorsque la valeur du puits est basse, les signaux reçus par chaque enchérisseur sont indépendants les uns des autres.

1. Le puits de pétrole est mis en vente à un seul enchérisseur, pour un prix de 65 millions d'euros. L'enchérisseur doit-il accepter l'offre lorsque son signal est bas ? Lorsque son signal est élevé ? Quel est alors son gain moyen ? Pour répondre à cette question on pourra s'aider d'un tableau représentant les quatre combinaisons possibles de valeurs du puits ($E$ ou $N$) et valeurs du signal ($H$ ou $B$).
2. On suppose maintenant deux enchérisseurs, chacun ayant la possibilité d'enchérir soit 0, soit 65 millions d'euros. Un enchérisseur qui mise 0 ne remporte pas le puits. Si un seul enchérisseur mise 65 millions d'euros, il emporte le puits à ce prix. Imaginons que chaque enchérisseur mise 65 millions d'euros si son signal est haut, et 0 si son signal est bas. Calculer le gain moyen de chaque enchérisseur. On pourra éventuellement s'aider d'un tableau similaire à celui de la question précédente.

3. Dans le cadre des questions (1) et (2), calculer le montant moyen reçu par le vendeur du puits de pétrole et le comparer à la valeur du puits. Vérifier la cohérence avec les réponses aux questions (1) et (2).
4. Comment peut-on expliquer ce paradoxe ?

# Chapitre 11

# Économie du travail

Pour produire biens et services, les entreprises ont besoin de travail, de capital (usines, machines, logiciels informatiques...) et de matériaux (intrants produits par d'autres firmes et ressources naturelles). Le travail est donc un des principaux facteurs de production.

Dans une relation d'emploi, un travailleur offre son temps et son savoir-faire contre un salaire tandis qu'un employeur, en général une entreprise, demande ces heures de travail qu'il est prêt à rémunérer. Dans ce chapitre, nous appliquerons au « marché du travail » les principes développés précédemment pour décrire le fonctionnement du marché des biens et des services.

Le salaire est la principale, voire l'unique, source de revenu de la plupart des ménages. Un dysfonctionnement du marché du travail est donc potentiellement bien plus grave qu'un dysfonctionnement du marché d'un bien comme l'automobile.

Nous allons commencer par étudier le cas d'un marché du travail parfaitement compétitif, avant de nous intéresser aux inégalités et au chômage. Cette analyse sera l'occasion d'enrichir progressivement notre description du fonctionnement du marché du travail, en soulignant les frictions et les imperfections qui le caractérisent. Nous étudierons aussi les effets des principales politiques publiques qui régissent le fonctionnement du marché du travail : l'assurance chômage, le salaire minimum et la protection de l'emploi.

## 11.1 Un marché du travail compétitif

Commençons par analyser un marché du travail sans frictions, auquel nous pouvons appliquer les principes classiques de l'offre et de la demande. Les positions sont désormais inversées : les ménages sont du côté de l'offre et les entreprises du côté de la demande. La quantité échangée correspond à l'emploi, mesurée en nombre d'heures travaillées, tandis que le prix de cette transaction est donné par le salaire. L'emploi et le salaire sont déterminés par l'équilibre du marché du travail.

### 11.1.1 L'offre de travail

La fonction d'offre de travail donne le nombre d'heures que les ménages souhaitent travailler en fonction du salaire auquel ce travail est rémunéré. Comment cette fonction est-elle déterminée ?

Chaque ménage, et chaque individu au sein d'un ménage, doit répartir son temps entre travail et temps libre, que l'on peut considérer comme étant consacré aux loisirs. Un travailleur prend sa décision d'offre de travail et de demande de temps libre de manière à maximiser sa satisfaction, son bien-être. Pour un niveau de salaire donné, il souhaite donc consommer du temps libre jusqu'à ce que le bénéfice d'une heure de loisirs supplémentaire soit égale au coût de cette heure. Ainsi, l'offre de travail égalise le bénéfice marginal du loisir au coût marginal du loisir.

Quel est le coût marginal du loisir ? On pourrait imaginer que le temps libre est gratuit. Ce serait oublier son **coût d'opportunité**. En prenant une heure de temps libre en plus, un salarié renonce à l'opportunité de travailler et de gagner une heure de rémunération supplémentaire : le coût marginal du loisir est égal au salaire. Un individu rationnel détermine donc son offre de travail de telle manière que le bénéfice marginal du loisir soit égal au salaire. Cela fait écho au marché des biens où un individu choisit sa consommation telle que le bénéfice marginal de la consommation, mesuré par la propension marginale à payer, soit égal au prix.

Le bénéfice marginal du loisir est pour sa part fondamentalement subjectif, et très différent d'un individu à l'autre. Il sera élevé pour les personnes qui n'aiment pas travailler ou qui savent profiter pleinement de leur temps libre. Au contraire, il sera faible pour les individus dont le travail est la raison d'être. Ceci étant, on peut raisonnablement supposer que *le bénéfice marginal du loisir est une fonction décroissante de la consommation de loisir*. Une personne appréciera davantage une journée de vacances supplémentaire si elle travaille jour et nuit que si elle travaille à temps partiel.

Cette hypothèse implique que l'offre de travail d'un individu est une fonction croissante du salaire. En effet, un salaire plus élevé correspond à une hausse du coût marginal du loisir. Face à un loisir plus coûteux, un individu choisit d'ajuster sa consommation de loisirs de manière à en augmenter le bénéfice marginal. Mais, pour augmenter le bénéfice marginal du loisir, il faut en consommer moins et, donc, travailler plus. Ce raisonnement peut sembler abstrait, mais il s'agit de la fondation microéconomique d'un comportement qui nous semble naturel : lorsque le salaire est plus élevé, on souhaite travailler davantage !

**Effet de richesse.** Ce raisonnement élude une subtilité importante. Une augmentation de salaire a en réalité deux effets opposés sur l'offre de travail :

- Un **effet de substitution** : une hausse de salaire rend le travail plus attractif, ce qui en augmente l'offre. C'est l'effet que nous venons de voir en détail.
- Un **effet de richesse** : une hausse de salaire rend le travailleur plus riche, ce qui lui permet de consommer plus de biens et de services mais également plus de loisirs. Dans ce cas, la hausse de salaire diminue l'offre de travail.

En pratique, l'effet de substitution domine l'effet de richesse. Il est donc raisonnable de considérer que l'offre de travail est une fonction croissante du salaire, même si pour certaines personnes les deux effets s'annulent pratiquement, si bien que leur offre de travail ne change pas avec le salaire. Ceci correspond à une offre parfaitement inélastique et une courbe d'offre verticale.

**Marge extensive *vs* marge intensive.** Jusqu'à présent, nous avons supposé le travail parfaitement divisible, permettant aux salariés de choisir librement le nombre d'heures de travail effectuées. En réalité, pour beaucoup de salariés, la décision est plutôt de travailler à plein temps ou de ne pas travailler du tout. Ainsi, on distingue deux dimensions de choix pour l'offre de travail :

- la **marge extensive**, correspondant au choix de participer ou non au marché du travail ;
- la **marge intensive**, correspondant au choix du nombre d'heures de travail effectuées conditionnellement à la participation au marché du travail.

La marge extensive implique, pour chaque travailleur, l'existence d'un salaire de réserve en deçà duquel il choisit de ne pas participer. Par conséquent, plus le salaire est élevé, plus le nombre de participants au marché du travail est important. À l'échelle de la population, même en prenant en compte la marge extensive, l'offre de travail reste donc une fonction croissante du salaire.

### 11.1.2 La demande de travail

Tentons maintenant de déterminer la demande de travail des entreprises en fonction du salaire. Les entreprises prennent leurs décisions de production, et donc d'embauche, de manière à maximiser leurs profits. Tant que l'embauche d'un salarié supplémentaire est profitable, l'entreprise cherche à augmenter sa masse salariale ; et tant que le licenciement d'un salarié supplémentaire est profitable, l'entreprise cherche à réduire sa masse salariale. À l'optimum, le revenu marginal du travail doit être égal au coût marginal du travail.

Le coût marginal du travail correspond simplement au salaire. Le revenu marginal est quant à lui la valeur de la production générée par l'embauche d'un travailleur supplémentaire : on parle de **productivité marginale du travail**. Pour calculer cette productivité marginale du travail, une entreprise doit connaître la valeur de sa production en fonction du nombre de travailleurs embauchés. Prenons l'exemple d'une entreprise dont les possibilités sont caractérisées par le tableau 11.1. Passer de 0 à 1 travailleur fait progresser la production de l'entreprise de 0 € à 300 €, correspondant à une productivité marginale du premier travailleur égale à 300 €. Lorsque l'entreprise embauche un deuxième travailleur, la production passe de 300 € à 580 €, soit un gain de 280 € : c'est la productivité marginale du deuxième travailleur. Et ainsi de suite. Ici, la productivité marginale est une fonction décroissante du nombre de travailleurs.

TABLEAU 11.1 – Production journalière d'une entreprise en fonction du nombre de travailleurs, et productivité marginale associée

| Nombre de travailleurs | Production | Productivité marginale |
|---|---|---|
| 1 | 300 € | 300 € |
| 2 | 580 € | 280 € |
| 3 | 820 € | 240 € |
| 4 | 1 030 € | 210 € |
| 5 | 1 210 € | 180 € |
| 6 | 1 370 € | 160 € |

Supposons que le salaire journalier s'élève à 200 €. Quelle est la demande de travail à ce niveau de salaire ? Si l'entreprise a déjà trois salariés, l'embauche d'un quatrième augmente ses revenus de 210 €, soit la productivité marginale du quatrième travailleur. Cette embauche augmente les coûts de l'entreprise du montant du salaire, soit 200 €. Le profit journalier augmente donc de 10 €, ce qui rend cette embauche profitable. *A contrario*, si l'entreprise a déjà cinq salariés et décide d'en licencier un, la valeur de sa production baisse de 180 €, soit la productivité marginale du cinquième salarié, mais elle économise 200 € de salaires. Le licenciement augmente donc le profit de 20 €. Pour un salaire de 200 €, la demande de travail s'élève ainsi à quatre salariés.

De manière générale, embaucher un travailleur est profitable lorsque le salaire est inférieur à la productivité marginale ; tandis qu'un licenciement est profitable dès lors que le salaire est supérieur à la productivité marginale. À l'optimum, l'emploi égalise la productivité marginale du travail au salaire. La figure 11.1 est une représentation graphique de cette décision : le nombre de travailleurs demandés à l'équilibre se lit à l'intersection entre la droite horizontale du salaire et la courbe décroissante de la productivité marginale du travail.

FIGURE 11.1 – La demande de travail est déterminée par l'égalité entre le salaire (le coût marginal du travail) et la productivité marginale (le bénéfice marginal du travail)

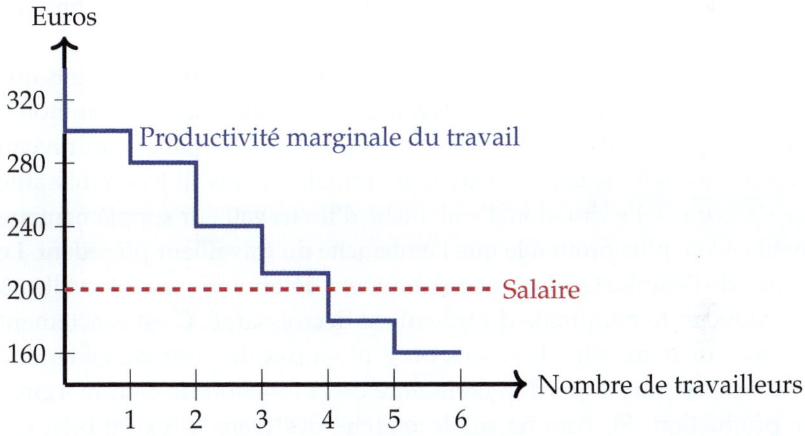


Comme la productivité marginale décroît avec le nombre de travailleurs, la demande de travail d'une entreprise est une fonction décroissante du salaire : plus un salarié coûte cher, plus sa productivité marginale doit être élevée pour qu'il soit profitable de l'embaucher, moins le nombre de salariés est élevé. Cela correspond à ce que l'on voit sur la figure 11.1 où le nombre de travailleurs demandés augmente lorsque le salaire baisse.

La courbe de demande de travail d'une entreprise coïncide avec la courbe de productivité marginale du travail. Cela rappelle le marché des biens où nous avons vu que la courbe d'offre coïncide avec la courbe de coût marginal de production. Ces résultats parallèles résultent tous deux de la maximisation des profits par l'entreprise.

La courbe de demande de travail de l'économie est donnée par l'agrégation des courbes de demande de travail de toutes les entreprises du pays. Pour simplifier, nous supposons dorénavant que cette demande est une fonction continue du salaire.

**Productivité marginale croissante.** Nous avons supposé jusqu'à présent que la productivité marginale du travail est une fonction décroissante du nombre de travailleurs. Ceci étant, il est tout à fait concevable que la productivité marginale du travail soit initialement croissante. C'est par exemple le cas lorsque deux salariés ensemble produisent plus du double d'un seul salarié. Un boulanger peut difficilement faire son pain et tenir sa boutique. Mais, s'il embauche un salarié, ils se répartiront le travail, rendant l'entreprise profitable. Ceci étant, au fur et à mesure que le nombre de salariés augmente, leur productivité marginale finit nécessairement par diminuer. Il s'agit d'une conséquence de la **loi des rendements décroissants** selon laquelle la productivité marginale d'un facteur de production donné (par exemple le travail ou le capital) finit par être décroissante.

Par conséquent, il peut exister deux nombres de travailleurs tels que la productivité marginale du travail est égale au salaire. Néanmoins, une entreprise qui maximise ses profits ne choisira jamais un niveau d'embauche tel que la productivité marginale du travail y est croissante car, dans une telle situation, l'embauche d'un travailleur supplémentaire serait encore plus profitable que l'embauche du travailleur précédent. Le niveau de l'emploi est donc nécessairement déterminé sur l'intervalle où la productivité marginale du travail est décroissante. C'est exactement comme sur le marché des biens où il n'y a pas de perte de généralité à se focaliser sur la portion croissante de la fonction de coût marginal de production. Et, comme sur le marché des biens, il existe bien sûr la possibilité que les profits soient négatifs au point où la productivité marginale est égale au salaire, auquel cas l'entreprise choisit de ne pas embaucher de salariés.

### 11.1.3 Équilibre du marché du travail

Pour décrire les fonctions d'offre et de demande de travail, nous nous sommes posé la question suivante : à salaire fixé, quelles sont les décisions prises par les travailleurs et par les entreprises ? Mais comment est fixé le salaire ? Celui-ci s'ajuste de la même manière que les prix sur les marchés des biens. Lorsque la demande de travail des entreprises est supérieure à l'offre de travail des ménages, le salaire a tendance à augmenter, ce qui réduit la demande de travail et en augmente l'offre. À l'inverse, le salaire baisse lorsque la demande est inférieure à l'offre. À l'équilibre du marché du travail, le niveau du salaire et de l'emploi sont déterminés par l'intersection des courbes d'offre et de demande. Cet équilibre est représenté dans la figure 11.2. Le travail résulte donc d'échanges mutuellement bénéfiques entre les entreprises et les ménages.

FIGURE 11.2 – Équilibre sur le marché du travail

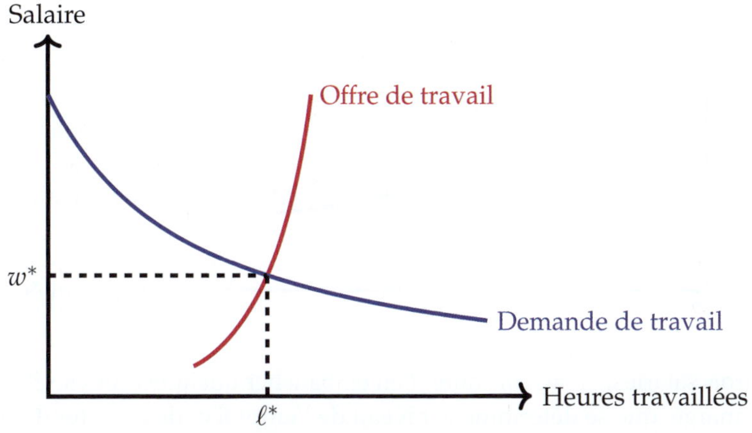


Dans un marché du travail compétitif, une hausse de le demande de travail des entreprises augmente l'emploi et les salaires, comme on peut le voir sur la figure 11.3. Une réforme du marché du travail favorable aux entreprises, par exemple une simplification des procédures d'embauche et de licenciement, est de nature à rendre plus profitable l'embauche de salariés. Cela se traduit par une hausse de l'emploi et des salaires, ce qui bénéficie largement aux salariés. En particulier, s'il y a libre entrée, les profits des entreprises à l'équilibre sont nuls et l'intégralité du bénéfice de la réforme revient aux salariés.

Cette vision simplifiée d'un marché du travail parfaitement compétitif n'est pas totalement réaliste. Elle fait abstraction des multiples frictions qui, en pratique, enrayent cette belle mécanique. Chaque salarié et chaque entreprise étant unique, la rencontre entre l'offre et la demande prend généralement du temps. Il est difficile et coûteux pour un salarié de changer d'employeur ou même pour un employeur de changer de salarié. Cette rigidité entrave la compétition et est source de conflits entre employeurs et employés, notamment sur la question des salaires.

Dans une telle situation, où est le marché du travail ? Où sont les forces de l'offre et de la demande ? À la marge ! Parmi les 100 salariés d'une entreprise, sans doute trois ou quatre d'entre eux envisagent de démissionner pour aller travailler ailleurs ; et parmi des milliers de chômeurs avoisinants, peut-être que quelques-uns souhaitent rejoindre cette entreprise. De même, l'employeur envisage peut-être de licencier deux

FIGURE 11.3 – Une hausse de la demande de travail exerce une pression à la hausse sur les salaires et sur l'emploi

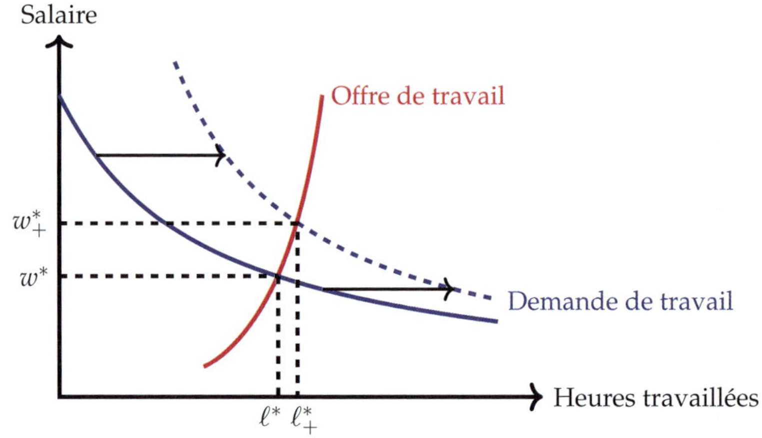


ou trois salariés, ou au contraire d'en embaucher quelques autres. C'est là, à la marge, que se détermine le niveau de l'emploi et des salaires. Certes, il ne s'agit à court terme que des salaires des nouvelles recrues, mais ils finiront par avoir un impact sur l'ensemble des salariés de l'entreprise.

Le cas d'un marché du travail parfaitement compétitif est donc hautement simplifié, mais il permet de faire ressortir des forces incontournables. Même avec de multiples frictions, si les entreprises veulent embaucher, les salaires et l'emploi vont avoir tendance à augmenter. Si les ménages veulent réduire leur offre de travail, l'emploi va se contracter et les salaires vont augmenter. L'étude des imperfections du marché du travail est néanmoins essentielle pour parvenir à une analyse plus fine du marché du travail, et notamment pour comprendre le chômage. Nous reviendrons sur ce problème en fin de chapitre.

### 11.1.4 Une application empirique : l'entrée des femmes sur le marché du travail

Le modèle parfaitement compétitif du marché du travail permet de comprendre l'impact de divers chocs économiques sur l'emploi et les salaires. Imaginons par exemple que le système éducatif d'un pays s'améliore, rendant chaque travailleur plus efficace. Cela se traduit par une augmentation de la productivité marginale du travail. À salaire fixé, le nombre de travailleurs demandés par les entreprises va donc augmenter, et la courbe de demande de travail est déplacée vers la droite. À l'équilibre, l'emploi et les salaires augmentent.

L'offre de travail change quant à elle lorsque les préférences des travailleurs changent. Le plus grand choc d'offre de travail du XXe siècle a probablement été l'entrée massive des femmes sur le marché du travail, qui peut être représenté graphiquement comme un déplacement de la courbe d'offre vers la droite.

Les économistes Daron Acemoglu, David Autor et David Lyle se sont intéressés à une manifestation de ce choc au moment de la Seconde Guerre mondiale (Acemoglu, Autor et Lyle, 2004). Aux États-Unis, la guerre a largement accéléré l'entrée des femmes sur le marché du travail : lorsque près de la moitié des hommes de 18 à 44 ans ont dû quitter le marché du travail pour aller combattre, les femmes les ont remplacés dans les usines et les champs. La guerre finie, les entreprises étaient habituées à employer des femmes, qui avaient elles-mêmes pris l'habitude de travailler. On estime qu'à peu près la moitié des femmes entrées sur le marché du travail à cause de la guerre y sont restées durablement. L'effort de mobilisation a été important dans tous le pays, mais on observe tout de même une variation dans les taux de mobilisation entre les différents États : la mobilisation a été la plus importante dans le Massachussetts (environ 55 % des hommes éligibles ont été mobilisés) et la plus faible en Géorgie (où seuls 41 % des hommes furent mobilisés).

Comment ces changements importants sur la période 1940-1950 se traduisent-ils en termes d'offre et de demande ? Prenons le cas du Massachussetts et de la Géorgie. Dans ces deux États, la productivité a beaucoup augmenté pendant la guerre, déplaçant la courbe de demande de travail des entreprises vers la droite. La guerre a aussi eu un impact sur la courbe d'offre de travail des travailleuses, qui s'est déplacée également vers la droite : certaines femmes qui n'auraient pas travaillé si la guerre n'avait pas eu lieu ont pris des emplois et ont pris l'habitude de travailler, c'est-à-dire que leur offre de travail a durablement augmenté à cause de la guerre. Dans les États où plus d'hommes sont partis au front, la courbe d'offre s'est davantage déplacée vers la droite. Ces évolutions sont représentées dans la figure 11.4. On peut y voir qu'à l'équilibre le niveau de l'emploi a augmenté dans les deux États, et davantage dans le Massachussetts qu'en Géorgie. Les salaires ont eux aussi augmenté dans les deux États à cause des hausses de productivité, mais moins dans le Massachussetts qu'en Géorgie.

Ces prédictions théoriques sont-elles corroborées par les données dont nous disposons ? La figure 11.5(a) montre une absence de lien entre le taux de mobilisation des hommes et l'emploi féminin en 1940. La figure 11.5(b) montre que l'emploi féminin a davantage augmenté entre 1940 et 1950 dans les États qui ont plus fortement mobilisé. Cela confirme que la mobilisation des hommes en 1940 a durablement augmenté l'emploi féminin.

FIGURE 11.4 – Évolutions de l'offre et de la demande de travail sur la période 1940-1950

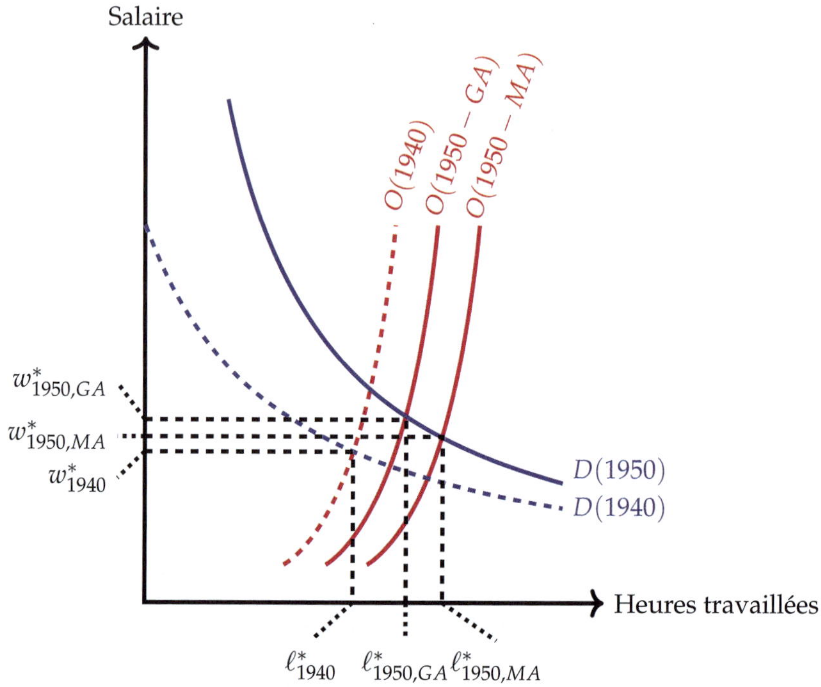


*Notes* : MA dénote le Massachussetts et GA la Géorgie.

D'après notre théorie, et conformément à la figure 11.4, les salaires ont donc dû augmenter davantage dans les États où le taux de mobilisation était faible. C'est exactement ce que l'on observe sur la figure 11.6(a). Cela confirme notre analyse théorique : plus la mobilisation des hommes était importante, plus l'offre de travail des femmes a augmenté, moins les salaires des femmes ont progressé. La figure 11.6(b) montre le même effet du taux de mobilisation sur les salaires des hommes, mais avec une intensité moindre. Cela suggère que le marché du travail américain en 1950 était segmenté entre les hommes et les femmes : le salaire des femmes était particulièrement sensible à l'offre de travail des femmes.

FIGURE 11.5 – Participation des femmes au marché du travail en fonction du taux de mobilisation des hommes

**(a)** Niveau en 1940

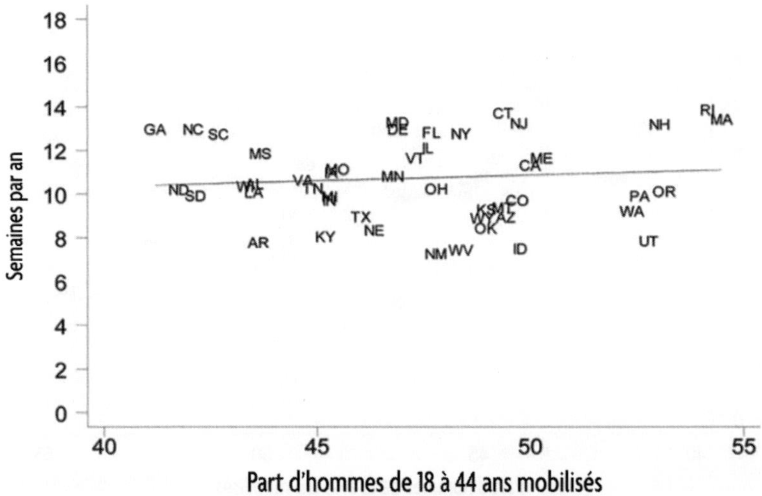


**(b)** Changement entre 1940 et 1950

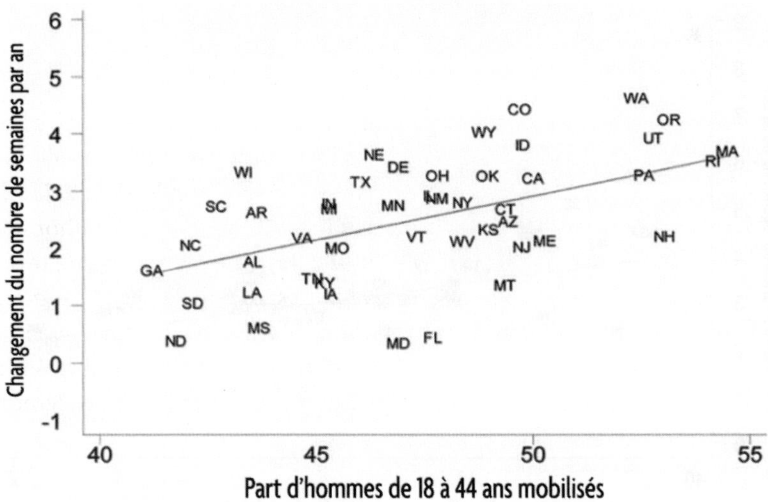


*Source* : Acemoglu, Autor et Lyle (2004).

FIGURE 11.6 – Augmentation moyenne des salaires par État entre 1940 et 1950 en fonction du taux de mobilisation des hommes

**(a)** Femmes

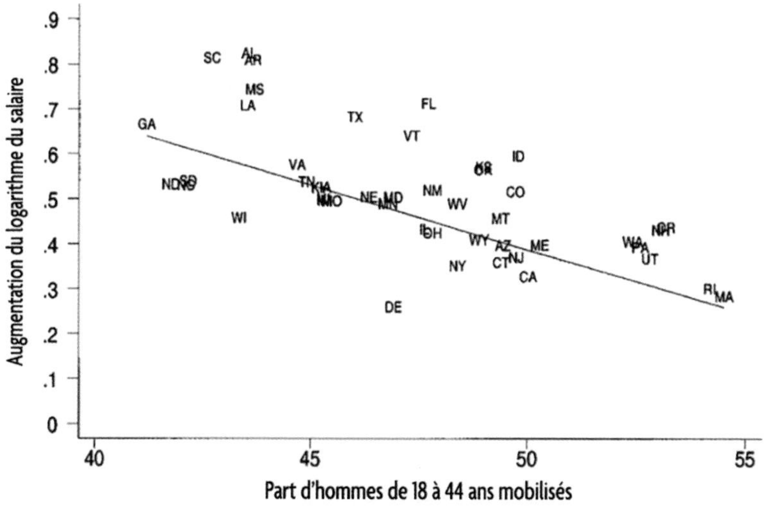


**(b)** Hommes

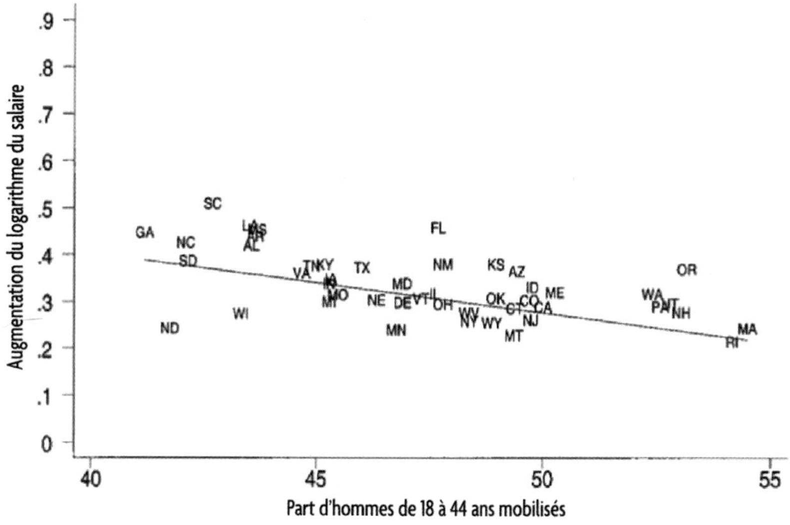


*Source* : Acemoglu, Autor et Lyle (2004).

### 11.1.5 Robots et emploi

La crainte de destructions massives d'emplois à cause de la robotisation ne date pas d'hier. Déjà, dans l'Angleterre du début du XIX^e^ siècle, des ouvriers du textile appelés les luddites détruisaient des métiers à tisser mécaniques. Plus récemment, ce sont les évolutions dans le domaine de l'intelligence artificielle qui ont relancé le débat sur l'avenir du travail. Que vont devenir les chauffeurs routiers lorsqu'un ordinateur sera capable de conduire à leur place ? Même les métiers les plus qualifiés peuvent être menacés. Par exemple, l'analyse d'images médicales peut déjà être réalisée par des algorithmes qui permettent des diagnostics de grande qualité. Ceci étant, cette robotisation n'est pas forcément néfaste. Si des algorithmes se substituent au travail humain, nous devrions disposer de plus de temps de loisir, avec peut-être des semaines de travail nettement plus courtes.

Tentons de réfléchir à la question de la robotisation en termes d'offre et de demande de travail. Lorsqu'une entreprise acquiert un robot, sa productivité augmente. En d'autres termes, elle est capable de produire plus pour n'importe quel nombre de travailleurs (la courbe de production totale est déplacée vers le haut). Mais quel est l'impact de cette robotisation sur la productivité *marginale* du travail ?

Si robots et travailleurs sont *complémentaires*, par exemple lorsqu'un ordinateur permet à un salarié d'être plus performant, alors la robotisation augmente la productivité marginale du travail : la productivité d'une heure de travail supplémentaire est accrue par l'ordinateur. Cette situation est représentée sur la figure 11.7(a). Ici, la robotisation déplace la courbe de demande vers la droite.

À l'inverse, si robots et travailleurs sont *substituables*, comme lorsqu'une caisse automatique de supermarché remplace un caissier, alors la robotisation diminue la productivité marginale du travail, ce qui cause une contraction de la demande de travail, comme représenté sur la figure 11.7(b). [1]

1. La productivité marginale du travail $f'(l)$ est la dérivée de la fonction de production $f(l)$. Par conséquent, comme on peut le voir sur les figures 11.7 (a) et (b), la robotisation augmente la pente de la fonction de production si et seulement si la productivité marginale augmente.

FIGURE 11.7 – Impact d'un choc de robotisation sur le productivité marginale et sur la production totale

**(a)** Lorsque robots et travailleurs sont complémentaires

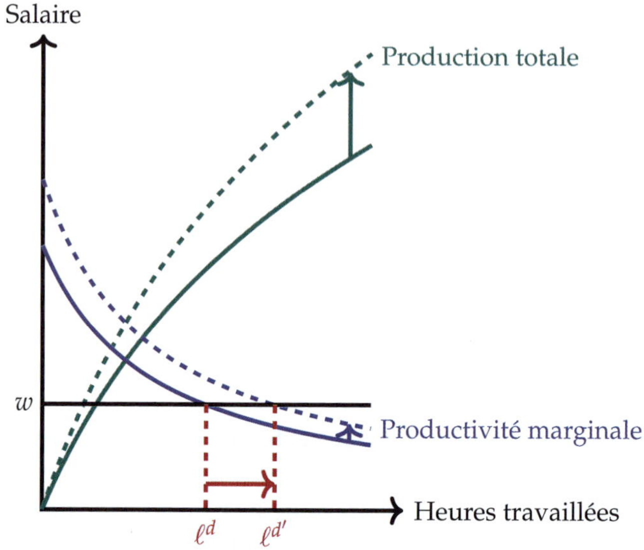


**(b)** Lorsque robots et travailleurs sont substituables

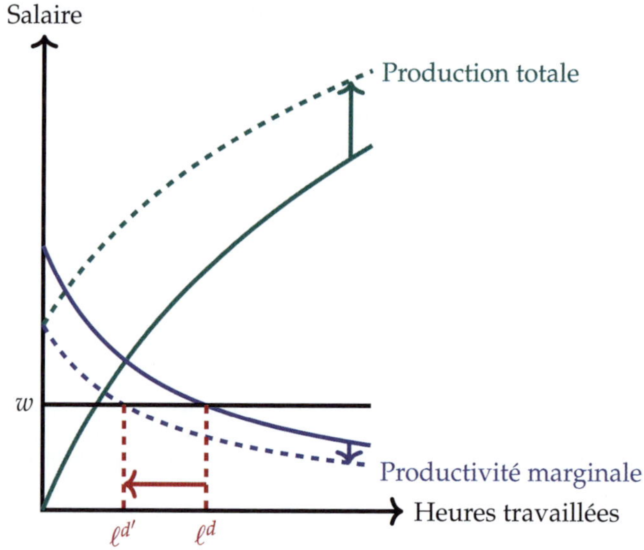


Dans les deux cas, la robotisation permet de produire plus, ce qui déplace la courbe de production totale vers le haut. La société est donc plus prospère grâce à l'automatisation. Mais dans le premier cas la productivité marginale de travail augmente, tandis que dans le second elle diminue. À l'équilibre du marché du travail, salaires et emploi augmentent lorsque travailleurs et robots sont complémentaires, mais diminuent lorsqu'ils sont substituables. De manière plus générale, l'automatisation a trois effets sur l'emploi :

1. Elle crée des emplois complémentaires à la robotisation. C'est le cas des ingénieurs qui conçoivent les caisses automatiques des supermarchés, ainsi que des employés qui les font fonctionner sur place.
2. Elle détruit des emplois substituables à la robotisation. C'est le cas des caissiers que la machine remplace.
3. Enfin, elle crée des emplois dans d'autres secteurs de l'économie. La robotisation augmente la production et donc le niveau moyen de prospérité des consommateurs, ce qui génère de nouvelles demandes favorisant le développement d'autres secteurs d'activité. Il aurait sans doute été difficile d'imaginer à l'aube de la révolution industrielle le développement de métiers tels que professeur de yoga, psychologue, designer ou conseiller en communication.

Soulignons que cette dernière possibilité est un effet d'équilibre général. Ne se produisant pas là où se réalise l'automatisation, cet effet est moins visible et moins facile à quantifier que les deux premiers, mais il n'est pas moins important !

Acemoglu et Restrepo (2019) ont montré que les deux premiers effets ont été d'une intensité comparable de la fin de la Seconde Guerre mondiale jusqu'aux années 1980 : au sein d'un secteur d'activité, la robotisation créait alors autant d'emplois qu'elle en détruisait. Néanmoins, depuis la révolution informatique amorcée dans les années 1980, il semblerait que le second effet domine le premier, si bien que l'automatisation réduit la demande de travail. Il reste donc à savoir si la robotisation génère suffisamment de gains de productivité pour, grâce au troisième effet, empêcher une contraction de la demande de travail qui se traduirait par une diminution des salaires. Cette question fait toujours l'objet de recherches.

**La fin du travail ?**

En 1930, l'économiste britannique John Maynard Keynes a écrit un essai intitulé *Perspectives économiques pour nos petits-enfants* (Keynes, 1932). Dans ce texte, il fait plusieurs prédictions pour le siècle à venir. Il annonce que « le niveau de vie [dans cent ans] sera entre quatre et huit fois plus élevé qu'aujourd'hui ». Si l'on prend comme mesure du niveau de vie le PIB par habitant (ajusté pour l'inflation), la prédiction de Keynes s'est réalisée : depuis qu'il a écrit cet essai il y a quatre-vingt dix ans, le niveau de vie au Royaume-Uni été multiplié par plus de cinq malgré les importantes destructions de la Seconde Guerre mondiale. Sa seconde prédiction concerne les conséquences de cette importante croissance : selon Keynes, le progrès économique allait mener à une réduction progressive du temps passé à travailler. La production des denrées essentielles nécessitant beaucoup moins de main d'œuvre qu'auparavant, le temps autrefois utilisé pour produire de la nourriture ou construire des infrastructures serait désormais consacré au loisir. Keynes écrit : « nous allons faire des efforts pour [répartir] autant que possible le travail qu'il restera à faire. Des journées de travail de trois heures ou des semaines de quinze heures pourraient écarter le problème pour un bon moment ». Une chose certaine est que Keynes n'a pas appliqué à sa propre vie les conseils prodigués aux générations futures : c'est en partie à cause de son acharnement au travail qu'il est mort prématurément en 1946, à l'âge de 62 ans. Par ailleurs, les choses n'ont pas évolué depuis comme il le pensait. Malgré les gains importants de productivité, le nombre d'heures consacrées aux loisirs n'a presque pas changé au cours du XX^e^ siècle. Peut-être le travail est-il devenu progressivement plus plaisant, s'apparentant pour certains à un loisir.

## 11.2 Inégalités de revenu et redistribution

Jusqu'à présent, nous avons supposé que tous les travailleurs étaient identiques, aboutissant à un unique salaire d'équilibre sur le marché du travail. En réalité, comme on peut le constater sur la figure 11.8, il existe d'énormes disparités de salaire. En France, la moitié des salariés sont rémunérés moins de 2 000 euros nets par mois, tandis que 10 % gagnent plus de 4 000 euros, et un peu moins de 1% plus de 10 000 euros. Tentons de comprendre cette dispersion des salaires.

### 11.2.1 Les sources d'inégalités de salaires

Les inégalités de salaires résultent essentiellement de différences de productivité. Un travailleur dont la productivité marginale est deux fois plus élevée qu'un autre aura un salaire deux fois plus élevé. Mais quelles sont les causes de ces écarts de productivité ? Il existe de multiples sources d'hétérogénéité entre individus, dont les plus importantes sont :

FIGURE 11.8 – Distribution des salaires mensuels nets (en équivalent temps plein) en France en 2020

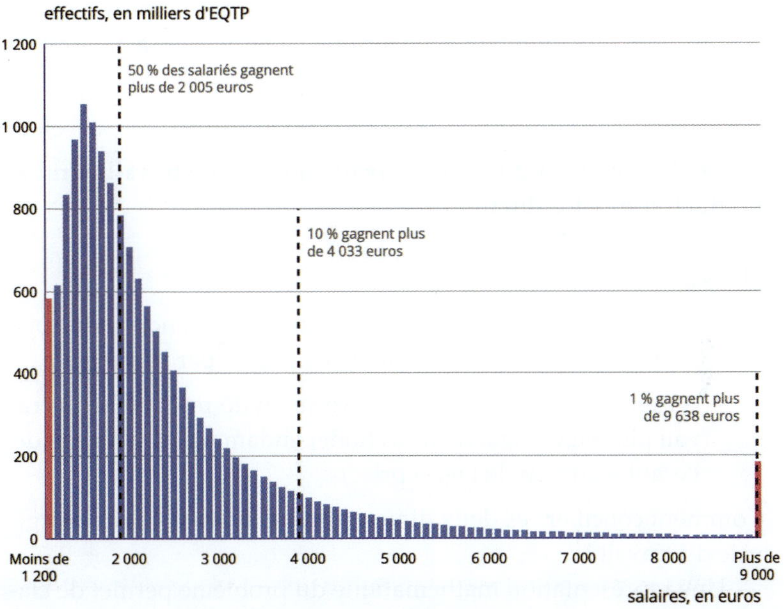


*Source* : Insee, base Tous salariés 2020.

- La capacité intrinsèque : certains travailleurs sont plus intelligents, plus créatifs, plus habiles, ou encore plus aptes à travailler en équipe que d'autres.
- L'investissement dans le **capital humain** : les médecins ou les ingénieurs ont des capacités élevées acquises à l'issue de longues années de formation.
- Le hasard : certains travailleurs se trouvent avoir des compétences demandées par des secteurs en expansion, là où d'autres compétences sont au contraire de moins en moins valorisées du fait des innovations technologiques.

Même si les écarts de productivité entre individus sont considérables, ils ne constituent pas l'unique source d'inégalités de salaire. Le marché du travail est caractérisé par de multiples frictions qui peuvent aboutir à des écarts entre salaires et productivité marginale du travail, notamment à court terme. Par exemple, il existe une asymétrie d'information entre les travailleurs, qui connaissent à peu près leur propre productivité, et les entreprises, qui ne l'observent qu'au bout d'un certain temps. En outre, les travailleurs et les entreprises n'étant pas parfaitement homogènes, la rencontre entre l'offre et la demande de travail ne se réalise pas instantanément. Cette friction génère du chômage, mais également des écarts de salaire entre travailleurs identiques. Néanmoins, les estimations empiriques montrent qu'à moyen et long terme, les salaires reflètent essentiellement les productivités individuelles.

**Productivité marginale du travail : nombre de travailleurs *vs.* productivité individuelle**

Nous avons vu que :

- la productivité marginale du travail est une fonction décroissante du nombre de travailleurs employés par l'entreprise ;
- certains travailleurs ont une productivité marginale du travail plus élevée que d'autres (indépendamment du niveau de l'emploi au sein de l'entreprise).

Comment concilier ces deux dimensions de la productivité marginale du travail ?

Une représentation mathématique du problème permet de clarifier les choses. Supposons qu'il existe $N$ types de travailleurs différents, indicés par $i \in \{1, 2, ..., N\}$. Chaque type $i$ est caractérisé par une efficacité productive $p_i$. Soit $L_i$ la quantité de travail (en unités de temps) de type $i$ employée par une entreprise. Au total, la quantité effective de travail employée par l'entreprise est égale à :

$$\sum_{i=1}^{N} p_i L_i.$$

Soit $F\left(\sum_{i=1}^{N} p_i L_i\right)$ la fonction de production de l'entreprise. On suppose $F'(\cdot) > 0$ et $F''(\cdot) < 0$. La seconde hypothèse correspond à la productivité marginale décroissante du travail à l'échelle de l'entreprise.

L'entreprise détermine sa demande de travail de manière à maximiser ses profits :

$$\max_{\{L_i\}_{i=1}^{N}} F\left(\sum_{i=1}^{N} p_i L_i\right) - \sum_{i=1}^{N} w_i L_i,$$

où $w_i$ est le salaire (par unité de temps) des travailleurs de type $i$. À l'optimum, on a :

$$w_i = p_i F' \left( \sum_{j=1}^{N} p_j L_j \right),$$

ce qui montre que le salaire d'un travailleur $i$ est égal à sa propre productivité marginale. Ainsi, nous avons bien simultanément les deux propriétés suivantes :

- la productivité marginale du travail est une fonction décroissante de la quantité de travail employée $\sum_{i=1}^{N} p_i L_i$ par l'entreprise ;
- les travailleurs ont des salaires proportionnels à leur propre efficacité productive $p_i$.

### 11.2.2 Les politiques de redistribution

Face à ces inégalités, des politiques de redistribution permettent de réaliser des transferts de revenus des plus riches vers les plus pauvres. Quel est le bon niveau de redistribution ? Plus fondamentalement, quel est le juste niveau des inégalités ? Comme décrit précédemment, ces questions ne relèvent pas spécifiquement des sciences économiques mais de la philosophie morale et politique. D'Aristote à John Rawls, de nombreux philosophes ont développé des conceptions différentes de la juste répartition des richesses. Fondamentalement, il existe deux visions différentes du problème. La première, d'inspiration libérale, considère que chacun a un droit naturel au fruit de son travail. Par conséquent, l'État doit se contenter de corriger les défaillances de marché, sans interférer avec la répartition des richesses dans l'économie. *A contrario*, on peut considérer, selon une vision plus égalitariste, qu'un euro apporte plus de bonheur à un pauvre qu'à un riche. En ce cas, la redistribution améliore le bien-être social.

L'impossibilité fondamentale de mesurer et, surtout, de comparer le bonheur des uns et des autres explique pourquoi ces questions sont de nature philosophique. Ceci étant, si vous adhérez à la vision égalitariste, alors votre conception de la justice sociale permet de définir une fonction de bien-être social que le gouvernement doit chercher à maximiser. L'analyse économique consiste ensuite à caractériser la politique de redistribution qui correspond au meilleur compromis entre redistribution vers les plus pauvres et préservation des incitations à travailler et à créer des richesses. Cette question est au cœur d'une branche entière de notre discipline : la taxation optimale.

En 1971, l'économiste écossais James Mirrlees fut le premier à caractériser la progressivité (ou la régressivité) optimale de l'impôt sur les revenus du travail, ce qui lui valut le prix Nobel en 1996. [2] Il a trouvé que, même avec un intense désir de redistribution, la contrainte d'incitation limite fortement la progressivité de l'impôt sur le revenu. Cela est dû au fait qu'il n'est jamais souhaitable de fixer un taux d'imposition supérieur au sommet de la courbe de Dupuit-Laffer que nous avions vu au chapitre 5.3.3. En effet, si l'impôt est si progressif qu'il dépasse ce seuil, il est alors possible d'augmenter les recettes fiscales en abaissant le taux d'imposition sur les plus riches, ce qui génère une amélioration de Pareto. Le critère de Pareto implique que l'objectif ne doit pas être de minimiser les inégalités en soi, mais d'augmenter les revenus des plus pauvres.

### 11.2.3 La dynamique des inégalités

Les travaux de Thomas Piketty, d'Emmanuel Saez et de Gabriel Zucman ont montré la très forte augmentation des inégalités aux États-Unis depuis le début des années 1980 (Piketty, Saez et Zucman, 2018). La part des revenus revenant au « top 1 % », à savoir le 1 % des ménages dont les revenus sont les plus élevés, a quasiment doublé en 40 ans, comme on peut le constater sur la figure 11.9. Aujourd'hui, près de 20 % des revenus reviennent aux 1 % les plus aisés. Cette augmentation des inégalités est largement due à une augmentation des inégalités des revenus du travail. Cette évolution résulte notamment des fortes rémunérations dans la finance ou au sein des directions des très grandes entreprises. Soulignons que l'accroissement de la part du « top 1 % » masque une certaine mobilité sociale qui implique que ce ne sont pas toujours les mêmes ménages qui appartiennent au « top 1 % » année après année.

La contrepartie de la très forte augmentation des hauts revenus est la quasi-stagnation des bas revenus. La figure 11.10 montre que la part des revenus captés par le « bottom 50 % », soit la moitié des ménages les moins biens rémunérés, a quasiment stagné aux États-Unis au cours des 50 dernières années, malgré une croissance vigoureuse de l'économie américaine. Cette stagnation a été partiellement compensée par des mesures de redistribution, notamment au travers du système de santé.

En France, comme on peut le voir sur la figure 11.11, les inégalités n'ont quasiment pas évolué aux cours de cette même période (Garbinti, Goupille-Lebret et Piketty, 2018). L'augmentation des inégalités est ainsi un phénomène prépondérant aux États-Unis et, dans une moindre mesure,

2. L'impôt est progressif (régressif) dès lors que le taux moyen d'imposition est une fonction croissante (décroissante) du revenu. Si le taux d'imposition est constant, l'impôt est alors proportionnel.

FIGURE 11.9 – Part des revenus revenant au « top 1 % » aux États-Unis (avant impôts)

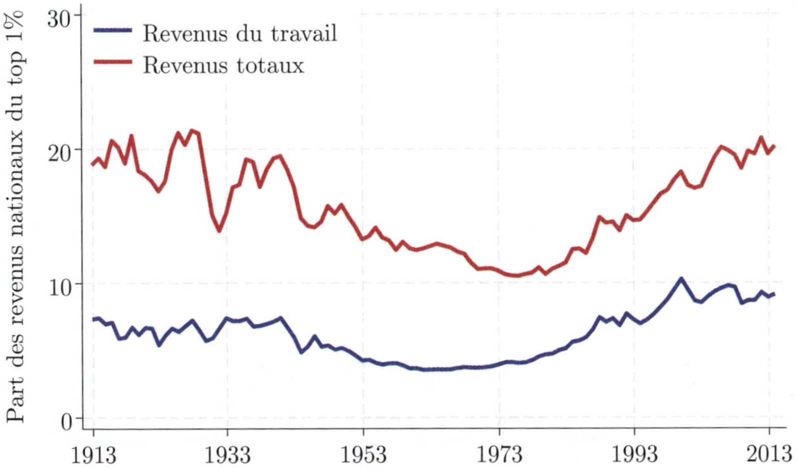


*Source* : Piketty, Saez et Zucman (2018).

FIGURE 11.10 – Niveau moyen des revenus du « bottom 50 % » aux États-Unis

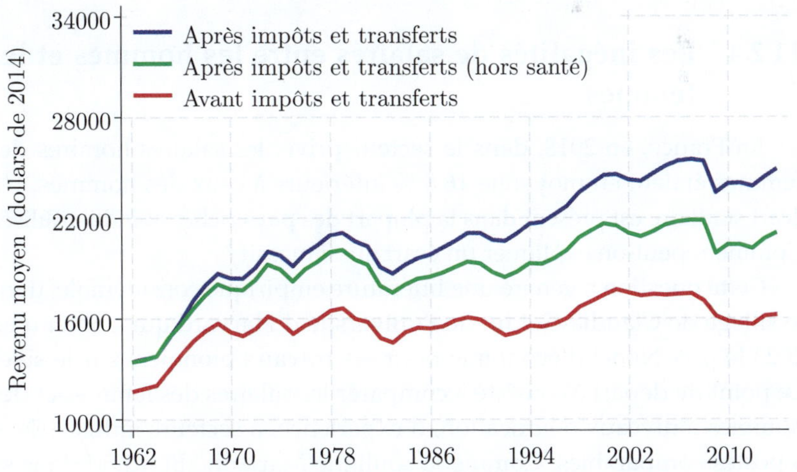


*Source* : Piketty, Saez et Zucman (2018).

au Royaume-Uni. En revanche, la France, l'Italie et le Japon ont échappé à cette tendance. L'Allemagne est un cas intermédiaire, caractérisé par une hausse modérée des inégalités. Ces divergences entre pays sont l'objet de recherches actives en sciences économiques.

FIGURE 11.11 – Part des revenus revenant au « top 1 % » en France (avant impôts)

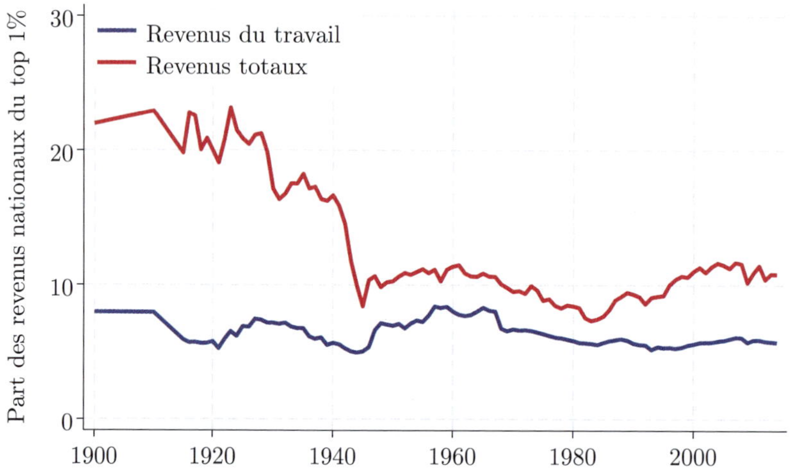


*Source* : Garbinti, Goupille-Lebret et Piketty (2018).

### 11.2.4 Les inégalités de salaires entre les hommes et les femmes

En France, en 2018, dans le secteur privé, les salaires horaires des femmes étaient en moyenne 16,8 % inférieurs à ceux des hommes. Un écart similaire est présent dans la plupart des pays riches et industrialisés. Comment peut-on expliquer un écart aussi massif ?

Cette question a généré une littérature empirique considérable, dans le sillage de Claudia Goldin de l'université d'Harvard qui a obtenu en 2023 le prix Nobel d'économie pour ses travaux pionniers sur le sujet. Le point de départ à consisté à comparer les salaires des femmes et des hommes à niveaux d'éducation, d'expérience, à secteurs industriels et à postes comparables. Comme le souligne Marianne Bertrand dans sa revue de la littérature (Bertrand, 2020), ces études ont fait ressortir deux explications principales à cet écart de salaires.

Premièrement, si les femmes font des études légèrement plus longues que les hommes, elles ont tendance à se spécialiser dans des disciplines moins bien rémunérées. Les femmes sont largement sous-représentées dans les disciplines scientifiques et dans les formations d'ingénieurs, tandis qu'elles sont sur-représentées dans les formations plus littéraires. Les métiers d'ingénieurs sont mieux rémunérés que la moyenne et sont caractérisés par des écarts de salaires quasiment nuls entre les hommes et les femmes. Une augmentation du nombre de femmes ingénieures serait donc de nature à sérieusement réduire l'écart de salaire moyen à l'échelle de l'ensemble de l'économie.

L'autre explication, encore plus importante, est le choc salarial subi par les femmes lors de l'arrivée de leur premier enfant, ce que la littérature a appelé le *child penalty* ou la *motherhood penalty*. Comme on peut le voir sur la figure 11.12, issue de Kleven, Landais, Posch, Steinhauer et Zweimüller (2019), les hommes et les femmes ont des trajectoires presque identiques en termes de rémunération jusqu'à l'arrivée du premier enfant. À partir de ce

FIGURE 11.12 – Évolution du salaire des hommes et des femmes aux États-Unis et au Royaume-Uni avant et après la naissance du premier enfant

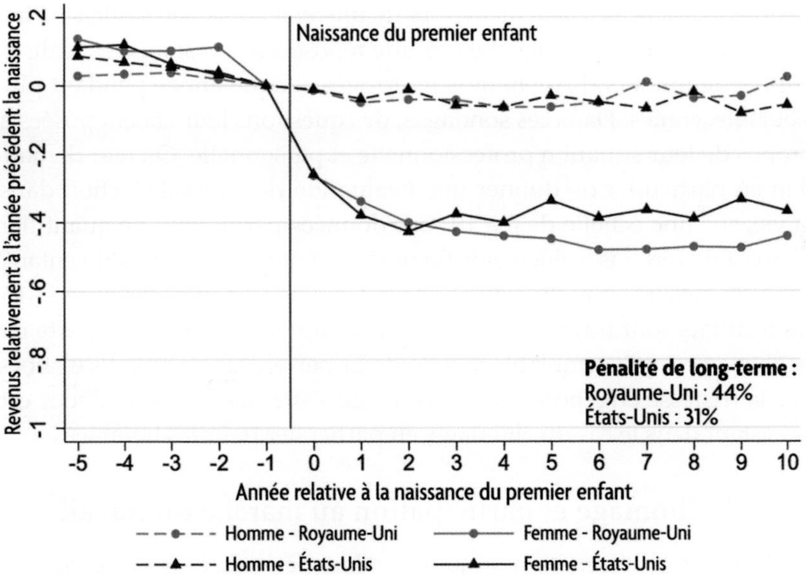


*Notes* : Pour cette analyse, les auteurs ont éliminé de la mesure des salaires l'impact de l'expérience (mesurée par l'âge du salarié) et de l'année à laquelle on observe le salaire (pour éliminer les effets de conjoncture économique). *Source* : Kleven, Landais, Posch, Steinhauer et Zweimüller (2019).

moment, les mères décrochent et accumulent un retard de rémunération qu'elles ne combleront pratiquement jamais. Suite à l'arrivée du premier enfant, les femmes « choisissent » bien plus souvent que les hommes de sacrifier une partie de leur vie professionnelle pour leur vie familiale. Cela se traduit typiquement par un temps de travail réduit ou un emploi à temps partiel.

Les choix d'études, de spécialisation ou de privilégier la vie familiale sur la vie professionnelle sont contraints par les normes sociales en vigueur et notamment par la répartition des tâches entre hommes et femmes au sein des foyers. Cela explique que la *child penalty* est nettement plus faible dans les pays scandinaves qu'ailleurs en Europe ou aux États-Unis (Kleven et al., 2019). Heureusement, les normes sociales ne sont pas immuables et ont considérablement évolué au cours des dernières décennies, contribuant à une réduction importante des inégalités entre hommes et femmes.

## 11.3 Le chômage

Le chômage a un impact majeur sur le bien-être des individus, et peut engendrer une grave détresse sociale et psychologique. Clark, Diener, Georgellis et Lucas (2008) mettent particulièrement bien en évidence l'impact ravageur du chômage. Leur étude repose sur des sondages réalisés auprès de milliers d'Allemands interrogés chaque année pendant plusieurs décennies. Dans ces sondages, des questions leur étaient posées à propos de leur situation professionnelle et personnelle. On leur demandait en particulier de donner une évaluation de leur satisfaction dans la vie, sur une échelle de 0 à 10. Ces données permettent de quantifier l'impact de certains événements (mariage, divorce, naissance d'un enfant) sur cette mesure subjective du bonheur. Comme le montre la figure 11.13, les résultats sont frappants : perdre son emploi engendre une perte de bonheur presque semblable à celle de la perte d'un époux. Pire, alors que la tristesse engendrée par le veuvage s'atténue vite, le malheur est persistant dans le cas du chômage, en particulier pour les hommes.

### 11.3.1 Chômage et participation au marché du travail

Avant de comprendre pourquoi certaines personnes sont au chômage, commençons par définir les principaux indicateurs qui caractérisent le marché du travail. Chaque individu est classé dans une des trois catégories suivantes :

- **Employé**, lorsqu'il occupe un emploi à temps plein ou partiel ;
- **Chômeur**, lorsqu'il ne travaille pas, mais recherche activement un emploi ;
- **Inactif**, lorsqu'il n'est ni employé, ni chômeur.

FIGURE 11.13 – Impact de différents événements sur la satisfaction dans la vie

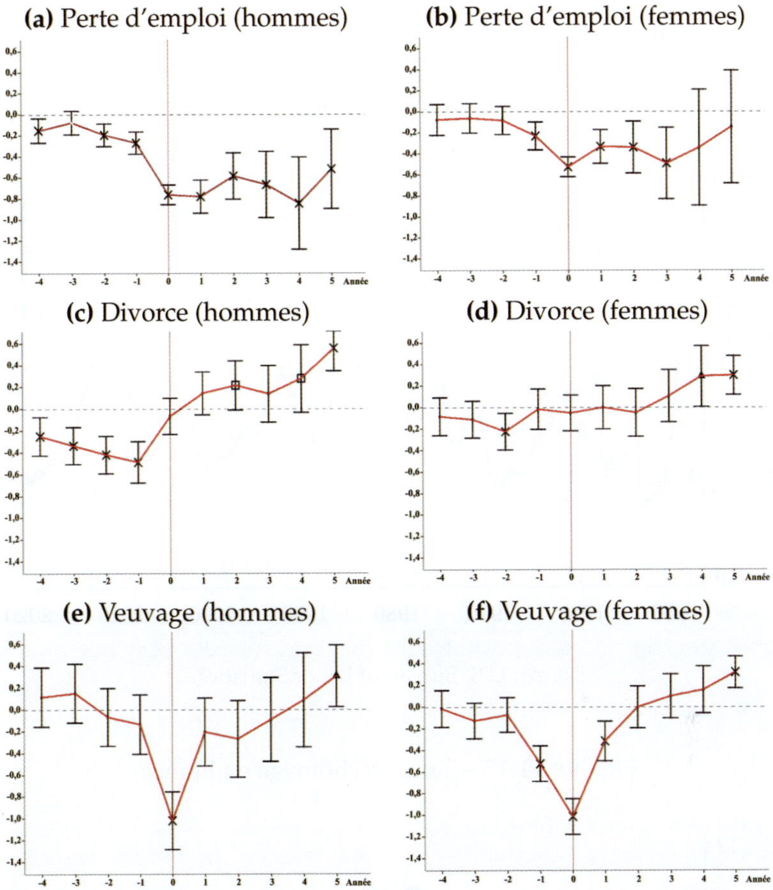


*Notes* : En abscisse est représenté le temps en années, mesuré de manière relative à l'événement. Ainsi, -1 correspond à l'année précédant l'événement et +1 correspond à l'année suivant l'événement. En ordonnée, on représente l'évolution du niveau moyen de satisfaction dans la vie. La ligne verticale représente l'année de l'événement. *Source* : Clark, Diener, Georgellis et Lucas (2008).

La **population active** est constituée à la fois des employés et des chômeurs. Cette classification permet de définir deux statistiques essentielles pour comprendre le marché du travail. D'abord, le **taux de chômage** correspond à la part des actifs qui sont au chômage, soit

$$\text{Taux de chômage} = \frac{\text{Nombre de chômeurs}}{\text{Population active}}.$$

La figure 11.14 montre qu'aux États-Unis le chômage est d'abord et avant tout un phénomène cyclique, augmentant rapidement lors des périodes de récession et revenant régulièrement sous la barre des 5 % dès lors que la conjoncture est favorable.

FIGURE 11.14 – Taux de chômage aux États-Unis

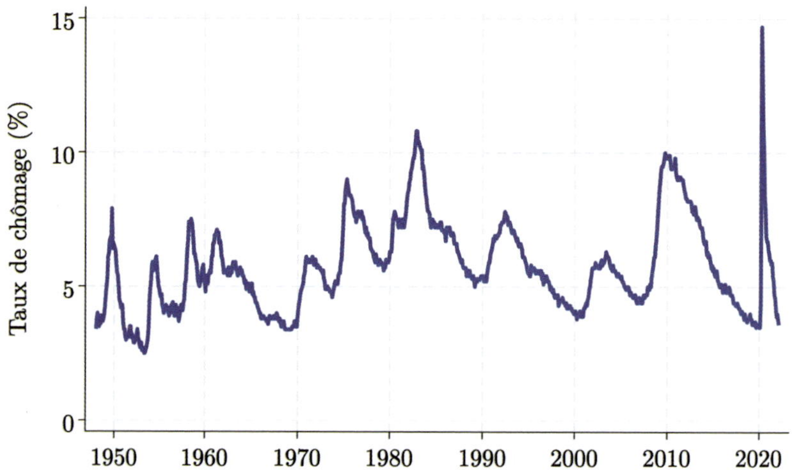


*Source* : U.S. Bureau of Labor Statistics.

FIGURE 11.15 – Taux de chômage en France

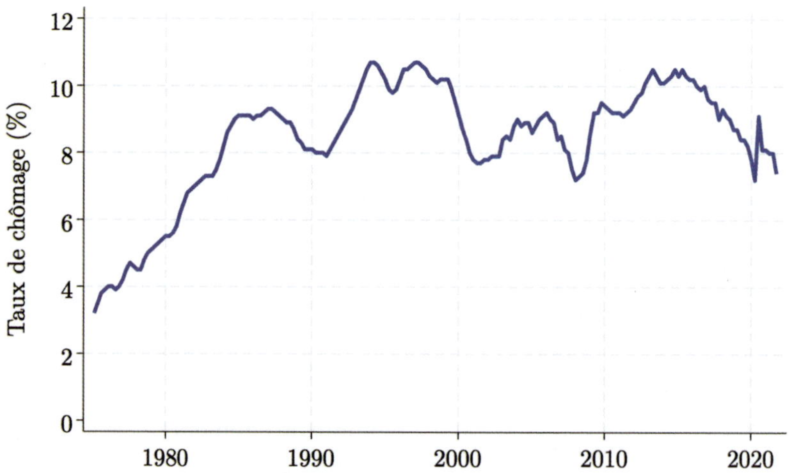


*Source* : INSEE.

Le chômage en France, représenté sur la figure 11.15, est nettement moins volatil et son niveau est durablement plus élevé. Le chômage y est donc un phénomène structurel dû au fonctionnement, ou plutôt au dysfonctionnement, du marché du travail.

Moins souvent évoqué mais tout aussi important, le **taux de participation** correspond à la part de la population adulte qui est active, soit

$$\text{Taux de participation} = \frac{\text{Population active}}{\text{Population adulte}}.$$

Notez que ce taux de participation n'inclut pas seulement les employés, mais également les chômeurs qui cherchent activement un emploi et qui participent ainsi au marché du travail. La figure 11.16 montre que, depuis les années 1960, le taux de participation a fortement augmenté aux États-Unis, progressant au total de près de 8 %. Cette évolution est

FIGURE 11.16 – Taux de participation (part des adultes en activité ou au chômage)

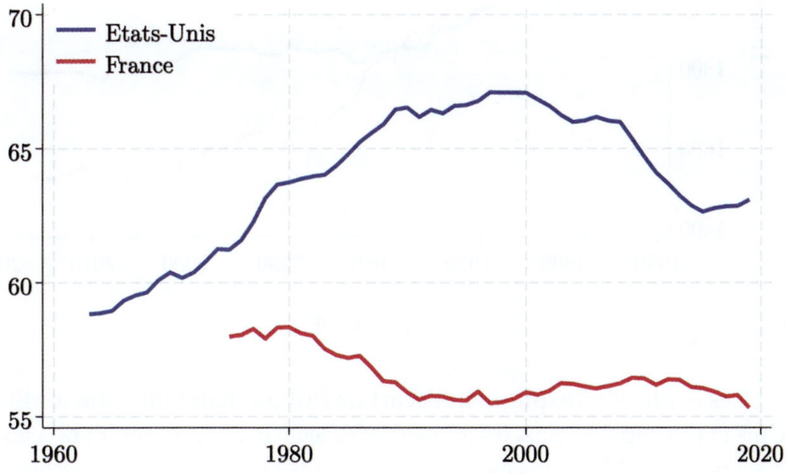


*Source* : OCDE.

le fruit de l'entrée massive des femmes sur le marché du travail. Le taux de participation a baissé depuis 2008, notamment parce que la sévérité de la crise a découragé de nombreux chômeurs, qui sont donc devenus inactifs. En outre, les seniors ayant un taux de participation plus faible que la moyenne, le vieillissement démographique a également contribué à la baisse du taux de participation américain. En France, le taux de participation a légèrement diminué depuis la fin des années 70. La forte augmentation de la participation des femmes au marché du travail y a été compensée par l'allongement des études supérieures, par l'avancement de l'âge de la retraite et par le vieillissement démographique qui a réduit la proportion des Français en âge de travailler.

Il est également intéressant d'observer les tendances du nombre d'heures travaillées. Là aussi les divergences entre les États-Unis et l'Europe sont importantes. Comme le montre la figure 11.17, les Américains n'ont pratiquement pas diminué leur temps de travail depuis 1950, tandis que les Français ont réduit d'un tiers le nombre d'heures passées à travailler. L'Allemagne a suivi une évolution pratiquement identique à celle de la France.

FIGURE 11.17 – Nombre d'heures de travail annuel par employé

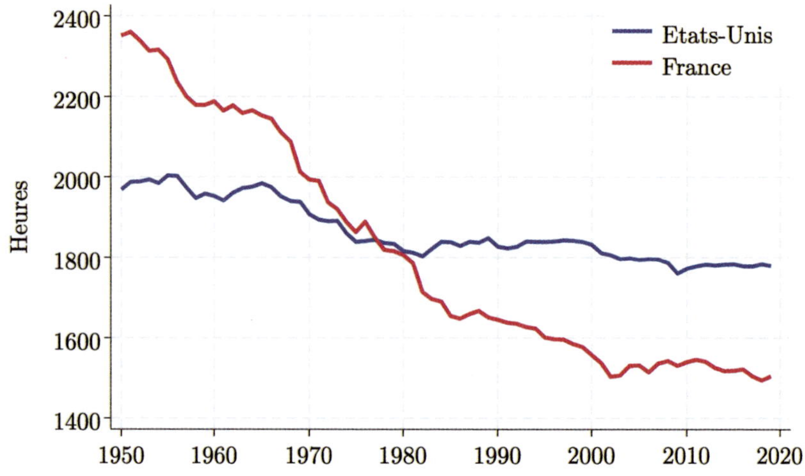


*Source* : OCDE.

Ces évolutions expliquent l'écart de PIB par habitant entre les États-Unis et l'Europe. Depuis les années 1950, les Américains ont un niveau de vie à peu près 30 % plus élevé que les Européens. Ceci étant, l'explication de cet écart a profondément évolué. Après la Seconde Guerre mondiale, les Européens travaillaient au moins autant que les Américains, mais étaient nettement moins productifs. Depuis, l'écart de productivité a disparu, mais les Européens travaillent environ 30 % de moins que les Américains. Au fur et à mesure que la productivité européenne a rattrapé la productivité américaine, les Européens en ont profité pour travailler moins, laissant l'écart de PIB par habitant à peu près inchangé.

Selon Prescott (2004), cette divergence s'explique par l'augmentation de l'imposition des revenus du travail en Europe. Cette hypothèse a ouvert un vif débat académique pour savoir si l'élasticité de l'offre de travail était suffisamment élevée pour pouvoir attribuer cette divergence à la fiscalité. *In fine*, la méta-analyse empirique de Chetty, Guren, Manoli et Weber (2013) répond plutôt par l'affirmative.

### 11.3.2 Les causes du chômage

Pour comprendre le chômage, il faut toujours avoir à l'esprit que, dans un marché du travail parfaitement compétitif, il ne peut pas y avoir de chômage : si jamais l'offre de travail des ménages était supérieure à la demande de travail des entreprises, le niveau des salaires aurait tendance à baisser jusqu'à ce que les deux s'équilibrent à nouveau. Le chômage doit donc nécessairement s'expliquer par les frictions qui caractérisent le marché du travail.

Cette observation assez simple permet de discréditer certaines causes supposées du chômage. Par exemple, la désindustrialisation ou l'ouverture des frontières commerciales avec la Chine ne peuvent pas *à elles seules* engendrer du chômage. Si ces évolutions réduisent la demande de travail ouvrier ou non-qualifié, les personnes concernées verront leur salaire baisser jusqu'à ce que l'offre de travail soit de nouveau égale à la demande. D'ailleurs, on observe que les États-Unis ne se sont jamais durablement éloignés du plein emploi, alors qu'ils ont été touchés de plein fouet par la désindustrialisation et par les délocalisations.

Quelles sont les principales frictions du marché du travail? Tout d'abord, chaque emploi étant unique, et chaque chômeur étant également unique, le processus d'appariement entre les deux est par nature long et coûteux. Cela implique qu'il existe toujours dans l'économie une masse de chômeurs entre deux emplois. Il s'agit là du **chômage frictionnel**. Face aux évolutions de l'économie (nouvelles technologies, changements de goûts, etc.), il y a constamment un besoin de réallocation des travailleurs d'anciens emplois peu productifs vers de nouveaux emplois plus productifs. Le rôle du marché du travail est de permettre cette réallocation, ce qui requiert d'avoir toujours un équilibre entre le nombre de postes vacants et le nombre de chômeurs. Si les demandeurs d'emploi sont trop peu nombreux relativement au nombre de postes vacants, alors les entreprises ne parviennent pas à recruter, ce qui les empêche de se développer et de répondre à la demande de leurs consommateurs. À l'inverse, si le nombre d'offres d'emploi est faible relativement au nombre de chômeurs, alors les demandeurs d'emploi attendent plusieurs semaines entre deux entretiens d'embauche, ce qui est inefficace. Il est donc illusoire de rechercher un taux de chômage nul, tout comme il est naïf de s'indigner devant un grand nombre de postes vacants. Ainsi, quand on parle de « plein emploi », on fait référence à un taux de chômage aux alentours de 4 % ou 5 %. Lorsque le taux de chômage baisse en dessous de ce niveau, les entreprises en croissance peinent à recruter, ce qui freine leur développement économique. De ce point de vue, un chômeur est donc paradoxalement utile à la société.

Le chômage peut également être expliqué par des salaires trop élevés. Cela peut être une conséquence de la législation imposant un salaire minimum, cas sur lequel nous reviendrons en détail. Les syndicats ont également tendance à faire augmenter les salaires, au détriment de l'emploi des chômeurs qui ne sont pas syndiqués.

La présence d'asymétries d'information peut également contribuer à faire monter excessivement les salaires. Comme nous l'avons vu dans le chapitre 8, une entreprise n'observant pas parfaitement l'ardeur au travail de ses salariés est confrontée à un problème d'aléa moral : ses salariés ont des incitations à travailler trop faibles. Pour les inciter à travailler dur, elle peut choisir de les sur-payer tout en les menaçant de les licencier si leurs résultats ne sont pas bons. Ces **salaires d'efficience** incitent les travailleurs à donner le meilleur d'eux-mêmes afin de conserver des emplois particulièrement attractifs. Le problème est qu'à ces niveaux de salaire, la demande de travail de l'ensemble des entreprises de l'économie est inférieure à l'offre des travailleurs, ce qui génère du chômage. Comme l'ont modélisé Shapiro et Stiglitz (1984), c'est justement la crainte du chômage qui encourage les travailleurs à faire des efforts, surmontant ainsi le problème d'aléa moral.

Il y a enfin la possibilité que les salaires soient rigides à la baisse. Lors d'un choc positif de demande de travail, le salaire et le niveau d'emploi à l'équilibre augmentent, et une entreprise n'aura généralement pas de mal à s'adapter, embauchant davantage et augmentant les salaires. Si au contraire une entreprise fait face à un choc adverse, diminuer les salaires est une tâche beaucoup plus ardue[3]. Ainsi, la demande de travail des entreprises risque de baisser en dessous de l'offre de travail des employés, générant ainsi du chômage.

Enfin, un autre facteur plus controversé qui peut contribuer au chômage est la présence de « chômeurs volontaires ». Il s'agit de personnes inactives qui ne recherchent pas activement un emploi, mais qui jugent profitable de rester sous le statut de chômeur afin de toucher des allocations. Il est également possible qu'un chômeur refuse de travailler en dessous d'un salaire nettement plus élevé que le niveau des offres qui lui sont faites. En théorie, ces personnes devraient être catégorisées comme

3. S'il est souvent impossible de baisser le salaire nominal d'un employé (exprimé en euros), le salaire réel (exprimé en biens) peut baisser du fait de l'inflation. En présence de rigidité à la baisse sur les salaires nominaux, l'inflation donne donc un peu de flexibilité à la baisse aux salaires réels.

inactives mais, en pratique, elles contribuent à augmenter le taux de chômage.

**Immigration et chômage**

L'immigration augmente l'offre de travail. Mais les nouveaux arrivants consomment des biens et des services produits sur place, ce qui augmente également la demande de travail. L'effet de l'immigration sur les salaires et l'emploi est donc ambigu. Pour savoir quel effet domine, on peut exploiter des expériences naturelles. L'histoire regorge d'épisodes de migration massifs et non anticipés qui peuvent nous aider à comprendre leurs impacts économiques.

Un exemple particulièrement étudié est l'exode de Mariel : en 1980, suite à une succession de crises diplomatiques, Fidel Castro annonça que les Cubains désirant quitter leur pays pouvaient le faire librement. Cette annonce inattendue poussa en quelques mois près de 125 000 Cubains à quitter leur pays et à faire la traversée du port de Mariel vers les États-Unis, avant que Cuba ne ferme à nouveau ses frontières. Les réfugiés arrivant sur les côtes de la Floride se sont pour la plupart installés dans la zone urbaine de Miami, la ville américaine la plus proche de Cuba. Dans une étude célèbre, Card (1990) a comparé l'évolution de l'emploi et des salaires dans l'agglomération de Miami, où le nombre de travailleurs a soudainement augmenté de 7 %, avec celle d'autres agglomérations américaines où le nombre de travailleurs est resté inchangé. Les résultats de Card ont montré que malgré une arrivée massive de travailleurs étrangers, les salaires et l'emploi à Miami ont évolué de manière parallèle à ceux de villes américaines comparables qui n'avaient pas subi de chocs d'immigration.

Des résultats similaires ont été obtenus par Hunt (1992) dans le cas du rapatriement en France de 900 000 personnes suite à l'indépendance de l'Algérie en 1962 et par Friedberg (2001) lorsque la population d'Israël augmenta de 12 % entre 1990 et 1994 suite à l'effondrement du bloc soviétique. D'autres études ont confirmé ces résultats et n'ont trouvé d'effets économiques néfastes de l'immigration sur l'emploi ou les salaires que pour les immigrés arrivés précédemment. Cela suggère que le marché du travail est segmenté, avec une surreprésentation de travailleurs immigrés dans certains secteurs d'activité. Dans ces secteurs, l'immigration augmente l'offre de travail plus que la demande.

### 11.3.3 Le salaire minimum

La législation fixant un salaire minimum fait partie des interventions étatiques les plus importantes sur le marché du travail. Quel est son effet sur l'emploi ? Commençons par considérer le cas d'un marché du travail parfaitement compétitif. Comme le montre la figure 11.18, un salaire minimum $\underline{w}$ supérieur au salaire d'équilibre $w^*$ augmente l'offre de travail des ménages, jusqu'au niveau $l^o$, et diminue la demande de travail des entreprises, au niveau $l^d$. L'écart entre les deux, égal à $l^o - l^d$, correspond au chômage engendré par le salaire minimum. Certains travailleurs qui seraient prêts à travailler à un salaire inférieur au salaire minimum ne peuvent pas le faire et ne trouvent pas d'emploi, bien que des entreprises auraient été disposées à les embaucher. Le salaire minimum empêche donc des transactions mutuellement bénéfiques de se réaliser, ce qui est Pareto inefficace.

FIGURE 11.18 – Impact du salaire minimum sur l'emploi dans un marché du travail parfaitement compétitif

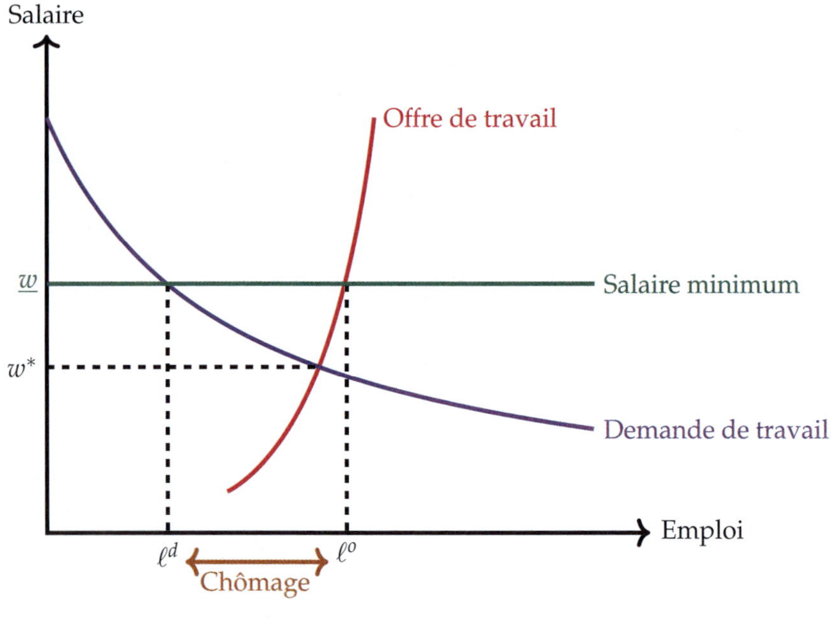


En pratique, les salariés dont la productivité est élevée ne sont pas concernés par le salaire minimum. En revanche, les travailleurs les moins productifs risquent d'être exclus du marché du travail par un coût prohibitif de l'emploi payé au salaire minimum. Si un salarié a une productivité horaire de 10 €, mais que le salaire minimum est de 12 €, il aura énormément de difficulté à s'insérer sur le marché du travail. Le salaire minimum risque donc de défavoriser l'emploi de ceux qu'il vise à protéger : les travailleurs les moins qualifiés et les moins expérimentés. Selon Milton Friedman, le très libéral économiste américain de l'École de Chicago, le salaire minimum est une loi qui oblige les entreprises à discriminer les travailleurs les moins productifs.

Cet argument est valide dans un marché du travail parfaitement compétitif. Mais, y aurait-il une autre manière de concevoir le marché du travail ? Sur le marché des biens, le cas le plus extrême de compétition imparfaite est donné par le monopole : un marché dominé par un unique vendeur. De manière symétrique, on peut considérer que le marché du travail est un **monopsone** : un marché dominé par un seul acheteur. On peut par exemple penser au cas d'une petite ville industrielle où une grosse usine est pratiquement l'unique employeur possible pour un grand nombre d'habitants.

Sur le marché des biens, nous avons vu que le monopole choisit le point de la courbe de demande qui maximise ses profits. Par rapport à un marché compétitif, le monopole diminue donc la quantité produite afin d'augmenter le prix, ce qui améliore ses marges et accroît ses profits. Dans le cas du marché du travail, c'est la situation symétrique que l'on observe. Le monopsone choisit le point de la courbe d'offre de travail qui maximise ses profits. Il diminue donc l'emploi afin de baisser le niveau des salaires, ce qui diminue ses coûts de production et augmente donc ses profits. Dans ces conditions, imposer un salaire minimum permet d'augmenter à la fois l'emploi et les salaires ! En effet, face à un salaire minimum, le monopsone n'a plus intérêt à comprimer l'emploi pour baisser le coût du travail.

Si la notion de monopsone n'est pas souvent évoquée dans le débat public, l'argument qu'elle justifie est régulièrement entendu : le salaire minimum protège les salariés lorsqu'ils sont en position de faiblesse dans les négociations salariales. Par ailleurs, un salaire minimum plus élevé peut pousser les employeurs à investir dans la formation de leurs employés pour que leur productivité augmente, et consolide les liens d'emploi. Soulignons néanmoins que, même dans le cas du monopsone, si le salaire minimum est trop élevé et excède le salaire qui prévaudrait dans un marché compétitif, il créerait alors du chômage.

Quel est donc l'impact du salaire minimum sur l'emploi ? D'un côté la vision compétitive du marché du travail nous dit qu'il est néfaste, d'un autre côté la vision monopsonistique nous dit qu'il est positif. C'est donc une analyse empirique qui doit nous aider à trancher. Comme les politiques de salaires minimums sont très différentes d'un pays à l'autre et changent régulièrement, de multiples évaluations ont pu être menées. Ces études ont montré que lorsque le salaire minimum est relativement faible, comme c'est le cas aux États-Unis, l'augmenter n'a pas un effet néfaste sur l'emploi. En revanche, en France, où il est nettement plus élevé, le salaire minimum est une cause de chômage, notamment pour les jeunes et les travailleurs peu qualifiés.

Comme son nom le suggère, le SMIC (Salaire Minimum Interprofessionnel de Croissance) est indexé sur l'inflation et la croissance. Le gouvernement peut décider de l'augmenter au-delà du minimum, on parle alors de « coup de pouce ». En 2009, un groupe d'experts sur le SMIC a été instauré. Il est chargé de formuler une recommandation officielle, indépendamment de toute pression politique. Depuis sa création, sur la base de la littérature empirique, les experts ont toujours recommandé au gouvernement de s'abstenir de donner un coup de pouce.

Il existe néanmoins une subtilité cruciale : l'emploi n'est pas déterminé par le salaire net reçu par les salariés au SMIC, mais par le coût du travail payé au salaire minimum. Par conséquent, de nombreux économistes français plaident depuis des années pour des baisses massives de charges ciblées au niveau du SMIC, afin de réduire le coût minimum du travail tout en préservant le pouvoir d'achat des salariés les plus pauvres. Ces politiques d'allègement de charges ont été mises en œuvre et progressivement amplifiées. On estime que cette politique est si efficace en termes de création d'emplois qu'elle ne coûte presque rien aux finances publiques : la diminution du chômage et donc des allocations versées finance quasiment la baisse de charges patronales.

### 11.3.4 Les allocations chômage

Pour pallier la violence d'une perte d'emploi, les gouvernements ont mis en place des politiques d'assurance chômage : les salariés cotisent afin de financer les allocations chômage versées à ceux qui ont perdu leur emploi.

Il existe néanmoins une asymétrie d'information qui limite l'efficacité de ces dispositifs : le gouvernement n'observe pas l'intensité avec laquelle un chômeur recherche un emploi. Par conséquent, les allocations chômage engendrent un problème d'aléa moral vu au chapitre 8 : elles découragent l'effort de recherche d'emploi et prolongent le chômage.

La politique idéale, en l'absence d'asymétrie d'information, serait de donner des allocations aussi élevées que le dernier salaire tout en obligeant les chômeurs à rechercher très activement un emploi. L'assurance serait donc parfaite et éliminerait toute chute de revenus concomitante à la perte d'un emploi. Cette politique n'est pas réalisable car elle découragerait complètement la recherche d'un nouvel emploi. Ainsi, dans la plupart des pays, le taux de remplacement des allocations chômage est fixé nettement en dessous de 100 % du niveau du dernier salaire, et est souvent aux alentours de 50 %. En outre, ce taux peut diminuer au cours du temps et l'éligibilité à l'assurance chômage expire au bout d'un certain temps. Cela permet d'aider les chômeurs temporairement, tout en préservant une incitation à retrouver un emploi. L'État doit ainsi parvenir à un équilibre entre son rôle d'assureur – il donne de l'argent aux chômeurs au moment où ils en ont le plus besoin – et le maintien des incitations à la recherche d'emploi.

Une question empirique essentielle concerne l'ampleur de l'aléa moral : quel est l'impact de la générosité des allocations sur la durée du chômage ? Bien qu'il existe plusieurs dimensions à la générosité des allocations chômage, intéressons-nous à la durée d'indemnisation. On pourrait imaginer qu'il suffise de mesurer la corrélation entre durée d'indemnisation et durée moyenne du chômage pour savoir si une durée d'indemnisation plus grande allonge le chômage. Le problème est qu'il existe une multitude de facteurs qui, au sein d'un pays, sont susceptibles d'affecter conjointement les deux. La persistance d'un fort taux de chômage de longue durée peut également induire les gouvernements à prolonger la durée d'éligibilité. Cette corrélation ne nous renseignerait donc nullement sur l'impact réel de la durée d'indemnisation sur la durée du chômage.

Pour surmonter cette difficulté, Lalive (2008) a exploité une expérience naturelle. En Autriche, la durée maximale d'indemnisation est de 39 semaines pour les moins de 50 ans et de 209 semaines, soit près de 4 ans, pour les plus de 50 ans. L'idée de Lalive est d'utiliser cette discontinuité : les travailleurs qui ont 49 ans et 10 ou 11 mois sont en moyenne similaires en tous points à ceux qui ont 50 ans et 0 ou 1 mois. La seule différence est que la durée d'indemnisation est beaucoup plus courte pour les premiers (qui peuvent être considérés comme un groupe de contrôle) que pour les seconds (qui constituent un groupe de traitement). Une différence de durée moyenne du chômage entre ces deux groupes peut donc être interprétée comme l'impact causal de l'allongement de la durée d'indemnisation.

La figure 11.19 montre que les hommes de moins de 50 ans ont une durée moyenne du chômage aux alentours de 15 semaines, là où les plus de 50 ans restent au chômage près de 30 semaines, soit deux fois plus longtemps. Cela nous permet de conclure que 3 années d'indemnisation supplémentaires augmentent la durée moyenne du chômage des hommes d'environ 15 semaines, soit 3 mois et demi. Pour les femmes, l'impact visible est plus fort, puisqu'il s'élève à 100 semaines, soit près de deux années. [4]

4. La diminution avec l'âge de la durée du chômage pour les femmes de plus de 50 ans n'est pas liée à la générosité des allocations chômage, mais plutôt au fait qu'à partir de 54

FIGURE 11.19 – Durée moyenne du chômage des hommes par âge

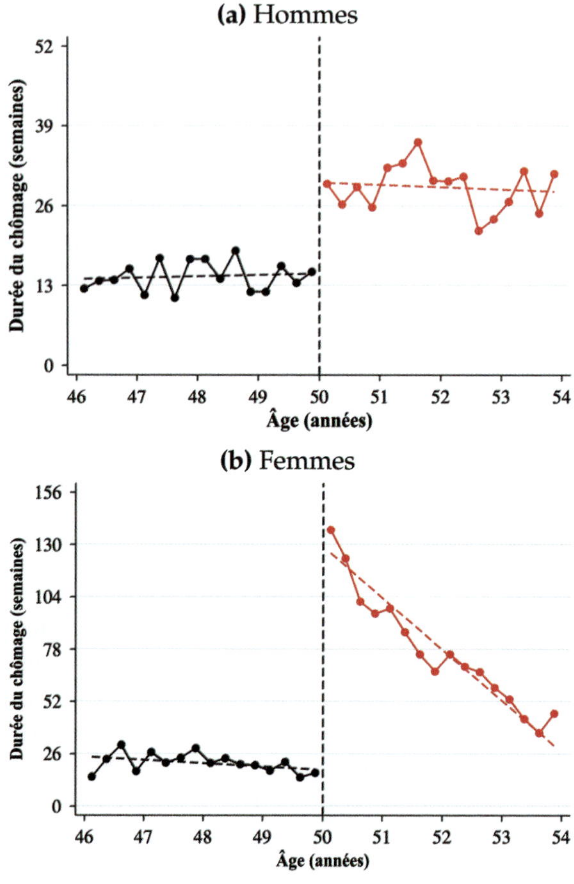


*Source* : Lalive (2008).

De nombreux autres travaux empiriques ont contribué à quantifier cet effet d'aléa moral. Ils ont permis d'établir qu'une semaine d'indemnisation en plus prolonge le chômage de 0,1 à 0,4 semaine ; tandis qu'une augmentation de 1 % du taux de remplacement augmente la durée du chômage de 0,3 à 1,6 % (Cahuc et Carcillo, 2014). Malgré une certaine variabilité des résultats selon les pays et les circonstances étudiées, ces estimations montrent que l'effet d'aléa moral est bien réel et d'une ampleur non négligeable. En outre, les résultats convergent pour montrer qu'une augmentation de la durée du chômage n'améliore pas la qualité des emplois trouvés.

ans la plupart des femmes sans emploi quittent le chômage afin de bénéficier d'un autre dispositif d'assistance sociale.

### 11.3.5 La protection de l'emploi

En France, comme en Espagne ou en Italie, le marché du travail est caractérisé par un fort niveau de protection de l'emploi. La législation impose une indemnisation des salariés licenciés à hauteur de plusieurs mois de salaire, et de façon croissante avec l'ancienneté du salarié. Pour les salariés ayant plus de 10 ans d'ancienneté, ces indemnités peuvent représenter plus d'une année de salaire. La protection de l'emploi augmente donc considérablement le coût du licenciement pour une entreprise. Le premier effet de cette politique est de réduire les destructions d'emploi, ce qui est l'objectif recherché. Mais elle induit également un second effet : elle diminue les créations d'emplois. Les entreprises, qui sont incertaines de leur carnet de commande à moyen terme, sont réticentes à créer de nouveaux emplois qu'elles ne pourront pas détruire en cas de difficultés financières.

Quel est donc l'impact sur le taux de chômage ? Si les destructions baissent davantage que les créations, alors la protection de l'emploi fait baisser le chômage ; et vice versa. L'effet est donc théoriquement ambigu. Pour l'estimer, les chercheurs ont exploité les différences de législations entre pays, ainsi que les réformes mises en œuvre au sein de certains pays. Les résultats montrent que la protection de l'emploi n'a pas un impact important sur le taux de chômage. Les comparaisons entre pays trouvent un effet à peu près nul, tandis que l'étude des réformes suggère un effet légèrement néfaste de la protection de l'emploi sur le taux de chômage (Boeri et van Ours, 2008). Les créations d'emploi diminuent donc légèrement plus que les destructions, mais l'écart reste faible.

En revanche, il existe un effet massif sur les flux de créations et de destructions d'emplois : les deux diminuent considérablement du fait de la protection de l'emploi. Cela allonge beaucoup la durée du chômage. En effet, pour un taux de chômage donné, si le flux de création est plus faible, alors un chômeur restera en moyenne plus longtemps à la recherche d'un emploi. En France, où la protection de l'emploi est particulièrement élevée, le chômage dure en moyenne 15 mois là où, aux États-Unis et au Canada, où le marché du travail est beaucoup plus flexible, le chômage ne dure que 4 ou 5 mois en moyenne.

La protection de l'emploi a un autre effet indésirable : elle freine la réallocation des travailleurs de vieux emplois peu productifs vers de nouveaux emplois plus productifs. Cela correspond à une sclérose du marché du travail, où les mauvais emplois ne sont pas détruits, ce qui nuit à l'efficacité productive de l'économie. L'amplitude de cet effet sur le PIB est néanmoins difficile à quantifier empiriquement.

Pour pallier cette rigidité du marché du travail, les entreprises ont la possibilité d'embaucher en contrats courts, les Contrats à Durée Déterminée (CDD), par opposition aux contrats longs, les Contrats à Durée Indéterminée (CDI). Les premiers ne sont pratiquement pas protégés, tandis que les seconds le sont étroitement. En France, 88 % des salariés (hors intérim) sont employés en CDI et 12 % en CDD ; mais les CDD représentent 87 % du flux des nouvelles embauches (dont les quatre cinquièmes pour moins d'un mois) et les CDI seulement 13 %. Les travailleurs en CDD sont donc la variable d'ajustement du marché du travail. En France, non seulement le chômage est long, mais il se termine généralement par un CDD – il est souvent nécessaire d'enchaîner plusieurs CDD avant de pouvoir enfin décrocher un CDI.

La figure 11.20, issue d'une étude de Clark et Postel-Vinay (2009) montre que, paradoxalement, plus la protection de l'emploi est élevée au sein d'un pays, plus le sentiment de précarité y est fort. Pour que cette corrélation soit si nette, il faut qu'elle soit aussi vérifiée pour les bénéficiaires d'emplois protégés ! Ce résultat paradoxal s'explique par l'effet pervers de la protection de l'emploi sur la durée du chômage. Le chômage est d'autant plus redoutable qu'il dure longtemps, et qu'il se termine par un CDD. En outre, une durée élevée du chômage met les salariés en position de faiblesse face à leurs employeurs puisque, s'ils ne sont pas satisfaits de leurs emplois, ils peuvent difficilement menacer de démissionner. Les salariés ne peuvent donc pas vraiment faire jouer en leur faveur la concurrence entre employeurs qui devrait exister dans un marché du travail compétitif.

Ces effets pervers de la protection de l'emploi n'impliquent pas pour autant que la meilleure politique est le *laissez-faire*. En présence d'une politique publique d'assurance chômage, un licenciement exerce une externalité fiscale : une entreprise qui licencie impose un coût au régime d'assurance chômage. Cette externalité mérite d'être corrigée par une taxe sur les licenciements. Il s'agit là d'une taxe pigouvienne qui force l'entreprise à internaliser cette externalité. En ce cas, il est également souhaitable de subventionner les embauches. Par ailleurs, en allongeant la durée des emplois, la protection de l'emploi incite les employeurs à investir dans la formation de leurs salariés. Dans un marché du travail plus flexible, les salariés ne seraient pas incités à investir dans les compétences spécifiques à leur employeur. Par ce biais, la protection de l'emploi peut être source d'efficacité.

FIGURE 11.20 – Niveau moyen du sentiment de sécurité de l'emploi en fonction de l'indice de sévérité de la législation sur la protection de l'emploi

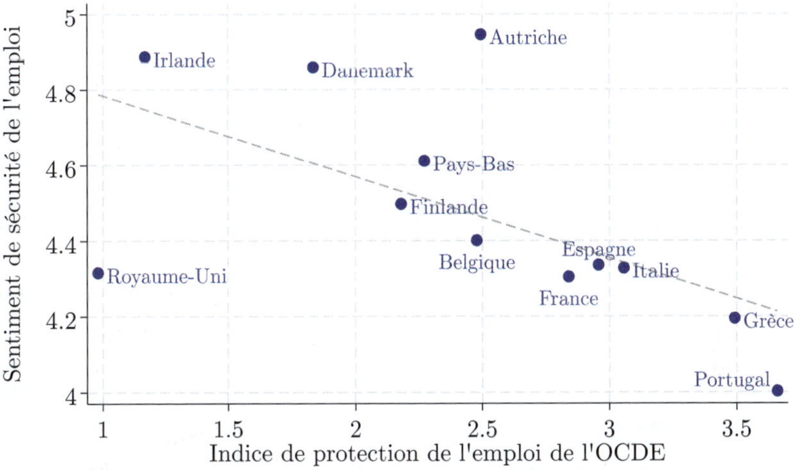


Source : Clark et Postel-Vinay (2009).

### 11.3.6 La régulation du marché du travail

Le salaire étant en général leur principale source de revenus, les travailleurs sont naturellement et légitimement demandeurs de protection contre le risque de rémunérations très basses et de chômage. Les gouvernements à travers le monde ont donc mis en place un certain nombre de politiques protectrices, dont les principales sont la redistribution, le salaire minimum, les allocations chômage et la protection de l'emploi. Ces politiques peuvent être une réelle source de protection, mais en interagissant avec le fonctionnement du marché du travail, elles peuvent également avoir des effets pervers, voire même parfois opposés aux objectifs recherchés en fragilisant ceux qu'elles cherchent à protéger.

Lors de la mise en place de politiques publiques, il est donc essentiel de bien comprendre comment elles affectent les comportements des travailleurs, des entreprises, et les équilibres économiques qui en résultent. On ne juge pas une politique économique en fonction de ses objectifs, mais en fonction de ses résultats !

## Références

ACEMOGLU, D., D. H. AUTOR ET D. LYLE (2004) : "Women, War, and Wages : The Effect of Female Labor Supply on the Wage Structure at Midcentury," *Journal of Political Economy*, 112, 497–551.

ACEMOGLU, D. ET P. RESTREPO (2019) : "Automation and New Tasks : How Technology Displaces and Reinstates Labor," *Journal of Economic Perspectives*, 33, 1–30.

BERTRAND, M. (2020) : "Gender in the Twenty-First Century," *AEA Papers and Proceedings*, 110, 1–24.

BOERI, T. ET J. VAN OURS (2008) : *The Economics of Imperfect Labor Markets*, Princeton University Press.

CAHUC, P. ET S. CARCILLO (2014) : *Améliorer l'assurance chômage*, Presses de Sciences Po.

CARD, D. (1990) : "The Impact of the Mariel Boatlift on the Miami Labor Market," *Industrial and Labor Relations Review*, 43, 245–257.

CHETTY, R., A. GUREN, D. MANOLI ET A. WEBER (2013) : "Does Indivisible Labor Explain the Difference Between Micro and Macro Elasticities ? A Meta-Analysis of Extensive Margin Elasticities," *NBER Macroeconomics Annual*, 27, 1–56.

CLARK, A. ET F. POSTEL-VINAY (2009) : "Job Security and Job Protection," *Oxford Economic Papers*, 61, 207–239.

CLARK, A. E., E. DIENER, Y. GEORGELLIS ET R. E. LUCAS (2008) : "Lags and Leads in Life Satisfaction : A Test of the Baseline Hypothesis," *Economic Journal*, 118, F222–F243.

FRIEDBERG, R. M. (2001) : "The Impact of Mass Migration on the Israeli Labor Market," *Quarterly Journal of Economics*, 116, 1373–1408.

GARBINTI, B., J. GOUPILLE-LEBRET ET T. PIKETTY (2018) : "Income Inequality in France, 1900-2014 : Evidence From Distributional National Accounts (DINA)," *Journal of Public Economics*, 162, 63–77.

HUNT, J. (1992) : "The Impact of the 1962 Repatriates From Algeria on the French Labor Market," *Industrial and Labor Relations Review*, 45, 556–572.

KEYNES, J. M. (1932) : "Economic Perspectives for Our Grandchildren (1930)," in *Essays in Persuasion*, ed. par J. M. Keynes, Harcourt, Brace and Company, New York, 358–373.

KLEVEN, H., C. LANDAIS, J. POSCH, A. STEINHAUER ET J. ZWEIMÜLLER (2019) : "Child Penalties Across Countries : Evidence and Explanations," *AEA Papers and Proceedings*, 109, 122–26.

LALIVE, R. (2008) : "How Do Extended Benefits Affect Unemployment Duration ? A Regression Discontinuity Approach," *Journal of Econometrics*, 142, 785–806.

PIKETTY, T., E. SAEZ ET G. ZUCMAN (2018) : "Distributional National Accounts : Methods and Estimates for the United States," *Quarterly Journal of Economics*, 133, 553–609.

PRESCOTT, E. C. (2004) : "Why Do Americans Work So Much More Than Europeans ?" *Federal Reserve Bank of Minneapolis : Quarterly Review*, 28, 2–13.

SHAPIRO, C. ET J. E. STIGLITZ (1984) : "Equilibrium Unemployment as a Worker Discipline Device," *American Economic Review*, 74, 433–444.

# Exercices du chapitre 11

**Exercice 11.1 Production viticole**

Un petit pays compte 10 producteurs de vin. Chaque producteur dispose de la fonction de production suivante :

$$Q = 60L - L^2,$$

où $Q$ est le nombre de tonneaux de vin produit en une année et $L$ le nombre d'employés à plein temps. Les tonneaux sont exportés pour 1 000 € l'unité. Le salaire annuel d'un employé à plein temps est $W$.

1. Calculer la productivité marginale du travail (en euros). Calculer la courbe de demande de travail de l'industrie viticole.
2. L'économie dispose de 200 travailleurs viticoles, dont l'offre de travail est parfaitement inélastique. Combien gagne annuellement un travailleur ? Quel est le montant des profits engrangés par un producteur viticole ?
3. Une catastrophe naturelle anéantit deux producteurs. Comment réagissent les salaires et les profits des producteurs restants ? Qu'en est-il de la production totale de vin et du niveau des profits de l'ensemble du secteur ? Interpréter. [Indice : en sciences économiques, interpréter un résultat consiste à décrire avec des mots le mécanisme économique à l'œuvre. Idéalement, cette description doit être d'une précision mathématique !]

**Exercice 11.2 « College wage premium »**

1. La figure 11.21 ci-dessous montre une évolution clef de l'économie américaine après la Seconde Guerre mondiale. En quoi est-elle paradoxale ? Comment peut-on expliquer ce paradoxe ?

FIGURE 11.21 – Comparaison des travailleurs avec un diplôme universitaire et de ceux qui n'en ont pas un

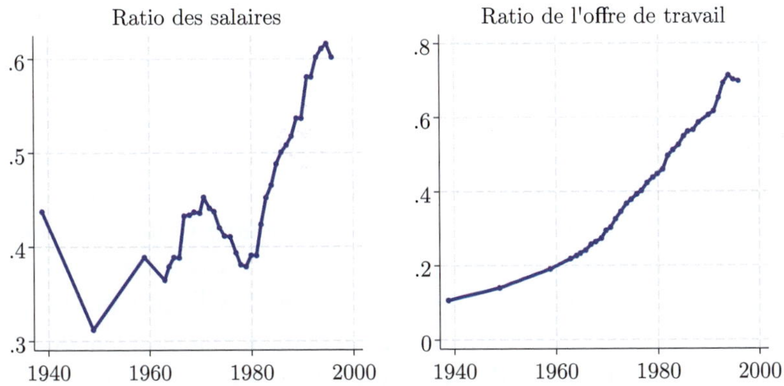


*Notes* : La figure de gauche compare les salaires moyens des travailleurs avec un diplôme universitaire avec ceux des travailleurs qui n'en ont pas. La figure de droite correspond à la part relative des travailleurs avec un diplôme universitaire dans l'économie. *Source* : Acemoglu D. (2002), "Technical Change, Inequality, and the Labor Market", *Journal of Economic Literature*, 40(1), 7-72.

2. Supposons que toutes les entreprises de l'économie américaine ont la fonction de production suivante :

$$Q = \left[(1-\alpha)\left(A_L L\right)^{\frac{\varepsilon-1}{\varepsilon}} + \alpha\left(A_H H\right)^{\frac{\varepsilon-1}{\varepsilon}}\right]^{\frac{\varepsilon}{\varepsilon-1}},$$

où $L$ est le nombre de travailleurs peu qualifiés (*Low education*) et $H$ le nombre de travailleurs qualifiés (*High education*), tandis que $A_L$, $A_H$ et $\varepsilon$ sont des paramètres positifs et $\alpha$ un paramètre compris entre 0 et 1. Interpréter ces paramètres. [Indice : lorsque $\varepsilon = 0$, on a $Q = \min\{A_L L, A_H H\}$, lorsque $\varepsilon = 1$, on a $Q = (A_L L)^{1-\alpha}(A_H H)^{\alpha}$ et, lorsque $\varepsilon \to \infty$, on a $Q = (1-\alpha) A_L L + \alpha A_H H$.]

3. Calculer le ratio du salaire des travailleurs qualifiés sur celui des travailleurs non qualifiés (en supposant l'offre de travailleurs qualifiés $H$ et non qualifiés $L$ comme étant donnée). Quel est l'impact d'une augmentation de la proportion de travailleurs qualifiés sur ce ratio ? Expliquer.

4. Au regard de ces résultats, proposer une explication plausible de l'évolution de l'économie américaine. Représenter graphiquement cette explication.

**Exercice 11.3 Salaire minimum**

1. Supposons le marché du travail parfaitement compétitif, avec un salaire d'équilibre $w^*$. Ce salaire étant jugé trop faible, le gouvernement impose un salaire minimum $\underline{w}$ strictement supérieur à $w^*$. Quelles sont les conséquences de cette politique ?
2. De nombreux économistes considèrent que, loin d'être parfaitement compétitif, le marché du travail est mieux représenté par un *monopsone*, défini comme un marché avec un seul acheteur (tandis que le *monopole* est un marché avec un seul vendeur). Cette représentation semble particulièrement appropriée dans le cas d'une usine qui est le principal employeur au sein d'une petite ville provinciale.

   Dans un marché parfaitement compétitif, le coût marginal du travail est égal au salaire. Pourquoi un monospone fait-il face à un coût marginal du travail qui est plus élevé ?
3. Représenter graphiquement l'offre de travail, le coût marginal du travail (pour un monopsone) et la productivité marginale du travail. Sur ce graphique, représenter le niveau de l'emploi et du salaire $w_M$ choisi par le monopsone. Comparer cette situation au cas d'un marché parfaitement compétitif.
4. Représenter graphiquement la perte sèche engendrée par la compétition imparfaite sur le marché du travail. Expliquer.
5. Quelles sont les conséquences d'un salaire minimum $\underline{w}$ strictement supérieur au salaire d'équilibre $w_M$ du monopsone ? [Indice : considérer d'abord le cas où $\underline{w} < w^*$, avant de traiter le cas alternatif $\underline{w} > w^*$.]

**Exercice 11.4 Recettes fiscales**

Supposons que, pour tous les travailleurs, la productivité marginale du travail est constante et égale à $\bar{W}$. La fonction d'offre de travail $L^s$ des ménages est donnée par :

$$L^s = W^\varepsilon,$$

où $W$ est le salaire (net d'impôts) et $\varepsilon$ un paramètre positif.

1. Définir puis calculer l'élasticité de l'offre de travail.
2. L'État impose les revenus du travail au taux $\tau$. Quel taux d'imposition maximise les recettes fiscales de l'État ? Expliquer.

# Chapitre 12

# Marchés financiers

Dans les chapitres précédents, nous nous sommes intéressés à des échanges qui avaient lieu à un moment donné. Nous allons désormais introduire la notion de temps dans nos modèles. De nombreuses décisions économiques ont une dimension temporelle, par exemple lorsqu'une entreprise construit une nouvelle usine qui ne commencera à produire que dans plusieurs années, lorsqu'un travailleur épargne pour s'assurer une retraite confortable, ou encore lorsqu'un État s'endette.

Comme nous allons le voir, les marchés financiers sont au cœur de ces échanges intertemporels. Pour commencer, nous étudierons le fonctionnement du marché du crédit. Nous décrirons ensuite les principaux actifs financiers que sont les actions et les obligations. Pour terminer, nous reviendrons sur la grave crise financière de 2007-2008 qui est lourde d'enseignements sur les sources d'instabilité financière.

## 12.1 Le marché du crédit

Le marché du crédit est l'exemple le plus simple et le plus emblématique d'un marché financier. Il organise les échanges entre les épargnants, qui offrent du crédit, et les emprunteurs, qui demandent du crédit.

De nombreux ménages ne dépensent pas chaque mois l'intégralité de leur revenu. L'écart entre leur revenu et leur consommation correspond à leur épargne, que les ménages sont disposés à prêter et qui constitue donc leur offre de crédit. Les entreprises, quant à elles, ont besoin pour produire de capital : usines, machines, logiciels informatiques... Le problème est que ces biens doivent être payés au moment de leur acquisition, tandis qu'ils ne contribueront à générer des revenus qu'au fil du temps. Par conséquent, les entreprises empruntent (demandent du crédit) pour financer leurs investissements.

De nombreux jeunes ménages souhaitent également emprunter pour financer leurs études ou pour acquérir leur logement. Ils alimentent ainsi la demande de crédit. Ceci étant, pour faciliter notre exposition, nous supposerons que dans l'ensemble les ménages offrent plus de crédit qu'ils n'en demandent, ce qui nous permettra de considérer que les ménages sont du côté de l'offre et les entreprises du côté de la demande.

### 12.1.1 Taux d'intérêt réel et nominal

Avant de caractériser l'offre et la demande de crédit, il nous faut définir le prix sur le marché du crédit, que l'on appelle le taux d'intérêt. Supposons le taux d'intérêt annuel égal à $i$. Si un épargnant prête 100 euros pendant une année, alors l'emprunteur devra lui rembourser $(1+i)100$ euros au bout d'un an. Ceci étant, du fait de l'inflation, les prix des biens et services augmentent au cours de cette année. Il convient donc de définir deux notions de taux d'intérêt.

- Le **taux d'intérêt nominal** $i$ est mesuré en unités de monnaie : par exemple, si j'emprunte 100 euros pour un an avec un taux d'intérêt nominal annuel de 3 %, alors je devrai rembourser 103 euros à la fin de l'année.
- Le **taux d'intérêt réel** $r$ est lui mesuré en termes de biens : si le taux d'intérêt réel annuel est de 3 %, alors un emprunteur qui emprunte de quoi acheter 100 pommes aujourd'hui devra rembourser de quoi payer 103 pommes dans un an.

Appuyons-nous sur un exemple pour établir le lien exact entre ces deux taux d'intérêt. Supposons que :

- le taux d'intérêt nominal $i$ est égal à 5 % : un agent qui emprunte 1 euro aujourd'hui devra rembourser 1,05 euro dans un an ;
- le taux d'inflation $\pi$ est égal à 2 % : une pomme qui coûte 1 euro aujourd'hui coûtera 1,02 euro dans un an.

En prêtant la valeur d'une pomme aujourd'hui, soit 1 euro, un agent récupérera dans un an de quoi acheter $1+r=1,05/1,02$ pomme dans un an. On a donc la relation suivante

$$1+r=\frac{1+i}{1+\pi}.$$

En effectuant une approximation de premier ordre, avec des taux d'intérêt nominaux et d'inflation proches de zéro, on a $(1+i)/(1+\pi)\approx 1+i-\pi$.

Le taux d'intérêt réel est donc donné par :

$$r = i - \pi.$$

Les contrats financiers sont presque toujours écrits en termes de taux d'intérêt nominal mais, comme nous allons le voir, c'est le taux d'intérêt réel qui détermine le comportement des agents, c'est-à-dire l'offre de crédit des ménages et la demande de crédit des entreprises. Sur le marché du crédit, c'est donc le taux d'intérêt réel qui joue le rôle de prix.

### 12.1.2 L'offre de crédit

Comme nous l'avons indiqué, l'offre de crédit correspond à l'épargne des ménages. Chaque ménage doit décider comment répartir ses revenus entre consommation présente et épargne, laquelle va servir à financer la consommation future. Les individus prennent cette décision de manière à maximiser leur satisfaction, leur bien-être. Ils vont donc déterminer leur consommation et leur épargne tel que le bénéfice marginal de la consommation présente soit égal à son coût marginal.

Le coût marginal de la consommation présente, en termes de consommation future, est donné par le coût d'opportunité : pour consommer une unité de consommation en plus aujourd'hui, il faut renoncer à l'opportunité d'en consommer $(1 + r)$ dans un an. Le coût marginal est donc égal à $(1+r)$.

Le bénéfice marginal de la consommation présente varie d'un individu à l'autre. Néanmoins, on peut supposer qu'il est décroissant avec le niveau de consommation présente : plus un individu consomme, moins l'unité supplémentaire de consommation lui est bénéfique.

Lorsque coût et bénéfice marginal sont égalisés, on trouve que l'épargne, et donc l'offre de crédit, est une fonction croissante du taux d'intérêt réel. En effet, une augmentation du taux d'intérêt réel augmente le coût marginal de la consommation présente. En conséquence, si les ménages égalisent ce coût marginal au bénéfice marginal de la consommation présente, ils vont réduire leur consommation présente afin d'en augmenter le bénéfice marginal. Cette baisse de consommation correspond bien à une épargne plus importante. Autrement dit, si le taux d'intérêt réel passe de 2 à 10 %, alors la consommation présente est plus coûteuse relativement à la consommation future, ce qui encourage à réduire cette consommation présente et, donc, à épargner davantage.

### 12.1.3 La demande de crédit

Qu'en est-il de la demande de crédit ? Comme nous l'avons dit, pour produire les entreprises ont besoin de **capital**. L'**investissement** d'une entreprise correspond à son acquisition de capital. Les entreprises ont en général besoin d'emprunter pour investir. Par exemple, si un boulanger achète un nouveau four, il doit le payer tout de suite, tandis que ce four ne générera des revenus que plus tard. Le boulanger doit donc emprunter afin de financer l'achat de ce bien d'investissement, qui lui rapportera plus tard de quoi rembourser son emprunt.

De manière plus générale, les entreprises prennent leurs décisions de manière à maximiser leurs profits. Une entreprise acquiert donc du capital jusqu'à ce que le revenu marginal du capital soit égal à son coût marginal.

Le revenu marginal du capital correspond à la production générée par l'utilisation d'une unité de capital supplémentaire : on parle de **productivité marginale du capital**. On suppose que cette productivité marginale du capital est une fonction décroissante du stock de capital : à nombre de travailleurs fixés, chaque unité supplémentaire de capital augmente moins la production que l'unité précédente. Pour produire son pain, le boulanger a absolument besoin d'un four. Un deuxième four pourrait faciliter la production et permettrait au boulanger de diversifier son offre en proposant des croissants chauds tout au long de la journée. Un troisième four serait moins utile et ne fonctionnerait que quelques heures par jour.

Le coût marginal du capital correspond au coût de l'acquisition d'une unité supplémentaire de capital. Ce coût est une fonction croissante du taux d'intérêt réel : plus ce taux est élevé, plus la somme que l'entreprise devra rembourser à ses créditeurs sera importante.

En égalisant la productivité marginale du capital au coût marginal du capital, on trouve bien que la demande de crédit est une fonction décroissante du taux d'intérêt réel : lorsque le taux d'intérêt réel augmente, le coût marginal du capital augmente, donc la productivité marginale du capital doit augmenter, ce qui n'est possible qu'en réduisant le stock de capital, donc en réduisant l'investissement et la demande de crédit. Ce résultat semble assez intuitif : plus le taux d'intérêt réel est élevé, plus il est coûteux d'emprunter, moins les entreprises investissent.

La demande d'investissement peut également provenir des ménages, notamment lorsqu'ils souhaitent construire ou rénover leurs logements. On parle alors d'investissement et de capital résidentiel, par opposition à l'investissement et au capital productifs. Par souci de simplicité, nous faisons abstraction de l'investissement résidentiel, mais il répond aux mêmes principes que l'investissement productif.

**Relation entre investissement et capital**

Le stock de capital d'une entreprise correspond à l'ensemble des biens dont elle a besoin pour produire, par exemple des bureaux, des ordinateurs, des machines. L'investissement sur un trimestre ou une année correspond au flux d'acquisition de nouvelles unités de capital. Par conséquent, le stock de capital résulte des flux d'investissements passés. Ceci étant, le capital se déprécie au cours du temps. Par exemple, un camion ou un ordinateur deviennent de moins en moins performants au fur et à mesure qu'ils vieillissent, jusqu'à finir par devenir inutilisables.

Représentons par $K_t$ le stock de capital au temps $t$, $I_t$ le flux d'investissement à $t$, et $\delta$ le taux de dépréciation du capital, c'est-à-dire la part du capital accumulé jusqu'alors qui disparaît à chaque période. Pour simplifier l'exposition, nous supposons ici que le taux de dépréciation est constant et identique pour toutes les unités de capital. Ainsi, si le taux de dépréciation annuel d'un ordinateur est de 0.5, cela signifie qu'un nouvel ordinateur a deux fois plus de valeur qu'un ordinateur vieux d'un an, quatre fois plus de valeur qu'un ordinateur vieux de deux ans, etc. L'équation d'accumulation du capital s'écrit donc

$$K_{t+1} = (1 - \delta)K_t + I_t.$$

Bien que le cœur de l'investissement et du capital soit composé de biens durables, les entreprises effectuent également des investissements *intangibles*, comme lorsqu'elles financent la Recherche et le Développement (R&D), la formation de leurs salariés, ou encore lorsqu'elles investissent dans la promotion de leur image de marque. Bien que ces unités de capital intangibles n'aient pas de réalité physique, il s'agit pour les entreprises de dépenses financées dans le présent afin d'augmenter leur profitabilité future.

### 12.1.4 Équilibre du marché du crédit

Sur le marché du crédit, pour un euro emprunté par les entreprises, il y a nécessairement un euro épargné par les ménages. Par conséquent, à l'équilibre, le taux d'intérêt réel est fixé de manière à égaliser l'offre et la demande de crédit, tel que représenté sur la figure 12.1.

Le marché du crédit résulte de transactions mutuellement bénéfiques entre des ménages qui souhaitent différer leur consommation et des en-

FIGURE 12.1 – L'équilibre sur le marché du crédit

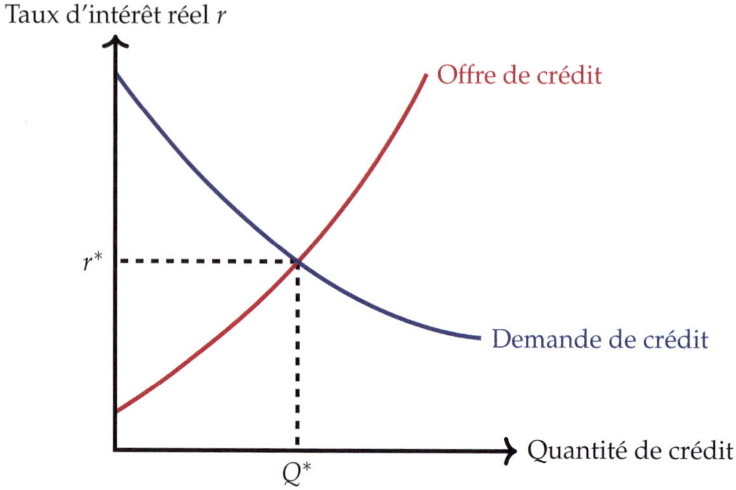


treprises qui, au contraire, ont besoin de dépenser afin d'accroître leur capacité de production avant que cela ne s'avère profitable.

Si les entreprises souhaitent investir davantage, par exemple parce qu'elles sont optimistes sur leurs carnets de commandes futures, alors la demande de crédit s'accroît et le taux d'intérêt augmente, ce qui incite les ménages à épargner davantage afin de financer ces investissements. Si les ménages souhaitent épargner davantage, par exemple parce qu'ils redoutent une baisse de revenus futurs, alors l'offre de crédit augmente et le taux d'intérêt baisse, ce qui encourage les entreprises à investir davantage afin d'absorber la hausse de l'épargne.

**La raison d'être des marchés financiers.** Au-delà du marché du crédit, cette analyse nous permet de comprendre plus généralement à quoi servent les marchés financiers. Pour les entreprises, ils servent à financer l'investissement. Elon Musk n'aurait jamais pu produire de voitures Tesla sans un excellent accès aux marchés financiers. Des centaines de millions de dollars d'investissement ont été nécessaires afin de concevoir puis de mettre en place la production de ces voitures, avant même qu'elles ne génèrent un seul centime de revenu. Un bon développement des marchés financiers est essentiel pour l'innovation et, plus généralement, pour la prospérité d'un pays.

Pour les ménages, les marchés financiers servent à transférer de la richesse dans le temps. Le premier souci d'un épargnant est de parvenir à préserver sa fortune, et idéalement de la faire fructifier. Bien sûr, un épargnant pourrait être tenté de garder ses économies sous forme de monnaie. Mais la monnaie rapporte un taux d'intérêt nominal de 0 %, et donc un taux d'intérêt réel de $r = -\pi$, soit l'érosion de la valeur réelle de la monnaie due à l'inflation. La monnaie n'est donc pas un bon support d'épargne. Les marchés financiers offrent une bien meilleure solution : ils permettent aux épargnants de financer le capital, qui n'est pas seulement utile aux entreprises, mais qui est également un support de richesse qui traverse le temps.

En pratique, soit les épargnants prêtent aux entreprises, qui achètent du capital avant de rembourser leurs dettes avec intérêts ; soit ils achètent directement du capital, par exemple un immeuble de bureaux, qu'ils louent aux entreprises. En principe, ces deux formes d'épargne des ménages doivent rapporter un même rendement, pourvu qu'ils impliquent un même niveau de risque.

**L'intermédiation financière.** Nous avons jusqu'ici supposé que le taux d'intérêt auquel les entreprises empruntent est identique au taux auquel les ménages épargnent. En réalité, il y a généralement un écart entre les deux. Cet écart reflète le coût de l'intermédiation financière. Les banques mettent en relation les ménages qui offrent du crédit et les entreprises qui en demandent, mais cette mise en relation ne se fait pas par magie, et chaque ménage ne passe pas en revue les entreprises qu'il connaît afin de trouver un emprunteur potentiel. Les banques qui effectuent ce travail de mise en relation sont naturellement rémunérées pour le service qu'elles rendent. Les salaires des banquiers proviennent de l'écart entre le taux auquel ils prêtent de l'argent et le taux auquel ils rémunèrent les épargnants.

## 12.2 L'actualisation

Lorsque vous achetez une voiture, vous avez généralement le choix entre la payer à la livraison ou étaler son règlement sur plusieurs années. Pour déterminer quelle option est la plus avantageuse, il est nécessaire de pouvoir comparer des sommes d'argent à différents moments dans le temps. On utilise pour cela le principe de l'actualisation. Imaginons que le taux d'intérêt nominal est de 5 % par an, et que chacun peut emprunter ou épargner librement au taux de 5 %. Par conséquent, 105 € dans un an ont la même valeur que 100 € aujourd'hui. Un agent sera donc indifférent entre recevoir 105 € dans un an ou recevoir 100 € aujourd'hui.

Plus généralement, lorsque le taux d'intérêt nominal est égal à $i$, alors 100 € aujourd'hui ont la même valeur que :

- $(1 + i) \cdot 100$ € dans un an ;

- $(1+i)^2 \cdot 100$ € dans deux ans ;
- $(1+i)^T \cdot 100$ € dans $T$ années.

Cette règle nous permet également de déterminer la **valeur actualisée** d'un revenu futur. Par exemple, la valeur actualisée de 250 euros perçus dans $T$ années est de

$$\frac{250}{(1+i)^T} \text{ euros.}$$

Grâce aux marchés financiers, vous pouvez transformer $250/(1+i)^T$ euros aujourd'hui en 250 euros dans $T$ années, et vice versa. Par conséquent, si on vous donne le choix entre ces deux sommes d'argent, vous devez être indifférent. [1]

De manière plus générale, quelle est la valeur actualisée d'un flux de revenu composé de $D_1$ dans un an, $D_2$ dans deux ans, ..., et $D_T$ dans $T$ années ? C'est simplement la somme des valeurs actualisées de chacun de ces revenus :

$$\frac{D_1}{1+i} + \frac{D_2}{(1+i)^2} + ... + \frac{D_T}{(1+i)^T}$$

Jusqu'à présent, nous avons supposé les revenus futurs en euros. Ils doivent donc être actualisés avec le taux d'intérêt nominal $i$. En revanche, si les revenus futurs sont spécifiés en unités de biens, ils doivent alors être actualisés avec le taux d'intérêt réel $r = i - \pi$.

## 12.3 Les actifs financiers

Un actif correspond à un titre de propriété ayant une certaine valeur. Certains actifs sont tangibles, comme une maison ou une œuvre d'art. D'autres sont intangibles, comme des droits de propriété intellectuelle ou des actifs financiers. Un actif financier est un contrat qui génère des revenus pour son propriétaire. Les deux principales classes d'actifs financiers sont les obligations et les actions. Ces actifs peuvent être échangés : pour chacun de ces actifs, il existe un marché financier avec une offre, une demande et un prix.

1. Si, au lieu d'être constant, le taux d'intérêt est égal à $i_t$ entre le temps $t-1$ et le temps $t$, alors la valeur actualisée, au temps $t$, de 250 euros perçus au temps $t+T$ s'élève à

$$\frac{250}{\prod_{s=1}^{T}(1+i_{t+s})} \text{ euros.}$$

### 12.3.1 Les obligations

Imaginons que Renault ait besoin d'emprunter 5 milliards d'euros pour construire une nouvelle usine d'automobiles. Une solution est de contracter un emprunt auprès d'une banque. Mais la somme est si énorme qu'une alternative consiste à emprunter directement sur les marchés financiers. Pour cela, l'entreprise Renault vend des actifs financiers que l'on appelle des obligations (en anglais, *bonds*).

Supposons que Renault ait besoin d'emprunter le 1er janvier 2022 pour une durée de 5 ans. À cette date, elle vend alors une série de morceaux de papier sur lesquels est écrit : « l'entreprise Renault s'engage à verser 100 € au propriétaire de ce morceau de papier le 1er janvier 2027 ». Chaque morceau de papier est une obligation. Il s'agit d'un contrat de dette qui *oblige* juridiquement l'entreprise Renault à honorer son engagement financier. Ces obligations sont vendues sur les marchés financiers. Si leur prix initial est de 80 euros, alors leurs acquéreurs versent 80 € à l'entreprise Renault au 1er janvier 2022. En échange, Renault versera 100 € le 1er janvier 2027 au propriétaire de chacune de ces obligations.

Le propriétaire de l'obligation n'est pas forcé de la détenir jusqu'au 1er janvier 2027, date de maturité de l'obligation. À n'importe quel moment, il peut la vendre sur le marché obligataire. Quoi qu'il en soit, Renault devra payer 100 € au 1er janvier 2027 au propriétaire de l'obligation, qui ne sera pas nécessairement celui qui l'avait initialement achetée.

En appliquant nos formules d'actualisation, on peut déduire le taux d'intérêt associé à une obligation. Notre exemple implique qu'au 1er janvier 2022, 80 € est la valeur actualisée de 100 € perçus le 1er janvier 2027. On a donc

$$80 = \frac{100}{(1+i)^5},$$

ce qui nous permet de déduire que le taux d'intérêt (nominal) correspondant est égal à $i = (100/80)^{1/5} - 1 = 4,56$ %. Il y a donc deux manières de faire référence au prix d'une obligation : soit en donnant le prix auquel elle est échangée, soit en donnant le taux d'intérêt correspondant.

Si l'obligation est initialement vendue 90 €, alors Renault s'endette au taux d'intérêt $(100/90)^{1/5} - 1 = 2,13$ %. Si le prix de l'obligation est de 100 €, alors le taux d'intérêt correspondant est nul. Cela illustre un principe important en finance :

> Plus une obligation vaut cher, moins le taux d'intérêt correspondant est élevé.

Il est toujours utile d'avoir à l'esprit le cas d'une obligation toute simple qui rapporte 1 euro dans un an, et plus rien ensuite. Le lien entre son prix et son taux d'intérêt est donné par :

$$P = \frac{1}{1+i}.$$

Si le prix de cette obligation est de 95 centimes, alors son taux d'intérêt est pratiquement de 5 %. Si son prix est de 99 centimes, son taux est de 1 %.

En pratique, les obligations peuvent être très complexes, spécifiant différents paiements à différentes dates. Ces paiements peuvent même être conditionnés à la survenue de tel ou tel évènement, comme au déclenchement d'une crise financière ou d'une catastrophe naturelle. La créativité de l'industrie financière est sans limite pour pouvoir satisfaire les besoins, parfois très spécifiques, de ses clients.

Les entreprises émettent des obligations appelées les *corporate bonds*. Lorsque un État dépense plus que ses recettes fiscales, il doit emprunter pour financer ses déficits budgétaires. Il le fait en émettant des obligations, qu'on appelle parfois les « bons du trésor » et qui constituent la dette souveraine (*sovereign bonds*).

**Les obligations sont-elles sûres ?** En principe oui, sauf si son émetteur est incapable d'honorer sa dette, auquel cas il fait **défaut**. Une entreprise en défaut de paiement est placée en liquidation. Ses créanciers deviennent alors propriétaires de son capital, qui est liquidé au meilleur prix afin de rembourser en partie la somme qui leur est due.

Plus une obligation est risquée, plus son prix est faible, et plus le rendement qui lui est associé est élevé. Cela illustre un principe fondamental en finance : *high returns only come with high risks* ! Si un banquier vous propose de placer votre épargne pour un rendement anormalement élevé, méfiez-vous : il y a probablement un risque caché qui explique le niveau élevé de ce rendement.

**Les obligations souveraines.** Malgré des niveaux vertigineux d'endettement public, les dettes souveraines sont généralement perçues comme étant très sûres, ce qui se traduit par des taux d'intérêt plus faibles que sur les autres obligations. Cela tient à deux raisons. D'abord, pour rembourser leurs dettes, les États peuvent avoir recours à la coercition fiscale, en levant taxes et impôts. Ensuite, certains États s'endettent dans leur propre monnaie. En principe, les États-Unis d'Amérique peuvent toujours imprimer des dollars pour éviter un défaut souverain sur leur dette nationale. Les États évitent d'en arriver à de telles extrémités qui engendreraient un gros risque inflationniste, mais cette possibilité d'imprimer de la monnaie permet, en période de crise, de tuer dans l'œuf toute panique sur la dette nationale. En pratique, les bons du trésor américains sont perçus comme étant l'actif refuge par excellence. Ainsi, lors de la grave crise financière de 2007-2008, le prix des obligations souveraines américaines a augmenté et leur rendement diminué, alors qu'au même moment la plupart des prix des actifs financiers faisaient des plongées vertigineuses.

Soulignons que depuis la création de l'euro, la France ou la Grèce ne s'endettent plus dans leur propre monnaie et doivent pouvoir compter sur le soutien de la Banque Centrale Européenne (BCE) en cas de crise obligataire. Les investisseurs perçoivent la dette française comme étant très sûre car elle bénéficie du soutien implicite de la BCE, qui ne peut pas laisser tomber un pays tel que la France sans mettre en danger la survie de l'euro. La France s'endette donc à des taux très bas. *Idem* pour l'Allemagne. La situation n'est pas aussi claire dans le cas de la Grèce, comme l'a montré la crise de la dette européenne qui s'est déroulée de 2010 à 2013 et pendant laquelle les taux sur la dette grecque se sont envolés, avant que la Grèce ne soit obligée de restructurer sa dette à l'issue d'âpres négociations avec ses créanciers, afin d'étaler ses remboursements futurs pour éviter un défaut pur et simple.

**Obligations et coupons**

Auparavant, les obligations prenaient réellement la forme d'un morceau de papier, une sorte de gros billet. La figure 12.2 montre une obligation américaine émise le 16 août 1976. Les premières lignes écrites sur cette obligation expliquent bien son fonctionnement : « Les États-Unis d'Amérique promettent de payer au détenteur [de cette obligation] cinq mille dollars, le 15 août 1986. » Ainsi, le 15 août 1986, le détenteur de ce morceau de papier pouvait se présenter auprès de l'État américain pour lui réclamer son dû.

En général, le détenteur d'une obligation ne reçoit pas de l'argent uniquement lorsque l'obligation arrive à maturité. En bas de l'obligation se trouvent des petits coupons détachables qui permettent au détenteur de l'obligation de percevoir de l'argent à intervalles réguliers. Ici, les coupons permettent de recevoir 200 dollars tous les six mois. Aujourd'hui, les obligations sont dématérialisées, mais on appelle toujours « coupons » ces versements réguliers d'argent !

FIGURE 12.2 – Une obligation américaine émise en 1976

## 12.3.2 Les actions

L'autre grande classe d'actifs financiers est les actions. Une action (en anglais, *share*, *equity*, ou encore *stock*) est une part de la propriété d'une entreprise. Si une entreprise est constituée de 1 000 actions et que vous en possédez 10, vous êtes alors propriétaire de 1 % de l'entreprise. Cela vous permet de toucher 1 % des dividendes versés par l'entreprise et vous donne droit à 1 % des droits de vote lors de son assemblée générale. Les actions peuvent s'échanger sur le marché boursier.

Lors d'une assemblée générale, les actionnaires nomment le conseil d'administration de l'entreprise, qui nomme à son tour ses principaux dirigeants. Si un actionnaire dispose de plus de 50 % des actions d'une entreprise, il disposera d'une majorité de voix au conseil d'administration et pourra donc exercer un contrôle total sur l'entreprise. Ce pouvoir de décision distingue les actionnaires des porteurs d'obligations, qui n'ont pas leur mot à dire dans la gestion de l'entreprise.

Lorsqu'une entreprise a fini de payer ses salariés, ses fournisseurs et ses créanciers, elle dégage un profit. Le conseil d'administration décide alors soit de réinvestir ces profits, soit de les distribuer aux actionnaires sous forme de dividendes. Chaque actionnaire reçoit donc une part de dividendes égale à la fraction de l'entreprise dont il est propriétaire. Si une entreprise est divisée en 100 000 actions et souhaite distribuer de 40 000 euros de dividendes, alors chaque action générera un revenu de 40 euros. Un actionnaire qui possède 100 actions gagnera alors 400 euros.

Fondamentalement, une action n'a de valeur que parce qu'elle permet de toucher des dividendes. Par conséquent, la **valeur fondamentale** d'une action est égale à la valeur actualisée du flux de dividendes perçu par l'actionnaire. Si on anticipe un flux de dividendes $\{D_1, D_2, ...\}$ par action, alors la valeur d'une action doit être égale à

$$\sum_{t=1}^{\infty} \frac{D_t}{(1+i)^t}.$$

En pratique, il est difficile de calculer la valeur d'une action en raison de l'incertitude sur le montant des dividendes futurs, ce qui fait intervenir des calculs probabilistes sophistiqués.

Une **bulle** correspond à une situation où les épargnants achètent une action, non pas pour les dividendes qu'elle générera, mais uniquement parce qu'ils pensent pouvoir la revendre encore plus cher. Autrement dit, une bulle existe dès lors que le prix d'une action est supérieur à sa valeur fondamentale. Une bulle est donc vouée à enfler jusqu'à ce que le prix de l'action devienne ridiculement élevé. À ce moment, plus personne n'est disposé à acheter cette action, la bulle éclate et le prix chute.

### 12.3.3 Hypothèse des marchés efficients

Une notion fondamentale en finance est l'**hypothèse des marchés financiers efficients** (en anglais, *efficient market hypothesis*). Cette hypothèse implique qu'à chaque instant, le prix d'une action reflète l'ensemble des informations disponibles sur le montant des dividendes futurs : les marchés financiers seraient alors **informationellement efficaces**. Cette notion d'efficacité est différente de l'efficacité de Pareto sur laquelle nous nous sommes concentrés auparavant.

L'hypothèse des marchés financiers efficients implique qu'il est quasiment impossible de prédire les évolutions de la bourse : tout ce qui permettrait de faire des prévisions est déjà incorporé dans le prix de marché. En d'autres termes, il n'est pas possible de « battre le marché ».

Soulignons que cette hypothèse est vraie dans la mesure où beaucoup d'investisseurs la croient fausse. En effet, des milliers de financiers scrutent les évolutions de la bourse afin de tirer parti du moindre écart entre le prix d'une action et les informations disponibles sur les dividendes futurs de l'entreprise correspondante. La vigilance et l'âpreté au gain de ces financiers impliquent que le prix des actions reflète quasiment en temps réel l'ensemble des informations disponibles sur la profitabilité des entreprises. À l'inverse, l'hypothèse des marchés efficients serait fausse si tout le monde la croyait vraie. En effet, si les financiers n'avaient rien à gagner à scruter les évolutions de la bourse, alors un écart entre prix des actions et flux de dividendes pourrait s'installer.

La notion de marchés financiers efficients a été formulée pour la première fois en 1900 par le mathématicien français Louis Bachelier (1870-1946) dans sa thèse de doctorat intitulée *Théorie de spéculation*. Eugene Fama, de l'Université de Chicago, a obtenu le prix Nobel en 2013 pour avoir montré empiriquement que le prix des actifs est quasiment impossible à prédire à court terme. Ce prix Nobel a été partagé avec Robert Shiller, de Yale, qui a montré qu'à long terme, on peut s'attendre à ce que les excès des marchés financiers soient corrigés, ce qui permet de prédire que le prix d'une action a tendance à revenir vers sa valeur fondamentale.

**Faut-il chercher à battre le marché ?**

Pour placer son épargne en bourse, on distingue habituellement deux stratégies : une passive et une active. La stratégie passive consiste à acheter l'ensemble des actions cotées en bourse, avec une pondération égale à la valeur totale de chacune des entreprises au sein du marché. Par exemple, si un fonds d'investissement dispose de 1 % du volume de l'épargne à placer, il achète 1 % de chacune des entreprises cotées. Autrement dit, cela consiste à acheter le *portefeuille de marché*. Une stratégie active consiste à composer son portefeuille en fonction des prévisions des performances boursières de chacune des entreprises. Par rapport au portefeuille de marché, cela implique de sur-pondérer les actions dont on pense qu'elles vont battre le marché et de sous-pondérer celles qui vont sous-performer le marché. Les stratégies actives sont-elles préférables aux stratégies passives ?

Selon William Sharpe, lauréat du prix Nobel 1990 pour ses travaux sur la théorie du portefeuille, la réponse est non. Dans un court article de 1991, il en fait une démonstration simple et puissante (Sharpe, 1991). Par construction, les stratégies passives font aussi bien que le marché dans son ensemble. Or, le marché est constitué des investisseurs actifs et passifs. Donc, en moyenne, les stratégies actives ont également une performance égale au marché dans son ensemble ! Certes, certains investisseurs de génie, à l'image de Warren Buffett, vont sur-performer le marché ; mais cela doit nécessairement se faire au détriment d'autres investisseurs *actifs* moins talentueux.

Le problème est que les stratégies actives sont beaucoup plus coûteuses à suivre que les passives. Elles requièrent de rémunérer des financiers qualifiés et avisés qui vont analyser attentivement l'évolution de l'économie et suivre les entreprises une par une pour savoir lesquelles ont le plus de potentiel. Les fonds de placement ayant une stratégie active vont forcément avoir des frais de gestion supérieurs à ceux ayant une stratégie passive. Or, en moyenne, ces deux catégories de fonds ont la même performance. Donc, net de frais, les stratégies passives ont une meilleure performance que les stratégies actives. Cela explique sans doute le succès phénoménal des fonds indiciels (*index trackers*) qui se contentent de répliquer passivement la performance d'un indice boursier, comme le CAC 40 à la bourse de Paris ou le S&P 500 à celle de New York.

## 12.3.4 Actions ou obligations

*Via* les banques, les particuliers peuvent facilement accéder aux marchés financiers pour placer leur épargne. Est-il préférable de posséder des actions ou des obligations ? Comme le montre le tableau 12.1, le rendement réel (net d'inflation) des actions aux États-Unis a été en moyenne de 7,6 % entre 1947 et 1996, tandis qu'il a été inférieur à 1 % pour les obligations souveraines, considérées comme sans risque. Les actions semblent donc être un bien meilleur placement que les obligations. Mais elles sont également beaucoup plus risquées ! L'écart-type du rendement réel moyen sur une année est de 15,5 % pour les actions, contre 1,8 % pour les obligations.[2]

TABLEAU 12.1 – Rendements réels et leurs variations aux États-Unis de 1947 à 1996

| | **Rendement réel moyen** | **Écart-type du rendement réel moyen** |
|---|---|---|
| **Obligations sans risque** | 0,8 % | 1,8 % |
| **Actions** | 7,6 % | 15,5 % |

2. En l'occurrence, les obligations « sans risques » sont légèrement risquées en termes réels du fait de la variabilité de l'inflation. Ceci étant, cette variabilité est en partie prévisible si bien que l'incertitude sur le rendement réel de ces obligations souveraines est inférieure à 1,8 %.

Pour financer l'acquisition de capital, par exemple pour construire une usine, une entreprise peut soit émettre des obligations, soit émettre de nouvelles actions en effectuant une **augmentation de capital**. La loi impose que les revenus d'une entreprise doivent prioritairement être utilisés pour payer ses salariés, ses fournisseurs et ses créanciers. Les actionnaires d'une entreprise ne reçoivent donc des dividendes que si ses profits sont suffisamment élevés. Cette priorité explique pourquoi les actions sont, par nature, beaucoup plus risquées que les obligations. Leurs rendements sont donc logiquement plus élevés pour compenser la prise de risque que leur détention implique.

**Quelles recommandations peut-on faire en matière de placements financiers ?** La sagesse recommande de suivre les quatre préceptes suivants :

- Un bon portefeuille financier contient à la fois des actions et des obligations. La fraction d'actions et d'obligations doit être ajustée en fonction de la tolérance au risque : plus un épargnant est averse au risque, plus la fraction d'obligations doit être forte. De même, plus il est prévu de conserver le portefeuille longtemps, plus la part d'actions pourra être élevée, les bonnes années pouvant sur le long terme compenser les mauvaises.
- Un portefeuille d'actions doit être diversifié. Pour ne pas être surexposé au risque encouru par une entreprise, il convient de ne pas mettre tous ses œufs dans le même panier. Un portefeuille mal diversifié aura, en moyenne, le même rendement qu'un portefeuille diversifié, mais avec un niveau de risque plus élevé. Si « *high returns only come with high risks* », la réciproque n'est pas vraie ! Une solution simple et efficace consiste à acheter des parts d'un fond indiciel qui se contente de suivre l'évolution d'un indice boursier, comme le CAC 40 à la bourse de Paris. En principe, l'idéal consiste même à acheter des fonds indiciels de différents pays afin d'avoir un portefeuille diversifié à l'international.
- L'hypothèse des marchés financiers efficients implique qu'il est vain de tenter de spéculer à la hausse ou à la baisse sur certaines actions. Le seul cas où ce genre de spéculation a de bonnes chances d'être profitable est lorsqu'un épargnant dispose d'informations privées sur une entreprise, qui ne sont pas encore reflétées dans les cours de bourse. Le problème est que ce type de spéculation représente un *délit d'initié*, strictement interdit par la loi.
- Malgré l'hypothèse des marchés financiers efficients, les marchés sont sujets aux comportements moutonniers qui font s'écarter les prix de leurs valeurs fondamentales. Le célèbre investisseur amé-

ricain Warren Buffett, qui fut le deuxième homme le plus riche du monde, a réalisé une partie de sa fortune sur la maxime suivante : *be fearful when others are greedy, and be greedy when others are fearful*. Lorsque les marchés financiers sont euphoriques et ont une confiance inébranlable dans l'avenir, c'est le moment de se méfier et de vendre des actions pour acheter des obligations. À l'inverse, lorsque tout le monde panique, c'est le moment d'acheter. Autrement dit, en matière de placements boursiers, il faut savoir nager à contre-courant !

**L'usage des termes investissement et capital**

Jusqu'à présent, nous avons défini l'investissement comme étant l'acquisition de biens nécessaires à la production, comme l'achat de machines ou la construction d'usines. Le stock de capital résulte du cumul de tous ces flux d'investissement passés, nets de leur dépréciation. Il s'agit là des définitions les plus rigoureuses de ces deux termes, que nous continuerons à utiliser dans le chapitre suivant. Néanmoins, ces termes sont utilisés dans bien d'autres situations, portant parfois à confusion. Tentons de comprendre la logique sous-jacente (en mettant entre guillemets les usages abusifs des termes investissement et capital).

Un « investisseur » est en réalité quelqu'un qui place son épargne, ou celle d'autres personnes. Sur les marchés financiers, les « investisseurs » sont donc du côté de l'offre d'épargne des ménages et non de la demande d'investissement des entreprises. En décidant où allouer leur épargne, ces « investisseurs » déterminent quelles entreprises vont pouvoir investir, bien qu'ils ne le fassent pas directement eux-mêmes.

Le « capital » d'une entreprise correspond à l'ensemble de ses actions. La valeur d'une entreprise est donnée par sa « capitalisation » boursière, qui reflète en principe la valeur actualisée du flux de dividendes à venir. Cette terminologie résulte du fait que les actionnaires sont les propriétaires de l'ensemble du capital tangible (machines, usines...) et intangible (brevets, image de marque...) de l'entreprise, qui sont à l'origine de tous les profits futurs.

Le marché des « capitaux » n'est pas un marché où s'échangent des machines, mais où s'échangent des actifs financiers, comme les actions ou les obligations. De même lorsque l'on parle de la mobilité internationale du « capital », ce ne sont pas les machines qui traversent les océans, mais uniquement les titres de propriété des entreprises qui les possèdent.

Quant au « capitalisme », il désigne en principe un système réunissant la propriété privée des moyens de production, la liberté d'échanger et la liberté d'entreprendre. Ceci étant, nul ne sait précisément de quoi il s'agit tant ce terme a été utilisé pour décrire des réalités différentes !

## 12.4 La crise financière de 2007-2008

En 2007 et 2008, le monde a été secoué par la pire crise financière mondiale depuis la Grande Dépression des années 1930. Tentons de comprendre les mécanismes de cette crise, et notamment le rôle clef joué par le surendettement, que l'on retrouve au cœur de nombreuses crises financières.

### 12.4.1 La bulle immobilière

Pendant les années qui ont précédé la crise s'est développée une gigantesque bulle spéculative sur le marché immobilier américain. Pendant une trentaine d'années consécutives, les prix de l'immobilier n'ont cessé d'augmenter, comme on peut le voir sur la figure 12.3. La poursuite de cette hausse paraissait inéluctable, jusqu'à ce qu'en 2007 la bulle éclate.

FIGURE 12.3 – Indice Case-Shiller des prix de l'immobilier aux États-Unis

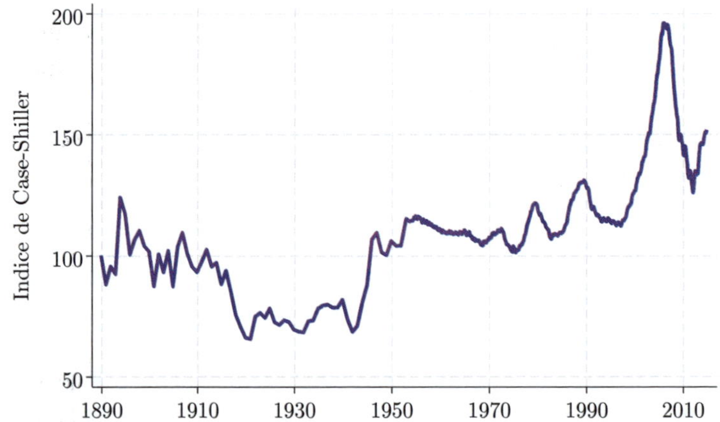


*Source* : Shiller R.J. (2015), *Irrational Exuberance* : 3[rd] edition, Princeton University Press.

La clef du problème est que cette bulle était fondée sur une spirale d'endettement massif des ménages américains, illustrée sur la figure 12.4. L'anticipation d'une hausse continue des prix a poussé les ménages à emprunter et les banques à prêter, même aux ménages les moins solvables. Au pire, pensaient les banques, en cas d'incapacité à rembourser ses dettes, un ménage pourra vendre sa maison, ce qui lui permettra non seulement de rembourser sa banque mais aussi, avec un peu de chance, d'engranger une plus-value ! L'abondance du crédit et l'optimisme général ont créé une dynamique de renforcement mutuel entre les prix de l'immobilier et l'endettement des ménages.

FIGURE 12.4 – Dette des ménages aux États-Unis

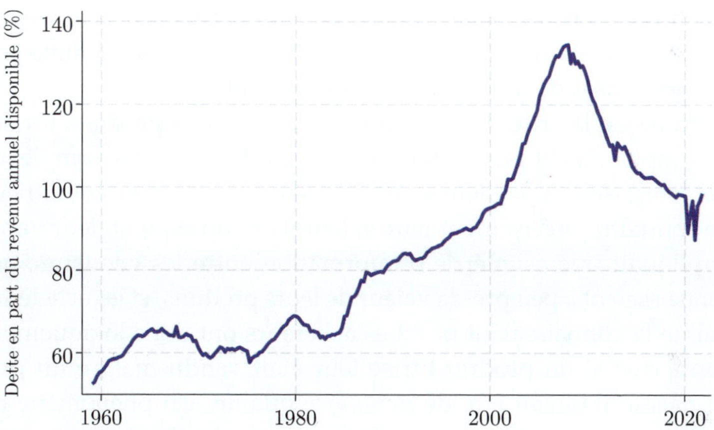


*Source* : Board of Governors of the Federal Reserve System et U.S. Bureau of Economic Analysis.

Lorsque la bulle immobilière a éclaté, l'économie américaine est entrée dans un cercle vicieux. Craignant de ne pas être remboursées, les banques ont arrêté de prêter et le crédit s'est asséché. Ne pouvant plus renouveler leurs emprunts, les ménages surendettés se sont retrouvés en défaut de payement. Leurs maisons ont été saisies et vendues, amplifiant la baisse des prix de l'immobilier.

**La titrisation**

La titrisation (*securitization*) est une technique financière qui consiste pour une banque à créer un nouvel actif financier en regroupant des créances (des sommes d'argent que des particuliers ou des entreprises lui doivent) et à les revendre sur les marchés financiers sous forme de produit titrisé (formant ainsi un *Asset-Backed Security*). Cette pratique a été beaucoup développée dans les années 2000, jusqu'à la crise financière de 2007-2008. Des épargnants aux quatre coins du monde ont pu acheter ces produits titrisés, ce qui a permis aux banques américaines d'emprunter les sommes qu'elles prêtaient sous forme de crédits hypothécaires aux ménages américains. Grâce à la titrisation, l'ingénierie financière a pu transformer les crédits hypothécaires risqués des ménages en actifs présentés comme peu risqués, prisés des épargnants du monde entier.

Lorsque la crise est survenue, le marché des produits titrisés s'est rapidement figé. Ces produits étaient d'une grande complexité car composés d'une pléthore d'actifs sous-jacents, rendant difficile de connaître précisément leur valeur. Par conséquent, leur vente impliquait une asymétrie d'information entre les vendeurs, qui connaissaient à peu près la valeur de leurs produits, et les acheteurs, qui ne la connaissaient pas. Les acheteurs ont donc logiquement pensé que si un produit titrisé leur était vendu malgré un prix en baisse, il devait être de mauvaise qualité. Un phénomène de sélection adverse, tel que nous l'avons vu au chapitre 8, a ainsi complètement paralysé le marché des produits titrisés, qui sont devenus invendables. Ce phénomène a encore amplifié la contraction du crédit immobilier et la chute des prix de l'immobilier américain.

### 12.4.2 L'effet de levier

Comment une baisse de 25 % des prix de l'immobilier a-t-elle provoqué une crise menaçant tout le système financier américain de s'effondrer ? La réponse à cette question réside dans l'*effet de levier*.

Si un nouveau propriétaire achète une maison, il peut financer son achat de deux manières : il peut utiliser ses économies (on parle de *capitaux propres*) ou il peut s'endetter. Les capitaux propres correspondent au montant de la richesse du propriétaire qui réside dans cette maison :

$$\text{Capitaux propres} = \text{Valeur de l'actif} - \text{Dette}$$

On définit alors le levier comme le ratio de la valeur de l'actif sur les capitaux propres :

$$\text{Levier} = \frac{\text{Valeur de l'actif}}{\text{Capitaux propres}}$$

Un levier important correspond donc à un investissement largement financé par la dette. Par exemple, si une maison vaut 600 000 € et est financée en empruntant 500 000 €, alors les capitaux propres du propriétaire sont de 100 000 € et le levier s'élève à 6 : la maison vaut 6 fois plus cher que les économies que le propriétaire y a investi.

Si le prix de la maison augmente de 10 %, passant à 660 000 €, alors les capitaux propres du propriétaire passent de 100 000 à 660 000 – 500 000 = 160 000 €. Les capitaux propres augmentent donc de 60 %. Au contraire, si le prix de la maison baisse de 10 %, les capitaux propres du propriétaire sont réduits à 540 000 – 500 000 = 40 000 € : ils baissent de 60 %.

L'effet de levier multiplie donc à la fois les gains et les pertes engendrés par les variations du prix de l'actif. Cela est dû à ce que ces variations de prix ne modifient pas l'endettement et sont donc absorbées à 100 % par les capitaux propres. Si vous trouvez une bonne affaire, l'effet de levier permet d'avoir recours à l'endettement afin d'augmenter le montant de votre investissement, ce qui démultipliera vos gains. Mais, attention, l'effet de levier peut vous ruiner si cette affaire s'avère être moins profitable que prévu !

### 12.4.3 La crise bancaire

À l'aube de la crise, les ménages américains étaient très endettés, et l'effet de levier était important. La chute des prix a donc provoqué la ruine de nombreux ménages, qui ont dû mettre la clef sous la porte. Par ailleurs, les ménages n'étaient pas les seuls à être surendettés : les banques l'étaient encore davantage. Leurs capitaux propres étaient donc faibles relativement à la valeur de leurs actifs, si bien qu'elles étaient fragiles.

Le 15 septembre 2008, sous la pression combinée de la baisse de l'immobilier, de l'effet de levier et du gel de certains marchés obligataires, l'impensable s'est réalisé : la banque Lehman Brothers, une des plus importantes institutions financières au monde, a déposé son bilan. L'interconnexion financière était si forte que c'est alors l'ensemble du système bancaire américain qui menaçait de s'écrouler. Un tel effondrement aurait été dramatique car les entreprises ont besoin du financement des banques pour pouvoir fonctionner.

Les autorités américaines ont alors décidé d'intervenir massivement afin de stopper l'hémorragie. Afin de renflouer le secteur financier, un

FIGURE 12.5 – Écart de taux d'intérêt (*spread*) entre les prêts interbancaires et les bons du trésor américains d'une maturité de 3 mois

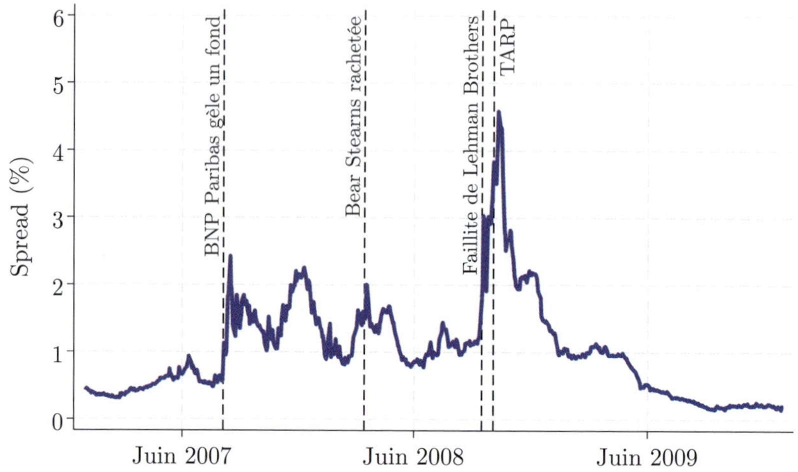


*Source* : Federal Reserve Board of Governors.

plan gigantesque de 700 milliards de dollars a été mis en place pour racheter des actifs immobiliers et pour prêter aux banques. Ce plan (le *Troubled Asset Relief Program*, ou TARP) a été financé par l'émission de bons du trésor, l'actif sûr par excellence en cas de crise dont les épargnants du monde entier raffolent.

La figure 12.5 montre comment a évolué l'écart entre le taux d'intérêt auquel les banques américaines se prêtent entre elles et celui auquel l'État fédéral américain emprunte sur les marchés financiers. Cet écart est un indicateur du niveau de risque sur les marchés financiers. En temps normal, la probabilité d'une faillite bancaire est quasiment nulle, si bien qu'une banque est disposée à prêter à une autre banque à un taux aussi faible qu'à l'État américain. Pendant la crise financière, la confiance s'est évaporée et les banques refusaient de se prêter entre elles, sauf à des taux très élevés.

L'intervention du gouvernement a marqué un coup d'arrêt à la crise financière, mais n'a pas permis d'endiguer la crise économique qui l'a suivie et s'est révélée beaucoup plus durable. Aux États-Unis, le taux de chômage a mis près de six ans à revenir à la normale, tandis qu'en Europe la reprise a été encore plus difficile. Derrière cette crise financière, se cachaient des déséquilibres macroéconomiques difficilement résorbables.

# Références

SHARPE, W. F. (1991) : "The Arithmetic of Active Management," *Financial Analysts Journal*, 47, 7–9.

# Exercices du chapitre 12

### Exercice 12.1 Projet d'investissement

1. Une entreprise envisage de réaliser un investissement qui requiert un financement de 100 euros aujourd'hui et de 50 euros dans un an. Ce projet générera un revenu de 55 euros dans chacune des trois prochaines années (soit 55 euros dans un an, 55 euros dans deux ans et 55 euros dans trois ans). Est-il souhaitable de financer ce projet lorsque le taux d'intérêt nominal est de 10 % ?
2. Quelle est la conséquence d'une diminution du taux d'intérêt nominal à 5 % ? Expliquer intuitivement pourquoi le résultat est désormais différent.

### Exercice 12.2 Investissements immobiliers

1. Pour acheter un bien immobilier, vous empruntez la somme de $E$ sur $n$ années au taux d'intérêt annuel $r > 0$. Pour rembourser votre emprunt, vous devez payer la somme de $y$ par an, de l'année 1 à $n$. Déterminer $y$ en fonction de $E$, $n$ et $r$.[3]
2. Soit un bien immobilier qui génère des loyers annuels (net de frais d'entretien) égaux à $d$. Supposons que le rendement sur les investissements immobiliers s'élève à $x$.[4] Pourquoi ce rendement immobilier $x$ peut-il être différent du taux d'intérêt réel $r$ ? Quel doit être le prix $P$ du bien immobilier ?

3. Tout au long de l'exercice, on considère que les sommes, comme $y$ ou $E$, sont des variables réelles exprimées en unités de biens. Ainsi, $r$ est le taux d'intérêt réel. Bien sûr, dans le cas où l'inflation est nulle, les variables réelles sont également des variables nominales.

4. Lorsque l'on parle d'investissements immobiliers, il s'agit en fait d'épargne placée dans l'immobilier. On est donc du côté de l'*offre d'épargne*, et non de la *demande d'investissement* qui correspond soit à la construction soit à la rénovation immobilière. Bien sûr, à l'équilibre, si l'offre d'épargne immobilière est abondante, alors les prix de l'immobilier montent et l'investissement en construction ou en rénovation augmente.

3. On suppose dorénavant le rendement immobilier $x$ plus élevé que le taux réel $r$. Supposons que vous soyez propriétaire du bien immobilier d'une valeur de $P$ et que vous réinvestissiez dans l'immobilier les loyers $d$ que vous percevez chaque année. Quelle est votre fortune $F_n$ au bout de $n$ années ?
4. En supposant que vous puissiez vous endetter au taux $r$ sur $n$ années, décrire une meilleure manière de faire fructifier votre fortune $P$. Quelle est alors votre fortune $L_n$ au bout de $n$ années ? Comparer $F_n$ et $L_n$ pour $r = 1$ %, $x = 4$ %, et $n = 15$ ans.
5. Sous quelle condition $L_n$ est-il infiniment grand ? Interpréter.

**Exercice 12.3 Le déficit budgétaire**

1. Le gouvernement décide d'augmenter le déficit budgétaire de zéro à un milliard d'euros afin de financer une baisse d'impôts. Comment réagit le taux d'intérêt ? Quel effet cela a-t-il sur la demande de crédit des entreprises ? Représenter graphiquement cet effet.
2. Les ménages anticipent que l'accroissement du déficit budgétaire engendre une hausse d'un milliard d'euros de la valeur actuelle des prélèvements fiscaux. Comment cela affecte-t-il votre réponse à la question précédente ?

**Exercice 12.4 Fonds propres**

L'entreprise Apple est tellement prospère qu'elle dispose de près de 250 milliards de dollars de fonds propres. Apple n'a donc pas besoin d'emprunter pour financer ses investissements (en recherche et développement). Cela implique-t-il que la demande d'investissement (en recherche et développement) d'Apple est indépendante du taux d'intérêt ?

**Exercice 12.5 Valeur fondamentale**

1. Une obligation perpétuelle n'a pas d'échéance. Elle prévoit le versement chaque année d'un revenu fixe, et cela pour l'éternité. En supposant un taux d'intérêt nominal constant, égal à $i > 0$, calculer la valeur fondamentale $p^*$ d'une obligation perpétuelle dont le coupon annuel s'élève à $d$ euros.
2. Soit $p_t$ le prix de l'obligation perpétuelle dans $t$ années. Sous quelle condition un ménage souhaitant épargner de la date $t$ à $t + 1$ est-il

indifférent entre détenir cette obligation perpétuelle et effectuer un autre placement rapportant le taux d'intérêt $i$ ? Que se passe-t-il si cette condition n'est pas satisfaite ?

3. Déduire le prix $p_t$ de l'obligation perpétuelle à la date $t$. Interpréter. Parmi les solutions trouvées, laquelle vous semble la plus plausible ?
4. Supposons que chaque année il y a une probabilité $q$ que le prix $p_t$ de l'obligation revienne à sa valeur fondamentale $p^*$. Quel est désormais le prix de l'obligation perpétuelle à la date $t$ ? Expliquer.

# Chapitre 13

# Macroéconomie

La crise financière de 2008 et la pandémie de coronavirus en 2020 ont entraîné des récessions d'une ampleur sans précédent dans la plupart des économies du globe. Comment les pouvoirs publics doivent-ils répondre à de tels chocs ? La branche des sciences économiques qui s'intéresse à cette question, et plus généralement aux évolutions de l'économie à grande échelle s'appelle la macroéconomie.

Par définition, la microéconomie consiste à analyser les comportements individuels des ménages, des entreprises et leurs interactions. C'est ce que nous avons fait jusqu'à présent. La macroéconomie consiste au contraire à étudier l'économie dans son ensemble. Comme nous allons le voir, un certain nombre de relations existent à l'échelle d'un pays entre la consommation, l'investissement, la production, les revenus, les taux d'intérêt ou encore l'inflation, ce qui va nous permettre de dégager une vision d'ensemble du fonctionnement de l'économie. Cette approche permet d'expliquer les fluctuations de l'activité économique, ainsi que le rôle des politiques monétaires et budgétaires destinées à gérer au mieux ces aléas.

Dans ce chapitre d'introduction à la macroéconomie, nous commencerons par étudier les égalités de comptabilité nationale, qui sont le socle de l'analyse macroéconomique. Nous nous intéresserons ensuite aux idées révolutionnaires de John Maynard Keynes qui fut le premier à donner une analyse cohérente du fonctionnement de l'économie dans son ensemble. Puis, nous verrons quel est l'impact de la monnaie sur l'activité économique, avant de déterminer le rôle de la politique monétaire. Enfin, nous reviendrons sur la Grande Récession de 2008, riche d'enseignements pour l'analyse macroéconomique.

## 13.1 Les agrégats macroéconomiques

L'analyse macroéconomique consiste à étudier des agrégats : consommation, investissement, production, revenus... Une variable agrégée combine des données individuelles de ménages ou d'entreprises en un seul indicateur pour l'ensemble de l'économie.

### 13.1.1 Le Produit Intérieur Brut

L'agrégat le plus important est le Produit Intérieur Brut ou PIB (en anglais, *Gross Domestic Product* ou *GDP*). Il s'agit de la valeur de l'ensemble de la production de l'économie au cours d'une période donnée ; typiquement un trimestre pour le PIB trimestriel ou une année pour le PIB annuel. Plus précisément :

Le Produit Intérieur Brut est égal à la valeur de tous les biens et services *finaux* produits dans l'économie au cours d'une période donnée.

Un bien final est défini comme un bien acheté par son utilisateur ultime. Il peut s'agir d'un bien de consommation acheté par un ménage ou d'un bien d'investissement acheté par une entreprise. À l'inverse, un bien intermédiaire est transformé dans le processus de production. Par exemple, une plaque de beurre est un bien final si elle est achetée par un ménage, mais un bien intermédiaire si elle est achetée par un fabricant de biscuits.

Comment mesurer le PIB s'il est difficile de distinguer les biens finaux des biens intermédiaires ? En utilisant la notion de *valeur ajoutée*. Pour une entreprise, la valeur ajoutée est égale à la valeur de sa production diminuée de la valeur des biens intermédiaires qu'elle a achetés. Le PIB peut être mesuré en additionnant la valeur ajoutée de l'ensemble des entreprises du pays.

On distingue néanmoins deux notions du PIB :

- Le **PIB nominal**, défini comme la valeur de marché des biens et services finaux *aux prix courants*. Pour calculer le PIB nominal en 2018, on multiplie le volume de biens et services finaux produits en 2018 par leurs prix en 2018. La croissance du PIB nominal d'une année à l'autre peut donc être causée par une augmentation du *volume* de biens produits ou par une augmentation des *prix* de ces biens. Si l'on souhaite mesurer l'accroissement de la prospérité économique, seul le premier de ces deux effets, l'effet volume, importe.

- Le **PIB réel** est défini comme la valeur de marché des biens et services finaux *à prix constants*. Pour calculer le PIB réel, on fixe les prix à leur niveau lors d'une année de référence, par exemple 2011. Ensuite, pour obtenir le PIB réel en 2018, on multiplie le volume de biens et services finaux produits en 2018 par leurs prix en 2011. La croissance du PIB réel permet donc de mesurer l'accroissement du volume de la production.

La croissance du PIB nominal est à peu près égale à la somme de la croissance du PIB réel et du taux d'inflation (qui correspond à la croissance du niveau moyen des prix). Par ailleurs, les taux de croissance économique rapportés par la presse font toujours référence au PIB réel.

**Le choix de l'année de référence pour le calcul du PIB réel**

Les prix de différents biens ne croissent pas tous au même rythme. Au cours des dernières décennies, les prix des produits de luxe ont fortement augmenté, tandis que celui des équipements électroménagers ont diminué. Le choix de l'année de référence pour calculer le PIB réel n'est donc pas neutre. Pour surmonter cette difficulté, l'évolution du PIB réel entre l'année $t$ et $t+1$ est généralement calculée en prenant successivement l'année $t$ puis l'année $t+1$ comme année de référence. La moyenne entre ces deux mesures donne la croissance du PIB réel entre $t$ et $t+1$. Pour déterminer le PIB réel chaque année, on fixe le niveau du PIB réel pour une année de référence au niveau du PIB nominal. Puis, on obtient le PIB réel des autres années en utilisant les évolutions du PIB réel d'une année sur l'autre calculées précédemment. Cette méthode, dite « en chaîne », permet de gommer l'impact du choix de l'année de référence sur la mesure du taux de croissance du PIB réel.

La figure 13.1 montre l'évolution du PIB réel par habitant depuis 1820. On observe deux choses. La première est l'accroissement extraordinaire du niveau de la production au cours des 150 dernières années. Depuis 1870, le taux de croissance annuel du PIB réel par habitant s'est élevé à environ 1,7 % en France et aux États-Unis. À ce rythme, le niveau de vie double tous les 41 ans ! Cela nous a permis d'atteindre aujourd'hui des niveaux de vie qui auraient été difficilement imaginables il y a un siècle et demi. À l'échelle mondiale, cette fulgurante croissance économique a permis de réduire très fortement l'extrême pauvreté, dont le seuil est fixé par la Banque Mondiale à 1,90 dollar par jour. Bourguignon et Morrisson

(2002) ont estimé, qu'en 1820, 84 % de la population mondiale vivait dans l'extrême pauvreté ; tandis que ce chiffre est désormais inférieur à 10 %.

FIGURE 13.1 – Croissance de long terme du PIB réel par habitant

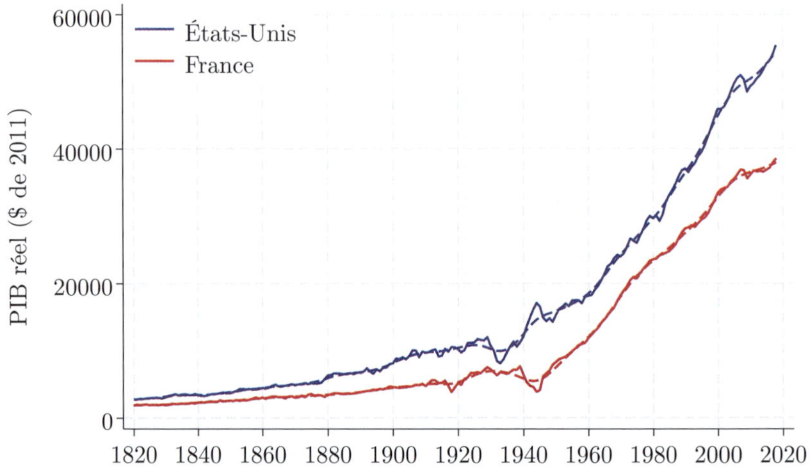


*Notes* : La tendance, en pointillés, est obtenue avec un filtre statistique, dit de Hodrick-Prescott. *Source* : The Maddison Project Database.

La seconde observation est l'irrégularité du rythme de la croissance économique, qui se fait en dents de scie. Certaines années, l'économie est en plein boom et le PIB croît fortement tandis que d'autres années, l'économie est en récession et le PIB se contracte.

Ces deux observations correspondent à deux phénomènes qui structurent l'analyse macroéconomique :

- la croissance, dont la macroéconomie de long terme cherche à comprendre les ressorts ;
- les cycles, correspondant aux fluctuations du PIB auxquelles s'intéresse la macroéconomie de court et moyen terme.

Le principal moteur de la croissance à long terme est l'innovation. C'est grâce aux innovations technologiques que l'on peut produire plus à partir d'une même quantité de ressources. Néanmoins, l'innovation ne tombe pas du ciel, et est généralement le fruit d'un environnement qui lui est favorable. L'innovation se fait souvent par *destruction créatrice* : les nouvelles technologies remplacent les précédentes, ce qui fait et défait les fortunes, parfois de manière douloureuse, et notamment pour les leaders des technologies sur le point d'être dépassées. Il est donc primordial que les institutions économiques, politiques et sociales d'un pays n'entravent pas ce processus. Si les États-Unis sont leaders technologiques dans de nombreux domaines, c'est parce que les institutions y sont favorables à l'innovation, notamment parce qu'elles garantissent la compétition et la propriété privée. Cela encourage les entrepreneurs à investir dans l'innovation, sans craindre d'être spoliés. Au contraire, la croissance est faible dans de nombreux pays aux institutions corrompues qui protègent les profits des entreprises proches du pouvoir.

Ce chapitre est essentiellement consacré à la question des cycles, qui a historiquement constitué le cœur de l'analyse macroéconomique depuis les travaux du Britannique John Maynard Keynes (1883-1946) dans les années 1930. On pourrait croire que les fluctuations du PIB sont négligeables par rapport à la tendance de long terme. Il y a néanmoins trois raisons de s'y intéresser. D'abord, ces fluctuations sont associées à des fluctuations du taux de chômage : les contractions du PIB réel, appelées récessions, sont caractérisées par un chômage de masse qui peut être dévastateur. Ensuite, ces fluctuations sont directement influencées par la politique macroéconomique, constituée de deux branches :

- la **politique monétaire**, menée par les banques centrales, qui consiste à ajuster la quantité de monnaie dans l'économie ;
- la **politique budgétaire**, qui consiste à ajuster le niveau des prélèvements et des dépenses de l'État.

L'analyse macroéconomique cherche à comprendre comment utiliser ces leviers pour lisser l'activité économique afin d'éviter les récessions. Enfin, les contractions économiques peuvent être persistantes, au point de perdurer bien au-delà de la durée typique d'un cycle et de devenir une dépression : ce fut le cas de la Grande Dépression américaine qui dura du début des années 1930 jusqu'à la Seconde Guerre mondiale.

La figure 13.2 montre l'écart entre le PIB réel par habitant et la tendance de long terme représentée en pointillés sur la figure 13.1. Cet écart correspond à la composante cyclique de l'activité économique. Ce cycle (en anglais, *business cycle*) est stochastique, et il est possible que l'économie subisse coup sur coup deux chocs négatifs, ou deux chocs positifs. En d'autres termes, il est difficile de prédire l'état de l'économie dans un futur de moyen terme. On considère néanmoins que la période des cycles économiques est de 2 à 10 ans, pour une moyenne de 6 ou 7 ans. Les seuls cycles déterministes de l'économie sont saisonniers : la consommation de gaz est plus élevée en hiver et la consommation de séjours en bord de mer plus élevée en été.

FIGURE 13.2 – Écart entre le PIB réel par habitant et la tendance de long terme

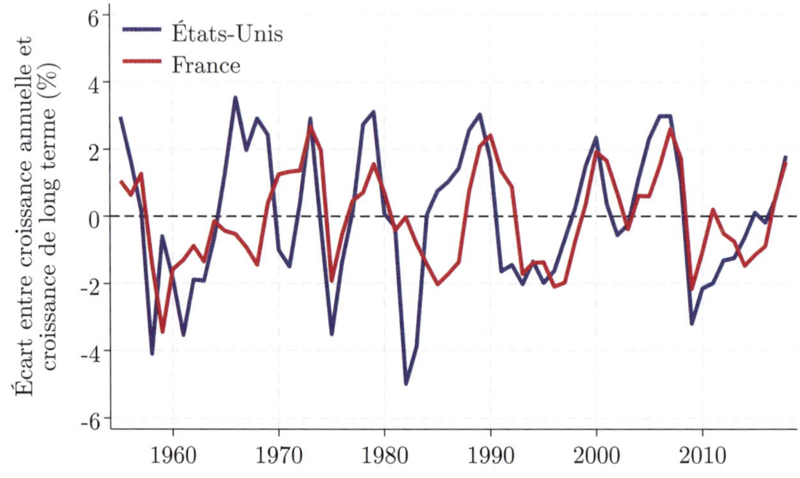


*Source* : The Maddison Project Database.

**Doit-on chercher à maximiser le PIB par habitant ?**

Le PIB par habitant est la principale mesure de la prospérité économique d'un pays. Ceci étant, cette statistique est loin d'être parfaite et il serait tout à fait malvenu de chercher à la maximiser à tout prix. En particulier, le PIB réel fait abstraction des éléments suivants :

- Le PIB ne prend pas en compte la dépréciation du capital du fait de son vieillissement et de son obsolescence progressive. Le Produit Intérieur Net, PIN, corrige ce problème en retranchant la dépréciation au Produit Intérieur Brut, PIB. Ceci étant, la dépréciation est toujours difficile à quantifier, ce qui implique des erreurs de mesure beaucoup plus importantes sur le PIN que sur le PIB.
- La production domestique, comme la cuisine, la garde des enfants ou encore le jardinage, ne résultent pas de transactions marchandes et ne sont donc pas intégrées dans le PIB. Pourtant, il s'agit bien d'une production de richesses.
- L'économie informelle n'est pas non plus comptabilisée dans le PIB. Dans les pays en développement, ces activités sont une

part essentielle de l'activité économique. Certaines mesures du PIB essayent de corriger ce biais, mais forcément avec des marges d'erreurs importantes.

- La détérioration de l'environnement ou l'épuisement des ressources naturelles ne sont pas négativement pris en compte dans le calcul du PIB.
- La valeur du temps libre n'est pas non plus prise en compte. On pourrait facilement accroître notre PIB en augmentant notre temps de travail, mais cela ne serait pas forcément souhaitable.

En sciences économiques, on considère habituellement que l'objectif de la politique économique doit être de maximiser le bien-être des citoyens. Comme expliqué précédemment, des considérations philosophiques sont nécessaires pour agréger le bien-être d'individus hétérogènes. Ceci étant, quelle que soit la conclusion à laquelle on parvient, il est clair que l'objectif ne doit pas être de maximiser le PIB par habitant.

Le PIB par habitant reste néanmoins un bon moyen de comparer le niveau de vie entre pays, comme le montre le tableau 13.1. En outre, la figure 13.3 met en évidence un lien étroit entre le PIB par habitant et la santé ou l'éducation, tandis que la figure 13.4 montre une forte corrélation entre le PIB par habitant et le sentiment de satisfaction dans la vie. Malgré toutes ses imperfections, le PIB reste un indicateur essentiel de la prospérité économique.

TABLEAU 13.1 – PIB par habitant, en parité de pouvoir d'achat

| | PIB par habitant (2020) |
|---|---|
| USA | 63 051 |
| France | 45 454 |
| Russie | 27 394 |
| Kenya | 4 993 |
| Haiti | 1 728 |

*Source* : FMI.

FIGURE 13.3 – Espérance de vie et nombre d'enfants par instituteur au primaire en fonction du PIB par habitant

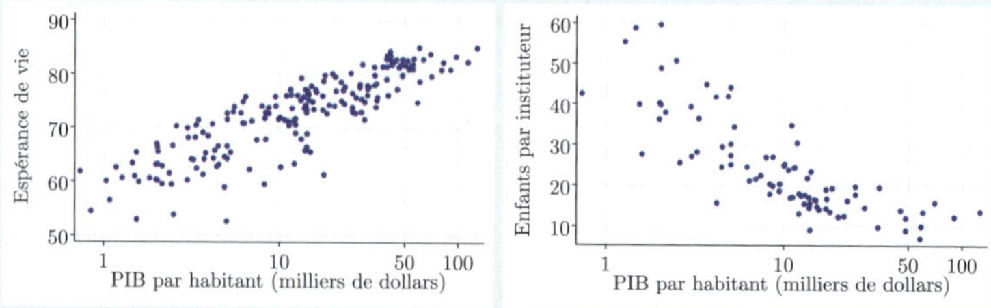


*Notes* : Chaque point correspond à un pays. *Source* : Banque Mondiale, 2018.

FIGURE 13.4 – Satisfaction dans la vie et PIB par habitant

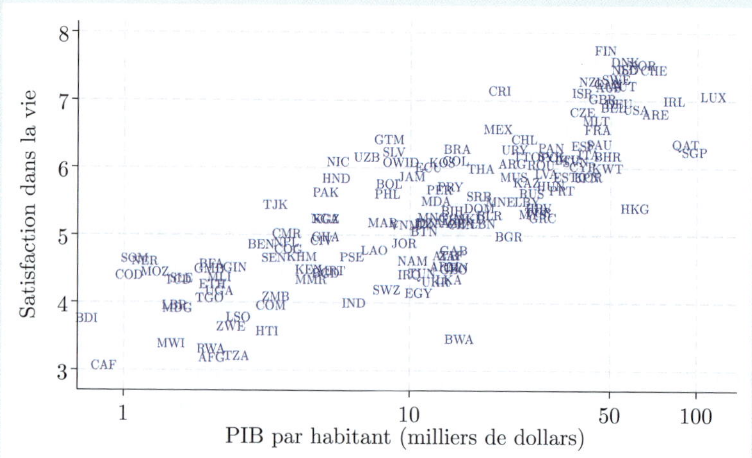


*Notes* : La mesure de satisfaction employée est l'échelle de Cantril, où l'on demande aux sondés de placer leur satisfaction dans la vie sur une échelle de 0 à 10, où 0 correspond à leur idée de la pire vie possible et 10 correspond à la meilleure vie possible. *Source* : Our World in Data, 2018.

### 13.1.2 L'inflation

Une autre variable clef de l'analyse macroéconomique est l'inflation, qui mesure la hausse du niveau général des prix. Pour mesurer l'inflation, il est nécessaire d'avoir un indice du niveau des prix. La difficulté de cette mesure tient au fait que les prix évoluent de manière très hétérogène d'un bien à l'autre.

Une première manière de mesurer l'évolution du niveau moyen des prix est d'exploiter l'écart entre le PIB nominal et le PIB réel. L'indice des prix est ainsi donné par le **déflateur du PIB** dont l'expression est :

$$\text{Déflateur du PIB} = \frac{\text{PIB nominal}}{\text{PIB réel}} \times 100.$$

Par construction, le déflateur est normalisé à 100 l'année de référence utilisée pour le calcul du PIB réel. On a donc :

$$\text{Inflation} = \frac{(\text{Déflateur du PIB à l'année } t) - (\text{Déflateur du PIB à l'année } t-1)}{\text{Déflateur du PIB à l'année } t-1}.$$

La croissance du déflateur mesure la hausse du PIB nominal qui n'est pas due à une augmentation du PIB réel, ce qui nous donne bien une mesure de l'inflation.

Une autre manière de mesurer le niveau des prix consiste à calculer l'**Indice des Prix à la Consommation** ou IPC (en anglais, *Consumer Price Index* ou *CPI*). Pour construire cet indice, on définit un panier représentatif constitué de biens et services de consommation, pondérés par leur importance dans le budget des ménages. Cet indice est normalisé à 100 pour une année de référence, et on a alors :

$$\text{Inflation} = \frac{(\text{IPC à l'année } t) - (\text{IPC à l'année } t-1)}{\text{IPC à l'année } t-1}.$$

Les deux indices aboutissent généralement à des mesures très proches du taux d'inflation, comme le montre la figure 13.5. Il existe néanmoins quelques différences entre les deux : seul le déflateur du PIB prend en compte les prix des biens d'investissement, ceux achetés par l'État, et ceux qui sont exportés. À l'inverse, seul l'indice des prix à la consommation prend en compte les prix des biens importés. En pratique, les banques centrales (dont nous reparlerons) utilisent plutôt l'indice des prix à la consommation car il est calculé bien plus fréquemment que le déflateur du PIB.

Par ailleurs, un indicateur suivi de très près par les banques centrales est celui de l'**inflation sous-jacente** (*core inflation* en anglais). Il s'agit d'une mesure de l'inflation basée sur un indice des prix à la consommation qui exclut l'énergie et la nourriture. Les prix des matières premières énergétiques et agricoles sont en effet soumis à de fortes fluctuations de court terme qui résultent davantage de facteurs internationaux que de l'activité économique nationale. La politique monétaire tente donc de ne pas surréagir à ces fluctuations relativement indépendantes de l'activité économique nationale, d'où son usage de l'indicateur d'inflation sous-jacente.

FIGURE 13.5 – Inflation annuelle aux États-Unis du déflateur du PIB et de l'Indice des Prix à la Consommation

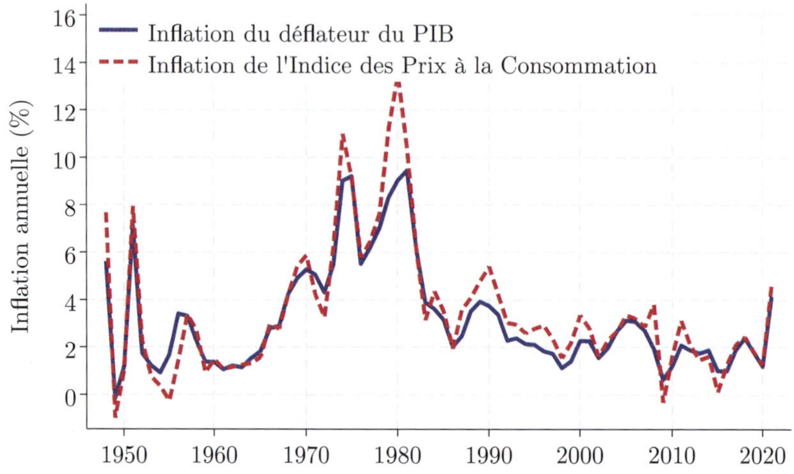


*Source* : U.S. Bureau of Economic Analysis and U.S. Bureau of Labor Statistics.

La figure 13.6 illustre dans les cas des États-Unis l'énorme hétérogénéité de l'évolution des prix des différents biens et services. L'éducation et la santé sont devenues de plus en plus chères, alors que les prix des jouets et des télévisions n'ont cessé de diminuer. Ceci étant, ces écarts de prix relatifs entre différents biens sont un phénomène microéconomique. Du point de vue de l'analyse macroéconomique, c'est bien le niveau moyen de l'inflation qui nous intéresse, car c'est lui qui est lié aux fluctuations de l'activité économique et à la politique monétaire que nous allons étudier.

### 13.1.3 Les revenus

Intéressons-nous maintenant aux revenus à l'échelle de l'ensemble de l'économie. Ils se décomposent en trois catégories :

- Les revenus du **travail** s'élèvent à $WL$, où $W$ est le salaire réel moyen et $L$ l'offre de travail agrégée, soit le nombre total d'heures de travail effectuées par l'ensemble des travailleurs du pays.
- Les revenus du **capital** s'élèvent à $RK$, où $R$ est le rendement brut (réel) du capital, c'est-à-dire ce qu'une entreprise paye pour la location d'une unité de capital à ses propriétaires, tandis que $K$ est le stock agrégé de capital.
- Les **profits économiques** des entreprises, que les ménages possèdent. Ceux-ci s'élèvent à $\Pi = Y - WL - RK$ où $Y$ est le PIB

FIGURE 13.6 – Évolution des prix de différents biens de consommation et des salaires aux États-Unis

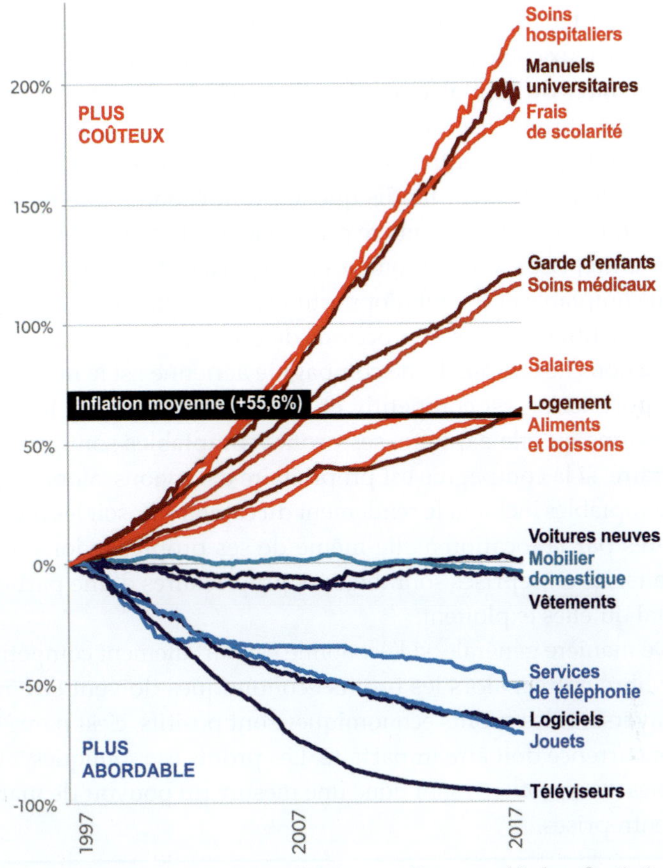


*Source* : American Enterprise Institute et Bureau of Labor Statistics.

réel. Les profits correspondent à la différence entre la valeur de la production $Y$ (mesurée en unités de biens) et les dépenses de salaire $WL$ et de location du capital $RK$ des entreprises.[1]

1. Si l'on s'intéressait à une entreprise isolée, il faudrait aussi prendre en compte ce qu'elle achète à ses fournisseurs. Néanmoins, le prix de ces intrants correspond à des salaires et à des dépenses de capital en amont de la chaîne de valeur. À l'échelle de l'économie entière, on a donc bien $\Pi = Y - WL - RK$.

**Profits économiques *vs.* profits comptables**

Il est important de bien distinguer le *profit économique* du *profit comptable*. Les deux coïncident, et s'élèvent à $\Pi$, lorsque les ménages sont propriétaires du capital, ce qui implique que les entreprises louent ce capital auprès des ménages. Lorsqu'à l'inverse tout le capital est possédé par les entreprises, alors celles-ci réalisent un profit comptable de $\Pi + RK$, tandis que le profit économique reste par définition égal à $\Pi$. De manière plus générale, le profit économique d'une entreprise est défini comme étant égal à la différence entre son profit comptable et le coût d'opportunité du capital qu'elle possède et qu'elle utilise dans son processus de production.

Prenons l'exemple d'une compagnie aérienne : si le marché du transport aérien est compétitif, et que la compagnie est locataire des avions qu'elle exploite, ses profits comptables sont nuls. Au contraire, si la compagnie est propriétaire des avions, alors les profits comptables incluent le rendement du capital $RK$, soit les revenus générés par la location à elle-même de ses propres avions. Dans les faits, les entreprises sont toujours propriétaires d'une partie du capital qu'elles exploitent.

De manière générale, si l'économie est parfaitement compétitive avec libre entrée, alors les profits économiques doivent être nuls. À l'inverse, si les profits économiques sont positifs, c'est parce que la concurrence doit être imparfaite. Les profits économiques, aussi appelés « surprofits », sont donc une mesure du pouvoir de marché des entreprises.

L'analyse macroéconomique repose sur des identités de comptabilité nationale. Il s'agit de relations entre variables qui doivent nécessairement être satisfaites à l'échelle de l'économie dans son ensemble. Une première identité de comptabilité nationale concerne le lien entre production et revenus.

À l'échelle macroéconomique, la production $Y$ est toujours égale aux revenus, soit

$$Y = WL + RK + \Pi.$$

La somme des revenus générés par une économie doit nécessairement être rigoureusement identique à la valeur de sa production. La raison est simple : les revenus issus de la vente des biens et services finaux produits doivent nécessairement revenir à quelqu'un. Ces revenus sont soit donnés aux travailleurs sous forme de salaire, soit aux propriétaires du capital sous forme de rente, soit aux actionnaires des entreprises ayant produit ces biens sous forme de profits.

Deux statistiques importantes sont la **part du travail** et la **part du capital** dans l'économie. La part du travail correspond à la fraction des revenus versés sous forme de salaires. La part du capital correspond à la fraction des revenus versés aux propriétaires du capital loué aux entreprises ou aux propriétaires des entreprises elles-mêmes. Un fait empirique remarquable est que ces parts sont restées à peu près constantes depuis la révolution industrielle avec :

$$\text{Part du travail} = \frac{WL}{Y} \approx \frac{2}{3}$$

$$\text{Part du capital} = \frac{RK + \Pi}{Y} \approx \frac{1}{3}$$

Cela signifie que les deux tiers de la valeur produite dans l'économie reviennent aux travailleurs. Le tiers restant constitue la rémunération des propriétaires de capital. La figure 13.7 illustre la stabilité de la part du travail et du capital dans l'économie américaine depuis près d'un siècle.

FIGURE 13.7 – Part du travail et du capital aux États-Unis

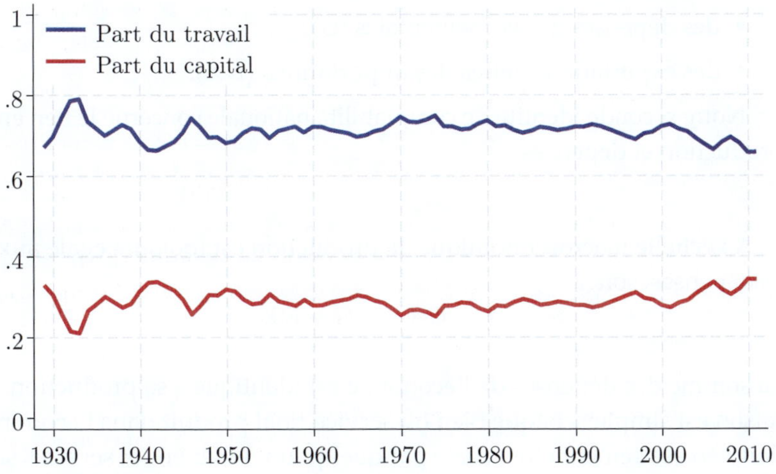


*Source* : Piketty T. and Saez E. (2003), "Income Inequality in the United States, 1913-1998", *Quarterly Journal of Economics*, 118(1), 1-39.

Aux États-Unis, depuis le tournant du siècle, la part du travail a sensiblement diminué. De nombreux travaux en macroéconomie cherchent à expliquer cette rupture de tendance. Une hypothèse privilégiée est l'affaiblissement de la concurrence et l'augmentation du pouvoir de marché des grandes entreprises qui aurait engendré une hausse des profits économiques $\Pi$, ce qui aurait réduit d'autant la part du travail, mais sans augmenter les revenus « normaux » du capital $RK$.

Il convient de contraster le cas d'une économie fermée, qui n'échange pas avec le reste du monde, de celui d'une économie ouverte, qui échange des biens et des actifs financiers avec d'autres pays. En économie fermée, la production est égale à la somme des revenus de tous les ménages de l'économie. En revanche, en économie ouverte, les ménages résidant dans le pays peuvent toucher des revenus du capital qu'ils possèdent à l'étranger, tandis que certains revenus générés par l'économie nationale sont versés à des propriétaires du capital national qui résident à l'étranger. Ainsi, la production est toujours égale à la somme des revenus générés par l'économie nationale, mais pas nécessairement aux revenus des ménages résidant au sein du pays.

### 13.1.4 Les dépenses

Intéressons-nous désormais aux dépenses agrégées de l'économie. Celles-ci sont composées :

- de la consommation des ménages ($C$) ;
- de l'investissement des entreprises ($I$) ;
- des dépenses gouvernementales ($G$) ;
- des exportations nettes des importations ($NX$).

Notre seconde identité de comptabilité nationale concerne le lien entre production et dépenses.

À l'échelle macroéconomique, la production est toujours égale aux dépenses, soit

$$Y = C + I + G + NX.$$

La somme des dépenses de l'économie est identique à sa production. La raison est simple : chaque bien ou service final produit dans l'économie doit nécessairement être acheté par quelqu'un. Les biens et services sont achetés soit par des consommateurs, soit par des entreprises qui investissent afin d'accroître leur stock de capital, soit par le gouvernement ou encore par l'étranger.

Concernant ce dernier point, les exportations nettes $NX$ sont égales à la différence entre les exportations $X$ et les importations $IM$. On peut donc écrire notre identité de comptabilité nationale $Y + IM = C + I + G + X$, ce qui met en évidence le fait que certains biens consommés au sein du pays par les consommateurs, les entreprises et le gouvernement sont importés, tandis que certains biens produits dans le pays sont achetés par des étrangers et donc exportés.

Que se passe-t-il lorsque la production est légèrement supérieure aux dépenses ? Les biens périssables non vendus disparaissent et ne font donc pas partie du PIB réel $Y$. Les biens non vendus qui ne sont pas périssables sont stockés par leurs producteurs. Ils constituent des inventaires qui sont une composante de l'investissement $I$ des entreprises.

Le tableau 13.2 donne la décomposition du PIB des États-Unis entre les différentes catégories de dépenses (les chiffres sont très similaires dans les autres pays riches et industrialisés). La consommation des ménages représente la plus grosse part des dépenses. L'investissement est quantitativement moins important, mais beaucoup plus volatil et joue donc un rôle majeur dans les fluctuations économiques. L'investissement comporte trois composantes : l'investissement non résidentiel, qui correspond aux investissements des entreprises (par exemple à l'achat de nouvelles machines) ; l'investissement résidentiel, constitué des dépenses de construction et de rénovation de nos logements ; et enfin les inventaires, qui correspondent aux variations du stock de produits finis qui résultent de l'écart entre la production des entreprises et leurs ventes. Les dépenses gouvernementales sont constituées de l'achat de biens et de services par le gouvernement. Elles incluent donc les dépenses militaires, d'éducation ou de santé. En revanche, elles n'incluent pas les transferts, qui correspondent à une redistribution des ressources entre ménages : des riches vers les pauvres, des actifs vers les retraités, ou encore des employés vers les chômeurs. Enfin, à long terme, les exportations et les importations sont à peu près égales, ce qui explique la faible part des exportations nettes dans le PIB.

TABLEAU 13.2 – Décomposition du PIB américain (1947-2012)

| | **Part du PIB** |
|---|---|
| **Consommation** | **65,0 %** |
| **Investissement** | **15,9 %** |
| Non résidentiel | 10,6 % |
| Résidentiel | 4,6 % |
| Inventaires | 0,6 % |
| **Dépenses gouvernementales** | **20,3 %** |
| **Exportations nettes** | **-1,1 %** |
| Exportations | 7,9 % |
| Importations | -9,0 % |

Quel est le lien entre le capital $K$, qui détermine certains revenus, et l'investissement $I$, qui est un des principaux composants des dépenses agrégées ? Au chapitre précédent, nous avons montré que les deux sont liés par l'équation d'accumulation du capital :

$$K_{t+1} = K_t - \delta K_t + I_t,$$

où $\delta$ est le taux de dépréciation du capital. Le *stock* de capital correspond donc à l'accumulation des *flux* d'investissements passés, net de la dépréciation du stock de capital.

### 13.1.5 Trois mesures du PIB

Grâce à nos deux identités de comptabilité nationale, nous savons que la production, les revenus dégagés par l'économie nationale et les dépenses sont nécessairement identiques :

$$Y = WL + RK + \Pi = C + I + G + NX.$$

L'intuition économique derrière cette relation est simple : chaque unité de bien produit doit nécessairement appartenir à quelqu'un (première égalité) et doit être achetée par quelqu'un (seconde égalité).

Cela nous donne trois manières de mesurer le PIB. La première consiste à cumuler la valeur ajoutée par l'ensemble des entreprises du pays afin de calculer directement le niveau de la production ; la deuxième consiste à additionner l'ensemble des revenus ; et la troisième consiste à agréger les dépenses nationales ajustées du niveau des exportations nettes. En pratique, les instituts de statistique publique obtiennent des petits écarts entre ces trois évaluations du PIB à cause d'erreurs de mesure.

## 13.2 L'analyse macroéconomique

Durant les années 1930, les États-Unis, suivis d'une bonne partie du reste du monde, ont été confrontés à la pire crise économique des temps modernes : la Grande Dépression. Le taux de chômage américain est passé de 3,2 % en 1929 à 24,9 % en 1933 ; tandis que le PIB réel s'est contracté de 30 % au cours de ces quatre années. Pire, cette dépression était persistante, à tel point que le chômage est resté supérieur à 15 % et le PIB inférieur à son niveau de 1929 pratiquement jusqu'au début de la Seconde Guerre mondiale.

Comment expliquer une telle crise alors que l'économie américaine n'avait pas perdu sa capacité à produire ? Les chômeurs ne demandaient qu'à travailler, les usines qu'à fonctionner, et les savoir-faire technologiques auraient dû alimenter une croissance robuste et durable de l'activité économique. La situation semblait inexplicable.

En 1936, le célèbre économiste britannique John Maynard Keynes publia la *Théorie générale de l'emploi, de l'intérêt et de la monnaie* (Keynes, 1936) dans laquelle il parvint à expliquer cette dépression économique grâce à deux idées révolutionnaires. Ce faisant, il inventa l'analyse macroéconomique telle que nous la pratiquons depuis.

Sa première idée était que pour comprendre les fluctuations de la production $Y$, il ne faut pas s'intéresser aux processus de production eux-mêmes, impliquant travail et capital, mais aux dépenses des ménages $C$, des entreprises $I$ et du gouvernement $G$. Autrement dit, il faut étudier le PIB par le prisme de notre identité de comptabilité nationale selon laquelle, dans une économie fermée (où les importations et les exportations sont nulles) nous avons l'égalité :

$$Y = C + I + G.$$

Par conséquent, la dépression de $Y$ doit nécessairement provenir d'une dépression de $C$, de $I$ ou de $G$. L'hypothèse d'une économie fermée est pertinente dans le cas d'une grande économie comme les États-Unis où une crise aussi sévère que la Grande Dépression ne peut pas principalement s'expliquer par des causes externes.

La seconde idée de Keynes était qu'à court terme la quantité de biens produits – l'offre – est déterminée par le niveau des dépenses – la demande. L'idée est que, les prix s'ajustant peu à court terme (on dit qu'ils sont rigides), c'est l'offre qui s'ajuste pour coïncider avec la demande lorsque cette dernière fluctue. Par exemple, si un constructeur automobile lance un nouveau modèle de voiture, il fixe un prix de vente, fait la publicité de son modèle et attend ensuite les commandes. Si le succès commercial est au rendez-vous, les usines tournent jour et nuit. Sinon, la production reste faible. De même, un restaurant décide du niveau de ses prix qu'il imprime sur son menu. Ensuite, le nombre de repas qu'il produit dépend du nombre de clients qui se présentent à ce restaurant. À plus long terme, si les clients se font trop rares, le constructeur automobile et le restaurateur baisseront leurs prix. Néanmoins, cet ajustement des prix ne se fait pas à court terme, où ce sont donc bien les variations de la demande qui causent les variations de la production.

Ces deux idées simples amènent Keynes à la conclusion suivante :

En présence de prix fixes ou rigides, le niveau de la production est déterminé par la *demande* de consommation des ménages, par la *demande* d'investissement des entreprises et par la *demande* de dépenses gouvernementales.

Les dépressions économiques sont donc dues à une insuffisance de la demande agrégée ! Si l'économie produit moins de richesses qu'elle n'est capable de le faire, c'est parce que ni les ménages, ni les entreprises, ni le gouvernement ne sont disposés à acheter la totalité des richesses qui pourraient être produites.

Que dire de cette demande agrégée ? Tout d'abord, elle subit des chocs, et est donc volatile. Parfois, l'optimisme domine : les banques prêtent facilement, les ménages consomment et les entreprises investissent. À d'autres moments, le pessimisme l'emporte et la demande agrégée est déprimée. Par ailleurs, elle dépend du taux d'intérêt réel. Plus précisément :

La demande agrégée est une fonction décroissante du taux d'intérêt réel.

Lorsque le taux d'intérêt réel augmente, nous avons vu au chapitre précédent que les ménages épargnent davantage, et dépensent donc moins. De même, une hausse du taux d'intérêt réel dissuade les entreprises d'emprunter pour investir. Ainsi, comme la demande de consommation des ménages et la demande d'investissement des entreprises sont toutes deux décroissantes du taux d'intérêt réel, la demande agrégée est bien une fonction décroissante du taux d'intérêt réel.

Une récession, c'est-à-dire une contraction du PIB réel, s'explique par une demande agrégée trop faible, et donc par un taux d'intérêt réel trop élevé. Soulignons que la hausse du chômage qui accompagne généralement les récessions résulte d'un phénomène d'équilibre général provoqué par l'interaction entre le marché financier, le marché des biens et le marché du travail. Plus précisément, le taux d'intérêt réel est trop élevé sur le marché financier, ce qui déprime la demande de biens des consommateurs et des entreprises, ce qui dissuade les entreprises d'embaucher. En effet, lorsque les carnets de commandes se vident, les entreprises ont tendance à diminuer leur nombre de salariés. Le chômage peut donc être le fruit d'un phénomène d'équilibre général, qui ne s'explique pas exclusivement par un dysfonctionnement du marché du travail. L'analyse keynésienne est donc fondamentalement différente des approches microéconomiques que nous avons vues jusqu'à présent.

Mais comment le taux d'intérêt réel peut-il être trop élevé ? Souvenez-vous que le taux d'intérêt réel $r$ est égal à la différence entre le taux d'intérêt nominal $i$ et l'inflation $\pi$ :

$$r = i - \pi$$

À court terme, nous avons vu que les prix étaient rigides. L'inflation $\pi$ l'est donc également. Par conséquent, le taux d'intérêt réel est déterminé par le taux d'intérêt nominal $i$, lequel est lui-même déterminé par la banque centrale au travers de sa politique monétaire. Avant de nous pencher sur la politique monétaire, arrêtons-nous sur quelques implications paradoxales de l'analyse keynésienne.

## 13.3 Paradoxes de la macroéconomie keynésienne

On distingue deux types d'analyse macroéconomique :

- des analyses **keynésiennes** qui supposent que les prix, les salaires et le taux d'intérêt réel sont rigides ;
- des analyses **néoclassiques** qui supposent que les prix, les salaires et le taux d'intérêt sont parfaitement flexibles et que les marchés sont donc toujours à l'équilibre.

On considère habituellement que les prix sont rigides à court terme, qu'ils s'ajustent progressivement dans le moyen terme et qu'ils sont complètement ajustés à long terme. L'approche keynésienne, que nous avons exposée dans la section précédente, est donc largement dominante pour étudier le court et le moyen terme, notamment au sein des banques centrales. Ceci étant, pour bien comprendre sa portée, il est utile de comparer les mécanismes néoclassiques et les mécanismes keynésiens. Dans l'analyse qui suit, nous supposons que, dans l'économie keynésienne, le taux d'intérêt nominal $i$ est fixe, ce qui implique que le taux d'intérêt réel $r = i - \pi$ l'est également ; tandis que dans l'économie néoclassique le taux d'intérêt réel s'ajuste toujours instantanément.

### 13.3.1 Le paradoxe de l'épargne

Supposons que les ménages veulent soudainement épargner davantage. Dans une économie néoclassique, l'augmentation de l'offre d'épargne des ménages diminue le taux d'intérêt réel, ce qui encourage les entreprises à investir davantage, conformément à ce que nous avons vu dans le chapitre précédent. L'augmentation de l'épargne accroît donc l'accumulation de capital.

Dans une économie keynésienne, une hausse de la propension à épargner n'entraîne pas de diminution du taux d'intérêt réel. Son principal effet est de contracter la demande de consommation des ménages. Mais, si les ménages consomment moins, la demande d'investissement des entreprises diminue également. En effet, les entreprises n'ont pas intérêt à augmenter leurs capacités de production au moment où leurs carnets de commande se vident. Seule une baisse du taux d'intérêt réel aurait permis de contrecarrer cet effet en encourageant les ménages à consommer et les entreprises à investir.

Par conséquent, dans une économie keynésienne, la hausse de la propension à épargner implique une *diminution* de l'investissement et donc une *réduction* du stock de capital. Or, la richesse accumulée par les ménages correspond précisément au stock de capital. Paradoxalement, la hausse de la propension à épargner diminue le volume de l'épargne accumulée par les ménages ! En réalité, les ménages souhaitent épargner davantage, mais dans une économie plus petite du fait de la contraction du PIB que ce désir d'épargne engendre. Le volume de l'épargne diminue donc. Ce paradoxe de l'épargne montre que les raisonnements keynésiens sont fondamentalement différents des raisonnements néoclassiques.

### 13.3.2 Le paradoxe de la flexibilité

Il semblerait que la principale source d'inefficacité de l'économie keynésienne soit la rigidité des prix. Pour s'en assurer, considérons une économie keynésienne déprimée à cause d'une insuffisance de la demande. Quel est alors l'impact d'une hausse de la flexibilité des prix ?

Si les prix sont plus flexibles, alors, face à une insuffisance de la demande, ils baissent davantage. Cela diminue le taux d'inflation $\pi$, ce qui augmente le taux d'intérêt réel $r = i - \pi$. La demande de consommation des ménages et d'investissement des entreprises se contracte davantage et l'économie est donc encore plus déprimée ! C'est le paradoxe de la flexibilité. Le résultat est le même si les salaires sont rigides, car les prix reflètent le niveau des salaires.

Si l'insuffisance de la demande est due à un surendettement des ménages, alors la baisse des prix et des salaires augmente la valeur réelle de la dette, ce qui réduit encore plus la demande. L'endettement renforce donc le paradoxe de la flexibilité.

Comme nous l'avons vu dans la section précédente, le chômage keynésien est un phénomène d'équilibre général : le taux d'intérêt réel est trop élevé sur les marchés financiers, ce qui déprime la demande sur le marché des biens, ce qui dissuade les entreprises d'embaucher sur le marché du travail. Le fond du problème n'est donc pas le niveau excessivement élevé des prix et des salaires, mais celui du taux d'intérêt réel.

Le paradoxe de la flexibilité montre que le problème soulevé par l'économie keynésienne est si profond qu'il ne se corrige pas naturellement par l'ajustement progressif du niveau des prix ou des salaires. La politique monétaire a donc un rôle crucial à jouer afin de fixer le taux d'intérêt nominal de manière à maintenir l'économie au plein emploi.

## 13.4 Le rôle de la monnaie

Avant d'étudier comment la banque centrale peut utiliser la politique monétaire pour fixer le taux d'intérêt nominal et stabiliser l'activité économique, tentons de caractériser l'impact de la monnaie sur différentes variables de l'économie.

### 13.4.1 La monnaie

La monnaie remplit trois fonctions. Elle est :

- un **moyen d'échange** : sur un marché, les biens peuvent être échangés contre de la monnaie. Cela surmonte la difficulté du troc qui requiert une double coïncidence des besoins ;
- une **unité de compte** : en déterminant l'unité dans laquelle sont exprimés les prix (en l'occurrence, les euros), la monnaie permet de mesurer et de comparer la valeur des biens et des services ;
- une **réserve de valeur** : la monnaie peut être un support d'épargne puisqu'elle conserve l'essentiel de sa valeur au cours du temps.

Dans la plupart des pays riches, la monnaie prend la forme de pièces et de billets qui sont imprimés, et donc émis, par la **banque centrale**. Aujourd'hui, outre les pièces et les billets, les banques centrales émettent de la monnaie sous forme électronique en créditant des comptes bancaires. Ces sommes dématérialisées peuvent être échangées contre des pièces ou des billets auprès de la banque centrale.

L'État peut, au travers de sa banque centrale, modifier la masse monétaire, ce qui constitue l'un des principaux leviers de la politique macroéconomique.

**Les supports de monnaie**

Auparavant, des métaux précieux, à commencer par l'or et l'argent, étaient utilisés comme monnaie. Ces métaux avaient l'avantage d'être non périssables, ductiles, fongibles, faciles à transporter, relativement rares, et surtout brillants ! Ils remplissaient donc toutes les fonctions attendues d'une monnaie.

Au travers de l'histoire, d'autres objets que les pièces métalliques ont pu faire figure de monnaie. Depuis des temps anciens, des coquillages ont rempli cette fonction. Au XVII$^{e}$, dans la Nouvelle-France (le Canada français), des fourrures de castor étaient utilisées comme monnaie. Aujourd'hui, dans les prisons, où les détenus n'ont souvent le droit de détenir ni pièces, ni billets, d'autres objets non périssables servent de monnaie : des cigarettes, des timbres poste, ou même des sachets de ramen lyophilisés.

Des billets en papier ont progressivement été utilisés en parallèle des métaux précieux. En Chine, des billets ont été émis dès la fin du premier millénaire, et Marco Polo les décrit dans ses récits. En Europe, des billets ont été utilisés de façon intermittente depuis le XV$^{e}$ siècle. Dans la grande majorité des cas, ces premiers billets ne constituaient qu'un moyen simplifié pour transporter de l'or ou de l'argent : un billet correspondait alors à une somme de métal précieux que l'on pouvait récupérer sur présentation du billet, à l'image des 20 dollars de la figure 13.8.

FIGURE 13.8 – Un billet américain échangeable contre de l'or (*gold certificate*), émis en 1905

*Notes* : Il est inscrit sur le billet : « Ceci certifie qu'il a été déposé au département du Trésor des États-Unis vingt dollars en pièces d'or, payables au porteur à la demande. »

En présence d'une monnaie métallique, il est pratiquement impossible pour l'État de mener une politique monétaire, puisque les variations de l'offre de monnaie sont déterminées par les quantités d'or ou d'argent extraites des sous-sols à travers le monde. Durant le XIX$^{e}$ et une bonne partie du XX$^{e}$ siècle, la convertibilité de la monnaie en or ou en argent impliquait que les chocs économiques ne pouvaient pas être contrecarrés par la politique monétaire, ce qui a engendré de fortes fluctuations de l'activité économique.

En 1971, sous la présidence de Nixon, les États-Unis décidèrent d'abandonner la convertibilité du dollar en or : le gouvernement américain pouvait alors émettre autant de dollars qu'il le désirait, indépendamment de ses réserves d'or. Le dollar est donc aujourd'hui une monnaie dite « fiduciaire », dans le sens où un billet de vingt dollars n'a aucune valeur intrinsèque. Les monnaies fiduciaires n'ont que la valeur qui leur est communément admise (*fiducia* signifie « confiance » en latin). L'abandon de l'étalon or a considérablement augmenté la puissance des banques centrales et leur capacité à gérer les fluctuations de l'activité. Malgré la persistance d'une certaine nostalgie pour la monnaie or, rares sont les économistes qui plaident pour un retour à ce système qui implique l'abandon de toute politique monétaire.

### 13.4.2 Le rôle de la monnaie à long terme : la théorie quantitative de la monnaie

Dans l'analyse macroéconomique, il est important de bien distinguer les variables réelles des variables nominales. Les variables réelles se rapportent à des unités de biens : le PIB réel, la consommation des ménages, l'investissement des entreprises, le stock de capital accumulé, les salaires réels (en unités de biens) ou encore le taux d'intérêt réel. Les variables nominales se rapportent quant à elles à des unités de monnaie : les prix, les salaires nominaux (en euros), l'inflation, ou encore le taux d'intérêt nominal.

On considère habituellement qu'à long terme, la monnaie est **neutre**, c'est-à-dire que la quantité totale de monnaie n'a aucun impact sur les variables réelles. La prospérité d'une économie est déterminée par son stock de capital, par l'ardeur au travail de ses habitants, et par leurs connaissances techniques et technologiques, mais pas par la quantité de monnaie en circulation. Si la banque centrale double la masse monétaire, à terme, cela double le niveau des prix sans rien changer à la prospérité de l'économie.

Cette idée est formalisée par la **théorie quantitative de la monnaie**, dont l'intuition fut évoquée dès le XVIe siècle par Nicolas Copernic, avant d'être développée par David Hume au XVIIIe siècle, et surtout par Milton Friedman dans les années 1950 et 1960 qui en fit le cheval de bataille des monétaristes de l'École de Chicago. Le point de départ de cette théorie est le concept de vélocité de la monnaie, dénoté par $V$, qui correspond à la vitesse à laquelle la monnaie circule dans l'économie. Soit $M$ la masse monétaire, la quantité de monnaie émise par la banque centrale. Si on suppose la quantité de transactions (en euros) égale au PIB nominal $PY$, on a

$$V = \frac{PY}{M}.$$

Ainsi, si le PIB nominal est de 1 000 milliards d'euros et la masse monétaire égale à 200 milliards d'euros, alors chaque euro est utilisé en moyenne dans cinq transactions chaque année. En réalité, la quantité de transactions n'est pas exactement égale au PIB nominal : certaines transactions, comme la vente d'une voiture d'occasion ou d'un appartement, requièrent de la monnaie sans contribuer au PIB, puisqu'elles n'impliquent pas de production nouvelle. Ceci étant, cela n'affecte notre expression de la vélocité de la monnaie qu'à un facteur de proportionnalité près, sans modifier fondamentalement l'analyse qui suit.

La théorie quantitative de la monnaie part du constat que la vélocité de la monnaie est stable et exogène, c'est-à-dire indépendante de la politique économique et, notamment, de la politique monétaire, ce qui semble cohérent avec la figure 13.9. Seules des innovations technologiques affectant les moyens de paiement, comme l'invention de la carte de crédit,

FIGURE 13.9 – Vélocité de la monnaie aux États-Unis

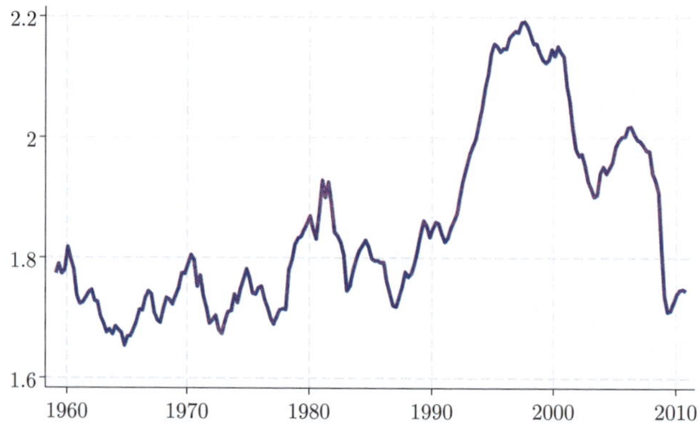


*Source* : Federal Reserve Bank of St. Louis.

du distributeur de billets ou encore du paiement sans contact, sont de nature à modifier la vélocité de la monnaie, qui est donc relativement indépendante de la politique monétaire.

Or, notre définition de la vélocité de la monnaie implique que

$$P = \frac{MV}{Y}.$$

Si la vélocité $V$ est exogène et pratiquement constante, on parvient à la conclusion suivante qui constitue le cœur de la théorie quantitative :

> Le taux d'inflation est égal à la différence entre le taux de croissance de la masse monétaire et le taux de croissance du PIB réel.

En outre, si l'on considère qu'à long terme la monnaie est neutre, alors le PIB réel $Y$ est également exogène. Cela implique que le niveau des prix $P$ est proportionnel à la masse monétaire $M$. La seule raison pour laquelle un pays peut être confronté à une inflation trop élevée est un rythme trop rapide de la croissance de la masse monétaire. Milton Friedman résumait ce diagnostic par sa célèbre formule :

*L'inflation est partout et toujours un phénomène monétaire !*

La figure 13.10 montre que le taux de croissance de la masse monétaire semble effectivement être le principal déterminant de l'inflation à long terme.

FIGURE 13.10 – Taux d'inflation *vs.* taux de croissance annuel de la masse monétaire entre 1960 et 1990 dans 110 pays

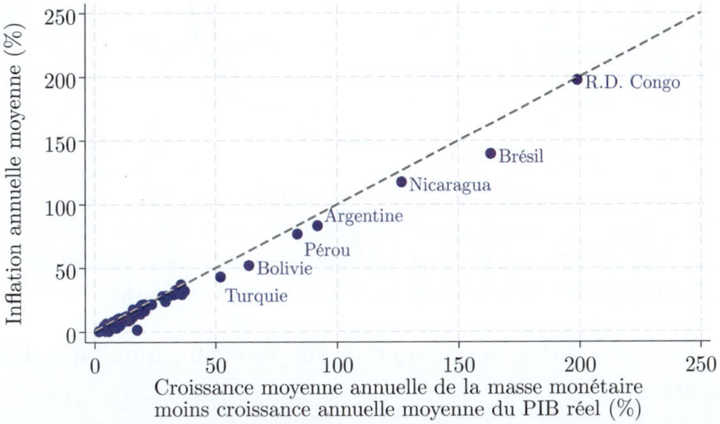


*Source* : Banque Mondiale et Penn World Table.

**L'hyperinflation**

En Allemagne, entre août 1922 et novembre 1923, le niveau des prix a été multiplié par dix milliards. Pire, en Hongrie, entre août 1945 et juillet 1946, ce chiffre a atteint 3,8 billions de billiards, soit $3,8 \times 10^{27}$. Plus récemment, le Zimbabwe a subi un épisode d'inflation massive en 2008 ainsi que le Vénézuela en 2016.

Comme on le voit sur la figure 13.11, l'hyperinflation allemande a coïncidé avec une forte augmentation de la masse monétaire, ce qui est cohérent avec la théorie quantitative de la monnaie. À l'issue de la Première Guerre mondiale, le gouvernement allemand, très affaibli financièrement, peinait à financer ses dépenses avec ses seules recettes fiscales. L'État a alors commencé à régler ses factures avec des billets fraîchement imprimés. Cette augmentation de la masse monétaire a alimenté l'inflation, ce qui a augmenté les dépenses (en termes nominaux) du gouvernement, qui a imprimé encore plus de billets pour les financer, etc. Rapidement, la situation est devenue incontrôlable. L'hyperinflation n'a cessé qu'avec la création d'une nouvelle devise.

FIGURE 13.11 – Masse monétaire et niveau des prix (normalisés à 100 en janvier 1921) en Allemagne de 1921 à 1925

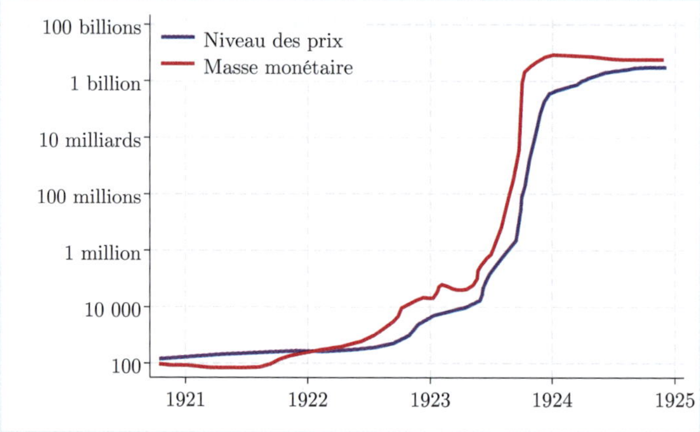


*Source* : Sargent T.J. (1983), "The end of four big inflations", dans Robert E. Hall, ed., *Inflation : causes and effects*, The University of Chicago Press.

La recette de l'hyperinflation est simple et ne requiert que deux ingrédients :

- un déficit budgétaire élevé ;
- l'absence d'épargnants disposés à prêter à l'État, qui n'a donc pas d'autre choix que d'imprimer de la monnaie pour financer ses dépenses.

Pour éviter de se retrouver dans une telle situation, il y a dans la plupart des pays une séparation claire entre le ministère des Finances, responsable des comptes publics, et la banque centrale, responsable du niveau des prix. L'objectif de cette séparation est d'empêcher d'avoir recours à la politique monétaire pour financer des dépenses publiques.

### 13.4.3 Le rôle de la monnaie à court terme : la théorie de la préférence pour la liquidité

Nous avons vu qu'à court terme les prix et donc l'inflation $\pi$ peuvent être considérés comme étant fixes ou rigides. Le taux d'intérêt réel $r = i - \pi$ est donc déterminé par le taux d'intérêt nominal $i$. Tentons donc de caractériser l'impact de la masse monétaire sur le taux d'intérêt nominal, et donc réel. Pour cela, nous allons nous appuyer sur la **théorie de la préférence pour la liquidité**.

**La demande de monnaie.** Supposons que les ménages peuvent détenir leur épargne sous forme de monnaie ou d'obligations. Chacun de ces deux actifs présente des avantages et des inconvénients. La monnaie peut être utilisée pour réaliser des transactions, mais rapporte un intérêt nominal nul, puisqu'un billet de 100 euros aujourd'hui vaudra toujours 100 euros dans un an. Soulignons que la monnaie correspond soit à des pièces et à des billets, soit à des liquidités sur un compte bancaire qui ne rapportent rien, mais qui peuvent être utilisées pour effectuer des paiements par chèque, par virement ou avec une carte de débit. Les obligations rapportent quant à elles un intérêt nominal de $i$ par an, puisque 100 euros investis dans des obligations donneront $100(1 + i)$ euros dans un an. En revanche, les obligations ne peuvent pas être utilisées pour effectuer des transactions. Vous ne pouvez pas acheter une baguette de pain, ni même une voiture, avec des obligations. Le règlement doit nécessairement se faire avec de la monnaie. Comment les ménages décident-ils donc de répartir leur épargne entre ces deux actifs ?

Un ménage souhaite détenir de la monnaie jusqu'à ce que le bénéfice marginal d'un euro supplémentaire soit égal au coût marginal de cet euro. Si un ménage dispose de peu de monnaie, il doit constamment aller à la banque vendre des obligations afin d'avoir les liquidités nécessaires pour effectuer ses transactions. Dans ce cas, un euro supplémentaire de monnaie lui sera très utile. En revanche, si un ménage possède déjà beaucoup de monnaie, il est peu probable qu'un euro supplémentaire fasse une grosse différence dans sa capacité à régler ses achats. On peut donc supposer que *le bénéfice marginal de la monnaie est une fonction décroissante de la quantité de monnaie dont le ménage dispose.*

Le coût d'opportunité de la monnaie est égal au taux d'intérêt nominal : détenir un euro sous forme de monnaie, c'est renoncer à l'opportunité de recevoir un intérêt en détenant cet euro sous forme d'obligations. Le coût marginal de la monnaie est donc égal au taux d'intérêt nominal. Plus le taux d'intérêt est élevé, plus il est coûteux de posséder de la monnaie plutôt que des obligations. Par conséquent, la demande de monnaie est une fonction décroissante du taux d'intérêt nominal. Une hausse du taux d'intérêt nominal augmente le coût d'opportunité de la détention de monnaie : les ménages choisissent donc d'accroître le bénéfice marginal de le monnaie et d'en détenir moins.

En réalité, si les ménages souhaitent faire fructifier leur épargne, ils peuvent acquérir bien d'autres actifs que des obligations, par exemple des actions ou des biens immobiliers. Ceci étant, ces autres actifs rapportent un intérêt et ne peuvent pas être utilisés pour effectuer des transactions. Notre analyse de la demande de monnaie demeure inchangée : inutile d'ajouter à notre théorie de la préférence pour la liquidité des variables qui complexifieraient la théorie sans avoir aucun impact sur les résultats qui nous intéressent.

**L'offre de monnaie.** La quantité de monnaie $M$ dans l'économie, aussi appelée masse monétaire, est déterminée par la banque centrale, qui contrôle donc l'offre de monnaie. En pratique, comment la banque centrale ajuste-t-elle la masse monétaire ? En intervenant directement sur les marchés financiers où elle achète et vend des obligations – on parle d'opération d'*open market*. Pour augmenter la masse monétaire, la banque centrale achète des obligations avec de la monnaie nouvellement imprimée. Pour réduire la masse monétaire, il lui suffit de vendre ses obligations, ce qui retire de la circulation la monnaie ainsi récupérée. Pour un euro de monnaie en circulation, la banque centrale détient donc un euro d'obligation. La banque centrale reçoit des intérêts sur son portefeuille sous forme de monnaie : ces revenus sont transférés au ministère des Finances, qui peut librement les dépenser. Les recettes fiscales engendrées par la création monétaire sont appelées **seigneuriage**.

**Une banque centrale peut-elle faire faillite ?**

On parle parfois du risque de faillite des banques centrales. Mais comment une institution en charge d'imprimer la monnaie peut-elle faire faillite ? En réalité, il ne s'agit pas d'une faillite comme pour une entreprise.

Le rôle de la banque centrale est de contrôler la masse monétaire. Si elle effectue de mauvais placements, par exemple en achetant des obligations qui perdent de leur valeur, alors la quantité de monnaie dans l'économie devient supérieure à la taille de son portefeuille. La banque centrale perd donc sa capacité à diminuer la masse monétaire en vendant ses obligations. Dans ces circonstances, face à une accélération de l'inflation, la banque centrale se retrouve démunie.

La seule solution est de *recapitaliser* la banque centrale. Pour cela, le ministère des Finances doit lever des impôts afin de financer l'achat d'obligations, qui sont transférées à la banque centrale, qui peut alors les vendre afin de réduire la masse monétaire. Cette opération revient à lever des impôts et à brûler la monnaie ainsi récupérée ! C'est le prix à payer pour diminuer la masse monétaire afin d'éviter une inflation trop élevée.

Durant la crise de la dette européenne de 2010 à 2013, l'Allemagne était très réticente à ce que la Banque Centrale Européenne achète des obligations grecques car elle craignait que la BCE perde alors le contrôle de la masse monétaire. La Grèce a fini par restructurer sa dette auprès de certains de ses créanciers, mais pas auprès de la BCE qui a ainsi évité d'enregistrer une perte !

**L'équilibre sur le marché de la monnaie.** L'offre et la demande de monnaie sont représentées sur la figure 13.12. À l'équilibre, le taux d'intérêt nominal $i^*$ égalise offre et demande de monnaie. Lorsque la banque centrale augmente la masse monétaire, comme sur la figure 13.13, le taux d'intérêt nominal baisse. Au contraire, une contraction monétaire provoque une augmentation du taux d'intérêt nominal.

Plus précisément, comment une augmentation de la masse monétaire diminue-t-elle le taux d'intérêt nominal ? Soit $P$ le prix d'une obligation simple qui rapporte en tout et pour tout 1 € dans un an. Ce prix étant la valeur actualisée d'un euro versé dans un an, le taux d'intérêt nominal correspondant $i$ est tel que

$$P = \frac{1}{1+i}$$

FIGURE 13.12 – Offre et demande de monnaie

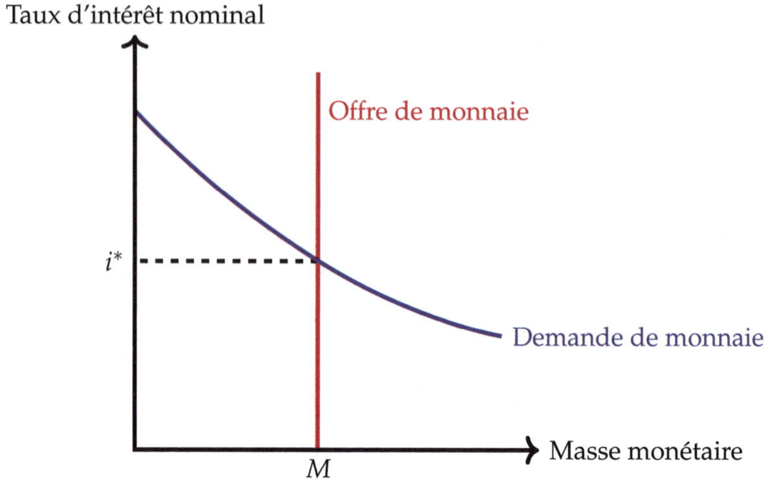


FIGURE 13.13 – Impact d'une augmentation de la masse monétaire sur le taux d'intérêt nominal

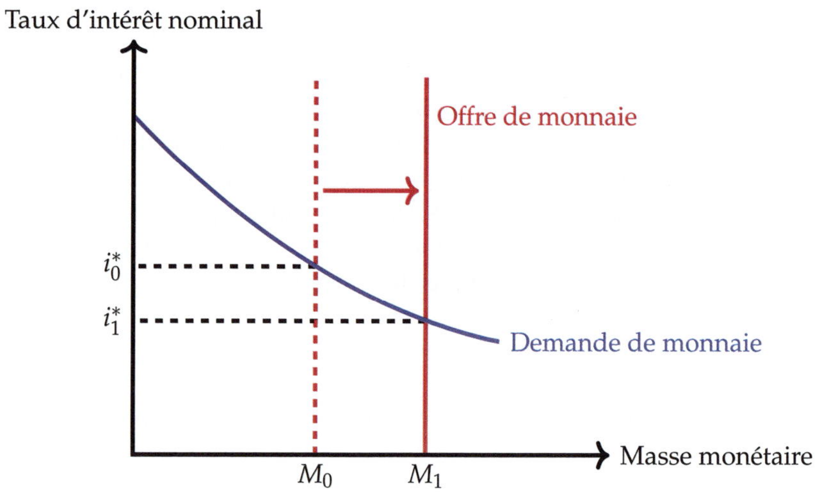


Le taux d'intérêt nominal vaut donc

$$i = \frac{1}{P} - 1$$

Lorsque la banque centrale augmente la masse monétaire, elle achète des obligations, ce qui augmente leur prix et diminue mécaniquement le taux d'intérêt nominal. Le taux d'intérêt nominal diminue jusqu'à ce que l'augmentation de la demande de monnaie des ménages soit égale à l'accroissement d'offre de monnaie de la banque centrale, ce qui rétablit l'équilibre sur le marché de la monnaie.

Soulignons qu'en contrôlant la masse monétaire, la banque centrale peut fixer le taux d'intérêt nominal au niveau de son choix. En pratique, les banques centrales conduisent leur politique monétaire en fixant le taux d'intérêt nominal plutôt que la masse monétaire. Il leur suffit pour cela d'ajuster la masse monétaire en fonction des fluctuations de la demande de monnaie, de manière à garder un taux nominal constant. Cela revient à fixer le prix des obligations. Par exemple, dans le cas de notre obligation simple, si la banque centrale est disposée à en acheter ou à en vendre une quantité infinie à 99 centimes, alors cela fixe le prix de l'obligation à 99 centimes, et donc le taux d'intérêt nominal à $1/0,99 - 1 \approx 1\ \%$. En effet, personne ne vendra cette obligation à moins de 99 centimes, sachant que la banque centrale est prête à l'acheter à ce prix, et personne ne l'achètera à plus de 99 centimes, sachant que la banque centrale la vend à ce prix. C'est bien le contrôle de la masse monétaire qui permet à la banque centrale de fixer le prix d'une obligation, et donc le taux d'intérêt nominal.

**Impact d'un changement de la masse monétaire** Nous disposons désormais de tous les ingrédients pour déterminer les conséquences d'un changement d'offre de monnaie de la banque centrale. Une hausse de la masse monétaire diminue le taux d'intérêt nominal $i$. Le niveau des prix et l'inflation $\pi$ étant fixes ou rigides à court terme, le taux d'intérêt réel $r = i - \pi$ diminue. Cela stimule la demande de consommation des ménages et la demande d'investissement des entreprises. Face à cette hausse de la demande, les entreprises produisent davantage pour y répondre. Ainsi, une hausse de la masse monétaire stimule l'activité économique et augmente le PIB réel. Il s'agit là d'une *politique monétaire expansionniste*. De la même manière, une diminution de la masse monétaire réduit l'activité économique, ce qui correspond à une *politique monétaire restrictive*.

Ce mécanisme est loin d'être trivial. Il permet de comprendre comment une augmentation du nombre de billets imprimés par la banque centrale peut accroître, à court et moyen terme, la prospérité d'un pays. Autrement dit, un choc purement nominal peut avoir un impact réel sur l'économie ! Déterminons maintenant comment la banque centrale peut utiliser ce mécanisme afin de stabiliser l'activité économique pour maintenir le plein emploi.

## 13.5 Politique monétaire optimale

Dans un premier temps, il est essentiel de déterminer le niveau optimal de l'activité économique. Nous verrons ensuite comment utiliser la politique monétaire afin de s'en rapprocher le plus possible.

**Le niveau naturel de la production.** Si tous les prix, les salaires et les taux d'intérêt étaient parfaitement flexibles, alors la production serait à un niveau efficace. Il s'agit là d'une conséquence du premier théorème du bien-être que nous avons vu au chapitre 3. Ce niveau théorique est appelé le **niveau naturel de la production**. En effet, dans cette situation, toutes les transactions mutuellement bénéfiques se réalisent. Certes, il peut y avoir des défaillances de marché, mais on considère habituellement que ce n'est pas le rôle de la politique monétaire que de chercher à y remédier. On peut donc faire abstraction de ces défaillances et considérer que le niveau naturel de la production est efficace.

Si l'on prend un point de vue keynésien, nous savons qu'à court terme les prix sont fixes et le niveau de la production est déterminé par le niveau de la demande agrégée. Or la politique monétaire contrôle le taux d'intérêt nominal et donc la demande agrégée. Le cap de la politique monétaire est ainsi simple à établir.

La politique monétaire optimale consiste à maintenir la demande agrégée égale au niveau naturel de la production.

Lorsque la demande agrégée est inférieure au niveau naturel de production, l'économie est déprimée. L'insuffisance de la demande de biens et de services se traduit par une insuffisance de la demande de travail des entreprises. Ainsi, les dépressions économiques sont typiquement caractérisées par un niveau de chômage élevé. Pour restaurer le plein emploi, la banque centrale doit augmenter la masse monétaire afin de réduire le taux d'intérêt nominal, et donc réel, ce qui stimule la demande agrégée.

À l'inverse, il est possible que la demande agrégée soit supérieure au niveau naturel de la production. Dans ce cas le PIB réel est trop élevé ! Il s'agit d'une surchauffe de l'économie. La forte demande de biens entraîne une demande vigoureuse de travail des entreprises. À court terme, les salaires sont fixes et les employés travaillent plus qu'ils ne le souhaiteraient au regard de leurs rémunérations. Les prix et les salaires finissent par s'ajuster progressivement. La surchauffe de l'économie est typiquement une situation qui peut amorcer une spirale inflationniste des prix et des salaires : les travailleurs demandent des hausses de salaires que les entreprises répercutent sur le niveau des prix afin de maintenir leurs marges, ce qui incite les travailleurs à demander des salaires encore plus élevés, etc. Pour éviter ce scénario, la banque centrale doit réduire la masse monétaire afin d'augmenter le taux d'intérêt nominal, et donc réel, ce qui réduit la demande agrégée.

On considère généralement que le *plein emploi* est atteint dès lors que le PIB est à son niveau naturel. Le taux de chômage n'y est pas nul du fait des frictions qui caractérisent le processus de rencontre entre offre et demande de travail. Lorsque l'économie est déprimée, le chômage est trop élevé ; mais lorsque l'économie est en surchauffe, le chômage est trop faible et les entreprises peinent à recruter pour répondre à la demande des consommateurs.

Le taux d'intérêt réel qui est compatible avec le niveau naturel de la production est celui qui égalise l'offre et la demande de crédit, tel que nous l'avons vu au début du chapitre précédent. Il s'agit du **taux d'intérêt réel naturel**. Pour que la demande agrégée soit égale au niveau naturel de la production, le taux d'intérêt réel doit être égal au taux d'intérêt réel naturel. Par conséquent, si à court terme la banque centrale contrôle le taux d'intérêt nominal (et donc réel) elle ne peut pas s'éloigner du taux d'intérêt naturel sans déstabiliser l'activité économique. À moyen terme, le niveau du taux d'intérêt reste donc fondamentalement déterminé par l'offre et la demande de crédit, tel que nous l'avons vu au chapitre précédent.

**Le ciblage de l'inflation.** En pratique, le niveau naturel de production et le taux d'intérêt réel naturel sont très difficiles à mesurer. Comment savoir alors si la demande agrégée est trop forte ou trop faible ? Il suffit de regarder le niveau d'inflation. Comme nous venons de le voir, lorsque la demande agrégée est trop forte, l'inflation a tendance à augmenter. À l'inverse, lorsque la demande est insuffisante, le niveau élevé du chômage exerce une pression à la baisse sur les salaires et donc sur les prix. L'inflation a alors tendance à diminuer.

L'évolution de l'inflation reflète donc l'écart entre le PIB réel (égal à la demande agrégée) et le niveau naturel de production. La politique monétaire optimale consiste ainsi à cibler un taux d'inflation constant. Dès lors que l'inflation augmente au-dessus de sa cible, la banque centrale doit augmenter le taux d'intérêt nominal afin de réduire la demande agrégée. *A contrario*, lorsque l'inflation diminue en dessous de sa cible, la banque centrale doit réduire le taux d'intérêt nominal afin de stimuler la demande agrégée. La stabilisation de l'inflation au niveau de sa cible coïncide avec la stabilisation du PIB réel à son niveau naturel.

Aujourd'hui, la plupart des grandes banques centrales ont pour mandat de cibler un taux d'inflation constant. Pour la BCE, la Réserve Fédérale américaine, la Banque d'Angleterre et la Banque du Japon, cette cible est égale à 2 %.[2]

On reproche parfois aux banques centrales de ne se soucier que de l'inflation, et pas assez de la croissance et de l'emploi. En réalité, la stabilisation de l'inflation coïncide avec la stabilisation de la croissance et de l'emploi à leurs niveaux efficaces. Si le chômage est durablement trop élevé malgré une inflation égale à la cible de la banque centrale, alors ce n'est pas dû à une insuffisance de la demande agrégée, mais à un dysfonctionnement du marché du travail contre lequel la politique monétaire ne peut rien.

Dans les années 1970, les banques centrales ont surestimé le niveau naturel de production, ce qui les a conduit à mener des politiques monétaires excessivement expansionnistes. Cela a abouti à la *stagflation*, combinaison d'une stagnation économique et d'un niveau d'inflation élevé. Ce n'est qu'à partir des années 1980 que les mécanismes que nous venons de voir furent suffisamment bien compris pour être intégrés à la conduite des politiques monétaires, ce qui conduisit progressivement à ce que le ciblage de l'inflation devienne la boussole des banques centrales. Cette nouvelle approche fut un franc succès : rarement la croissance, l'inflation et le chômage ne furent aussi stables, comme on peut le constater sur la figure 13.14. Les récessions étaient peu nombreuses et de courtes durées, l'inflation était proche de sa cible de 2 %, tandis que le chômage était faible et peu volatil. On a appelé cette période de l'histoire macroéconomique, qui a débuté au milieu des années 1980, la « grande modération ». Cette « grande modération » s'est brutalement terminée en 2008, avec la pire crise économique depuis la Grande Dépression des années 1930.

## 13.6 La Grande Récession de 2008

**La trappe à liquidité.** La Grande Récession de 2008 fut si violente qu'elle poussa la politique monétaire à bout, donnant alors un rôle à jouer à la politique budgétaire. L'éclatement de la bulle immobilière américaine et le resserrement du crédit ont provoqué une forte contraction de la demande agrégée. Les nombreux ménages qui vivaient à crédit ont dû se serrer la ceinture, tandis que les entreprises ont fortement diminué

2. Nous avons vu qu'au niveau naturel de production, l'inflation devait être constante, mais nous n'avons pas déterminé à quel niveau. En réalité, l'important est que l'inflation soit égale à la cible de la banque centrale, quelle que soit cette cible (1 %, 2 %, 4 %...). Pour le comprendre, il faut faire intervenir le rôle des anticipations inflationnistes des ménages et des entreprises, ce qui va bien au-delà de ce chapitre d'introduction à la macroéconomie.

FIGURE 13.14 – La grande modération aux États-Unis : du milieu des années 1980 à 2008, la croissance économique, l'inflation et le chômage furent bien moins volatiles que dans les décennies précédentes

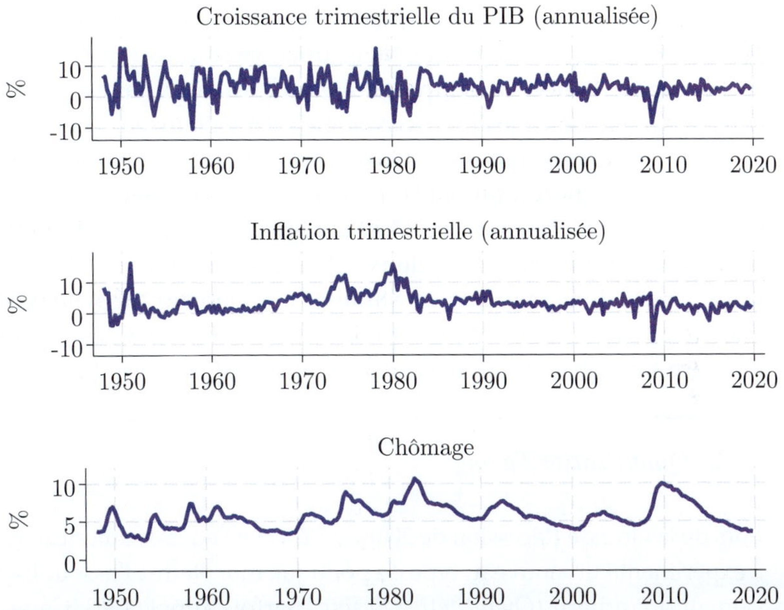


*Source* : U.S. Bureau of Economic Analysis et U.S. Bureau of Labor Statistics.

leurs investissements face à la crise à venir. La Réserve Fédérale a réagi en diminuant drastiquement le taux d'intérêt nominal, passé de 5,25 % en juillet 2007 à 0 % fin 2008. Malgré cette réaction rapide, l'inflation est restée durablement inférieure à sa cible de 2 %, ce qui caractérise une insuffisance persistante de la demande agrégée. Un taux d'intérêt de 0 % peut sembler très faible mais, en réalité, il était trop élevé au regard de l'ampleur de la dépression de la demande. Le Royaume-Uni et la zone Euro ont été confrontés à des situations similaires.

Pourquoi les banques centrales n'ont-elles pas baissé leurs taux d'intérêt davantage, à -1 %, -2 %, ou -3 % ? Tout simplement parce qu'il existe un actif financier qui rapporte un rendement de 0 % : la monnaie. Personne ne souhaite payer plus de 100 euros pour acheter une obligation qui rapportera 100 euros dans un an ; il est préférable de garder de la monnaie sous son matelas ! L'existence des billets implique donc une borne inférieure à 0 % (en anglais, *Zero Lower Bound*) sur le taux d'intérêt nominal.[3]

3. Dans certains pays, le taux d'intérêt nominal est parfois légèrement négatif. Cela est dû au coût de stockage de la monnaie, qui peut brûler ou être volée. Le rendement

À défaut de réduire le taux d'intérêt nominal, on pourrait espérer qu'un accroissement de la masse monétaire augmente l'inflation, ce qui réduirait le taux d'intérêt réel $r = i - \pi$ et stimulerait la demande agrégée. Malheureusement, il n'en est rien. En temps normal, la monnaie n'est utilisée que pour réaliser des transactions, conformément à la théorie de la préférence pour la liquidité. Mais, une fois le taux d'intérêt égal à 0 %, la monnaie devient un support d'épargne attractif. Par conséquent, lorsque la banque centrale augmente la masse monétaire en achetant des obligations, au travers d'une opération d'*open market*, les épargnants qui vendent des obligations utilisent la monnaie qu'ils reçoivent comme support d'épargne et la thésaurisent. Monnaie et obligations sont désormais deux actifs qui rapportent tous deux 0 %. L'accroissement de la masse monétaire perd donc sa capacité à stimuler l'inflation et l'activité économique, ce que l'on appelle la **trappe à liquidité**. En 2008, les banques centrales se sont ainsi retrouvées dans l'incapacité de relancer l'économie.

**Le *Quantitative Easing***

Lors de la Grande Récession de 2008, la Réserve Fédérale américaine a expérimenté un nouveau type de politique monétaire : l'assouplissement quantitatif (*Quantitative Easing*, parfois appelé *QE*). Cette politique consiste à augmenter drastiquement la masse monétaire au travers d'opérations d'*open market*. En 2008, pour la première fois depuis sa création en 1913, la Réserve Fédérale a doublé la masse monétaire en quelques mois. Face à la persistance du chômage et de la dépression de l'activité économique, cette politique a été poursuivie et amplifiée, aboutissant à un quadruplement de la masse monétaire en 2015, comme on peut le voir sur la figure 13.15. Les autres grandes banques centrales ont mis en œuvre des politiques similaires.

En temps normal, un quadruplement de la masse monétaire provoque un quadruplement du niveau des prix. C'est ce qu'implique la théorie quantitative de la monnaie. Or, ce n'est pas ce qui s'est produit. Malgré son ampleur spectaculaire, le *Quantitative Easing* a eu des effets décevants sur l'activité économique et sur l'inflation qui sont restées durablement déprimées. C'est exactement ce que prévoit la théorie de la trappe à liquidité. Lorsque le taux d'intérêt

de la monnaie n'est donc pas nul, mais légèrement négatif. Il n'en reste pas moins que ce rendement de la monnaie fixe une borne inférieure en dessous de laquelle le taux d'intérêt nominal ne peut pas descendre. On parle parfois de *Effective Lower Bound* plutôt que de *Zero Lower Bound*.

nominal est de 0 %, la monnaie est un support d'épargne attractif. Au lieu d'accroître le niveau des prix, l'augmentation de la masse monétaire diminue la vélocité de la monnaie qui stagne sur des comptes d'épargne.

FIGURE 13.15 – Masse monétaire émise par la Réserve Fédérale (M0)

*Source* : Federal Reserve Bank of St. Louis.

Cette politique a néanmoins eu quelques effets positifs. La Réserve Fédérale a principalement acheté des obligations ayant une maturité longue, comme des bons du trésor avec une maturité de 10 ans. Cela a contribué à réduire les taux d'intérêt de long terme, ce qui a sans doute légèrement stimulé la demande agrégée. Cette politique a également donné des liquidités aux banques, qui en avaient grand besoin face aux nouvelles réglementations bancaires mises en place après la crise financière.

En 2016, l'économie américaine est enfin sortie de la trappe à liquidité, avec une inflation revenue à la cible de 2 % et un taux d'intérêt redevenu positif. Pourtant, pour ne pas déstabiliser les marchés financiers, la Réserve Fédérale n'a pas vendu brusquement toutes les obligations qu'elle avait achetées lors du *Quantitative Easing*. Comment faire pour que cette gigantesque masse monétaire ne provoque pas un dérapage de l'inflation ? En payant un intérêt sur les réserves que les banques commerciales déposent auprès de la banque centrale ! Ainsi, cette masse monétaire ne circule pas dans l'économie et n'alimente pas l'inflation.

Depuis, les banques centrales ne conduisent plus leur politique monétaire en modifiant la masse monétaire au travers d'opérations d'*open market*, mais en modifiant directement le taux d'intérêt sur les réserves détenues par les banques auprès de la banque centrale.

**La relance budgétaire.** Face à la trappe à liquidité, comment éviter le scénario catastrophe de la Grande Dépression des années 1930 ? Souvenez-vous, dans une économie fermée, la demande agrégée est égale à $C + I + G$. Une fois dans la trappe à liquidité, avec un taux d'intérêt nominal nul, les banques centrales ne peuvent relancer ni la consommation des ménages $C$, ni l'investissement des entreprises $I$. Il ne reste alors plus qu'une solution : accroître les dépenses gouvernementales $G$ ! Pour compenser l'absence de demande du secteur privé, l'État doit dépenser davantage. Il s'agit d'une **politique budgétaire expansionniste**.

La hausse du chômage est de nature à amplifier la contraction de la demande du secteur privé, car les chômeurs sont obligés de se serrer la ceinture tandis que les employés, inquiets de la situation, ont tendance par précaution à épargner davantage. Les dépenses gouvernementales limitent la hausse du chômage, ce qui atténue la contraction de la demande. Ainsi, dans la trappe à liquidité où le taux d'intérêt nominal est fixe à 0 %, un euro de dépenses gouvernementales augmente le PIB réel de plus d'un euro. C'est ce qu'on appelle le *multiplicateur budgétaire*.

Dès son arrivée à la Maison Blanche en janvier 2009, Barack Obama a mis en place un gigantesque plan de relance de 800 milliards de dollars : l'American Recovery and Reinvestment Act. Les impôts ont été temporairement baissés, les allocations chômage augmentées, les dépenses de santé et d'éducation accrues et des investissements ont été réalisés dans les infrastructures. [4]

Cette politique a engendré un déficit budgétaire de plus de 10 % du PIB en 2009. Cela peut paraître totalement irresponsable. En réalité, c'était un des seuls moyens d'éviter un effondrement de l'économie et une répétition de la Grande Dépression des années 1930. En zone Euro, la relance a été plus timide, avant d'être rapidement remplacée par des mesures d'austérité. La dépression macroéconomique y a donc été plus durable qu'aux États-Unis d'où est partie la crise, comme le montre la figure 13.16.

4. Ce plan ne doit pas être confondu avec l'Emergency Economic Stabilization Act de 2008 qui a consisté à injecter 700 milliards de dollars dans le système financier afin d'éviter

FIGURE 13.16 – PIB par habitant aux États-Unis et dans la zone Euro après la Grande Récession

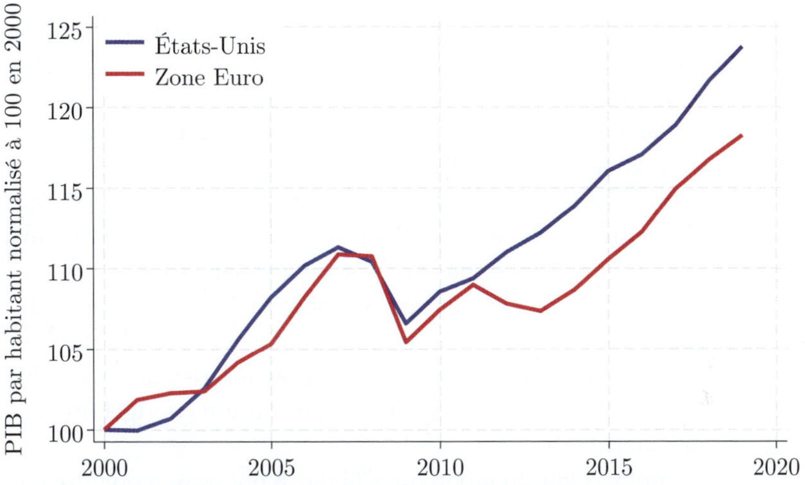


*Source* : U.S. Bureau of Economic Analysis et Eurostat.

Cette Grande Récession de 2008 nous rappelle qu'on ne gère pas une économie comme on gère une entreprise. Par temps de crise, un chef d'entreprise responsable réduit ses investissements, ses embauches et son endettement afin d'éviter la faillite et de surmonter la crise. L'impact de ces décisions sur le carnet de commande de l'entreprise est négligeable. En revanche, lorsque toutes les entreprises agissent ainsi, le chômage augmente et la demande se contracte, ce qui amplifie la crise. Le rôle du gouvernement est alors d'accroître son endettement et ses dépenses afin de compenser l'insuffisance de la demande privée par un accroissement de la demande publique, ce qui permet d'éviter un effondrement de l'économie.

une série de faillites bancaires. Ce plan a stoppé la crise financière, mais n'a pas permis d'enrayer la crise économique.

**La stagnation séculaire**

L'insuffisance de la demande est habituellement perçue comme étant un phénomène transitoire, qui se corrige naturellement au fur et à mesure que les prix et les salaires s'ajustent. Cette vision est correcte dans un monde où la banque centrale ajuste son taux d'intérêt nominal afin de hâter le retour au plein emploi. En revanche, dans la trappe à liquidité, où le taux d'intérêt nominal est scotché à 0 %, le paradoxe de la flexibilité que nous avons vu précédemment implique que l'ajustement des prix et des salaires ne contribue pas nécessairement au retour au plein emploi. L'insuffisance de la demande peut alors être un phénomène persistant, qu'on appelle la **stagnation séculaire**. La Grande Dépression des années 1930 ne s'est terminée que par un gigantesque stimulus budgétaire : la Seconde Guerre mondiale.

L'exemple récent du Japon nous oblige à nouveau à prendre au sérieux cette possibilité. En 1995, le Japon fut le premier pays riche à tomber dans une trappe à liquidité. Depuis, le taux d'intérêt nominal est toujours égal à 0 %, la croissance économique est molle et, surtout, l'inflation est en moyenne de 0 %, soit nettement moins que la cible de 2 % de la Banque du Japon. Il semblerait que le vieillissement démographique ait largement contribué à l'affaiblissement de la demande, les ménages âgés ayant tendance à épargner pour leur retraite, puis pour leurs éventuelles dépenses de santé, et enfin pour leurs enfants et leurs petits-enfants. En outre, les entreprises sont réticentes à investir dans une économie vieillissante où elles anticipent une demande modérée dans les décennies à venir.

À bien des égards, de 2008 jusqu'à 2020, la zone Euro s'est trouvée dans une situation très similaire à celle du Japon depuis 1995. Il aura fallu un stimulus budgétaire énorme provoqué par le Covid et une flambée des prix de l'énergie provoquée par la guerre en Ukraine pour relancer l'inflation. Le vieillissement démographique, néanmoins, constitue un risque de retour à la stagnation séculaire. Face à ce risque, une augmentation de la cible d'inflation de la Banque Centrale Européenne serait de nature à augmenter le taux d'intérêt nominal et à éloigner la borne à 0 % (Michau, 2021).

## Références

BOURGUIGNON, F. ET C. MORRISSON (2002) : "Inequality Among World Citizens : 1820-1992," *American Economic Review*, 92, 727–744.

KEYNES, J. M. (1936) : *The General Theory of Employment, Interest and Money*, MacMillan Press, London.

MICHAU, J.-B. (2021) : "Understanding Secular Stagnation," *Institut Des Politique Publiques Policy Briefs*, 73, 1–7.

# Exercices du chapitre 13

**Exercice 13.1 Le Produit Intérieur Brut**

Décrire l'impact de chacun des événements listé ci-dessous sur le PIB. Pour les sept premiers, tenter de décrire les problèmes de deux points de vue différents. [Indice : le PIB peut être calculé à partir de la production, des revenus et des dépenses.]

1. Vous allez au restaurant.
2. Une femme épouse son chauffeur, qui n'est donc plus rémunéré pour les services qu'il continue à assurer.
3. Un commerçant vend pour 600 euros des ordinateurs qu'il a importés au prix de 400 euros.
4. Vous achetez une maison.
5. Vous louez une maison.
6. Vous vivez dans votre propre maison.
7. Vous entrez sur le marché du travail et trouvez un emploi.
8. Apple lance un nouveau modèle d'iPhone, qui est commercialisé au même prix et qui se vend aussi bien que le modèle précédent.
9. Facebook et Youtube deviennent accessibles dans votre pays.

Ces problèmes de mesure du PIB sont-ils une défaillance majeure de l'analyse macroéconomique ?

**Exercice 13.2 La trappe à liquidité**

1. Décrire l'impact d'une augmentation de la masse monétaire $M$ sur le taux d'intérêt nominal $i$. Représenter graphiquement cet effet. Comment réagit le PIB ?
2. Supposons que la banque centrale augmente la masse monétaire jusqu'au niveau $\bar{M}$ où le taux d'intérêt nominal atteint 0 %. En supposant que cette intervention ne suffise pas à faire repartir l'activité

economique, que se passe-t-il si la banque centrale augmente encore davantage la masse monétaire ? Quel impact cela a-t-il sur le PIB ? [Indice : pour répondre à cette question, tracer la courbe de demande de monnaie lorsque $M > \bar{M}$ et décrire précisément les mécanismes économiques sous-jacents.]

**Exercice 13.3 Instabilité de la demande de monnaie**

1. Quel est l'impact d'une hausse de la demande de monnaie sur l'économie ? Décrire précisément les mécanismes économiques à l'œuvre.
2. Comment la banque centrale peut-elle protéger l'économie d'une instabilité perpétuelle de la demande de monnaie ?

**Exercice 13.4 Ciblage de l'inflation**

À long terme, quels sont les coûts et les bénéfices d'un taux d'inflation élevé ? Qu'en déduisez-vous concernant la cible d'inflation de la banque centrale ?

**Exercice 13.5 Dépenses publiques**

1. Les dépenses publiques $G$ sont financées soit par des impôts $T$, soit par le déficit budgétaire $G - T$. Supposons que la consommation est une fonction linéaire du revenu disponible des ménages (défini comme leurs revenus nets d'impôts). Interpréter le coefficient correspondant à la pente de la fonction de consommation. Quelles bornes peut-on imposer à ce coefficient ?
2. Quel est l'impact sur la production d'une augmentation d'un euro des dépenses publiques, financées par un accroissement du déficit budgétaire ? Expliquer le mécanisme économique sous-jacent.
3. Quel est l'impact sur la production d'une diminution d'impôts d'un euro, financée par un accroissement du déficit budgétaire ? Comparer votre résultat à celui de la question précédente.
4. Est-il possible de stimuler l'activité économique sans accroître le déficit budgétaire ?
5. En supposant que l'économie est initialement au niveau naturel de production, quel est l'impact d'une hausse des dépenses publiques

sur l'inflation et sur les taux d'intérêt ? En quoi est-ce que cela modifie votre réponse à la seconde question ? En quoi la situation est-elle différente en trappe à liquidité ?

**Exercice 13.6 Dépréciation**

Soit $Y$ le Produit Intérieur Brut (annuel), $K$ le stock de capital, $WL$ les revenus du travail, $RK$ les revenus du capital, $\Pi$ les profits économiques purs, et $\delta$ le taux de dépréciation du capital. Souvenez-vous que la production agrégée est toujours égale aux revenus agrégés :

$$Y = WL + RK + \Pi.$$

Une fraction importante du stock de capital appartenant aux entreprises, et on peut difficilement distinguer les rendements du capital $RK$ des profits économiques purs $\Pi$. On considère donc que les revenus du capital s'élèvent à $RK + \Pi$.

1. Le Produit Intérieur Brut ne tient pas compte de la dépréciation du capital. Il surestime donc la création de richesse dans une année. Le Produit Intérieur Net est égal au PIB net de la dépréciation. Donner une expression pour le PIN.
2. Quelle est la relation entre le PIN et les revenus nationaux ? Expliquer.
3. Empiriquement, à long terme, la part du travail $WL/Y$ dans le PIB est égale à $2/3$ et la part du capital $(RK + \Pi) / Y$ à $1/3$. On sait aussi que la dépréciation s'élève à environ 14 % du PIB. Définir et calculer la part du travail et du capital dans le PIN.
4. Empiriquement, le stock de capital s'élève à environ 4 années de PIB (la moitié correspondant au capital résidentiel et l'autre moitié au capital non résidentiel). En déduire le taux de dépréciation annuel pour l'économie.

# Chapitre 14

# Macroéconomie internationale

Dans le chapitre précédent, nous avons étudié la macroéconomie en supposant un pays fermé qui n'interagit pas avec l'étranger. En réalité, les différents pays du monde pratiquent des échanges qui les rendent interdépendants. Il y a d'abord les échanges de biens et de services que constituent les flux d'importations et d'exportations. Il y a ensuite les flux de capitaux. Lorsqu'un résident Français achète des actions japonaises, il s'agit pour la France d'une **sortie de capital**. À l'inverse, lorsqu'un Brésilien achète un immeuble à Paris, il s'agit pour la France d'une **entrée de capital**. Il y a enfin les flux migratoires, constitués des flux d'immigration et d'émigration.

La macroéconomie internationale est le domaine des sciences économiques qui s'intéresse à l'interdépendance entre pays au niveau macroéconomique. Il s'agit en particulier de comprendre les surplus et les déficits de la balance commerciale et de la balance des capitaux, que nous allons définir précisément. Les flux migratoires n'étant pas prépondérants à court et moyen terme, ils sont généralement négligés dans cette analyse.

Dans ce chapitre, nous commencerons par poser les identités de comptabilité nationale en économie ouverte. Nous procéderons ensuite à l'analyse des surplus et des déficits de la balance commerciale. Pour finir, nous introduirons une nouvelle variable : le taux de change. Nous étudierons sa détermination et son interaction avec la politique monétaire.

## 14.1 Les identités de comptabilité nationale en économie ouverte

Quel est le lien entre les flux de biens et les flux financiers internationaux ? Pour répondre précisément à cette question, il faut partir des identités de comptabilité nationale en économie ouverte.

Focalisons-nous sur le cas de la France. Pour une année $t$, la **balance commerciale** $NX_t$ est égale à la différence entre les exportations $X_t$ et les importations $IM_t$ françaises, ce qui donne

$$NX_t = X_t - IM_t.$$

Lorsque cette différence est positive, on parle de surplus de la balance commerciale de la France ; lorsqu'elle est négative, on a un déficit de la balance commerciale.

Le **Produit Intérieur Brut** $Y_t$ mesure la production de biens et de services réalisée dans l'année $t$ sur le territoire national. Comme nous l'avons vu dans le chapitre précédent, ce PIB est toujours égal aux dépenses agrégées de l'économie, constituées des dépenses de consommation des ménages $C_t$, d'investissement des entreprises $I_t$, et du gouvernement $G_t$, auxquelles il faut ajouter les exportations nettes $NX_t = X_t - IM_t$, ce qui donne

$$Y_t = C_t + I_t + G_t + X_t - IM_t.$$

De manière équivalente, on peut écrire

$$Y_t + IM_t = C_t + I_t + G_t + X_t,$$

ce qui met en évidence que certains biens achetés par les consommateurs, les entreprises ou le gouvernement sont importés, tandis que certains biens produits sur le territoire national sont achetés par des étrangers et donc exportés.

En économie fermée, le revenu national brut correspond au PIB, car le revenu des citoyens ne peut provenir que de la production nationale. En économie ouverte, il faut tenir compte des flux de revenus provenant de l'étranger ou sortant du pays. Un Français qui détient des actions japonaises perçoit des dividendes provenant de l'étranger. À l'inverse, lorsqu'un immeuble à Paris appartient à un résident Brésilien, les loyers que le Brésilien perçoit constituent une sortie de revenus pour la France.

Soit $FA_t$ l'ensemble des actifs étrangers (*foreign assets*) détenus par des personnes résidant en France, et soit $FL_t$ l'ensemble des actifs français détenus par des personnes résidant à l'étranger (il s'agit pour la France d'un passif, et donc de *foreign liabilities*). La **position extérieure nette** (*Net Foreign Asset position*) de la France est donc égale à $NFA_t = FA_t - FL_t$. On note $r_t FA_t$ les revenus empochés par les Français sur leurs actifs étrangers, et par $r_t FL_t$ les revenus empochés par les étrangers sur leurs actifs français. On suppose ici que le taux d'intérêt $r_t$ est le même pour l'ensemble des actifs financiers à travers le monde, ce qui est une bonne approximation pourvu que leur niveau de risque soit comparable. Le **revenu net des investissements** de la France s'élève donc à $r_t NFA_t = r_t FA_t - r_t FL_t$.

Il existe une autre catégorie de flux de revenus transfrontaliers : les transferts. Lorsque la France donne de l'argent à un pays étranger, notamment pour aider son développement, il s'agit d'un revenu de transfert négatif pour la France. De même, lorsque des travailleurs étrangers en France envoient des fonds à leur famille résidant à l'étranger, il s'agit également d'un revenu de transfert négatif pour la France. Enfin, la contribution de la France au budget de l'Union Européenne et les subventions européennes perçues par les Français sont également des transferts. Nous notons par $NT_t$ les **transferts nets** reçus par la France dans l'année $t$.

Le **Revenu National Brut** $RNB_t$, aussi appelé Produit National Brut, correspond au revenu agrégé de la France à l'année $t$. Il s'agit des revenus de la production nationale $Y_t$ auxquels il faut ajouter le revenu net des investissements de la France $r_t NFA_t$ et les transferts nets $NT_t$, ce qui donne

$$RNB_t = Y_t + r_t NFA_t + NT_t.$$

L'enrichissement de la France à l'année $t$ vis-à-vis du reste du monde est égal à la différence entre le revenu national brut $RNB_t$ et les dépenses des ménages, des entreprises et du gouvernement français $C_t + I_t + G_t$. Par conséquent, la **balance courante** $BC_t$ de la France à l'année $t$ est définie par

$$\begin{aligned} BC_t &= RNB_t - C_t - I_t - G_t, \\ &= NX_t + r_t NFA_t + NT_t. \end{aligned}$$

L'enrichissement de la France vis-à-vis du reste du monde n'est donc pas uniquement déterminé par le surplus de la balance commerciale $NX_t$. Il faut aussi prendre en compte les revenus internationaux nets. Ceci étant, en pratique, la balance commerciale est la composante principale de la balance courante, si bien qu'un fort surplus commercial se traduit généralement par une balance courante excédentaire.

La **balance des capitaux** correspond à la différence entre l'acquisition par des étrangers d'actifs français $FL_{t+1} - FL_t$ et l'acquisition par les

Français d'actifs étrangers $FA_{t+1} - FA_t$. Elle s'élève donc à

$$(FL_{t+1} - FL_t) - (FA_{t+1} - FA_t) = -(NFA_{t+1} - NFA_t).$$

Il s'agit de l'enrichissement net du reste du monde vis-à-vis de la France d'une année sur l'autre. Lorsque la balance des capitaux est en surplus, les entrées de capitaux étrangers en France sont supérieures aux sorties de capitaux français.

L'enrichissement de la France d'une année sur l'autre peut être mesuré par le surplus de la balance courante ou par le déficit de la balance des capitaux : ces deux balances doivent donc se compenser.

Le surplus de la balance courante doit être égal au déficit de la balance des capitaux, ce qui implique

$$BC_t = NFA_{t+1} - NFA_t.$$

Il s'agit là d'une identité fondamentale de comptabilité nationale en économie ouverte. Lorsque la balance courante est en surplus, la France utilise ce surplus pour acquérir des actifs étrangers, ce qui se traduit nécessairement par une sortie de capitaux pour la France. On entend parfois des responsables politiques déplorer les déficits commerciaux, et donc les déficits de la balance courante, et se réjouir par ailleurs de l'entrée de capitaux étrangers en France, marquant la volonté des étrangers d'investir en France. Or l'un ne va pas sans l'autre. Il s'agit des deux faces d'une même pièce !

Le tableau 14.1 donne la **balance des paiements** de la France en 2022. Il résume les flux financiers internationaux de la France, tels que mesurés par les variables que nous venons d'introduire. En principe, la balance courante et la balance des capitaux devraient s'annuler. En pratique, ces deux balances sont calculées de manière indépendante, ce qui aboutit à un écart entre les deux qui relève d'erreurs statistiques. Ces erreurs sont parfois dues à des pratiques d'optimisation fiscale qui sont source d'opacité pour la comptabilité nationale.

TABLEAU 14.1 – La balance des paiements de la France en 2022 (en milliards d'euros)

| | | | |
|---|---|---|---|
| *Compte courant* | | | |
| Exportations ($X_t$) | 964 | | |
| Importations ($IM_t$) | 1 049 | | |
| Balance commerciale ($X_t - IM_t$) | | -85 | |
| Revenus sur les investissements étrangers ($r_t FA_t$) | 228 | | |
| Revenus payés aux investisseurs étrangers ($r_t FL_t$) | 151 | | |
| Revenus nets des investissements ($r_t NFA_t$) | | 77 | |
| Transferts nets perçus ($NT_t$) | | -45 | |
| Balance courante ($BC_t$) | | | -53 |
| *Compte financier (Compte de capital)* | | | |
| Acquisition par des étrangers d'actifs français ($FL_{t+1} - FL_t$) | 589 | | |
| Acquisition par des Français d'actifs étrangers ($FA_{t+1} - FA_t$) | 521 | | |
| Balance des capitaux ($-(NFA_{t+1} - NFA_t)$) | | | 68 |
| Erreurs et omissions | | | 15 |

*Source* : Banque de France.

**La richesse d'un pays**

En économie fermée, la richesse d'un pays est égale à son stock de capital. En économie ouverte, il faut prendre en compte qu'une partie du capital domestique est détenue par des étrangers, tandis que les Français sont propriétaires de capital à l'étranger. Par conséquent, la richesse d'un pays $W_t$ est égale à la somme de son stock de capital domestique $K_t$ et de sa position extérieure nette $NFA_t$ :

$$W_t = K_t + NFA_t.$$

Soulignons que la dette publique n'est pas directement liée à la richesse de la France car il s'agit d'un actif pour les ménages et d'un passif pour l'État. Bien sûr, les bons du trésor français achetés par des étrangers diminuent notre position extérieure nette, tout comme des bons du trésor américains achetés par des Français augmentent notre position extérieure nette.

Empiriquement, quelle est l'ampleur de la position extérieure nette relativement à la richesse d'un pays ? Le Revenu National Net d'un pays pendant une année $RNN_t$ est défini comme son Revenu National Brut $RNB_t$ net de la dépréciation du capital $\delta K_t$, où $\delta$ est le taux de dépréciation, ce qui donne $RNN_t = RNB_t - \delta K_t$. Le tableau 14.2 présente une décomposition de la richesse exprimée relativement au revenu national net d'une année. La richesse totale de la plupart des pays riches et industrialisés se situe entre quatre et six années de revenu national net. Cette richesse est principalement composée du capital productif utilisé par nos entreprises et du capital résidentiel constitué par nos logements.

On observe que la position extérieure nette de la plupart des pays est faible relativement à leur richesse totale. On entend souvent de vives inquiétudes lorsque des entreprises nationales, des propriétés immobilières, ou même nos bons du trésor sont achetés par des étrangers. En pratique, cela est presque intégralement compensé par l'acquisition par des Français d'actifs étrangers.

TABLEAU 14.2 – Décomposition de la richesse en 2010 (en pourcentage du revenu national net)

| | $K_t$ | $NFA_t$ | $W_t$ |
|---|---|---|---|
| France | 618 % | -13 % | 605 % |
| Royaume-Uni | 548 % | -20 % | 527 % |
| Allemagne | 377 % | 39 % | 416 % |
| Italie | 640 % | -31 % | 609 % |
| États-Unis | 456 % | -25 % | 431 % |
| Canada | 424 % | -12 % | 412 % |
| Australie | 655 % | -70 % | 584 % |
| Japon | 548 % | 67 % | 616 % |

*Source* : Piketty, T. and Zucman, G. (2014), "Capital is Back : Wealth-Income Ratios in Rich Countries 1700-2010", *Quarterly Journal of Economics*, 129(3), 1255-1310.

## 14.2 La balance commerciale

Le déficit de la balance commerciale est souvent source d'inquiétude dans un pays, surtout si ce déficit semble persistant. Mais, est-il possible pour un pays d'être perpétuellement en déficit commercial ?

Par souci de simplicité, ignorons les transferts nets et supposons le taux d'intérêt constant dans le temps, soit $NT_t = 0$ et $r_t = r$. Nous avons vu que le surplus de la balance courante était donné par $BC_t = NX_t + rNFA_t$ et qu'il devait être égal au déficit de la balance des capitaux, soit $BC_t = NFA_{t+1} - NFA_t$. Par conséquent, la dynamique de la position extérieure nette de la France est caractérisée par

$$NFA_{t+1} = (1+r)NFA_t + NX_t.$$

Pour n'importe quelle période $t$, on a donc

$$NFA_t = -\frac{NX_t}{1+r} + \frac{NFA_{t+1}}{1+r}.$$

En itérant sur cette expression, on obtient

$$\begin{aligned}
NFA_0 &= -\frac{NX_0}{1+r} + \frac{NFA_1}{1+r}, \\
&= -\frac{NX_0}{1+r} + \frac{1}{1+r}\left[-\frac{NX_1}{1+r} + \frac{NFA_2}{1+r}\right], \\
&= -\frac{NX_0}{1+r} - \frac{NX_1}{(1+r)^2} + \frac{NFA_2}{(1+r)^2}, \\
&= -\frac{NX_0}{1+r} - \frac{NX_1}{(1+r)^2} + \frac{1}{(1+r)^2}\left[-\frac{NX_2}{1+r} + \frac{NFA_3}{1+r}\right], \\
&= -\frac{NX_0}{1+r} - \frac{NX_1}{(1+r)^2} - \frac{NX_2}{(1+r)^3} + \frac{NFA_3}{(1+r)^3}.
\end{aligned}$$

De manière générale, on a donc

$$NFA_0 = -\sum_{t=0}^{T-1} \frac{NX_t}{(1+r)^{t+1}} + \frac{NFA_T}{(1+r)^T}.$$

Supposons que la France est vouée à disparaître après $T$ périodes. Dans ce cas, $NFA_T$ représente la créance de la France sur le reste du monde au moment de sa disparition. On doit nécessairement avoir $NFA_T \geq 0$ car aucun pays étranger ne souhaite être endetté vis-à-vis de la France au temps $T$, sachant qu'il ne sera jamais remboursé. On doit également avoir $NFA_T \leq 0$ car la France ne souhaite pas non plus avoir une créance au temps $T$ qui ne lui sera jamais remboursée. Cela implique $NFA_T = 0$, et donc

$$NFA_0 = -\sum_{t=0}^{T} \frac{NX_t}{(1+r)^{t+1}}.$$

La position extérieure nette de la France au temps 0 doit être égale à la valeur actualisée de l'ensemble de ses déficits commerciaux du temps 0 jusqu'à sa disparition au temps $T$.

Supposons maintenant que la France n'est pas vouée à disparaître et que l'horizon est infini. Dans ce cas, la valeur actualisée de la créance de la France sur le reste du monde au temps $T$, avec $T$ infiniment lointain, ne peut être ni positif, ni négatif, ce qui donne

$$\lim_{T\to\infty} \frac{NFA_T}{(1+r)^T} = 0.$$

Un pays n'a pas intérêt à accumuler une position extérieure nette dont la valeur actualisée croît, car sa créance ne lui serait jamais remboursée. Et un pays ne peut pas accumuler une position extérieure nette dont la valeur actualisée est éternellement négative, car aucun pays étranger n'accepterait de prêter sans jamais être remboursé.

La position extérieure nette de la France au temps 0 doit toujours être égale à la valeur actualisée de la somme de ses déficits commerciaux à venir. Formellement,

$$NFA_0 = -\sum_{t=0}^{\infty} \frac{NX_t}{(1+r)^{t+1}}.$$

Cette équation correspond à la contrainte budgétaire intertemporelle de la France. En partant d'une position extérieure nette nulle, soit $NFA_0 = 0$, la balance commerciale de la France doit nécessairement être équilibrée intertemporellement. La seule et unique manière de financer un déficit commercial est d'avoir ultérieurement un surplus commercial. Bien sûr, si la position extérieure nette est initialement positive, alors le pays peut avoir davantage de déficits que de surplus commerciaux.

Qu'un pays soit bien ou mal géré, qu'il soit riche ou pauvre, il ne peut avoir éternellement des déficits commerciaux. Il est donc erroné d'interpréter les déficits commerciaux comme étant symptomatiques d'une mauvaise santé économique. Leur seul inconvénient est qu'ils devront ultérieurement être compensés par des surplus commerciaux, qui impliquent que le pays produira plus qu'il ne consommera.

Nous avons omis ici la possibilité d'un défaut, où la dette d'un pays ne serait pas remboursée. Dans ce cas, les déficits commerciaux ne sont pas compensés par des surplus futurs. Cela peut certes être nuisible au pays qui fait défaut et qui s'expose à des sanctions internationales, mais cela est également nuisible aux pays étrangers dont les surplus commerciaux ne sont jamais payés. Pour un pays, des surplus commerciaux durablement élevés devraient donc être aussi inquiétants que des déficits commerciaux d'une ampleur comparable.

**Hume contre le mercantilisme**

Le mercantilisme fut une école de pensée importante en Europe aux XVII^e^ et XVIII^e^ siècles selon laquelle l'objectif du commerce extérieur doit être de maximiser les surplus commerciaux afin d'accumuler des réserves d'or et d'argent. Par conséquent, chaque pays a intérêt à restreindre ses importations et à encourager ses exportations.

L'économiste et philosophe écossais David Hume (1711-1776) a souligné qu'une accumulation d'or était de nature à faire monter les prix. Cette hausse des prix augmente les importations et diminue les exportations, ce qui fait naturellement repartir l'or à l'étranger. Hume a ainsi démontré que, l'or étant un moyen d'échange plutôt qu'un bien de consommation, son accumulation ne peut pas être source d'enrichissement véritablement bénéfique pour un pays. La prospérité est engendrée par des échanges mutuellement bénéfiques, pas par l'accumulation de moyens de paiement.

## 14.3 La balance courante

La balance courante détermine l'enrichissement du pays vis-à-vis du reste du monde. Pour comprendre sa détermination, commençons par établir son lien avec l'épargne et l'investissement domestique.

Soit $B_t$ la dette publique au temps $t$. Chaque année, l'État perçoit des recettes fiscales $T_t$, effectue des dépenses publiques $G_t$ et paye un intérêt sur sa dette $r_t B_t$. L'évolution de l'endettement public suit donc

$$B_{t+1} = (1 + r_t)B_t + G_t - T_t.$$

L'épargne publique au temps $t$ s'élève à $S_t^G = T_t - G_t - r_t B_t$. Il s'agit des recettes de l'État $T_t$ nettes des dépenses publiques $G_t$ et des intérêts payés sur la dette $r_t B_t$. L'épargne publique correspond à la diminution de l'endettement public, puisque $S_t^G = B_t - B_{t+1}$.

Le revenu national brut de l'économie est donné par $RNB_t$, défini ci-dessus. Le transfert du secteur public au secteur privé s'élève à $r_t B_t - T_t$, soit les intérêts payés par l'État aux ménages lui ayant prêté de l'argent nets des impôts prélevés par l'État sur les ménages. Par conséquent, le revenu du secteur privé est égal à $RNB_t + r_t B_t - T_t$.[1] La consommation

1. Ce revenu peut donc s'écrire $Y_t + r_t(NFA_t + B_t) + NT_t - T_t$. Si la dette publique est détenue par l'étranger, alors elle est incluse dans $NFA_t$ avec un signe négatif, si bien qu'elle n'entre pas dans le revenu du secteur privé.

étant égale à $C_t$, l'épargne privée au temps $t$ s'élève à $S_t^P = RNB_t + r_t B_t - T_t - C_t$, ce qui correspond au revenu du secteur privé net des dépenses de consommation privées.

L'épargne totale de l'économie $S_t$ est constituée de l'épargne privée $S_t^P$ et de l'épargne publique $S_t^G$. Cela implique

$$\begin{aligned} S_t &= S_t^P + S^G, \\ &= (RNB_t + r_t B_t - T_t - C_t) + (T_t - G_t - r_t B_t), \\ &= I_t + (RNB_t - C_t - G_t - I_t), \\ &= I_t + BC_t, \end{aligned}$$

où la dernière ligne est obtenue en utilisant la définition de la balance courante. En économie fermée, l'épargne est nécessairement égale à l'investissement, puisque la seule manière d'épargner est d'acquérir du capital.[2]

En économie ouverte, l'épargne est égale à la somme de l'investissement domestique et de la balance courante, soit

$$S_t = I_t + BC_t.$$

En présence d'échanges internationaux, la première manière d'épargner est d'acquérir du capital en investissant au sein du pays, la seconde manière est d'acquérir des actifs à l'étranger, ce qui requiert une balance courante excédentaire car $BC_t = NFA_{t+1} - NFA_t$.

Un surplus de la balance courante est souvent interprété comme étant un signe de bonne santé économique. En réalité, un tel surplus peut soit résulter d'une épargne élevée, signe d'une attitude prévoyante par rapport à l'avenir, soit d'un investissement déprimé, signe d'une économie aux perspectives sombres. Il est donc difficile d'interpréter le surplus ou le déficit de la balance courante indépendamment du contexte économique du pays.

2. L'acquisition de bons du trésor ne contribue pas à l'épargne nationale car ils sont une épargne privée et une désépargne publique.

**Les déficits jumaux**

Lorsque l'on parle du déficit de la France, il convient de bien distinguer le déficit de la balance courante française et le déficit des comptes publics de l'État français. Bien que fondamentalement différents, les deux sont liés.

L'épargne publique $S_t^G$ étant égale au surplus budgétaire $B_t - B_{t+1}$, on a

$$\begin{aligned} BC_t &= S_t - I_t, \\ &= S_t^P + S_t^G - I_t, \\ &= (S_t^P - I_t) + (B_t - B_{t+1}). \end{aligned}$$

Le surplus de la balance courante a deux composantes : l'excès de l'épargne sur l'investissement privé et le surplus budgétaire.

Si les ménages sont très prévoyants, ils doivent anticiper que toute hausse de l'endettement public se traduira nécessairement par une hausse de la fiscalité future. En théorie, tout accroissement de la dette publique doit donc être intégralement compensé par une hausse de l'épargne privée. C'est ce que l'on appelle l'**équivalence ricardienne**. Cela implique que la balance courante est complètement décorrélée des surplus et déficits budgétaires. En pratique, l'équivalence ricardienne est loin d'être satisfaite et les déficits budgétaires entraînent souvent des déficits de la balance courante. C'est ce que l'on appelle les déficits jumeaux (*twin deficits*).

**Les échanges intertemporels.** Comment est déterminée la balance courante ? Supposons un monde constitué de deux pays. Au sein de chaque pays, l'offre d'épargne des ménages est une fonction croissante du taux d'intérêt (réel), tandis que la demande d'investissement des entreprises en est une fonction décroissante. En effet, plus le taux d'intérêt est élevé, plus les ménages souhaitent épargner et moins les entreprises souhaitent emprunter pour investir. En autarcie, le taux d'intérêt d'équilibre doit égaliser l'épargne et l'investissement. Cela correspond à l'équilibre du marché financier que nous avons vu au chapitre 12.

Supposons qu'en autarcie l'économie domestique est caractérisée par un taux d'intérêt $r_t^D$ élevé et l'économie étrangère par un taux d'intérêt $r_t^F$ faible. Cette situation est représentée sur la figure 14.1.

L'ouverture des frontières implique un même taux d'intérêt $r^*$ pour l'ensemble des pays. C'est une conséquence de la loi du prix unique. Si le

FIGURE 14.1 – La détermination de la balance courante

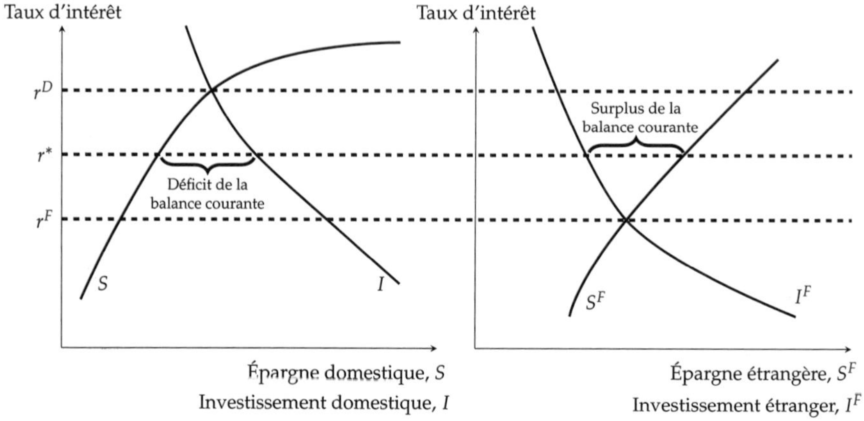


taux d'intérêt est plus élevé dans un pays que dans l'autre, alors n'importe quel investisseur aurait intérêt à emprunter à taux faible pour investir à taux élevé. Cet arbitrage augmenterait le taux d'intérêt là où il est faible et le réduirait là où il est élevé, jusqu'à ce que les taux d'intérêt soient identiques dans les deux pays.

Le taux d'intérêt d'équilibre de l'économie mondiale $r^*$ doit être tel que le déficit de la balance courante domestique soit égal au surplus de la balance courante étrangère, comme représenté sur la figure 14.1. À l'échelle mondiale, cela garantit l'égalité entre l'offre d'épargne et la demande d'investissement.

Pourquoi l'économie domestique a-t-elle un déficit de la balance courante et l'économie étrangère un surplus, et non l'inverse ? Lorsque $r$ désigne le taux d'intérêt, $1/(1+r)$ correspond au prix des biens futurs relativement aux biens présents présents, puisqu'il faut diminuer la consommation présente de $1/(1+r)$ unités afin d'augmenter la consommation future d'une unité. En autarcie, le taux d'intérêt est plus élevé dans l'économie domestique qu'à l'étranger, puisque $r^D > r^F$. Cela implique que les biens futurs sont moins onéreux (relativement aux biens présents) dans l'économie domestique que dans l'économie étrangère. Autrement dit, l'économie domestique dispose d'un avantage comparatif dans la production de biens futurs et d'un désavantage comparatif dans les biens présents. Le pays exporte donc des biens futurs et importe des biens présents, ce qui implique un déficit de la balance courante.

Ainsi, les surplus et les déficits de la balance courante, et donc de la balance commerciale, sont le résultat d'échanges intertemporels. Ces échanges sont mutuellement bénéfiques et parfaitement efficaces ! En général, il n'y a donc pas lieu de s'inquiéter du déficit, ou du surplus, de la balance courante.

**Les déficits excessifs.** Si un déficit de la balance courante est persistant, alors la position extérieure nette du pays se détériore progressivement, ce qui peut aboutir à un surendettement du pays vis-à-vis de ses partenaires commerciaux. Cette situation est potentiellement aussi inquiétante pour le pays surendetté que pour ses partenaires commerciaux dont les créances risquent de n'être jamais réglées.

On peut donc considérer qu'un déficit de la balance courante est excessif lorsqu'il est financé par une accumulation déraisonnable de dette. Il faut donc chercher à savoir qui, au sein de l'économie domestique, est en situation de surendettement. S'il s'agit de ménages ou d'entreprises, l'État peut renforcer les règles de solvabilité afin de limiter leur capacité à s'endetter. S'il s'agit de l'État lui-même, il convient alors de réduire le déficit budgétaire.

Face à un déficit persistant de la balance commerciale et de la balance courante, les élus appellent parfois au « patriotisme économique » : achetez français ! Supposons qu'un ménage achète une montre japonaise qu'il finance aisément grâce à son salaire, tandis qu'un autre ménage « patriotique » achète une montre française qu'il paye avec un crédit qu'il aura le plus grand mal à rembourser. Qui est responsable de l'excès du déficit commercial ? Le ménage « patriotique » ! S'il ne s'était pas surendetté, il aurait moins consommé, les étrangers auraient accumulé moins de créances et auraient importé davantage de biens français. Le ménage qui achète la montre japonaise la finance avec son salaire, ce qui engendre indirectement des exportations françaises du même montant car, pour se payer la montre japonaise, il renonce à la consommation d'autres biens produits en France. Cet exemple montre qu'on ne peut pas penser la balance courante indépendamment de la balance des capitaux.

## 14.4 Le taux de change

Lorsqu'une entreprise ou un ménage français importe du thé vert japonais, il doit le payer en yen. Il doit donc vendre des euros pour acheter des yens. En face, des Japonais peuvent avoir besoin d'euros pour acheter du vin français ou des actions d'entreprises européennes. Il y a donc un marché des changes où la valeur relative des monnaies est déterminée par l'offre et par la demande de chaque devise.

Une variable clef de l'analyse macroéconomique en économie ouverte est donc le taux de change (*exchange rate*). Il convient de distinguer le taux de change nominal $E_t$ du taux de change réel $Q_t$. Au temps $t$, le **taux de change nominal** est conventionnellement défini par

$$E_t = \text{Prix domestique d'une unité de monnaie étrangère.}$$

Ainsi, pour un Européen, le taux de change nominal entre l'Europe et le Japon correspond au nombre d'euros nécessaires pour acheter 1 yen. En 2023, il fallait 0,0065 euro pour acheter 1 yen. Cette définition implique qu'une appréciation de l'euro, soit une augmentation de la valeur de l'euro, se traduit par une *baisse* du taux de change nominal, puisqu'il faut moins d'euros pour acheter 1 yen. À l'inverse, une dépréciation de l'euro, soit une baisse de sa valeur, se traduit par une *augmentation* du taux de change.

Le taux de change réel compare le prix des biens dans le pays domestique et à l'étranger. Soit $P_t$ le prix d'un panier de biens dans l'économie domestique. Ce panier est composé de manière à être représentatif de la consommation moyenne des résidents de ce pays. Il s'agit de l'indice des prix à la consommation que nous avons vu au chapitre précédent. De même, $P_t^F$ désigne le prix d'un panier de biens dans l'économie étrangère. Au temps $t$, le **taux de change réel** est défini par

$$\begin{aligned} Q_t &= \text{Prix d'un panier de biens étrangers} \\ &\qquad\qquad \text{en terme de paniers de biens domestiques.} \end{aligned}$$

Mathématiquement, cela donne

$$Q_t = \frac{E_t P_t^F}{P_t},$$

puisque $E_t P_t^F$ désigne le prix du panier de biens étrangers en unités de monnaie domestique. Par exemple, pour un Européen, $P_t^F$ est le prix d'un panier de biens japonais en yen et $E_t P_t^F$ est le prix de ce panier en euros. Ainsi, $E_t P_t^F / P_t$ correspond au nombre de panier de biens domestiques nécessaires à l'acquisition d'un panier étranger.

Lorsque le taux de change réel augmente, alors le panier de biens étrangers devient plus onéreux relativement au panier domestique. Il s'agit d'une dépréciation réelle pour l'économie domestique. Cette dépréciation réelle peut soit être due à une dépréciation nominale du taux de change, ce qui augmente $E_t$, soit à une inflation plus faible dans l'économie domestique que dans l'économie étrangère, ce qui augmente $P_t^F / P_t$.

### 14.4.1 La détermination du taux de change

Intéressons-nous maintenant à la détermination du taux de change. Nous avons vu au chapitre précédent que le niveau des prix $P_t$ est rigide à court terme et qu'il est déterminé par la masse monétaire à long terme. Par conséquent, les taux de change nominal et réel sont déterminés conjointement.

**Le taux de change à long terme**

La loi du prix unique implique qu'un bien échangeable doit avoir le même prix dans tous les pays du monde. La **parité de pouvoir d'achat** consiste à généraliser cette loi à l'ensemble du panier de biens représentatif.

La **parité de pouvoir d'achat absolue** implique qu'un panier de biens a le même prix dans l'ensemble des pays du monde, si bien que le taux de change réel entre deux pays $Q_t$ est égal à 1.

La parité de pouvoir d'achat absolue implique que le taux de change nominal est donné par le niveau relatif des prix dans les deux pays

$$E_t = \frac{P_t}{P_t^F}.$$

Plus le niveau des prix est élevé dans un pays, plus le taux de change nominal est haut et plus la monnaie domestique est dépréciée par rapport à la monnaie étrangère.

La loi du prix unique s'applique aux biens et services échangeables, mais n'a pas de raison de prévaloir pour les services non échangeables. Par exemple, une coupe de cheveux ou un repas au restaurant valent plus cher dans les pays riches et industrialisés où les salaires sont élevés que dans les pays en développement où la main d'œuvre est bon marché. Par conséquent, le coût de la vie est plus élevé dans les pays riches que dans les pays en développement. Cela se traduit par un taux de change réel supérieur à 1 pour un pays étranger plus riche et inférieur à 1 pour un pays étranger plus pauvre. Il s'agit de la **parité de pouvoir d'achat relative** : le taux de change réel converge toujours vers une valeur stable, mais pas forcément égale à 1. L'évolution du taux de change nominal reste déterminée par le différentiel d'inflation entre les deux pays, eux-mêmes causés par des différences de politique monétaire. Empiriquement, c'est précisément ce que l'on observe à long terme : plus un pays a une inflation élevée, plus sa monnaie se déprécie, tandis que son taux de change réel reste à peu près stable sur de longues périodes.

**Le taux de change à court terme**

À court terme, le taux de change nominal est déterminé par les marchés financiers. Il est donc très volatil, tandis que l'inflation évolue généralement lentement et de manière prévisible, ce qui se traduit par une grande instabilité du taux de change réel.

Avec la liberté de circulation des capitaux, un investisseur a la possibilité de placer son épargne au sein de son propre pays ou à l'étranger. S'il souhaite détenir des obligations, il peut soit acheter des obligations domestiques, soit des obligations étrangères. En principe, ces deux options doivent être aussi lucratives l'une que l'autre. Soit $i_t$ le taux d'intérêt nominal domestique et $i_t^F$ le taux d'intérêt nominal étranger. Un euro investi dans une obligation domestique rapporte $1 + i_t$ euros au bout d'une année. Un euro investi au japon donne $1/E_t$ yens, qui investis en obligations japonaises rapportent $(1 + i_t^F)/E_t$ yens au bout d'une année, soit $(1 + i_t^F)E_{t+1}/E_t$ euros.

La **parité des taux d'intérêt non couverte** impose qu'un euro doit rapporter le même montant qu'il soit investi en Europe ou à l'étranger, ce qui donne formellement

$$1 + i_t = \frac{1 + i_t^F}{E_t} E_{t+1}.$$

Le rendement des investissements étrangers est constitué de deux composantes : le taux d'intérêt étranger $i_t^F$ et la dépréciation de la monnaie domestique $E_{t+1}/E_t$ (ou l'appréciation de la monnaie étrangère). Si le taux d'intérêt est plus élevé à l'étranger, soit $i_t^F > i_t$, alors cela doit être compensé par l'anticipation d'une appréciation de la monnaie domestique $E_{t+1} < E_t$ (et donc d'une dépréciation de la monnaie étrangère). Cette parité des taux d'intérêt est dite « non couverte » car elle néglige le risque de change qui rend l'investissement étranger plus risqué que l'investissement domestique.

À court terme, le taux de change nominal est déterminé sur les marchés financiers par cette parité.

La parité des taux d'intérêt implique que le taux de change nominal est donné par

$$E_t = \frac{1 + i_t^F}{1 + i_t} E_{t+1}.$$

On peut considérer que $E_{t+1}$ est donné par l'anticipation du taux de change nominal à moyen ou long terme impliqué par la parité de pouvoir d'achat. Par conséquent, une augmentation inattendue du taux d'intérêt nominal $i_t$ par la banque centrale entraîne une diminution du taux de change nominal $E_t$ et donc une appréciation de la monnaie domestique.

Lorsque la Banque Centrale Européenne (BCE) augmente son taux d'intérêt $i_t$, généralement l'anticipation du taux de change à long terme $E_{t+1}$ demeure inchangée. Par conséquent, les investisseurs du monde entier souhaitent acheter des obligations en euros. Cela augmente la demande d'euros, qui s'apprécie donc contre les autres monnaies. Ce phénomène s'arrête dès lors que l'euro est si cher que l'anticipation de la dépréciation à venir de l'euro compense exactement la hausse du taux d'intérêt nominal. Les ajustements sur les marchés financiers étant extrêmement rapides, l'augmentation par la BCE du taux d'intérêt nominal engendre presque instantanément une appréciation de l'euro. C'est précisément ce que l'on observe en pratique.

### 14.4.2 Politique monétaire en économie ouverte

Nous avons vu au chapitre précédent qu'à court terme, le niveau de la production est déterminé par la demande agrégée qui, en économie ouverte, est égale à

$$Y_t = C_t + I_t + G_t + X_t - IM_t.$$

Nous avons également vu que la demande de consommation des ménages $C_t$ et la demande d'investissement des entreprises $I_t$ sont des fonctions décroissantes du taux d'intérêt réel, et donc nominal. Les exportations et les importations sont principalement déterminées par le taux de change réel, et donc nominal. Une dépréciation de la monnaie réduit le prix des biens domestiques relativement aux biens étrangers. Cela stimule les exportations et freine les importations. On considère donc que la balance commerciale $X_t - IM_t$ est une fonction croissante du taux de change nominal $E_t$.

Lorsque la demande agrégée est inférieure au niveau naturel de production, l'économie est déprimée, ce qui se traduit par un ralentissement de l'inflation qui descend en dessous de sa cible de 2 %. La BCE réagit en diminuant le taux d'intérêt nominal afin de stimuler la demande agrégée. La baisse du taux d'intérêt nominal encourage la consommation des ménages et l'investissement des entreprises. En outre, la baisse du taux d'intérêt nominal engendre une dépréciation de la monnaie, ce qui stimule les exportations et freine les importations. Ainsi, en économie ouverte, les ajustements du taux de change amplifient l'efficacité de la politique monétaire.

**Taux de change fixe.** Cette conclusion n'est valide qu'avec un taux de change flexible. Une alternative est d'opter pour un taux de change fixe. Dans ce cas, la banque centrale détermine sa masse monétaire de manière à fixer le taux de change nominal $E_t$ au niveau d'une cible $\overline{E}$. Dès que le taux de change $E_t$ baisse en dessous de $\overline{E}$, la banque centrale achète de la monnaie étrangère avec de la monnaie nouvellement créée afin de déprécier la monnaie domestique et d'augmenter $E_t$. Et dès que le taux de change $E_t$ augmente au-dessus de $\overline{E}$, la banque centrale vend ses réserves de devises étrangères afin de réduire $E_t$.

Avec un taux de change fixe $E_t = E_{t+1} = \overline{E}$, la parité des taux d'intérêt implique $i_t = i_t^F$. Ainsi, le taux d'intérêt nominal domestique est déterminé par le taux nominal étranger, et donc par la politique monétaire du pays auquel le taux de change est arrimé. Le choix d'un taux de change fixe implique de renoncer à avoir une politique monétaire indépendante tournée vers les besoins de l'économie domestique. De nombreux pays utilisent un tel système. Ainsi, le mark convertible de Bosnie-Herzégovine a un taux de change fixe avec l'euro, tel que 1,95583 mark = 1 euro. Le riyal qatarien est lui arrimé au dollar américain tel que 3,63 riyal = 1 dollar.

Les prix étant rigides, le taux de change réel à court terme est déterminé par le taux de change nominal. Ainsi, le principal avantage d'un taux de change fixe est une faible volatilité du taux de change réel, facilitant les relations commerciales entre pays. Pour les pays dont les institutions sont plus fragiles, un autre avantage est d'empêcher la banque centrale d'adopter une politique monétaire laxiste, qui stimule l'économie à court terme, mais qui se révèle hautement inflationniste à moyen et long terme.

Lorsqu'un pays fixe son taux de change, il doit posséder suffisamment de réserves de devises étrangères afin d'empêcher toute dépréciation de sa monnaie. Sinon, le pays court le risque d'être exposé à une attaque spéculative d'investisseurs qui parient sur l'effondrement de la monnaie domestique. Si l'attaque est suffisamment forte, la banque centrale arrive à court de réserves, ce qui génère la dévaluation anticipée par les spéculateurs.[3] C'est ainsi que le célèbre financier George Soros a gagné près d'un milliard de dollars en provoquant en 1992 une dévaluation de la livre sterling qui était alors arrimée au mark allemand. Face au risque d'attaque spéculative, il existe une solution pour rendre la fixation du taux de change quasiment irrévocable : l'union monétaire. Cela consiste pour plusieurs pays à partager une même monnaie, ce qu'ont fait les pays

3. Une dévaluation est définie comme une dépréciation soudaine de la monnaie provoquée par une action de la banque centrale.

de la zone Euro à partir de 1999, ou les pays d'Afrique de l'Ouest qui partagent le Franc CFA.

**Les zones monétaires optimales**

La théorie des zones monétaires optimales, qui valut le prix Nobel au Canadien Robert Mundell en 1999, détermine les conditions dans lesquelles il est souhaitable pour différents pays de partager une même monnaie.

Les prix et les salaires étant rigides, le principal avantage pour un pays de disposer de sa propre monnaie est l'accélération des ajustements du taux de change réel. Lorsqu'un pays est frappé par une crise économique et que ses prix et ses salaires sont trop élevés vis-à-vis de ses partenaires commerciaux, une dépréciation de son taux de change nominal permet en une fraction de seconde de restaurer la compétitivité du pays. Le principal inconvénient est que le taux de change nominal a tendance à être excessivement volatil, ce qui peut déstabiliser les relations commerciales entre pays.

D'un côté, une monnaie unique favorise le commerce en stabilisant le taux de change réel, en éliminant les frais d'achat et de vente de devises étrangères, et en accroissant la compétition entre producteurs nationaux et étrangers dont les prix deviennent plus facilement comparables. Ces avantages sont d'autant plus grands que la zone monétaire est économiquement intégrée, avec des échanges commerciaux intenses.

D'un autre côté, une monnaie unique freine les ajustements du taux de change réel lorsque les prix et surtout les salaires sont trop élevés dans un pays par rapport à l'autre. En outre, lorsqu'un pays est déprimé, tandis que la zone monétaire dans son ensemble ne l'est pas, la monnaie unique empêche ce pays de bénéficier d'une politique monétaire expansionniste adaptée à sa conjoncture nationale. Ces coûts peuvent être mitigés par une mobilité élevée des travailleurs, qui migrent des pays déprimés vers les pays en plein boom, et par le fédéralisme fiscal, qui engendre des transferts des pays en bonne santé vers ceux qui souffrent. Plus les chocs économiques sont asymétriques entre les différents pays, plus le risque de divergence économique est préoccupant et plus il est coûteux de partager une même monnaie.

Au regard de ces critères, il apparaît que la zone euro n'est pas une zone monétaire optimale, contrairement aux États-Unis (Krugman, 2013). L'intégration commerciale entre les pays européens est nettement plus faible qu'entre les États américains. La mobilité des travailleurs est limitée par des barrières linguistiques et administratives (assurance chômage, cotisations retraites, couverture maladie...). Les transferts fiscaux entre pays sont très limités. Et pourtant, en zone euro, comme aux États-Unis, les structures industrielles sont géographiquement hétérogènes, ce qui implique un risque élevé de divergences économiques.

Suite à la crise de 2008-2010, les prix et les salaires étaient trop élevés en Europe méditerranéenne relativement à l'Europe du Nord. Le peso espagnol, la drachme grecque et la lire italienne ne pouvant pas se déprécier face au mark allemand, car toutes ces monnaies ont été remplacées par l'euro. Plusieurs années de chômage de masse ont été nécessaires en Europe du Sud pour que les salaires baissent suffisamment (relativement aux salaires du Nord) pour que ces pays retrouvent leur compétitivité. Ainsi, face à des chocs asymétriques, la zone Euro souffre d'une absence de mécanisme de stabilisation interne. Ceci étant, l'effondrement de l'euro provoquerait certainement une crise financière, économique, sociale et politique sans précédent. Les Européens ont donc choisi de renforcer leur coopération, notamment sur le plan budgétaire, afin de consolider leur monnaie commune. La politique de stabilisation macroéconomique au sein de la zone Euro reste, à bien des égards, un édifice en construction (Bilbiie, Monacelli et Perotti, 2021).

**Trilemme de la macroéconomie ouverte.** Est-il possible de concilier taux de change fixe $E_t = \overline{E}$ et politique monétaire indépendante $i_t \neq i_t^F$ ? Il faut pour cela annihiler la condition de parité des taux d'intérêt, ce qui est possible en entravant la liberté de circulation des capitaux. Si les investisseurs ne peuvent plus placer leur épargne à l'étranger, alors la parité des taux d'intérêt n'a pas lieu d'être, ce qui permet au pays de fixer simultanément le taux d'intérêt $i_t$ et le taux de change $E_t$.

La politique monétaire en économie ouverte est confrontée à un trilemme. et ne permet de concilier que deux des trois options suivantes :

- politique monétaire indépendante ;

- taux de change fixe ;
- liberté de circulation des capitaux.

Chacune des ces trois options est désirable. Une politique monétaire indépendante permet de gérer les fluctuations conjoncturelles de la demande agrégée, ce qui stabilise l'emploi et la croissance du PIB. Un taux de change fixe facilite les échanges commerciaux entre pays. La liberté de circulation des capitaux permet aux investisseurs de placer leur épargne là où les rendements sont les plus élevés, et aux entrepreneurs d'emprunter là où les taux sont les plus bas.

Le trilemme de la macroéconomie ouverte, représenté sur la figure 14.2, est pertinent dans la mesure où aucune solution n'est manifestement préférable aux autres. Les États-Unis, le Royaume-Uni et la zone Euro ont choisi de concilier politique monétaire indépendante et liberté de circulation des capitaux, mais avec des taux de change flexibles et donc volatils. Le Danemark (qui n'est pas dans la zone Euro) et la France ont choisi d'adopter un taux de change fixe et la liberté de circulation des capitaux, mais ont donc renoncé à avoir une politique monétaire indépendante. Enfin, la Chine contrôle simultanément son taux de change (bien qu'il ne soit pas fixe) et sa politique monétaire, mais en restreignant la liberté de circulation des capitaux puisque les épargnants chinois ne peuvent pas librement acheter n'importe quel actif étranger.

FIGURE 14.2 – Le trilemme de la macroéconomie ouverte

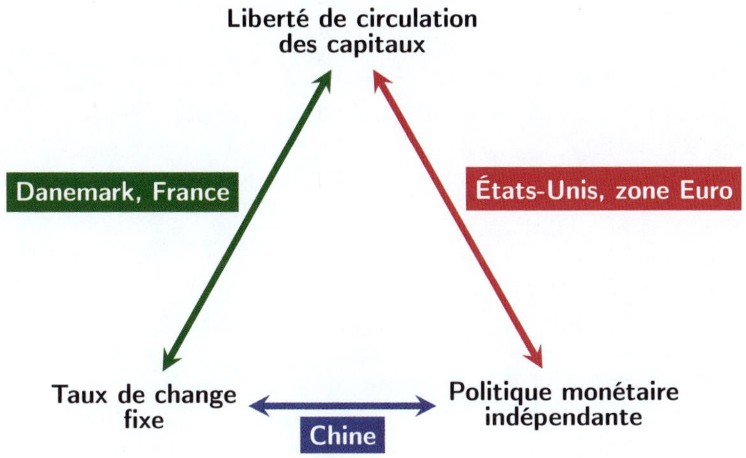

## Références

BILBIIE, F., T. MONACELLI ET R. PEROTTI (2021) : "Fiscal Policy in Europe : Controversies Over Rules, Mutual Insurance, and Centralization," *Journal of Economic Perspectives*, 35, 77–100.

KRUGMAN, P. (2013) : "Revenge of the Optimum Currency Area," *NBER Macroeconomics Annual*, 27, 439–448.

# Exercices du chapitre 14

**Exercice 14.1 L'approche intertemporelle de la balance courante**

Soit une petite économie ouverte. Le taux d'intérêt réel mondial est constant et égal à $r$, avec $r > 0$. Pour simplifier notre analyse, nous supposons que cette économie est peuplée par un unique ménage représentatif (ou, de manière équivalente, par un continuum de masse 1 de ménages identiques). Le ménage a une durée de vie infinie. Soit $w_t$ le salaire, $A_t$ la richesse du ménage représentatif, $L_t$ sa quantité de travail, $C_t$ sa consommation et $T_t$ ses impôts. L'évolution de la richesse du ménage est donnée par

$$A_{t+1} = (1+r)A_t + w_t L_t - T_t - C_t.$$

La richesse de ce ménage est composée de capital physique $K_t$, de bons du trésor $B_t$ et d'actifs nets étrangers $NFA_t$, ce qui donne

$$A_t = K_t + B_t + NFA_t.$$

Soit $I_t$ l'investissement et $\delta$ le taux de dépréciation. L'accumulation du capital est donc régie par

$$K_{t+1} = (1-\delta)K_t + I_t.$$

Enfin, en désignant par $G_t$ les dépenses publiques, la dynamique de l'endettement public est donnée par

$$B_{t+1} = (1+r)B_t + G_t - T_t.$$

La production $Y_t$ est réalisée à partir du travail $L_t$ et du capital $K_t$. Le marché des biens est parfaitement compétitif avec libre entrée.

1. En quoi une économie fermée serait-elle différente de cette économie ouverte ?

2. Dériver la contrainte budgétaire intertemporelle des ménages au temps $t$. En déduire la condition de *no-Ponzi*

$$\lim_{T\to\infty} \frac{A_{t+T}}{(1+r)^T} \geq 0.$$

Répliquer l'exercice pour la contrainte budgétaire intertemporelle du gouvernement (que l'on suppose tenir strictement).

3. Le capital appartient au ménage représentatif. Les entreprises louent ce capital pour un coût $R_t$ par unité de capital. Quel est le lien entre ce coût du capital $R_t$ et le taux d'intérêt $r$ ? À combien s'élèvent les profits des entreprises ?

4. Démontrer que

$$NFA_{t+1} = (1+r)NFA_t + Y_t - C_t - I_t - G_t.$$

5. Prouver que

$$\lim_{T\to\infty} \frac{NFA_{t+T}}{(1+r)^T} \geq 0.$$

6. Le ménage représentatif souhaite lisser parfaitement sa consommation, ce qui implique $C_t = C$ pour tout $t$. En utilisant vos réponses aux deux questions précédentes, montrer que

$$C = r\left[NFA_t + \sum_{s=0}^{\infty} \frac{Y_{t+s} - I_{t+s} - G_{t+s}}{(1+r)^{s+1}}\right],$$

pour n'importe quel $t$.

7. Montrer que la balance du compte courant est donnée par

$$BC_t = (Y_t - \overline{Y}_t) - (I_t - \overline{I}_t) - (G_t - \overline{G}_t),$$

où $\overline{X}_t$ représente le niveau permanent d'une variable $X_t$ à partir du temps $t$, défini implicitement par

$$\overline{X}_t \sum_{s=0}^{\infty} \frac{1}{(1+r)^{s+1}} = \sum_{s=0}^{\infty} \frac{X_{t+s}}{(1+r)^{s+1}},$$

ou explicitement par

$$\overline{X}_t = r\sum_{s=0}^{\infty} \frac{X_{t+s}}{(1+r)^{s+1}}.$$

Interpréter cette équation fondamentale de la balance du compte courant.

**Exercice 14.2 Taux de change à court et à long terme**

Supposons que la banque centrale augmente durablement la masse monétaire.

1. Quel est l'impact de cette hausse de la masse monétaire sur le taux de change nominal à long terme ?
2. Quel est l'impact de cette hausse de la masse monétaire sur le taux de change nominal à court terme ? Qu'en déduisez-vous ? Expliquer.

**Exercice 14.3 Balance commerciale**

Dans ce chapitre, nous avons supposé qu'une dépréciation nominale, et donc réelle, augmentait la balance commerciale. L'objectif de cet exercice est d'étudier rigoureusement cette relation.

1. Soit $IM_t$ la *valeur* des importations en unités de biens domestiques et $\overline{IM}_t$ le *volume* des importations. Quelle est la relation entre ces deux variables ?
2. Quel est l'impact d'une dépréciation de la monnaie sur la balance commerciale ? Décrire les différents effets, en distinguant ceux qui sont dominants à court terme et à moyen ou long terme.
3. En supposant la balance commerciale proche de l'équilibre, sous quelle condition une dépréciation de la monnaie augmente-t-elle forcément la balance commerciale ?

# Conclusion

Lorsqu'Adam Smith écrivit la *Richesse des nations*, il contribua à une rupture importante dans la compréhension que les hommes de son temps avaient des relations humaines. Loin de la vision hobbesienne d'une guerre de tous contre tous favorisée par le désir de chacun d'améliorer son sort, Smith était convaincu que les échanges au sein de marchés pouvaient permettre à l'intérêt général de coïncider avec les intérêts individuels. Plus généralement, l'intuition d'Adam Smith était qu'un bon système économique est un système qui fonctionne bien même lorsque chacun agit dans son propre intérêt.

Autrement dit, les entreprises et les banques cherchent naturellement à maximiser leurs profits, et on ne doit pas compter sur leur vertu pour défendre le bien commun. Si une crise financière est due à des opérations illégales et dissimulées, alors les fraudeurs méritent d'être sévèrement punis. En revanche, si une crise résulte de mauvaises régulations qui encouragent un surendettement et une prise excessive de risque, par exemple parce que les banques se savent *too big to fail*, alors le principal responsable n'est pas l'avidité des banques, mais les insuffisances de l'autorité de régulation et donc de la puissance publique. Lorsque les marchés sont défaillants, la régulation étatique est nécessaire pour faire coïncider intérêt général et intérêts particuliers.

Le fait qu'un système économique soit conçu pour bien fonctionner lorsque les gens agissent selon leur propre intérêt n'implique pas qu'il soit moralement vertueux d'être cupide. L'honnêteté, la confiance et la coopération sont de nature à faciliter les échanges et à améliorer le fonctionnement de l'économie et de la société. Il est donc souhaitable de cultiver et de transmettre ces valeurs. En revanche, un système économique qui ne fonctionne qu'avec des hommes et des femmes parfaits, infiniment généreux et désintéressés, est soit voué à l'échec, soit à la répression, et plus vraisemblablement à une combinaison des deux.

Les sciences économiques sont issues de la rencontre entre des idées géniales, à l'image de celles d'Adam Smith, et d'une formalisation mathématique qui permet d'exprimer ces idées avec clarté et précision. Ainsi, Nicolas de Condorcet fut le premier à formaliser les problèmes de vote, Antoine-Augustin Cournot les interactions stratégiques entre firmes en compétition imparfaite et Jules Dupuit à établir que le surplus pouvait être mesuré par l'écart entre la propension à payer et le prix.

Cette complémentarité entre des idées économiques et la formalisation mathématique permet de faire émerger des concepts dont la puissance dépasse largement les équations sur lesquels ils reposent. Ces concepts, qui doivent être maniés au regard de leur plausibilité empirique, permettent de décoder de nombreux problèmes économiques et sociaux qui sembleraient sinon insaisissables. Un bon économiste doit toujours avoir à l'esprit à la fois la force et les limites de ses raisonnements face à un monde qui est par nature infiniment complexe.

Doit-on attendre des sciences économiques qu'elles déterminent le système idéal ? Certainement pas ! L'essentiel de l'analyse économique consiste à décrire la réalité le plus précisément possible. Il s'agit de comprendre, tant sur le plan théorique que sur le plan empirique, les relations de causalité entre différentes variables. Cette connaissance permet de décrire les conséquences des politiques publiques et d'identifier les éventuelles inefficacités, sources de gaspillage. Réduire de telles inefficacités est clairement bénéfique. En revanche, un raisonnement purement économique ne peut permettre d'arbitrer entre des politiques publiques dès lors que les intérêts de différents citoyens sont opposés. Faut-il privilégier les plus pauvres, ou les plus travailleurs, ou encore les plus entreprenants ? Jusqu'à quel point faut-il se soucier des étrangers ou des générations à venir ? Impossible de répondre à ces questions sans effectuer de jugements de valeur.

Tout citoyen peut légitimement avoir un parti pris idéologique ou philosophique, indispensable pour répondre à ces questions. Mais un économiste ne doit pas faire passer ses propres préférences idéologiques pour de l'expertise. Une analyse économique de qualité permet d'identifier clairement les alternatives auxquelles notre société est confrontée afin d'en éclairer les choix, sans lui imposer une idéologie politique ou morale.

Tout au long de cet ouvrage, nous avons décrit un certain nombre de résultats fondamentaux sur les propriétés des équilibres de marchés, les externalités, les asymétries d'information, le vote, ou encore les paradoxes de la macroéconomie monétaire. Ceci étant, les sciences économiques sont surtout caractérisées par une méthode d'analyse qui permet de penser un monde qui change. Depuis l'invention de l'agriculture et de la monnaie, jusqu'à l'informatique et à l'intelligence artificielle, le progrès technique n'a cessé de transformer les possibilités économiques.

L'efficacité du système des prix réside dans sa capacité à transmettre l'information sur la rareté et sur les désirs afin de permettre la réalisation de tous les échanges mutuellement bénéfiques. En théorie, il ne s'agit que d'un algorithme ayant de bonnes propriétés. Ceci étant, le marché peut être très inégalitaire. En temps de pénurie, les prix s'envolent. Pour éviter une explosion de la pauvreté, les gouvernements ont alors recours au rationnement, source d'inefficacité. En principe, des algorithmes plus puissants pourraient être capables de mieux concilier équité et efficacité en cas de pénuries. Dès 1967, l'économiste polonais Oskar Lange proposait de remplacer le marché par un ordinateur (Lange, 1967). Si cette vision semblait alors utopique, voir dystopique, les algorithmes rythment aujourd'hui de plus en plus nos vies. Offre et demande se rencontrent fréquemment sur des plateformes numériques. Les contrats financiers peuvent être d'une grande complexité et s'exécuter automatiquement dans d'immenses réseaux qui constituent les bourses de valeurs modernes. Les gouvernements ont accès à de plus en plus d'information, et certains pourraient concevoir des systèmes de sécurité sociale ayant une mémoire qui récompensent les bonnes actions et qui pénalisent les écarts de conduite. Cette tendance devrait s'accentuer avec le développement de l'intelligence artificielle qui permet la généralisation d'algorithmes évolutifs s'adaptant et s'améliorant au cours du temps.

Les sciences économiques offrent un cadre d'analyse pour penser l'impact de ces évolutions technologiques en termes d'efficacité et d'équité, ce qui sera indispensable pour concevoir une régulation qui favorise l'innovation tout en préservant les libertés individuelles et le contrôle politique de notre destinée collective.

## Références

LANGE, O. (1967) : "The Computer and the Market," in *Capitalism, Socialism and Economic Growth*, ed. by C. H. Feinstein, Cambridge University Press.

# Rappels mathématiques

Les mathématiques utilisées dans cet ouvrage sont relativement élémentaires, du niveau du baccalauréat, et la plupart des raisonnements économiques peuvent être compris sans faire de calcul. Nous rappelons néanmoins ici les notions utilisées dans cet ouvrage.

## Fonctions et dérivées

Une fonction $f$ est une relation qui, à chaque valeur d'une variable $x$ fait correspondre une valeur $y$. On peut donc écrire $y = f(x)$.

La dérivée mathématique de la fonction $f$ en $x$ correspond au taux d'accroissement de la fonction $f$ en $x$. Elle est notée $f'$ et est formellement définie par

$$f'(x) = \lim_{\Delta x \to 0} \frac{f(x + \Delta x) - f(x)}{(x + \Delta x) - x}.$$

En considérant que $\mathrm{d}x$ représente une augmentation infinitésimale de $x$, la dérivée peut s'écrire $\frac{\mathrm{d}f}{\mathrm{d}x}$ ou $\frac{\mathrm{d}}{\mathrm{d}x}f(x)$. On a donc $f'(x) = \frac{\mathrm{d}}{\mathrm{d}x}f(x)$.

Tout au long de l'ouvrage, on utilise les règles usuelles pour calculer la dérivée d'une fonction $f$ à partir de sa forme fonctionnelle. En particulier, pour deux fonctions $f$ et $g$, on a

$$(f(x)g(x))' = f'(x)g(x) + f(x)g'(x),$$

$$\left(\frac{f(x)}{g(x)}\right)' = \frac{f'(x)g(x) - f(x)g'(x)}{(g(x))^2},$$

$$(f(g(x)))' = f'(g(x))g'(x).$$

Une fonction $f$ est croissante si $f'(x) \geq 0$ pour tout $x$ et elle est strictement croissante si $f'(x) > 0$ pour tout $x$. Une fonction $f$ est (strictement) monotone si elle est (strictement) croissante ou (strictement) décroissante. Si une fonction $f$ est strictement monotone, alors il existe une fonction réciproque $f^{-1}$ telle que si $y = f(x)$ alors $x = f^{-1}(y)$. La dérivée d'une fonction réciproque est donnée par

$$(f^{-1}(y))' = \frac{1}{f'(f^{-1}(y))} = \frac{1}{f'(x)},$$

où $x = f^{-1}(y)$.

Un développement limité (d'ordre 1) permet d'obtenir une approximation linéaire de la fonction $f$ au voisinage d'un point. Ainsi, pour tous les $x$ au voisinage de $a$, on a

$$f(x) \simeq f(a) + f'(a)(x - a).$$

## Notations

Nous rappelons ici la signification des notations mathématiques utilisées dans cet ouvrage.

- $[a,b]$ : Ensemble des nombres réels compris entre $a$ et $b$, y compris $a$ et $b$. Si $a > b$, cet ensemble est vide.
- $]a,b[$ : Ensemble des nombres réels compris entre $a$ et $b$, à l'exclusion de $a$ et de $b$. Si $a \geq b$, cet ensemble est vide.
- $\in$ : « Appartient à ». Par exemple, $x \in [a,b]$ indique que $x$ appartient à l'intervalle $[a,b]$, soit $a \leq x \leq b$.
- $\{a_1, a_2, ..., a_N\}$ : Ensemble des éléments allant de $a_1$ à $a_N$. Ces éléments $a_1$, $a_2$, etc. peuvent par exemple être les produits disponibles pour un consommateur. On peut également noter cet ensemble $\{a_n\}_{n=1}^{N}$. Cette notation implique un nombre fini d'éléments.
- $(a_i)_{i \in I}$ : Profil des $a_i$ pour tous les $i$ appartenant à $I$. Par exemple, si $I$ est l'ensemble des consommateurs et $a_i$ le niveau de consommation de l'individu $i$, alors $(a_i)_{i \in I}$ décrit la consommation de chaque personne dans la population. Cette notation permet un nombre non dénombrable (et donc infini) d'éléments. Lorsque l'ensemble $I$ de référence est connu, on peut écrire $(a_i)_i$ à la place de $(a_i)_{i \in I}$.
- $\{f(x) | x \in [a,b]\}$ : Ensemble des valeurs prises par $f(x)$ lorsque $x$ prend toutes les valeurs possibles dans $[a,b]$.
- $\lim_{x \to a} f(x)$ : Limite de la fonction $f$ lorsque $x$ tend vers $a$. Si $f$ est continue en $x = a$, alors cette limite est égale à $f(a)$.
- $\lim_{x \to a+} f(x)$ : Limite de la fonction $f$ lorsque $x$ tend vers $a$ avec $x > a$.
- $\lim_{x \to a-} f(x)$ : Limite de la fonction $f$ lorsque $x$ tend vers $a$ avec $x < a$.

- $\sum_{t=1}^{T} a_t$ : Somme des $a_t$ pour tous les nombres entiers $t$ allant de 1 à $T$. On a donc $\sum_{t=1}^{T} a_t = a_1 + a_2 + ... + a_T$. On peut écrire $\sum_t a_t$ pour indiquer la somme des $a_t$ pour tous les $t$.
- $\prod_{t=1}^{T} a_t$ : Produit des $a_t$ pour tous les nombres entiers $t$ allant de 1 à $T$. On a donc $\prod_{t=1}^{T} a_t = a_1 a_2 ... a_T$. On peut écrire $\prod_t a_t$ pour indiquer le produit des $a_t$ pour tous les $t$.
- $\int_a^b f(x)dx$ : Intégrale de la fonction $f$ pour $x$ allant de $a$ à $b$. Cela correspond à la somme des $f(x)$ pour tous les $x \in [a, b]$. Graphiquement, cela correspond à l'aire située entre la courbe $y = f(x)$ et $y = 0$ pour $x$ allant de $a$ à $b$. Si $F' = f$, alors on a $\int_a^b f(x)dx = F(b) - F(a)$.
- $\arg\max_{x \in [a,b]} f(x)$ : Valeur de $x \in [a, b]$ qui maximise $f(x)$.
- $\infty$ : L'infini.

# Index

# Table des matières

*Imprimé en France.* - DUPLIPRINT, 733, rue Saint-Léonard, 53100 MAYENNE
N° 2990630U - Dépôt légal : mai 2024